CONBOOK
www.conbook-verlag.de

Kai Blum wurde 1969 in Rostock geboren und hat in Leipzig Germanistik, Geschichte und Amerikanistik studiert. Nebenher schrieb er dort für eine Lokalzeitung. 1994 wanderte er in die USA aus und wohnte anfangs in Washington, D.C. und später in Virginia sowie South Dakota. Seit Ende der Neunziger Jahre lebt er in Michigan. Beruflich war er bisher u.a. im Buchhandel, in einer Bibliothek und vor allem im Internet-Bereich tätig.

Kai Blum erhielt Anfang 2006 die amerikanische Staatsbürgerschaft.

MIX
Papier aus verantwortungsvollen Quellen
FSC® C006701

5. aktualisierte Auflage 2014
© Conbook Medien GmbH, Meerbusch, 2008, 2014
Alle Rechte vorbehalten.

www.conbook-verlag.de

In der Ratgeber-Reihe »Alltag in« bisher ebenfalls erschienen
Alltag in Australien   978-3-934918-38-2
Alltag in Frankreich   978-3-934918-79-5
Alltag in Großbritannien   978-3-943176-15-5
Alltag auf Mallorca   978-3-934918-32-0
Alltag in Schweden   978-3-934918-51-1
Alltag in der Schweiz   978-3-934918-52-8

Immobilien in den USA   978-3-943176-79-7

Einbandgestaltung und Satz: David Janik unter Verwendung der Motive:
© istockphoto.com/hallmarx, istockphoto.com/ChrisSteer
Druck und Verarbeitung: CPI – Ebner & Spiegel GmbH, Ulm

Printed in Germany

ISBN 978-3-943176-14-8

Themenübersicht

Inhalt

Vorwort

In diesem Buch finden Sie Informationen und Ratschläge zum praktischen Leben in den USA, ganz gleich ob Sie dauerhaft nach Amerika auswandern oder nur eine bestimmte Zeit in diesem faszinierenden Land verbringen wollen, z. B. zwecks Arbeit, Geschäft, Studium, Schuljahr oder Au-Pair. Zu welchem Zweck Sie auch den Schritt über den Atlantik wagen, eines steht fest: Das Einleben in eine fremde Gesellschaft ist nicht immer ganz einfach.

Europäer glauben, Amerika aus den Medien zu kennen, doch ist das Land oft anders, als es von diesen dargestellt wird. Nach anfänglicher Begeisterung, die das Neue mit sich bringt, kommt der Alltag mit Problemen, die man möglicherweise in der alten Heimat nicht gehabt hätte. Das führt dann nicht selten zu unnötiger Unzufriedenheit.

Dieses Buch soll Ihnen helfen, die Zahl der Alltagsprobleme, die aus Unwissenheit resultieren, zu minimieren und Ihren Aufenthalt in den USA, ob kurz, lang oder für immer, so angenehm wie möglich zu gestalten.

Vorweg aber noch ein genereller Ratschlag: Wer in Amerika glücklich werden will, sollte keine Vergleiche mit der alten Heimat anstellen, denn man findet immer etwas, das dort besser war. Bedenken Sie: Kein Land ist perfekt, und die kulturellen Maßstäbe des eigenen Herkunftslandes anzulegen, unzufrieden zu sein und ständig herumzunörgeln, hilft nicht gerade beim Fuß fassen. Lassen Sie sich daher lieber ganz auf die neue Kultur ein und versuchen Sie diese zu verstehen. Sie werden so viele interessante Entdeckungen machen und die Amerika-Klischees, die in Europa und in der ganzen Welt vermittelt werden, allmählich vergessen.

Wenn Sie nette Menschen, weite Landschaften, wenig Bürokratie, niedrige Steuern und guten Service mögen, dann werden Sie viel Freude an Ihrer neuen oder zeitweiligen Heimat Amerika haben.

Ich hoffe, dass dieses Buch dazu beitragen wird, Ihnen das Einleben zu erleichtern. Lassen Sie sich vom Optimismus der Amerikaner anstecken! In diesem Glauben an die Zukunft stecken die Erfahrungen vieler Einwanderergenerationen, die sich durch nichts unterkriegen ließen.

Abschließend sei noch auf die Website zu diesem Buch (▶ www.alltag.us) hingewiesen. Dort können Sie u. a. fortlaufend aktualisierte Links zu allen in diesem Ratgeber genannten Websites finden sowie einen kostenlosen Newsletter bestellen, der regelmäßig auf wissenswerte Neuigkeiten zum Alltagsleben in den USA hinweist.

Ich wünsche Ihnen viel Erfolg in den USA und hoffe, dass sich dieses Buch als ein hilfreicher Wegbegleiter erweisen wird!

Kai Blum

Seitnotiz
www.seitnotiz.de

Dieses Buch ist mit weiterführenden Inhalten im Internet verknüpft.Der Abruf der Inhalte erfolgt kostenlos und ohne Registrierung unter ▶ www.seitnotiz.de. Dort tragen Sie die Codenummer ein und gelangen sofort zu den Inhalten.

Unter der Seitnotiz ☰AiA1 finden Sie Neuigkeiten, Informationen und Hinweise zum Alltag in Amerika.

Kapitel 1

Wege in die USA

Am Anfang steht bei vielen Menschen oft ganz generell der Wunsch, für einige Zeit oder sogar für immer in die USA zu gehen. Aber wie bewerkstelligt man einen solchen Schritt am Besten, was gibt es in Sachen Aufenthaltsgenehmigung und Arbeitserlaubnis zu beachten?

Es gibt eine ganze Reihe von Möglichkeiten, sich kürzer oder länger in den USA aufzuhalten. Einige erlauben eine Erwerbstätigkeit, andere wiederum nicht. Wer als Tourist oder Geschäftsreisender für maximal 90 Tage in die USA reisen möchte, kann das durch das sogenannte *Visa Waiver Program* visafrei machen. Dazu braucht man eine ESTA-Reisegenehmigung, die man beantragen sollte, sobald eine visumfreie Reise in die USA geplant wird, spätestens jedoch 72 Stunden vor Abflug. Die Websites der U.S.-Botschaften in Deutschland, Österreich und der Schweiz haben ausführliche Informationen dazu. Für alle anderen Aufenthalte braucht man ein Visum.

> Die visafreie Einreise ist bis zu 90 Tage möglich, für längere Aufenthalte muss ein Visum beantragt werden.

Es gibt grundsätzlich zwei Visa-Kategorien: Nichteinwanderungsvisa und Einwanderungsvisa:

- *Nichteinwanderungsvisa* werden für zeitlich begrenzte Aufenthalte ausgestellt, für die eine visafreie Einreise unter dem *Visa Waiver Program* nicht in Frage kommt, also für länger dauernde Urlaubs-, Geschäfts- oder Studienaufenthalte sowie für befristete Berufstätigkeiten.
- Für unbegrenzte Aufenthalte in den USA müssen *Einwanderungsvisa* beantragt werden, deren Inhaber nach der Einreise eine *Permanent Resident Card* erhalten, die landläufig auch *Green Card* genannt wird und die sowohl zum Aufenthalt als auch zum Arbeiten berechtigt.

Ihre erste Anlaufstelle in Sachen Visum ist diese Website: ▶ www.ustraveldocs.com/de. Hier können Sie den Antrag auf ein Nichteinwanderungsvisum stellen, die Antragsgebühr bezahlen und einen Termin für das vorgeschriebene Visa-Interview an der US-Botschaft bzw. dem US-Konsulat vereinbaren. Auch in Sachen Einwanderungsvisum erhalten Sie hier Informationen.

Die US-Vertretungen in Deutschland sind jeweils für unterschiedliche Visa zuständig.

Folgende Konsularabteilungen führen Visa-Interviews durch:

Berlin

Clayallee 170, 14191 Berlin

► www.usembassy.de

Die Botschaft in Berlin bearbeitet Anträge auf Nichteinwanderungsvisa, außer K (Verlobten-), E-1 (Handels-) und E-2 (Investoren-) Visa.

München

Königinstraße 5, 80539 München

Das Generalkonsulat München bearbeitet Anträge auf Nichteinwanderungsvisa, außer K (Verlobten-), E-1 (Handels-) und E-2 (Investoren-) Visa.

Frankfurt

Gießener Str. 30, 60435 Frankfurt am Main

Das Generalkonsulat Frankfurt bearbeitet alle Anträge auf Nichteinwanderungsvisa. Ferner werden in Frankfurt auch die Anträge auf Einwanderungsvisa, K (Verlobten-), E-1 (Handels-) und E-2 (Investoren-) Visa für ganz Deutschland bearbeitet.

Wien

Parkring 12a, 1010 Wien

► www.usembassy.at

Die Botschaft in Wien bearbeitet alle Nichteinwanderungsvisa und Einwanderungsvisa.

Bern

Sulgeneckstraße 19, 3007 Bern

► bern.usembassy.gov

Die Botschaft in Bern bearbeitet alle Nichteinwanderungsvisa und Einwanderungsvisa.

Bitte beachten Sie, dass dieses Kapitel lediglich dazu dienen soll, Ihnen einen Überblick über die wichtigsten Aufenthaltsformen und Visa zu verschaffen. Besonders ausführliche und aktuelle Informationen sowie die entsprechenden Antragsformulare gibt es auf den Websites der amerikanischen Botschaften.

Die U.S.-Botschaft in Deutschland hat zudem einen Beratungsservice eingerichtet, an den sich junge Leute mit Fragen zum Schüleraustausch und Studium sowie zu Praktika, Jobs, Au-Pair, etc. wenden können: ► www.educationusa.de. Auch die Website

► www.rausvonzuhaus.de bietet umfangreiche Informationen für diese Altersgruppe. Detaillierte Tipps zum Ausfüllen der Formulare und zum Umgang mit den amerikanischen Behörden finden Sie in dem Buch »*Der Amerikanische Traum. Mit GreenCard oder Visum in die USA*« von Liam Schwartz und Georg Mehnert.

Zeitlich begrenzte Aufenthalte in den USA

Für die folgenden Aufenthaltszwecke gibt es spezifische Nichteinwanderungsvisa:

Besuch

Ein Besuchervisum (*B-Visum*) erhalten Personen, die länger als 90 Tage in geschäftlichen Angelegenheiten (B-1) oder zu touristischen Zwecken (B-2) in die USA einreisen wollen. Das Besuchervisum ermöglicht einen Aufenthalt bis zu sechs Monaten.

Wer einen Antrag auf ein Besuchervisum stellt, muss durch den Nachweis familiärer und beruflicher Bindungen im Heimatland glaubhaft machen können, dass er keine Absicht hat, dauerhaft in den USA zu bleiben, und zudem über ausreichende Mittel für die Finanzierung des Aufenthalts verfügen, da eine Erwerbstätigkeit grundsätzlich nicht erlaubt ist.

Wer ein Besuchervisum beantragt, muss ausreichende finanzielle Mittel nachweisen.

High School Jahr

Wer schon in jungen Jahren eine längere Zeit in das amerikanische Alltagsleben eintauchen möchte, sollte den Besuch einer amerikanischen High School und das Leben in einer amerikanischen Familie für ein halbes oder ein ganzes Schuljahr erwägen. Dafür ist ein gültiger Reisepass, ein *J-1-Visum* und zudem ein nicht unbeachtlicher Geldbetrag notwendig, denn die Vermittlung einer Gastfamilie und einer High School muss durch eine der zahlreichen Vermittlungsagenturen erfolgen, die allesamt Gebühren in Höhe von mehreren Tausend Euro erheben. Eine wertvolle Hilfe bei der Auswahl der richtigen Agentur ist das Buch »*Ein Schuljahr in den USA: Austausch-Organisationen auf dem Prüfstand*« von Christian Gundlach und Sylvia Schill. Auf der Website zum Buch ► www.schueleraustausch.de gibt es u. a. ein Forum für Schüler und Eltern.

Ein Schuljahr in den USA bereichert ungemein, verlangt aber Anpassungsfähigkeit.

Studium

Wer in den USA studieren möchte, muss ein Studentenvisum beantragen, und zwar entweder ein Visum für akademische Stu-

dien (F-1) oder ein Visum für nichtakademische bzw. berufs-
bezogene Studien (M-1). Dafür muss man nachweisen können,
dass man ausreichende finanzielle Mittel für sämtliche Lebenshaltungskosten und Unterrichtsgebühren hat.

Teilnehmer an akademischen Austauschprogrammen, wie sie
z. B. durch den DAAD und die Fulbright Kommission angeboten
werden, benötigen dagegen ein *J-1-Visum* für Austauschbesucher.

Die Anrechnung von amerikanischen Studienzeiten in
Deutschland ist unproblematisch, wenn es zwischen der Hochschule in Deutschland und der in den USA eine Kooperationsvereinbarung gibt. Wer in den USA eigenständig studiert hat
und dann an eine Hochschule in Deutschland wechselt, die
keine solche Vereinbarung mit der jeweiligen amerikanischen
Hochschule hat, muss sich die Studienzeiten vom zuständigen
Fachbereich der deutschen Hochschule anerkennen lassen. Col-
lege-Kurse werden dabei wesentlich kritischer betrachtet als er-
brachte Leistungen aus einem Graduate-Studium.

Tipp: Umfassende Informationen rund ums Thema Studium
in den USA gibt es auf: ▶ www.educationusa.de

Die Teilnahme an Austausch-programmen ist unkompli-zierter als ein eigenständiges Studium.

Praktika und Ferienjobs

Wenn Sie ein Praktikum oder einen Ferienjob in den USA suchen, gibt es zahlreiche Organisationen, die Ihnen bei der Rea-
lisierung dieses Vorhabens helfen, insbesondere hinsichtlich der
Beschaffung der für den Visumsantrag notwendigen Unterlagen.

Für bezahlte und unbezahlte Praktika sowie für Ferienjobs
bei amerikanischen Arbeitgebern benötigt man ein *J-1-Visum*.
Wer ein Praktikum bei einer Filiale eines deutschen Unternehmens macht und von Deutschland aus bezahlt wird oder unbezahlte Freiwilligenarbeit leistet, kann dagegen mit einem *B-1-Be-
suchervisum* einreisen.

Wer ein *J-1-Visum* braucht, muss beim Visumsantrag ein Formblatt DS-2019 vorlegen. Dieses Formblatt ist jedoch nicht bei den
konsularischen Vertretungen erhältlich, sondern nur bei der jeweiligen Austauschorganisation bzw. dem Arbeitgeber. *J-1-Visa*
für Ferienjobs gibt es übrigens nur für Vollzeit-Studenten, die
mindestens schon ein Semester absolviert haben. Umfangreiche
Informationen zu Praktika, Ferienjobs und Freiwilligenarbeit
finden Sie auf ▶ www.educationusa.de

Austauschor-ganisationen helfen bei der Beschaffung des J-1-Visums. Unbezahlte Arbeit ist mit einem Besucher-visum möglich.

Au-Pair

Junge Frauen und Männer im Alter zwischen 18 und 26 Jahren,
die Erfahrung in der Kinderbetreuung haben, den Führerschein

Klasse 3 besitzen und gute Englischkenntnisse bei einem Auswahlgespräch nachweisen, können einen Aufenthalt als Au-Pair nutzen, um den Alltag in den USA ganz hautnah kennenzulernen. Sie leben ein Jahr lang in einer amerikanischen Familie und übernehmen die Kinderbetreuung und eine Reihe von Haushaltsarbeiten. Dafür erhalten Sie Unterkunft, Verpflegung und etwas Geld. Bei gegenseitigem Gefallen kann der Aufenthalt einmalig um bis zu zwölf Monate verlängert werden. Wer als Au-Pair in die USA geht, braucht ein Austauschbesuchervisum (*J-1-Visum*). Umfangreiche Informationen zu den Vermittlungsagenturen und viele Erfahrungsberichte von Au-Pairs gibt es auf

▶ www.aupairusa.de

Kinderliebe, Englischkenntnisse und Führerschein sind unabdingbar für einen Au-Pair-Aufenthalt.

Befristete Erwerbstätigkeit
Wer eine Arbeit in den USA aufnehmen möchte, muss eines der vielen speziellen Visa, die es zu diesem Zweck gibt, beantragen:

Handels- oder Investorenvisum (E-Visum)
Das Handelsvisum (E-1) ist für Personen, die umfangreiche Handels- oder Geschäftsaktivitäten zwischen den Vereinigten Staaten und ihrem eigenen Land betreiben. Der Begriff »Handel« umfasst dabei den Austausch von Gütern, Dienstleistungen und Technologie. Das Investorenvisum (E-2) ist für Personen, die in den USA ein Unternehmen gründen oder leiten möchten, in das sie beträchtliches Kapital investieren. Dieses Visum sollte nicht mit dem Einwanderungsvisum zur Schaffung von Arbeitsplätzen verwechselt werden, das weiter unten behandelt wird. Unternehmer und Investoren samt Familie können mit dem *E-2-Visum* nur für die Dauer ihrer Aufenthaltserlaubnis in den USA bleiben.

Vorübergehend Beschäftigte (H/L/O/P/R/Q-Visa)
Um eines der folgenden Arbeitsvisa zu erhalten, müssen Sie bereits einen Arbeitgeber in den USA haben. Dieser muss eine Arbeitsgenehmigung für Sie beantragen. Nach Erhalt dieser Genehmigung können Sie einen Antrag für das zutreffende Visum stellen. Die gebräuchlichsten der befristeten Arbeitsvisa sind:

- *H-1B* ist für einen Fachberuf, der die Anwendung hochspezialisierter Kenntnisse beinhaltet und den Abschluss einer spezifischen Hochschulausbildung bzw. entsprechende Berufserfahrung voraussetzt.
- *H-2A* ist für eine zeitlich befristete oder saisonale Arbeit in der Landwirtschaft.

- **H-2B** wird für eine zeitlich befristete Beschäftigung außerhalb der Landwirtschaft, z. B. in der Industrie, ausgestellt.
- **H-3** ist für Auszubildende im nichtmedizinischen und nichtakademischen Bereich. Dieses Visum kann man auch für ein Praktikum im Rahmen der Erziehung von Behinderten bekommen.
- **L-1** ist für die firmeninterne Entsendung, wenn der betroffene Arbeitnehmer bei der Muttergesellschaft, einer Filiale, einem angeschlossenen Unternehmen oder einer Tochtergesellschaft als Manager, leitender Angestellter oder spezialisierte Fachkraft arbeiten wird.

Arbeitserlaubnis für Ehepartner von Haltern von E- und L-Visa

Der Ehepartner muss mit ihrem/seinem E-2 oder L-2-Visum einreisen und dort ein Formular I-765 samt Antragsgebühr bei der Einwanderungsbehörde USCIS einreichen. Die Bearbeitungsdauer beträgt ca. 4–5 Monate. Nach Erhalt der Arbeitserlaubnis kann man eine *Social Security Number* vom lokalen Sozialversicherungsamt bekommen und eine Arbeit aufnehmen.

Lassen Sie sich ggf. von einem Anwalt beraten, um das richtige Visum zu wählen.

Ferner gibt es eine Reihe von Visa, die nur für eine begrenzte Anzahl von Leuten in Frage kommt:

- Das *I-Visum* ist für Journalisten, die sich für einen befristeten Zeitraum beruflich in den USA aufhalten wollen.
- **O-1** ist für Personen mit außergewöhnlichen Fähigkeiten auf den Gebieten Wissenschaft, Kunst, Erziehung, Geschäftswesen oder Sport, oder für Personen mit überragenden Leistungen in der Filmindustrie.
- **O-2** ist für Personen, die den Inhaber eines *O-1-Visums* begleiten, um ihm bei einer künstlerischen oder sportlichen Darbietung anlässlich einer speziellen Veranstaltung oder Vorführung zu assistieren.
- **P-1** ist für namhafte Sportler und Unterhaltungskünstler.
- **P-2** ist für Künstler und Personen aus der Unterhaltungsbranche, die im Rahmen eines gegenseitigen Austauschprogramms an einer Aufführung mitwirken.
- **P-3** ist für Künstler oder Entertainer, die ein Programm darbieten, das als kulturell einmalig einzustufen ist.

- *Q-1* ist für Teilnehmer an einem kulturellen Austauschprogramm, deren Teilnehmer Informationen über Geschichte, Kultur und Traditionen ihrer Heimatländer vermitteln.
- *R* ermöglicht Mitgliedern von Glaubensgemeinschaften eine befristete religiöse Tätigkeit in den USA.

Gemeinsam in die USA gehen

Wer zusammen mit einem Partner und vielleicht sogar mit Kindern in die USA geht, sollte sich bewusst sein, dass solch ein radikaler Ortswechsel in der Anfangszeit oft mit Stress verbunden ist. Deshalb ist ein Umzug in die USA denkbar ungeeignet, eine brüchige Beziehung zu retten. Denken Sie daran: Existierende Probleme nimmt man mit, egal wohin man geht, und durch den Anfangsstress können diese möglicherweise sogar noch größer werden. Lösen Sie bestehende Beziehungsprobleme deshalb vor dem Umzug. Das Ausland ist ein ausgesprochen ungeeigneter Ort für eine Trennung!

Aber auch in soliden Beziehungen kann es durch den Umzugsstress zu Streit kommen. Vermeiden Sie diesen am Besten durch offene Kommunikation und vergessen Sie nie, dass Sie gemeinsam an einem Strang ziehen! Denken Sie daran, dass aller Anfang schwer ist und dass bei einer Auswanderung gewisse Durststrecken überstanden werden müssen.

> Eine Beziehung muss den Stress eines Umzugs ins Ausland aushalten können.

Dauerhaft in die USA einwandern

Wer dauerhaft in die USA einreisen will, braucht ein Einwanderungsvisum, ganz gleich ob eine Arbeitsaufnahme beabsichtigt ist oder nicht. Voraussetzung für die Beantragung eines Einwanderungsvisums ist das Einreichen eines Einwanderungsgesuchs und dessen Genehmigung durch das *U.S. Bureau of Citizenship and Immigration Services* (USCIS). In bestimmten Fällen, z. B. als bevorzugter Arbeitnehmer, Investor oder Gewinner der sogenannten Green Card Lotterie, kann der Antragsteller das Gesuch selber stellen. In allen anderen Fällen muss dieses jedoch durch amerikanische Verwandte oder Arbeitgeber eingereicht werden. Bitte beachten Sie, dass die Bearbeitung von Visa-Anträgen mehrere Monate dauert und dass eine Genehmigung keineswegs garantiert ist. Treffen Sie deshalb keine konkreten Umzugsvorbereitungen und kündigen Sie vor allem Ihre Arbeit nicht, bevor Sie das Visum erhalten

> Machen Sie keine konkreten Umzugspläne, bis Sie das Visum in der Tasche haben.

haben! Den Bearbeitungsstand (*case status*) Ihres Antrags können Sie jederzeit auf der Website des USCIS (▶ www.uscis.gov) einsehen. Einwanderungsvisa werden hauptsächlich in den folgenden Kategorien erteilt:

- unmittelbare Angehörige von US-Bürgern
- Familiennachzug
- Aufnahme eines Beschäftigungsverhältnisses
- *Diversity Immigrant Visa Program* (Green Card Lotterie)

Informieren Sie sich genau, welche Bestimmungen auf Ihre Situation zutreffen. Besondere Visa-Möglichkeiten gibt es ferner für Ehepartner und Stiefkinder von Angehörigen der US-Streitkräfte, Ehepartner und Kinder von verstorbenen US-Bürgern, die Angehörige der US-Streitkräfte waren, für ausländische Kinder, die von US-Bürgern adoptiert werden, sowie für Verlobte von US-Staatsbürgern, die zwecks Heirat in die USA reisen wollen.

Für zurückkehrende Einwohner, d. h. Leute mit einer Daueraufenthaltserlaubnis, die ihren Status als Daueraufenthaltsberechtigte verloren haben, und Waisen gibt es besondere Visa.

Unmittelbare Angehörige

Einwanderungsberechtigt sind: Ehepartner oder minderjährige Kinder von US-Staatsangehörigen, Eltern von US-Staatsbürgern, die älter als 21 Jahre sind, Stiefeltern und Stiefkinder von US-Staatsangehörigen, wenn das Verwandtschaftsverhältnis vor Erreichen des 18. Geburtstags des Kindes entstand, sowie die Ehepartner von verstorbenen US-Staatsangehörigen, wenn die Ehe mindestens zwei Jahre dauerte und das Einwanderungsgesuch innerhalb von zwei Jahren nach dem Tod des US-Bürgers gestellt wird, sowie hinterbliebene Ehepartner, Kinder oder Eltern von US-Staatsbürgern, die Angehörige der US-Streitkräfte waren, wenn der Antrag innerhalb von zwei Jahren nach deren dienstbedingten Tod gestellt wird.

US-Staatsangehörige müssen unter Verwendung von Formular I-130 ein Einwanderungsgesuch für den ausländischen Verwandten (*Petition for Alien Relative*) beim USCIS einreichen. In Deutschland wohnhafte US-Staatsangehörige können das Gesuch beim USCIS-Büro in Frankfurt stellen. In den Vereinigten Staaten wohnhafte US-Staatsangehörige sollten das USCIS-Büro an ihrem Wohnort kontaktieren, um weitere Informationen zu erhalten.

Bitte beachten Sie, dass ein Einwanderungsgesuch für Ehepartner erst nach der Heirat eingereicht werden kann und dass das leibliche Kind eines US-Staatsangehörigen möglicherweise

Anspruch auf die US-Staatsangehörigkeit hat und daher vor dem Einreichen eines Einwanderungsgesuches geklärt werden muss, ob das Kind US-Staatsangehöriger ist.

Der hinterbliebene Ehepartner eines verstorbenen US-Staatsangehörigen kann unter Verwendung von Formular I-360 selbst ein Gesuch in der Kategorie »unmittelbare Angehörige« einreichen, wenn er/sie zum Zeitpunkt des Todes des US-Staatsangehörigen mindestens zwei Jahre mit ihm/ihr verheiratet war, von ihm/ ihr nicht offiziell getrennt lebte und nicht wieder geheiratet hat. Das Gesuch muss innerhalb von zwei Jahren nach dem Tod des US-Staatsangehörigen beim USCIS eingereicht werden.

Verlobte von US-Staatsangehörigen, die zwecks Eheschließung in die Vereinigten Staaten einreisen und dort nach der Eheschließung dauerhaft bleiben wollen, brauchen ein *K-1-Visum* für Verlobte. Der US-Staatsangehörige muss unter Verwendung von Formular I-129F ein Einwanderungsgesuch für ausländische Verlobte bei dem für seinen Wohnort zuständigen USCIS-Büro in den USA einreichen. Das Visum ist im Regelfall sechs Monate gültig und die Eheschließung muss innerhalb von 90 Tagen nach der Einreise vorgenommen werden. Nach der Eheschließung müssen Sie beim USCIS die Änderung Ihres Status beantragen. Sollten Sie in den USA lediglich heiraten und dann in Ihre Heimat zurückkehren wollen, brauchen Sie jedoch kein *K-1-Visum*. In diesem Fall können Sie, je nach Aufenthaltslänge, entweder visafrei oder mit einem *B-2-Visum* einreisen. Findet die Eheschließung außerhalb der Vereinigten Staaten statt, und Sie möchten nach der Eheschließung in die USA umsiedeln, benötigen Sie hierfür das oben beschriebene Einwanderungsvisum für unmittelbare Angehörige.

> Wer in den USA heiraten und danach dort leben möchte, braucht ein Verlobtenvisum.

Familiennachzug

Bestimmte Verwandte von US-Staatsangehörigen oder Einwohnern mit Daueraufenthaltserlaubnis können im Rahmen der Kategorie »Familiennachzug« ein Einwanderungsvisum erhalten. Dies sind: Kinder von US-Staatsangehörigen, Ehepartner und unverheiratete Kinder von Einwohnern mit Daueraufenthaltserlaubnis sowie Geschwister von US-Staatsangehörigen, vorausgesetzt dass der US-Bürger älter als 21 Jahre ist.

US-Staatsangehörige in Deutschland können das Einwanderungsgesuch (*Petition for Alien Relative*) per Formular I-130 beim Büro des USCIS in Frankfurt stellen. In den USA lebende US-Staatsangehörige sollten das örtliche USCIS-Büro kontaktieren. Für die Erstellung eines Visums in dieser Kategorie gibt es in der Regel eine erhebliche Wartezeit vom Tag der Annahme des Gesuchs bis zum eigentlichen Bearbeitungstermin, da jedes Jahr nur eine bestimmte Anzahl Visa in dieser Kategorie ausgestellt wird.

Aufnahme eines Beschäftigungsverhältnisses

Die Beratung durch einen Immigration Lawyer ist in der Regel ratsam.

In dieser Kategorie ist in der Regel ein konkretes Stellenangebot eines amerikanischen Arbeitgebers erforderlich. Die Zahl der jährlich in dieser Kategorie ausgestellten Visa ist zahlenmäßig begrenzt. Für Ehepartner und unverheiratete Kinder unter 21 Jahren sind keine separaten Einwanderungsgesuche erforderlich. Diese Personen können gemeinsam mit ihrem Verwandten einen Visumantrag stellen. Es gibt festgelegte Unterkategorien, die sich zum Teil etwas überschneiden. Deshalb ist es generell ratsam, die Hilfe eines Rechtsanwaltes, der auf Einwanderungsfragen spezialisiert ist *(immigration lawyer)*, in Anspruch zu nehmen.

- **Hochqualifizierte Arbeitnehmer**, d. h. Personen mit besonderer Stellung in den Bereichen Wissenschaft, Bildung, Kunst, Wirtschaft bzw. Sport, des Weiteren namhafte Professoren und Forscher sowie ausgewählte Führungskräfte aus der internationalen Wirtschaft.
- **Angehörige akademischer Berufe**, d. h. Fachkräfte mit Hochschulabschluss, z. B. Architekten, Ingenieure, Rechtsanwälte, Ärzte, Chirurgen und Lehrer an Schulen, Hochschulen oder Priesterseminaren, sowie Personen mit besonderer Qualifikation in der Wissenschaft, Kunst oder Wirtschaft.
- **Fachkräfte, Facharbeiter und ungelernte Arbeiter**, d. h. Akademiker mit Bachelor-Abschluss, Facharbeiter mit mindestens zwei Jahren Berufserfahrung und andere Arbeitnehmer, nach deren Qualifikation in den USA Nachfrage besteht. Die Tätigkeit darf weder temporär noch saisonal sein, und in den USA dürfen hierfür keine qualifizierten Arbeitskräfte zur Verfügung stehen.
- **Besondere Einwanderer**, d. h. in religiösen Organisationen tätige Personen, insbesondere Geistliche, bestimmte Angestellte von internationalen Organisationen und deren unmittelbare Familienangehörige, qualifizierte Arbeitnehmer sowie, auf Empfehlung, aktuelle und ehemalige Angestellte der US-Regierung und zurückkehrende Einwohner.
- **Investoren**, d. h. Leute, die durch die Investition von 500.000 bis eine Million Dollar (je nach Beschäftigungsrate in der Zielregion) ein Unternehmen gründen und mindestens zehn neue Vollzeitarbeitsplätze schaffen wollen, können ein Visum zur Arbeitsplatzschaffung beim USCIS beantragen.

Diversity Immigrant Visa Program (Green Card Lotterie)

Im Rahmen der sogenannten »Green Card Lotterie« wird jedes Jahr eine bestimmte Anzahl Visa an Einwohner von Ländern mit relativ niedrigen Einwanderungsraten in die USA vergeben. Die zu vergebenen Visa werden zahlenmäßig unterschiedlich auf bestimmte geografische Regionen verteilt. Die Einwohner bestimmter Länder sind von der Teilnahme ausgeschlossen.

Die elektronische Registrierung für die Teilnahme an der Lotterie findet in der Regel während eines bestimmten Zeitraums im Herbst statt. Die genauen Termine werden u. a. auf der Website der U.S.-Botschaft in Deutschland bekannt gegeben. Wer bei der Lotterie gezogen wird, erhält jedoch nicht automatisch eine Green Card, sondern zunächst einmal nur die Berechtigung, ein *Diversity Visa* zu beantragen.

Der Gewinn in der Green Card Lotterie berechtigt zur Beantragung eines Einwanderungsvisums.

Ablehnungsgründe und Ausnahmegenehmigungen

Laut Visa-Gesetz sind bestimmte Personen von der Beantragung eines Einwanderungsvisums von vornherein ausgeschlossen und dürfen ohne Ausnahmegenehmigung nicht in die USA einreisen. Dies trifft u. a. auf Personen zu, die HIV-positiv sind, die unter einer psychischen Störung leiden, wenn sie mit gefährlichem Verhalten einhergeht, und die drogenabhängig oder vorbestraft sind. Alle Verhaftungen und Vorstrafen müssen unabhängig von Art und Zeitpunkt der Straftat angeben werden. Falls ein Antragsteller kein Visum bekommt, wird der Konsularbeamte den Antragsteller beim Visumgespräch beraten, ob er einen Antrag auf eine Ausnahmegenehmigung stellen kann und wie er dabei vorgehen muss.

Die USA wählen ihre legalen Einwanderer genau aus.

Visum für zurückkehrende Einwohner

Ausländer verlieren ihren Einwanderungsstatus, wenn sie sich länger als 364 Tage außerhalb der Vereinigten Staaten aufhalten. Dies gilt allerdings nicht für Ehepartner oder Kinder von Angehörigen der US-Streitkräfte oder von zivilen Angestellten der US-Regierung, die sich auf offizielle Weisung hin außerhalb der USA aufhalten. In diesem Fall muss der Ehepartner oder das Kind die *Alien Registration Card (Green Card)* bei der Einreise vorzeigen und darf zudem seinen Aufenthaltsstatus nicht aufgegeben haben. Weiterhin muss er gemeinsam mit oder vor dem Angehörigen oder Angestellten des US-Militärs oder der US-Regierung

Lassen Sie Ihren Einwandererstatus nicht verfallen!

oder innerhalb von vier Monaten nach dessen Rückkehr in die Vereinigten Staaten einreisen. Einwanderer mit Daueraufenthaltserlaubnis, die unverschuldet nicht innerhalb dieses Zeitraums in die USA zurückkehren konnten, können ein Sondervisum als zurückkehrender Einwohner *(SB-1)* beantragen.

Social Security Number

Alle Arbeitnehmer brauchen eine SSN.

Wer in den USA arbeiten will, muss eine *Social Security Number (SSN)* beantragen. Mithilfe dieser Nummer führt die *Social Security Administration* (▶ www.socialsecurity.gov) Buch über das Einkommen und die Abgaben jedes Arbeitnehmers für Renten- und andere Sozialansprüche. Die SSN beantragen Sie zusammen mit dem Einwanderungsvisum. Beantworten Sie auf dem Antragsformular die entsprechende Frage *(Do you want the Social Security Administration to assign you an SSN?)* und die Einwilligung zur Datenweitergabe innerhalb der zuständigen Regierungsbehörden *(Consent To Disclosure)* mit »Yes«.

Das *Department of Homeland Security (DHS)* schickt Ihre Informationen an die *Social Security Administration*. Die *Social Security Card,* auf der Ihre *SSN* steht, wird Ihnen innerhalb von drei Wochen nach der Einreise in die USA zugeschickt.

Sollten Sie die *Social Security Card* innerhalb dieses Zeitraums nicht erhalten, gehen Sie zum nächstgelegenen Büro der *Social Security Administration:* ▶ www.ssa.gov/locator.

Bringen Sie Dokumente mit, die Ihre Identität, Ihre Aufenthaltsgenehmigung mit Arbeitserlaubnis und Ihr Alter nachweisen, am besten also Ihren Reisepass und Ihre *DHS work permit.* Alle Dokumente müssen Originale bzw. von der ausstellenden Behörde zertifizierte Duplikate sein. Notariell beglaubigte Kopien werden nicht akzeptiert. Das Gleiche gilt, falls Sie die *SSN* nicht zusammen mit Ihrem Visum beantragt haben. In diesem Fall ist es ratsam, nach der Ankunft in den USA zehn Tage zu warten, da es eine gewisse Zeit dauert, bis die Datenbanken der verschiedenen Behörden angeglichen sind.

Falls Sie eine Nummer aus Steuergründen benötigen, aber keine Arbeitserlaubnis für die USA haben, können Sie eine *Individual Taxpayer Identification Number (ITIN)* bei der Steuerbehörde *Internal Revenue Service (IRS)* beantragen. Das Antragsformular *(Form W-7)* und weitere Informationen gibt es auf ▶ www.irs.gov.

Identitätsdiebstahl

Es ist nicht notwendig, die *Social Security Card* mit sich herumzutragen. Im Gegenteil, Sie sollten diese an einem sicheren Ort aufbewahren. *Identity theft* ist eine häufig vorkommende Straftat, bei der Kriminelle Informationen zu einer Person, insbesondere die *SSN*, dazu nutzen, sich u. a. Kreditkarten ausstellen zu lassen und auf diese Weise Geld zu stehlen. Teilen Sie Ihre *SSN* daher nur mit, wenn es unbedingt notwendig ist und überprüfen Sie mindestens einmal im Jahr Ihren *credit report*. Werfen Sie keine Papiere, die Ihre *SSN*, eine Kreditkartennummer oder andere persönliche Daten enthalten, in den Hausmüll oder in die Recycling-Tonne, ohne sie vorher ganz klein zerrissen zu haben. Das Gleiche gilt für Kreditkartenantragsformulare, die Sie per Post erhalten. Kaufen Sie sich zu diesem Zweck am besten einen preiswerten Reißwolf *(shredder)* in einem Büroartikelgeschäft. Identitätsdiebe ändern oft auch die Adresse ihrer Opfer, um Zugang zu deren Post zu bekommen. Sollten Ihre Kreditkartenrechnungen und dergleichen ausbleiben, sollten Sie die entsprechenden Banken anrufen und sich mithilfe von *credit monitoring* (u. a. bei ▶ www.experian.com erhältlich) alarmieren lassen, falls jemand versucht, Ihre Identität zu missbrauchen. (Lesen Sie zu diesem Thema bitte auch den Abschnitt »Credit History« im Kapitel »Geldfragen«.)

Bewahren Sie Ihre Social Security Card an einem sicheren Ort auf.

Amerikanischer Staatsbürger werden

Wenn Sie in den USA an Wahlen teilnehmen (als Wähler oder Kandidat) oder sich für eine Arbeit bei einer staatlichen Behörde (z. B. bei der Post) bewerben wollen, dann brauchen Sie auf jeden Fall die amerikanische Staatsbürgerschaft. Aber auch das Nachholen von Familienmitgliedern wird dadurch erleichtert. Und Sie müssen sich nie wieder um eine Aufenthaltsgenehmigung bemühen. Voraussetzung für eine Einbürgerung (*naturalization*) ist, dass man fünf Jahre lang als *Permanent Resident* in den USA gelebt hat und während dieser Zeit das Land nicht für sechs Monate oder länger verlassen hat. Wer mit einem amerikanischen Staatsbürger verheiratet ist, kann bereits nach drei Jahren in den USA die Einbürgerung beantragen. Auch hier sind Auslandsaufenthalte von sechs Monaten oder mehr nicht erlaubt und der Ehepartner muss zudem seit mindestens drei Jahren die amerikani-

Die Beantragung der US-Staatsbürgerschaft ist unkompliziert, wenn Sie die Voraussetzungen erfüllen.

sche Staatsbürgerschaft besitzen. Der Einbürgerungsantrag kann übrigens schon bis zu 90 Tage vor Erreichen der 3- bzw. 5-Jahresfrist eingereicht werden. Wer als Ausländer in den amerikanischen Streitkräften dient, kann sogar schon nach einem Jahr einen Einbürgerungsantrag stellen. Hinterbliebene Ehepartner von gefallenen Militärangehörigen können ebenfalls die amerikanische Staatsbürgerschaft beantragen. Detaillierte Informationen zu diesen und weiteren Voraussetzungen einer Einbürgerung bietet die Broschüre »*A Guide to Naturalization*«, die man im PDF-Format von der USCIS-Website herunterladen kann.

Beantragen Sie die Einbürgerung rechtzeitig vor Ablauf Ihrer Green Card.

Um die Einbürgerung zu beantragen, muss man eine *Application for Naturalization* (Form N-400) einreichen. Man sollte dies mindestens sechs Monate vor Ablauf der Gültigkeit der *Permanent Resident Card* (*Green Card*) machen, damit man diese nicht noch einmal beantragen muss. Das Antragsformular wird zusammen mit zwei Passfotos und allen notwendigen Dokumenten sowie dem Scheck zur Bezahlung der Bearbeitungsgebühr an das zuständige Service Center des USCIS geschickt. Von diesem bekommt man dann einen Brief, der mitteilt, wann und wo man sich zur Abnahme der Fingerabdrücke (*finger prints*) melden muss. Wenn das geschehen ist, wartet man auf einen weiteren Brief, der einem sagt, wann und wo man sich zum Gespräch (*interview*) einfinden sollte, in dem man dann unter Eid Fragen zum Antrag und zur Person beantworten muss. Teil des Gespräches ist auch die Prüfung der Englisch- und Landeskenntnisse, denn um die amerikanische Staatsbürgerschaft zu erhalten, muss man nachweisen, dass man einigermaßen Englisch sprechen, lesen und schreiben kann und grundlegende Kenntnisse zum amerikanischen Staatswesen und zur Geschichte des Landes besitzt. Die 100 Fakten zu Staat und Geschichte, die man dazu wissen muss, sowie englische Vokabellisten findet man auf der USCIS-Website. Am Ende des Gesprächs erfährt man dann, ob dem Einbürgerungsantrag stattgegeben wird.

Der letzte Schritt auf dem Weg zur amerikanischen Staatsangehörigkeit ist die Teilnahme an der feierlichen Einbürgerungszeremonie, deren Zeitpunkt man ebenfalls schriftlich mitgeteilt bekommt. Während der Zeremonie schwört man den folgenden Eid auf die Verfassung der Vereinigten Staaten (*Oath of Allegiance*), durch den man sich u. a. verpflichtet, das Land gegen alle inneren und äußeren Feinde zu verteidigen, d. h. im Kriegsfall unter Umständen auch mit der Waffe:

> »*I hereby declare, on oath, that I absolutely and entirely renounce and abjure all allegiance and fidelity to any foreign*

*prince, potentate, state, or sovereignty of whom or which I
have heretofore been a subject or citizen; that I will support
and defend the Constitution and laws of the United States
of America against all enemies, foreign and domestic; that
I will bear true faith and allegiance to the same; that I will
bear arms on behalf of the United States when required by
the law; that I will perform noncombatant service in the
Armed Forces of the United States when required by the law;
that I will perform work of national importance under civi-
lian direction when required by the law; and that I take this
obligation freely without any mental reservation or purpose
of evasion; so help me God.*«

Falls man überzeugend nachweisen kann, dass man aus religiösen
Gründen keinen Kriegsdienst leisten kann, wird man vom Sprechen der Worte»...*bear arms on behalf of the United States when
required by the law...*« befreit. Der Nachweis muss im Voraus in
schriftlicher Form erbracht werden. Gegen Ende der Zeremonie
erhält man seine Einbürgerungsurkunde (*Certificate of Naturalization*), mit der man dann auch einen amerikanischen Pass beantragen kann; möglich ist dies u. a. auf den meisten Postämtern.
Mit der Einbürgerungsurkunde oder dem Pass sollte man dann
zur örtlichen Zweigstelle der *Social Security Administration* (SSA)
gehen und diese über die Einbürgerung informieren.

Beibehaltung der deutschen Staatsangehörigkeit

Grundsätzlich gilt, dass der Erwerb einer ausländischen Staats-
bürgerschaft den Verlust der deutschen Staatsangehörigkeit zur
Folge hat. Seitdem im Jahr 2000 das Gesetz zur Änderung des
Staatsangehörigkeitsrechts in Kraft trat, ist es jedoch möglich, die
Beibehaltung der deutschen Staatsangehörigkeit zu beantragen.
Die Entscheidung über den Antrag ist, typisch für die deutsche
Bürokratie, eine Ermessenssache des jeweiligen Sachbearbeiters.
Ausschlaggebend ist dabei, ob der Antragsteller ausreichend be-
gründen kann, dass er sowohl fortbestehende Bindungen an
Deutschland hat, als auch Nachteile in den USA hätte, würde er
deren Staatsangehörigkeit nicht annehmen, z. B. aufenthaltsrecht-
liche, berufliche oder erbschaftssteuerrechtliche Nachteile. Das
Nichterhalten des Sorgerechtes im Scheidungsfall wäre ein weiterer möglicher Nachteil, denn amerikanische Gerichte geben in

Im Umgang mit
der deutschen
Bürokratie wird
Ihre Geduld
auf die Probe
gestellt.

der Regel dem amerikanischen Staatsangehörigen das Sorgerecht für Kinder aus gemischten Ehen. Zuständig für die Erteilung von Beibehaltungsgenehmigungen ist das Bundesverwaltungsamt in Köln, von dessen Website ▶ www.bva.bund.de man das Antragsformular sowie ein Merkblatt zum Verfahren und zu den vorzulegenden Unterlagen herunterladen kann. Der Antrag wird an die zuständige Auslandsvertretung der Bundesrepublik geschickt. Diese leitet ihn dann an das Bundesverwaltungsamt in Köln weiter.

Wichtig: Die gültige Genehmigung der Beibehaltung der deutschen Staatsangehörigkeit muss man vor dem amerikanischen Einschwörungstermin erhalten, damit man die deutsche Staatsangehörigkeit nicht verliert. Die Anträge zum Erwerb der amerikanischen Staatsbürgerschaft und zur Beibehaltung der deutschen Staatsangehörigkeit können jedoch zeitlich parallel gestellt werden.

Vergessen Sie nicht, dem Bundesverwaltungsamt eine Kopie Ihrer Einbürgerungsurkunde zu schicken.

Nach erfolgter Einbürgerung muss man dem Bundesverwaltungsamt eine Kopie der Einbürgerungsurkunde zuschicken, denn die Urkunde zur Beibehaltung der deutschen Staatsangehörigkeit ist zunächst einmal nur zeitlich befristet gültig.

Wer durch Geburt in den USA amerikanischer Staatsbürger ist, besitzt bei Abstammung von einem deutschen Elternteil übrigens automatisch auch die deutsche Staatsangehörigkeit und braucht keinen Antrag auf Einbürgerung oder auf Beibehaltung stellen.

Rückwandern

In wenigen Jahren kann sich viel ändern. Informieren Sie sich umfassend vor Ihrer Rückkehr in die alte Heimat.

Nicht wenige Menschen bleiben für immer in den USA, aber viele kehren nach einem kürzeren oder längeren Aufenthalt doch in die Heimat zurück. Besonders wenn man Jahre oder gar Jahrzehnte in den USA gelebt hat, sollte so eine Rückkehr genauso gut geplant werden wie eine Auswanderung. Da gibt es finanzielle Angelegenheiten, wie z. B. Rentenansprüche zu klären, und auch in der alten Heimat bleibt die Zeit nicht stehen und so manches mag sich geändert haben. Das katholische Raphaels-Werk (▶ www.raphaels-werk.de) bietet daher einen Ratgeber mit dem Titel »Rückkehr nach Deutschland« an. Dieser enthält praktische Tipps für die Wiedereingliederung in Deutschland sowie konkrete Informationen über die deutsche Staatsbürgerschaft und das Sozialversicherungssystem in Deutschland. Abgerundet wird das handliche Nachschlagewerk mit wichtigen Adressen und Hinweisen auf weitere Informationsmöglichkeiten.

Kapitel 2

Umzug

Das Umziehen innerhalb einer Stadt oder eines Landes ist in der Regel schon recht aufwändig. Wenn es jedoch in ein anderes Land und einen anderen Kontinent gehen soll, dann handelt es sich um eine echte Herausforderung. Die Hinweise in diesem Kapitel sollen Ihnen helfen, den Umzug nach Amerika zu planen und möglichst reibungslos abzuwickeln.

Mitnahme von Hausrat

Ein Rat für alle, die dauerhaft in die USA auswandern wollen: Verkaufen Sie alles, was sich nur schwer transportieren lässt:

- **Das Auto**, das man auf Grund sehr komplizierter und strenger Bestimmungen sowieso in der Regel nicht oder nur zeitlich begrenzt einführen kann.
- **Die Möbel**, die vielleicht gar nicht zu Ihrem neuen Wohnraum passen werden (alle Wohnungen sind z. B. bereits mit Einbauküchen ausgestattet, und Schlafzimmer haben in der Regel begehbare Kleiderkammern, sodass man auch keine Kleiderschränke braucht).
- **Die Elektrogeräte**, die in Amerika mit 110 Volt betrieben werden und zum Teil völlig andere technische Normen (Fernsehen, DVD) als in Europa verlangen und daher gar nicht oder nur sehr umständlich betrieben werden können.

Die Vorteile dieser Vorgehensweise liegen auf der Hand: Sie sparen die Transportkosten, sind flexibler in der Wohnraumwahl und haben größere Geldreserven, was sich besonders in der Anfangszeit sehr gut macht. Die meisten Dinge, wie z. B. Möbel und Autos sind in den USA ohnehin billiger. Falls Sie doch einige Sachen, wie z. B. antike Möbel, mitnehmen möchten, dann müssen Sie einen Container oder eine Holzkiste für zumeist mehrere Tausend Euro bei einem Spediteur mieten und von diesem transportieren lassen. Als preiswertere Alternative bietet sich auch die Verpackung in stabilen Kartons an, zumindest wenn es sich um keine sperrigen Gegenstände handelt bzw. wenn es sich nicht

Bei vielen Dingen ist die Mitnahme schon aus technischen Gründen nicht ratsam.

lohnt, einen Container zu mieten. Diese Kartons werden dann in der Regel in Sammelcontainern nach Amerika transportiert.

Hier einige Anbieter, deren regionale Kontaktadressen Sie auf den jeweiligen Firmen-Websites finden können:

Umzugsunternehmen

Brauns International	▶ www.brauns-international.de
Fröde	▶ www.froede.de
Hartmann International	▶ www.hartmann-international.de
Hertling	▶ www.hertling.com
Hübner Frachtenkontor	▶ www.huebner-frachtenkontor.de
Interfracht	▶ www.interfracht.de
ITO	▶ www.umzug-uebersee.de
Kuehne & Nagel	▶ www.kn-portal.com
Schenker	▶ www.schenker.de (Deutschland)
	▶ www.schenker.at (Österreich)
	▶ www.schenker.ch (Schweiz)

Informieren Sie sich genau über die Zollbestimmungen. Vergleichen Sie unbedingt die Preise verschiedener Speditionen. Der Luftweg muss dabei nicht unbedingt viel teurer als der Seeweg (ca. sechs Wochen Transportzeit) sein. Das hängt oft vom Umfang des Umzugsgutes ab. Informieren Sie sich bei dem Anbieter Ihrer Wahl auch genau, wie Sie Ihre Sachen beschriften sollen, damit Sie beim amerikanischen Zoll keine unnötigen Gebühren zahlen müssen. Die Broschüre »*Moving Household Goods to the United States*« des amerikanischen Zolls gibt detailliert Auskunft zur Einfuhr von Umzugsgut. Einen Link zu der Broschüre finden Sie auf ▶ www.alltag.us

Haushaltsgeräte

Die Mitnahme großer Haushaltsgeräte ist auf Grund der unterschiedlichen elektrischen Normen, die den umständlichen und teuren Einsatz eines leistungsstarken Transformators erfordern würden, und wegen des Transportaufwandes nicht zu empfehlen. Wenn Sie eine Wohnung mieten, werden die meisten Geräte ohnehin schon vorhanden sein.

Falls Sie ein Haus kaufen: Hervorragende Haushaltsgeräte aller Art stellt die amerikanische Marke *Kenmore* her, die es in den unzähligen Filialen der Handelskette *Sears* zu kaufen gibt. Man kann aber auch die für den amerikanischen Markt produzierten Waschmaschinen, Trockner, Geschirrspüler, Kochherde und anderen Maschinen der Firmen *Miele* und *Bosch* vielerorts in den USA kaufen.

Allerdings sind sie oft wesentlich teurer als vergleichbare amerikanische Geräte und meistens auch teurer als in Europa. Wer trotzdem auf deutsche Technik setzen will: Die amerikanischen Websites von *Miele* (▶ www.mieleusa.com) und *Bosch* (▶ www.boschappliances.com) bieten einen Überblick über die erhältlichen Produkte und haben auch Händler-Verzeichnisse.

Eine mit der deutschen *Stiftung Warentest* vergleichbare amerikanische Institution ist *Consumer Reports*. Die Produktberichte kann man, zum Teil kostenpflichtig, auf der Website ▶ www.consumerreports.org abrufen. Als Alternative können Sie natürlich auch die Zeitschrift der Organisation kaufen oder in der Bibliothek lesen.

Kleine Elektrogeräte

Elektrische Rasierapparate und Zahnbürsten und ähnliche kleine Elektrogeräte können Sie ruhig mit in die USA nehmen. Man kann bei der Elektrohandelskette *Radio Shack*, die es in fast jedem Ort gibt, einen *reverse voltage converter* zum Preis von etwa 40 Dollar kaufen. Dieser wandelt den Strom um und ermöglicht den problemlosen Betrieb von Geräten bis 40 Watt. Ein *high-power step-up voltage converter* für Geräte bis zu 150 Watt kostet um die 70 Dollar, ist aber normalerweise nicht in den Läden vorrätig. Man kann ihn aber bei ▶ www.radioshack.com bestellen. Wenn Sie mehrere mitgebrachte Geräte gleichzeitig an einen solchen Transformator anschließen wollen, sollten Sie nicht vergessen, eine Steckerleiste von zu Hause mitzubringen.

Rasierapparate und Zahnbürsten lassen sich mit einem Stromumwandler betreiben.

Fernseher und DVDs

Der technische Standard für Fernseh- und Videotechnik in den USA, Kanada und Mexiko ist NTSC (*National Television Standards Committee*). Der Standard in Westeuropa und vielen anderen Regionen ist PAL (*Phase Alternating Line*). Der Unterschied zwischen NTSC und PAL ist die Zahl der Bilder pro Sekunde und die maximale Auflösung. Deshalb lassen sich Fernsehgeräte und DVD- bzw. Blu-Ray-Player aus Europa nicht in Amerika nutzen, es sei denn, sie sind NTSC-kompatibel (die Bedienungsanleitung des jeweiligen Gerätes gibt Ihnen darüber Auskunft).

Das sogenannte *region lock* verhindert zudem das Abspielen von DVDs und Blu-Ray-Discs aus Europa auf Geräten in Amerika und umgekehrt. Wenn Sie europäische DVDs und Blu-Rays anschauen wollen, brauchen Sie einen *region code free player* (▶ www.codefreedvd.com). Auf diesem können Sie dann natürlich auch amerikanische Discs abspielen. Bevor Sie dieses Gerät kaufen, sollten Sie aber einmal ausprobieren, ob Sie die Discs möglicherweise auf Ihrem Computer anschauen können.

Laptop

Lassen Sie Ihren Drucker zu Hause. Die Mitnahme eines Laptops ist ohne Weiteres möglich, wenn das Netzteil auch mit 110 Volt betrieben werden kann. Das ist mittlerweile bei fast allen Geräten der Fall. Sie brauchen dann nur noch einen Zwischenstecker (*foreign adapter plug*), um das Gerät an eine amerikanische Steckdose anschließen zu können. In den USA gibt es einen solchen Stecker u. a. bei ▶ www.radioshack.com zu kaufen. In Deutschland wird er vielerorts unter der Bezeichnung »Reisestecker« angeboten. Um das (eingebaute) Analogmodem des Laptops (ISDN-Karte funktioniert in den USA nicht) ans Telefonnetz anzuschließen, brauchen Sie ein Kabel mit Westernsteckern. Dieses gibt es preiswert in jedem Laden, der Computerzubehör führt.

Einen Drucker sollte man nicht mitnehmen, da A4-Papier so gut wie gar nicht verwendet wird. Amerikanisches Druckerpapier des Formats »*letter*« ist 6 Millimeter breiter und 18 Millimeter kürzer als A4-Papier. Dementsprechend haben natürlich Aktenordner ebenfalls ein anderes Format und zudem drei statt zwei Ringe.

Amerikanische Bettengrößen

In den USA gibt es folgende Standard-Bettengrößen:

- *Twin* (99 cm x 190,5 cm) ist für eine Person gedacht und wird deshalb auch *Single* genannt.
- *Twin X-Long* (99 cm x 203 cm) ist ein Einzelbett für große Menschen. Diese Bettengröße findet man in erster Linie in Studentenwohnheimen.

- *Full* (137 cm x 190,5 cm) ist die kleinste Doppelbettengröße und wird oft auch als *Double Bed* bezeichnet.
- *Queen* (152 cm x 203 cm) ist breiter und länger als *Full*. Wenn Sie Ihr Schlafzimmer einrichten, sollten Sie mindestens diese Größe kaufen.
- *King* (193 cm x 203 cm) ist wesentlich breiter als *Queen*. Das wahre Schlafvergnügen. Wird mitunter auch als *Eastern King* bezeichnet.
- *Cal-King* (183 cm x 213 cm), auch *Western King* genannt, ist schmaler, aber länger als *Eastern King*, und hauptsächlich in Kalifornien anzutreffen.

Amerikanische Betten bestehen in der Regel aus einem Bettgestell, einer Auflage und einer Matratze. Preiswerte Möbel bekommen Sie auch in den USA bei IKEA (▶ www.ikea.com).

Für die Bettwäsche gilt: Bringen Sie entweder alles mit, also Kissen, Decken und Bezüge, oder kaufen Sie alles neu. Deutsche Bezüge passen nicht auf amerikanische Kopfkissen und Decken und amerikanische Bettwäsche passt nicht auf deutsche Decken und Kissen. Preiswerte und gute Bettwäsche sowie Kopfkissen und Steppdecken bekommen Sie in den Kaufhäusern der Firmen *Target* und *Kmart*. Bitte beachten Sie, dass es für *Twin X-Long* und *Cal-King* zwar Bettlaken gibt, jedoch keine Bettdecken und dergleichen. Man kauft diese einfach in den Größen *Twin* und *King*. Beim Kauf einer Bettwäschegarnitur *(sheet set)* sollten Sie beachten, dass diese in der Regel zwei Kopfkissenbezüge *(pillow cases)*, ein Spannbettlaken *(fitted sheet)* sowie ein *flat sheet* (eine Art Laken zum Zudecken, wie man es auch in amerikanischen Hotels findet), aber keinen Bettdeckenbezug *(duvet cover)* beinhaltet. In den meisten Läden gibt es Bettdeckenbezüge separat zu kaufen, man kann sie aber mitunter, z. B. bei IKEA, auch mit passenden Kopfkissen bekommen.

In Sachen Bettwäsche ist in den USA vieles anders.

Pflanzen

Informationen zur streng geregelten Einfuhr von Pflanzen finden Sie auf der folgenden Website: ▶ www.aphis.usda.gov. Wenn Sie allen Problemen aus dem Weg gehen wollen, dann sollten Sie grundsätzlich keine Pflanzen, Pflanzenteile oder Samen mit in die USA nehmen. Finden Sie lieber ein neues Zuhause für Ihre alten Pflanzen und entdecken Sie dann die Pflanzenvielfalt Amerikas.

Die Mitnahme von Pflanzen ist nicht ratsam.

Bitte beachten Sie auch den Abschnitt »Gemeinschaftsgärten« in diesem Buch. Dort finden Sie Informationen, wo man seltene Samen in den USA kaufen kann, wie z. B. für Kohlrabi und andere Gemüse, die man normalerweise vergeblich im Handel sucht.

Medikamente

Informieren Sie sich, ob Ihr Medikament in den USA einen anderen Namen hat.

Lassen Sie Medikamente in den Originalverpackungen. Beschränken Sie sich darauf, einen Vorrat für maximal drei Monate mitzunehmen. Bringen Sie einen Begleitbrief Ihres Arztes in englischer Sprache mit, der Auskunft darüber gibt, wie oft und in welchen Mengen Sie das jeweilige Medikament einnehmen müssen.

Autos

Die Mitnahme eines Autos ist nicht zu empfehlen.

Fahrzeuge für den persönlichen Gebrauch können zollfrei (*duty-free*) für einen Zeitraum bis zu einem Jahr mit in die USA genommen werden.

Wenn Sie länger in den USA bleiben wollen und daran denken, Ihr Auto mitzunehmen, sollten Sie Folgendes beachten: Wenn das Auto in den USA nicht baugleich im Handel ist bzw. war, dann wird es als privater Import in der Regel nicht zugelassen, da den Behörden keine Abgas- und Sicherheitstestwerte vorliegen.

Diese müssen von amerikanischen Stellen wie der *Environmental Protection Agency* und dem *Department of Transportation* kommen. Die Vorlage europäischer Dokumente nützt nichts: Das Auto wird entweder vom Zoll nicht freigegeben oder muss unter Aufwand von oft tausender Dollar den amerikanischen Bestimmungen entsprechend in speziellen Werkstätten umgerüstet werden. Dieser Aufwand lohnt sich in der Regel nicht. Wer ein neues Auto dauerhaft in die USA importieren will, muss außerdem Zollgebühren bezahlen.

Besonders bei Dieselfahrzeugen ist größte Vorsicht geboten. Aber auch viele andere Fahrzeuge, wie die *Mercedes A-Klasse* und der *Audi A2*, werden nicht zugelassen.

Sie ersparen sich viel Ärger und möglicherweise großen finanziellen Schaden, wenn Sie Ihr Fahrzeug nicht mitnehmen, sondern es vor der Abreise verkaufen und mit dem Geld ein neues Auto in den USA erwerben. Eine Ausnahme besteht, wie eingangs gesagt, wenn Sie Ihr Auto nur vorübergehend, d. h. für weniger als ein Jahr, mit nach Amerika bringen.

Sie dürfen das Fahrzeug allerdings nicht in den USA verkaufen, wenn es nicht den erwähnten amerikanischen Bestimmungen entspricht. Sie müssen es daher nach spätestens einem Jahr entweder ausführen, umrüsten, sofern das technisch möglich ist, oder verschrotten lassen.

Für Oldtimer/Sammlerstücke gelten spezielle Bestimmungen, die Sie, wie alle anderen Informationen zum Importieren eines Autos, auf der Seite »*Importing a Motor Vehicle*« des amerikanischen Zolls finden können. Den Link zu dieser Seite gibt es auf ▶ www.alltag.us.

Kapitel 3

Mitnahme von Haustieren

Die folgenden Ausführungen sollen Ihnen einen Überblick geben, was bei der Mitnahme von Haustieren zu beachten ist. Bitte informieren Sie sich auch auf der Website der amerikanischen Botschaft in Deutschland über die aktuellen Einreisebestimmungen: ▶ www.us-botschaft.de

Hunde

Der Nachweis einer Tollwutimpfung ist besonders wichtig.

Für einen Hund benötigen Sie ein Gesundheitszeugnis (*health certificate*), welches auf Englisch bescheinigt, dass der Vierbeiner keine auf den Menschen übertragbaren Krankheiten hat (*free of diseases communicable to man*). Dieses sollte nicht älter als eine Woche sein. Besonders wichtig ist die Bescheinigung über die Tollwutimpfung: Hunde, die älter als drei Monate sind, müssen mindestens 30 Tage vor der Einreise in die Vereinigten Staaten gegen Tollwut (*rabies*) geimpft worden sein.

Sie müssen dafür ebenfalls einen schriftlichen Nachweis (*rabies vaccination certificate*) in englischer Sprache haben. Dieses muss den Namen des Hundes, die Impfdaten und das Ablaufdatum der Immunisierung (*dates of vaccination and expiration*) ausweisen und die Unterschrift des Tierarztes tragen.

Das *expiration date* ist nicht notwendig, wenn die Impfung nicht länger als zwölf Monate vom Tag der Ankunft in den USA zurückliegt.

Alle in die tollwutfreien Gebiete Hawaii sowie Guam und Amerikanisch-Samoa eingeführten Hunde unterliegen einer 120-tägigen Quarantäne. In Hawaii kann man die Quarantäne auf fünf Tage verkürzen, wenn man alle Auflagen erfüllt, die auf der folgenden Webseite aufgeführt werden: ▶ http://hdoa.hawaii.gov/ai/aqs/faq-for-five-day-or-less-program. Das Gleiche gilt für American Samoa, da die Tiere über Hawaii eingeführt werden müssen. Informationen für Guam gibt es auf ▶ www.guam.gov

Wenn Sie Ihren Hund im Flugzeug mitnehmen wollen, sollten Sie sich unbedingt bei der Fluggesellschaft über die dafür geltenden Richtlinien informieren. Ganz kleine Hunde (in der

Regel bis etwa fünf Kilo) können bei vielen Fluggesellschaften gegen einen geringen Aufpreis als Handgepäck mit in die Kabine genommen werden. Sie müssen allerdings rechtzeitig reservieren, da die Anzahl der Tiere pro Flug beschränkt ist. Fragen Sie die Fluggesellschaft, ob diese eine Transporttasche für die Kabine zur Verfügung stellt oder ob Sie diese vorab kaufen müssen. Diese speziellen Transporttaschen sind verschließbar, luftdurchlässig und wasserundurchlässig. Fragen Sie bei Bedarf im Tierhandel danach.

Informieren Sie sich bei der Fluggesellschaft über die genauen Mitnahmebedingungen.

Größere Hunde müssen in den Frachtraum. Die feste, ausbruch- und auslaufsichere sowie luftdurchlässige Transportbox für den Hund muss der Besitzer mitbringen. Obwohl es die Boxen auch in den Frachtabteilungen vieler großer Flughäfen zu kaufen gibt, sollten Sie diese schon einige Tage oder sogar Wochen vor dem Flug erwerben. So vermeiden Sie das Risiko, dass es dann kurz vor dem Flug doch keine Box zu kaufen gibt. Sie haben so außerdem Zeit, Ihren Hund schon zu Hause langsam an die Box zu gewöhnen. Legen Sie eine dem Hund vertraute Decke in die Box. Weisen Sie die Flugbesatzung vor dem Abflug sicherheitshalber noch einmal auf das Tier im Frachtraum hin, sodass der Pilot für die richtigen klimatischen Bedingungen sorgt.

Bitte beachten Sie, dass viele Fluggesellschaften keine Hunderassen mit kurzen Schnauzen, wie z. B. die Englische Bulldogge und den Mops, transportieren, da diese Hunde im Flugzeug sehr anfällig für lebensgefährliche Probleme hinsichtlich Atmung und Körpertemperatur sind.

Wählen Sie einen möglichst kurzen Flug bzw. eine Direktverbindung, um ein Umladen des Hundes in ein anderes Flugzeug und den damit verbundenen Stress zu vermeiden. Wenn Ihr Hund ohne Probleme im Auto reist, sollten Sie vielleicht nur bis zur Ostküste fliegen und dann per Auto zu Ihrem Endziel weiterreisen. Das hängt aber natürlich von vielen Bedingungen wie Entfernung, Zeit, Kosten usw. ab.

Wenn Sie können, sollten Sie auch die heißen Sommermonate vermeiden, da sich der Frachtraum des Flugzeuges stark aufheizen kann.

Auf dem Passagierschiff *Queen Mary 2* kann man ebenfalls Hunde mitnehmen. Diese müssen allerdings in einem Hundezwinger (*kennel*), den es an Bord des Schiffes gibt, bleiben. Man kann den Hund natürlich besuchen. Da das Schiff von England aus losfährt, sind nicht nur die amerikanischen, sondern auch die britischen Zollbestimmungen für die Einreise mit Hund zu beachten.

Es gelten strenge
Regeln bei
Leinenpflicht
und Mitnahme
in Restaurants
und öffentliche
Verkehrsmittel.

Die USA sind ein recht hundefreundliches Land. Trotzdem sollte man einige Grundregeln unbedingt beachten:

- Hunde werden in den USA grundsätzlich an der **Leine** geführt. Vielerorts bekommt man einen Strafzettel, wenn man das nicht macht.
- In **Restaurants** darf man Hunde nicht mitnehmen und in Geschäfte nur dann, wenn es ein Schild mit einer entsprechenden Einladung gibt, z. B. *»Pets welcome«*. Da in den letzten Jahren die Zahl der gestohlenen Hunde stark gestiegen ist, sollte man sich jedoch gut überlegen, ob man seinen Vierbeiner vor einem Geschäft oder Restaurant anbindet.
- In **öffentliche Verkehrsmittel** dürfen Hunde nur dann, wenn es sich um Blindenhunde handelt.
- Einige **Hotels** erlauben Hunde, andere wiederum nicht. Man sollte daher vorher bei den Hotels anrufen oder auf dieser Website nachschauen: ▶ www.dogfriendly.com. Dort kann man auch *off-leash dog parks* finden, also eingezäunte Parkanlagen, in denen Hunde frei herumlaufen dürfen.
- Bedenken Sie auch, dass Sie, wenn Ihr Hund jemanden beißt, in den USA auf hohe Geldsummen verklagt werden können. Ein **Maulkorb** ist unter Umständen angebracht, insbesondere, wenn der Hund in der Vergangenheit schon einmal zugebissen hat.
- In den meisten *National Parks* dürfen Hunde nicht mit auf die Wanderwege (*trails*), d. h. sie müssen im oder beim Auto bleiben. Wer Nationalparks in heißen Gegenden besuchen will, sollte daher bedenken, dass sich ein geparktes Auto selbst bei geöffneten Fenstern innerhalb von Minuten so sehr aufheizen kann, dass der Hund zu Tode kommt. Man kann also nicht einfach wandern gehen und den Hund im Auto zurücklassen. Sie sollten deshalb den Hund entweder gar nicht erst auf die Reise mitnehmen oder sich mit dem Durchfahren der *National Parks* im klimatisierten Auto begnügen.
- Der Betrieb der **Klimaanlage** im Auto ist zu empfehlen, weil Hunde während der Autofahrt nicht ihren Kopf aus dem geöffneten Fenster stecken sollten, da ihre Augen Schaden nehmen können.
- *State Parks* erlauben dagegen oft das Wandern mit Hund. Sie sollten sich jedoch in jedem Fall vorab auf der Website des jeweiligen Parks eingehend informieren. Das Gleiche gilt für Campingplätze.

Wenn Sie an Ihrem neuen Wohnort angekommen sind, sollten Sie mit Ihrem Hund spazieren gehen und die Nachbarschaft erkunden. Lassen Sie Ihren Vierbeiner viel riechen und sein Territorium markieren. Da Hunde mehr an ihren Besitzern als an ihrem Wohnort hängen, sollte die Gewöhnung an die neue Umgebung kein Problem sein. Bitte lesen Sie auch den Abschnitt »Wohnungssuche«, der u. a. darauf eingeht, was Haustierbesitzer (*pet owners*) beim Apartmentmieten beachten müssen.

Lassen Sie sich im Tierladen eine kleine Metallmarke mit dem Namen des Hundes sowie mit dem Namen, der Anschrift und der Telefonnummer des Besitzers anfertigen. Das kostet in der Regel nur ein paar Dollar. Vielerorts muss auch eine Hundemarke von der Stadtverwaltung (*city government*) erworben werden, deren Erwerb eine Bescheinigung über den aktuellen Tollwutimpfschutz (*rabies vaccination*) des Hundes voraussetzt.

Bitte beachten Sie auch, dass Sie an den meisten Orten dazu verpflichtet sind, Hundekot wegzuräumen. Sie sollten daher immer einige Mülltüten (*garbage bags*) dabei haben, die es in jedem Supermarkt preiswert und in vielen verschiedenen Größen, Farben und sogar Duftnoten zu kaufen gibt. Die Tüten, die vier Gallonen fassen, sind am praktischsten.

Falls Sie Geld sparen wollen, hier ein Tipp: An den Selbstbedienungskassen (*U-Scan*) vieler Supermärkte liegen oft ungenutzte Plastiktüten herum, die letztendlich im Müll landen. Stecken Sie einfach diese Tüten ein, wenn Sie mit dem Einpacken und Bezahlen fertig sind.

In Sachen Hundefutter sei die Marke *Canidae* empfohlen, die ihre Produkte in den USA herstellt. Seien Sie vorsichtig bei Tierfutterprodukten Made in China. In den letzten Jahren sind in Amerika viele Hunde gestorben, weil sie sich an diesen vergiftet hatten.

Falls Ihr Hund einmal von einem Stinktier (*skunk*) besprüht wird, helfen *douche*-Vorrichtungen ganz gut, gegen den Gestank vorzugehen, da man mit diesen Intimspülungen für Frauen, die man im Supermarkt im Tampon-Regal findet, eine Essiglösung durch das Fell hindurch direkt auf die Haut auftragen kann, wo sich die »Duftstoffe« oft besonders hartnäckig festsetzen. Man muss allerdings mehrere Packungen kaufen und sich auch fragende bzw. belustigte Blicke an der Kasse gefallen lassen.

Ein weiterer Tipp zum Thema Geruch: Falls Ihr Hund einmal auf den Teppich, das Sofa oder das Bett pinkelt, sollten Sie *Nature's Miracle* im Tiergeschäft kaufen. Gießen Sie dieses Reinigungsmittel, das speziell für Tierflecken entwickelt wurde und in großen weißen Plastikflaschen mit roter Aufschrift verkauft

Hundekot muss immer und überall weggeräumt werden.

wird, auf die entsprechende Stelle, lassen Sie die Flüssigkeit eine Minute einwirken und reiben Sie den Fleck dann mit Papiertüchern heraus. Sie werden staunen, wie gut das Mittel funktioniert: Der Fleck verschwindet und es bleibt kein Geruch zurück.

Was bedeutet eigentlich »*K-9 unit*«?

An manchen amerikanischen Polizeiautos kann man die Aufschrift »*K-9 unit*« bzw. »*K9 unit*« sehen. Das Buchstaben-Zahlen-Kürzel steht dabei für *canine* und wird genauso ausgesprochen. *Canine* wiederum wird als Synonym für »Hund« verwendet. (Hunde, lat. Canidae, bilden mit anderen hundeartigen Tieren, z. B. Füchse und Wölfe, die Raubtierfamilie der Canoidea, während die katzenartigen Tiere zur Familie der Feloidea gehören.)

Also kurz gesagt: Wenn »*K-9 unit*« am Auto steht, ist ein Diensthund samt Diensthundeführer an Bord.

Katzen

Keine Einreise ohne Tollwutimpfung

Katzen sollten gegen Tollwut geimpft und mindestens 90 Tage im Besitz des jeweiligen Tierhalters gewesen sein. Ein nicht mehr als eine Woche altes Gesundheitszeugnis (*health certificate*) muss auf Englisch bescheinigen, dass die Katze keine auf den Menschen übertragbaren Krankheiten hat (*free of diseases communicable to man*).

Wenn das Tier bei der Einreise nicht in gutem Gesundheitszustand zu sein scheint, können weitere Untersuchungen von einem zugelassenen Tierarzt auf Kosten des Tierhalters erforderlich werden. In dem tollwutfreien Bundesstaat Hawaii sowie in den Territorien Guam und Amerikanisch-Samoa unterliegen eingeführte Tiere speziellen Quarantänebestimmungen. (Siehe dazu den Abschnitt »Hund«)

Um Ihre Katze im Flugzeug mitnehmen zu können, müssen Sie bei der Fluggesellschaft anfragen, ob und wie das geht, und gegebenenfalls einen kleinen Aufpreis bezahlen. Erkundigen Sie sich, ob die Fluggesellschaft eine Transporttasche für die Kabine zur Verfügung stellt. Während des Fluges darf die Katze die Transporttasche nicht verlassen. Legen Sie Saugunterlagen auf den Taschenboden. Lassen Sie sich eventuell vom Tierarzt ein Beruhigungsmittel für die Katze geben.

Perserkatzen werden von vielen Fluggesellschaften nicht mitgenommen, da es bei diesen unter Umständen zu lebensgefährlichen Atemproblemen kommen kann. Besitzer dieser Katzen empfehlen daher in Internet-Foren, mit Lufthansa zu fliegen und die Katzen mit in die Kabine zu nehmen. Perserkatzen können nicht überall mitfliegen. Bitte beachten Sie, dass bei jedem Flug nur eine stark begrenzte Anzahl Tiere mitgenommen wird. Das gilt insbesondere für die Mitnahme in der Kabine. Ein frühzeitiges Reservieren ist also angebracht. Denken Sie auch daran, dass Ihre Katze als Handgepäck zählt und somit die Zahl weiterer in der Kabine erlaubter Gepäckstücke einschränkt.

Gewöhnen Sie Ihre Katze allmählich an den neuen Wohnort. Passen Sie auf, dass Ihre Katze nicht entläuft, da sie in der Anfangszeit möglicherweise versuchen würde, zum alten Wohnort zurückzulaufen. Lassen Sie die Katze für mindestens einen Monat erst einmal nur das Haus erkunden. Wenn Sie die Katze später in der Nachbarschaft frei laufen lassen wollen, sollten Sie diese zu Beginn auf gemeinsame Spaziergänge mitnehmen. Ist die Katze dann soweit, unabhängig von Ihnen durch die Gegend zu streifen, kann es nicht schaden, ihr ein Halsband mit Ihrer Adresse und Telefonnummer anzulegen. Bedenken Sie aber auf jeden Fall das Risiko, dass die Katze wegen eines Unfalls, auf Grund eines Kampfes mit wilden Tieren oder aus anderen Gründen nicht mehr nach Hause kommen könnte.

Andere Haustiere

Während die Mitnahme von Hunden und Katzen recht unkompliziert ist, wird der Transport und die Einreise von anderen Haustieren stärker reguliert:

- Bei **Schildkröten** gibt es eine zahlenmäßige Beschränkung. Erkundigen Sie sich vor Ihrer Abreise.
- **Affen** dürfen nicht als Haustiere eingeführt werden.
- Bei Meerschweinchen, Hamstern, Frettchen und anderen **Nagetieren** sowie bei Kaninchen gibt es keine Beschränkungen, wenn sie als Haustiere mitgebracht werden.
- Erkundigen Sie sich aber bei den Fluggesellschaften nach den genauen Transportvorschriften und kaufen Sie einen ausbruchsicheren Transportbehälter.
- Für **wilde Tiere**, Fische, Amphibien, Insekten, Schalentiere, Weichtiere, Reptilien, Korallen und andere Wirbellose

gibt es bestimmte Verbote, Einschränkungen, Genehmigungspflichten und Quarantänebestimmungen des *U.S. Fish and Wildlife Service* (▶ www.fws.gov).

- Auch für die Einfuhr von **Jagdtrophäen und anderen Tierpräparaten** sowie lebendigen wie toten Exemplaren gefährdeter Tierarten (*endangered species*) gibt es umfangreiche Bestimmungen.
- Informationen zur Einfuhr von **Pferden** finden Sie im unter folgender Adresse: ▶ www.aphis.usda.gov/import_export

Für Vögel gelten strenge Quarantänevorschriften.

- **Vögel** müssen 30 Tage in einem *USDA Animal Import Center* in Quarantäne verbringen.
- Diese *Quarantine Centers* gibt es an den drei einzigen Orten, an denen Vögel in die USA eingeführt werden dürfen:

JFK International Airport (New York)
Telefon: (Vorwahl USA 001) (Ortsvorwahl 718) 553-3570
Fax: (718) 553-3572

Miami International Airport
Telefon: (305) 526-2926
Fax: (305) 526-2929

Los Angeles International Airport
Telefon: (310) 725-1970
Fax: (310) 725-9119

Das jeweilige *USDA Animal Import Center* muss vorab kontaktiert werden, um einen Platz für die Quarantäne zu reservieren. Die Bezahlung erfolgt ebenfalls im Voraus. Nachdem das geschehen ist, wird eine für die Einfuhr von Vögeln notwendige *USDA import permit* ausgestellt. Das Antragsformular *USDA VS Form 17-23* können Sie hier herunterladen: ▶ www.usa-federal-forms.com

Vögel müssen ferner ein Gesundheitszeugnis vom heimatlichen Amtstierarzt haben, das nicht älter als 30 Tage ist. Das Dokument muss in englischer Sprache bestätigen, *»that the bird has been examined and shows no evidence of communicable diseases of poultry«* und *»that the bird is being exported in accordance with the laws of [Germany, Austria* oder *Switzerland]«.*

Das Gesundheitszeugnis verbleibt während der Reise bei dem Vogel. Machen Sie sicherheitshalber eine Kopie. Alle Vögel werden dann bei Einreise in die Vereinigten Staaten von einem Tierarzt der USDA untersucht. Ein Termin dafür muss 72 Stunden vor der Abreise gemacht werden.

- Für die Einfuhr wilder, **bedrohter und exotischer Vogelarten**, einschließlich Papageien, wird eine Genehmigung des *U.S. Fish and Wildlife Service* benötigt:

U.S. Fish and Wildlife Service
Office of Management Authority
4401 North Fairfax Drive, Room 420
Arlington, VA 22203
Telefon: (703) 358-2236
▶ www.fws.gov

Ein Haustier in Amerika adoptieren

Wenn Sie sich in den USA einen Hund oder eine Katze zulegen möchten, dann sollten Sie, bevor Sie im Tiergeschäft oder beim Züchter kaufen, zunächst einmal zum örtlichen *animal shelter* der *Humane Society* gehen.

Dort warten eine Menge Hunde und Katzen jeder Rasse und jeden Alters darauf, neue Besitzer zu finden.

Indem Sie so einem Tier ein neues Zuhause geben, bewahren Sie es vor dem Tod. Die Hunde und Katzen dort sind ohne eigenes Verschulden von Ihren früheren Besitzern verstoßen worden, so wie das in unserer heutigen Wegwerfgesellschaft üblich ist. Die zumeist freiwilligen Mitarbeiter der *Humane Society* versuchen für diese Tiere ein neues Zuhause zu finden, leider oft vergeblich.

Bevor Sie also die Produktion neuer Tiere durch Züchter unterstützen, würden Sie wirklich eine gute Tat vollbringen, wenn Sie einen Hund oder eine Katze adoptieren.

Das ist in der Regel kostenlos oder nur mit einem sehr geringen Beitrag verbunden, der die Arbeit der *Humane Society* unterstützt. Zehntausende Tiere, die ein neues Zuhause suchen, finden Sie auf ▶ www.petfinder.com

Die Tierheime in den USA sind überfüllt.

Kapitel 4

Anreise

Reisen in die USA sind generell nicht billig. Allerdings kann man durch das Vergleichen von Angeboten verschiedener Anbieter den einen oder anderen Euro sparen. Der Zeitpunkt der Reise spielt dabei eine erhebliche Rolle. Im Sommer sind die Preise am höchsten, in der Vor- und Nachsaison und besonders im Winter jedoch wesentlich niedriger. Auch durch das frühzeitige Buchen der Reise kann man in vielen Fällen deutlich die Kosten senken.

Nach Amerika fliegen

Der Flug von Frankfurt nach New York dauert etwas mehr als acht Stunden und nach Los Angeles fast zwölf Stunden. Durch frühzeitiges Buchen oder durch das Nutzen von Last-Minute- und anderen Sonderangeboten kann man oft ganz erheblich sparen. Beachten Sie, dass der Erwerb eines Hin- und Rückflugtickets in der Regel wesentlich billiger ist als nur eine Strecke allein. Das Rückflugticket kann dann innerhalb von zwölf Monaten für eine Reise in die alte Heimat benutzt werden. Kaufen Sie dann dort einfach wieder Tickets für einen Hin- und Rückflug.

Flugtickets sind in Deutschland in der Regel billiger als in den USA. Ein Blick auf die Websites verschiedener Airlines kann sich lohnen, da man dort oft auf Sonderangebote stoßen kann. Wer in den USA Tickets kaufen will, sollte auch ▶ www.travelocity.com oder ▶ www.expedia.com nutzen. Beide Websites bieten die Möglichkeit, bestimmte Reiseziele und Preisobergrenzen einzugeben und sich immer dann benachrichtigen zu lassen, wenn Sonderangebote von Airlines vorliegen, die diesen Kriterien entsprechen.

Fragen Sie Ihren Arzt nach einem Beruhigungsmittel, falls Sie Flugangst haben.

Erkundigen Sie sich vor dem Flug nach den Gewichtsgrenzen für Ihr Gepäck, um zusätzliche Gebühren zu vermeiden. Falls Sie Angst vor dem Fliegen haben, sollten Sie das Buch »*Fliegen ohne Angst*« von Frank Littek vor und während des Fluges lesen.

Wenn Sie älter oder übergewichtig sind, sollten Sie während des Fluges hin und wieder einmal aufstehen, um Blutgerinnseln vorzubeugen.

Mit dem Passagierschiff fahren

Eine Transatlantikreise ist ein stilvoller Auftakt für einen USA-Aufenthalt bzw. eine Auswanderung. Bis über die Mitte des letzten Jahrhunderts hinaus war das Schiff das übliche Transportmittel für all jene, die nach Amerika reisten. Riesige Passagierschiffe verkehrten regelmäßig zwischen den großen europäischen und amerikanischen Häfen.

Durch rechtzeitiges Buchen lässt sich erheblich Geld sparen.

Nach einer gewissen Durststrecke, die durch das immer preiswerter werdende Fliegen verursacht wurde, erfreut sich der Schiffsverkehr auf dem Atlantik heutzutage wieder zunehmender Beliebtheit. Die *Queen Mary 2* (QM2) verkehrt regelmäßig zwischen New York und Southampton und transportiert bis zu 2620 Passagiere sehr stilvoll in sechs Tagen über den Atlantik. Den Fahrplan finden Sie auf ▶ www.cunard.de

Es sei hier betont, dass die *Queen Mary 2* kein durchschnittliches Kreuzfahrtschiff ist, sondern ein echter Transatlantikliner, der hinsichtlich Stil und Service eine Klasse für sich darstellt und dem manchmal etwas unruhigen Wetter auf der Fahrt über den Nordatlantik hervorragend gewachsen ist.

Die Fahrten sind nicht unbezahlbar. Im Vergleich zum Flugticket bekommt man neben der Transportleistung auch erstklassiges Essen und Hotelservice sowie ansprechende Unterhaltungs- und Freizeitmöglichkeiten geboten. Wer rechtzeitig bucht, kann zusätzlich noch ganz erheblich sparen. Die Mitnahme von Hunden und Katzen ist möglich, diese werden gesondert in einem Zwinger (*kennel*) untergebracht und können dort von ihren Besitzern mehrmals am Tag besucht werden.

Mit dem Schiff an der Freiheitsstatue vorbei in den New Yorker Hafen einlaufen – besser kann ein USA-Aufenthalt nicht beginnen!

Per Frachtschiff in die USA

Neben Stück- und Schüttgut nehmen manche Frachtschiffe auch einige Passagiere mit. Praktisch ist so eine Frachtschiffreise u. a., wenn Sie ein Motorrad mitnehmen wollen. (Erkundigen Sie sich bei der jeweiligen Reederei nach den Bedingungen).

Bei Abfahrt- und Ankunftszeiten muss man sehr flexibel sein.

Während die Transatlantikfahrt auf einem Passagierschiff weniger als eine Woche dauert, sollte man für eine Frachtschiffreise mindestens zehn Tage einplanen. Genaue Abfahrts- und Ankunftszeiten gibt es bei so einer Reise nicht. Wetter, Ladung und Hafenzeiten sind Faktoren, die den Fahrtablauf eines Frachtschiffes beeinflussen. Daher sollte man flexibel sein und mehrere Tage Spielraum vor und nach so einer geplanten Reise haben. Auch sollte man sich überlegen, was man an Bord macht. Anders als auf Passagierschiffen gibt es hier kein Unterhaltungsprogramm. Eine ausreichende Anzahl Bücher mitzunehmen ist auf jeden Fall eine gute Idee. Einige Besatzungen lassen Passagiere in der Küche mithelfen, unentgeltlich versteht sich, denn das Arbeiten für eine kostenlose oder verbilligte Überfahrt gibt es nicht mehr. Passagiere bezahlen wie beim Flugzeug oder Passagierschiff einen festgesetzten Preis. Dieser ist in der Regel geringer als auf Passagierschiffen, die Kabinen sind jedoch, wider Erwarten, auf Frachtschiffen oft größer. Allerdings sind Frachtschiffe lauter und liegen nicht so stabil im Wasser. Das macht so eine Fahrt immer noch ein wenig abenteuerlich. Anders als auf Passagierschiffen gibt es auch keinen Arzt an Bord. Sie sollten sich des daraus entstehenden Risikos bewusst sein und auf jeden Fall eine Versicherung abschließen, die einen möglicherweise notwendigen Abtransport per Rettungshubschrauber abdeckt.

Kontaktadressen für Frachtschiffreisen können Sie im Internet unter der folgenden Adresse finden: ▸ www.seereisenportal.de

Kapitel 5

Geldfragen

Finanzielle Probleme führen unweigerlich zu Stress und Unzufriedenheit, besonders wenn man einen Neuanfang in ungewohnter Umgebung wagt. Planen Sie daher alle mit Geld verbundenen Aspekte Ihres Amerika-Aufenthaltes bzw. Ihrer Auswanderung besonders sorgfältig.

Die Kosten eines Neuanfangs in den USA

Neben den Mitteln für den eigentlichen Umzug sollten Sie ein ausreichendes finanzielles Polster für die Anfangszeit in Amerika haben. Wie viel Sie brauchen, hängt natürlich von den Umständen Ihres Aufenthaltes ab, z. B. ob Sie dauerhaft nach Amerika auswandern oder ob Sie nur für eine bestimmte Zeit bleiben wollen, z. B. zwecks Arbeit, Geschäft, Studium, Schuljahr oder Au-Pair.

Wenn Sie zwecks Arbeit in die USA geschickt werden, dann gibt es normalerweise klare finanzielle Vereinbarungen mit dem Arbeitgeber, z. B. wer für die Wohnung und das Auto bezahlt. Studenten sollten Informationen von den Universitäten über die Kosten von Studium und Leben in den USA erhalten. Eine Arbeit als Au-Pair ist zweifellos die finanziell günstigste Form eines Amerika-Aufenthaltes, da schon einmal die größten Kosten, wie Unterkunft und Essen, entfallen. Bei Studium, Schuljahr oder Au-Pair entscheiden Ihre finanziellen Umstände (bzw. die Ihrer Eltern) darüber, wie viel Taschengeld Sie haben werden. Seien Sie auf jeden Fall erst einmal vorsichtig mit Ausgaben, damit Ihnen das Geld nicht schon lange vor dem Ende Ihres Aufenthaltes knapp wird.

Wer sich dauerhaft in den USA niederlassen möchte, sollte solide finanzielle Rücklagen haben. Die Höhe des Startkapitals, das Sie zusätzlich zu den Kosten für Flug und Umzug aufbringen müssen, richtet sich vor allem danach, wie viele Personen in die USA gehen, ob man schon eine Arbeit dort hat, wo man hinzieht und ob man ein Auto für die Anfahrt zur Arbeit braucht, und lässt sich daher auf keine genauen Beträge festlegen.

Eine Auswanderung sollte finanziell auf gesunden Füßen stehen.

Sie sollten mindestens ausreichend Geld für die ersten drei bis sechs Monate zur Verfügung haben. Mehr wäre natürlich besser. Denken Sie immer daran: Als Neuankömmling in den USA sind

Sie finanziell hundertprozentig auf sich selbst gestellt, eine Unterstützung von Seiten des Staates gibt es auch im Notfall nicht. Sie sollten bei der Planung beachten, welche Kosten auf jeden Fall auf Sie zukommen werden. Dazu gehören fast immer relativ hohe Kautionen für Miete, Telefon, Internet und Strom, da Sie noch keine Kreditvergangenheit (im Abschnitt »Credit History« dieses Kapitels umfassend erläutert) in den USA haben und die entsprechenden Serviceanbieter nicht sicher sein können, dass Sie Ihre Rechnungen auch wirklich bezahlen werden. Dafür sollten Sie im Normalfall schon einmal 2.000 Dollar einplanen und entsprechend mehr, falls Sie an einen Ort mit hohen Mieten ziehen.

Hinzu kommen dann die ersten Monatsrechnungen für die oben genannten Kostenpunkte, wobei die Miete sich wie gesagt sehr von Ort zu Ort und aufgrund der eigenen Ansprüche unterscheiden kann. Es sei Ihnen jedoch dringend geraten, genug Geld zu haben um für drei bis sechs Monate die Miete bezahlen zu können, sodass Sie abgesichert sind, falls Sie aus irgendeinem Grund kein oder nur geringes Einkommen haben. Bedenken Sie, dass es in den USA kein Wohngeld gibt und Sie auch kein Arbeitslosengeld erhalten werden, falls Sie Ihre Arbeit schon nach einigen Wochen verlieren.

Öffentliche Verkehrsmittel sind oft unzureichend und um die Anschaffung eines Autos werden Sie in der Regel nicht herumkommen. Versicherung, Benzin und Reparaturkosten sollten ebenfalls eingeplant werden. Um auf Nummer Sicher zu gehen, sollten Sie hier ca. 1.500 Dollar für die ersten drei Monate zusätzlich zum Anschaffungspreis einplanen. Paare benötigen möglicherweise sogar zwei Autos, um zur Arbeit zu kommen, was die Kosten in etwa verdoppeln würde.

Falls Sie Ihre Möbel mitbringen, fallen natürlich Verschiffungskosten an. Wenn nicht, dann werden Sie ausreichend Geld für die Neuanschaffung brauchen. Dieses werden Sie möglicherweise zum Teil aus dem Verkauf Ihres alten Hausrates gewonnen haben. Dazu kommen dann viele Dinge für den Haushalt, deren Kosten sich schnell summieren, z. B. Staubsauger, Reinigungsmittel, Klopapier, Seife, usw.

Lebensmittel sind zudem in den USA oft wesentlich teurer als in Deutschland. Hier werden Sie unter Umständen fast das Doppelte als bisher ausgeben. (Bitte beachten Sie die Spartipps im entsprechenden Kapitel dieses Buches.)

Wie heißt es so schön: Geld macht nicht glücklich, aber es beruhigt die Nerven. Das gilt auch, oder gerade, für einen Neuanfang in Amerika.

Geldtransfer

Ein Geldtransfer nach Amerika ist mit einer internationalen Überweisung eine verhältnismäßig unkomplizierte Angelegenheit. Wenn Sie Geld an sich selbst überweisen wollen, müssen Sie natürlich ein Konto bei einer amerikanischen Bank haben. Wie man dieses eröffnet, wird im Abschnitt »Bankkonto« beschrieben.

Um eine Überweisung in die USA vorzunehmen, müssen Sie bei Ihrer Bank in Deutschland/Österreich/Schweiz ein spezielles Auftragsformular ausfüllen, in das Sie u. a. den Namen und die Adresse der kontoführenden amerikanischen Bank, Ihre Kontonummer und die Bankleitzahl (*routing number*) eintragen. Vergessen Sie also nicht, danach zu fragen, wenn Sie das Konto in den USA eröffnen!

Tipp: Bevor Sie größere Summen transferieren, könnten Sie die Bankverbindung mit einem kleineren Betrag testen.

Wenn Sie eine Überweisung von einem Tag zum anderen bevorzugen, brauchen Sie auch die SWIFT-Nummer der Bank. Für die Überweisung wird eine Gebühr erhoben, die sich meistens nach der Höhe des Betrages und nach dem Transferzeitrahmen richtet. Wenn Sie nicht gerade eine teure Expressüberweisung wählen, dann können Sie innerhalb von zehn Tagen mit dem Eintreffen Ihres Geldes auf dem amerikanischen Konto und mit moderaten Gebühren rechnen. Für die Überweisung von Euro auf Ihr in Dollar geführtes US-Konto wird der aktuelle Kurs für die Umrechnung zu Grunde gelegt. Falls Sie sich schon in der alten Heimat ein Dollarkonto zugelegt haben, wird die Sache natürlich vereinfacht.

Wenn Sie zum Zeitpunkt Ihrer Abreise noch kein amerikanisches Bankkonto haben, sollten Sie die Formulare Ihrer Heimatbank soweit wie möglich ausfüllen und vereinbaren, dass Sie Ihre amerikanischen Bankdaten übermitteln werden, sobald Sie diese haben. Eine andere Möglichkeit ist ein von der alten Bank ausgestellter Scheck in Dollar, den man dann auf das amerikanische Konto einzahlen kann. Auch Reiseschecks wären eine, allerdings etwas umständlichere Möglichkeit.

Für Zahlungsmittel, wie Bargeld, Reiseschecks, Geldanweisungen sowie Wert- bzw. Anlagepapiere, die Sie mit ins Land bringen wollen, gibt es keine Obergrenze.

Sollten Sie jedoch mehr als 10.000 Dollar an Bargeld ein- oder ausführen wollen, müssen Sie das Formular CF 4790 (*Currency Reporting Form*) beim amerikanischen Zoll ausfüllen. Das Nichtbefolgen dieser Bestimmung kann zu Strafen und zur Beschlagnahme der Zahlungsmittel führen.

Eine Anmerkung

Das Geld am Automaten abzuheben, ist eine praktische Alternative zum elektronischen Geldtransfer.

Wenn Sie dauerhaft in die USA auswandern wollen, sollten Sie trotzdem erwägen, Ihr deutsches Bankkonto zu behalten. Vielleicht brauchen Sie dieses hin und wieder doch noch, z. B. für ein Zeitschriften-Abo oder andere Einkäufe, die Sie nicht per Kreditkarte über das Internet machen wollen oder können, wenn Sie Rente empfangen wollen oder Ihr BAföG zurückzahlen müssen. Ein Internet-Konto bei einer Direktbank wäre ebenfalls eine Möglichkeit, ein Girokonto in Deutschland zu unterhalten, ohne dort zu wohnen. Die DKB bietet z. B. ein solches an: ▶ www.weltkonto.com

Mit der zum Konto gehörenden DKB-Visa-Card, die sowohl den in Europa verwendeten Chip als auch den in den USA noch gebräuchlichen Magnetstreifen hat, können Sie gebührenfrei am Automaten Geld abheben und auch überall bezahlen.

Banken und Credit Unions

Wenn Sie die Möglichkeit haben, ein Konto (*account*) bei einer Genossenschaftsbank (*credit union*) zu eröffnen, z. B. wenn Sie einer bestimmten Berufsgruppe bzw. Organisation angehören oder Student sind, dann sollten Sie diese Chance wahrnehmen.

Credit unions sind *non-profit*, d. h. sie sind nicht profitorientiert und müssen keine Steuern bezahlen, was sich für ihre Kunden auszahlt: Sie bieten die gleichen Leistungen wie Banken (*banks*), verlangen aber weniger Gebühren (*fees*), zahlen in der Regel höhere Zinsen (*interest*) für Guthaben (*positive account balance*) und erheben niedrigere Zinsen für Kredite (*loans*). Wenn Sie erst einmal Mitglied (*member*) einer *credit union* sind, dann können Sie das auch bleiben, wenn der Umstand, der den Beitritt ermöglichte, nicht mehr zutrifft, z. B. wenn Sie die Arbeit wechseln. Die Website des Dachverbandes *Credit Union National Association* (*CUNA*) finden Sie unter der folgenden Adresse: ▶ www.cuna.org

Im Falle einer Pleite der *bank* oder *credit union* sind Ihre Ersparnisse bis zu 250.000 Dollar versichert.

Bankkonto

Für Privatkunden unterscheidet sich das amerikanische Bankwesen in vielen Details vom deutschen. Vor allem scheint es altmodischer und komplizierter und daher auch weniger kundenfreundlich zu sein.

Grundsätzlich eröffnet man ein *checking account,* das mehr oder weniger vergleichbar mit einem Girokonto ist, und wenn man mag, ein daran gekoppeltes *savings account,* d. h. ein verzinstes Sparkonto. Viele Banken führen diese Konten kostenlos, verlangen als Voraussetzung aber, dass der Kontostand einen bestimmten Mindestbetrag nicht unterschreitet. Überziehen ist in den USA in der Regel nicht möglich bzw. mit hohen Strafgebühren verbunden. Diese Strafgebühren lassen sich allerdings vermeiden, indem man *overdraft protection* einrichtet, d. h. falls eine Überziehung droht, wird Geld aus dem *savings account* oder aus dem Kreditkartenkonto bei der gleichen Bank herangezogen. Dieser Service ist jedoch nicht automatisch erhältlich, sondern muss erst aktiviert werden. In der Regel kann man das online machen.

Schon das geringste Überziehen eines Kontos wird in den USA sehr teuer.

Die Kontoeröffnung ist am einfachsten, wenn Sie eine *Social Security Number (SSN)* oder eine *Individual Taxpayer Identification Number (ITIN)* sowie einen Führerschein *(driver's license)* des betreffenden Bundesstaates haben. Damit können Sie zu jeder Bank gehen. Sollten Sie keine *SSN* oder *ITIN* haben, gehen Sie am Besten zu einer Filiale der *Bank of America.* Dort kennt man sich damit aus, ein Konto ohne *SSN* oder *ITIN* zu eröffnen. Legen Sie Ihren Reisepass, Ihr Visum und gegebenenfalls die Studienzulassung vor sowie einen Nachweis Ihrer Adresse, z. B. amtliche Dokumente, die diese ausweisen.

In den USA werden einige Dinge, z. B. die Miete, oft noch mit Schecks bezahlt. Bis Ihnen die Bank *personal checks* schickt, auf denen Ihr Name und Ihre Adresse aufgedruckt sind, bekommen Sie vorübergehend sogenannte *starter checks* ohne Aufdruck. Die richtigen Schecks kommen dann zumeist innerhalb von zwei Wochen mit der Post.

Statt Geld zu überweisen, schicken die Amerikaner in der Regel einen Scheck per Post.

Das Gleiche gilt für die *check card,* die gemeinhin auch *debit card* genannt wird und in diesem Kapitel noch ausführlich erläutert wird. Es kann sein, dass Ihnen die Bank erst einmal eine *ATM card* für den Geldautomaten *(ATM – Automatic Teller Machine)* mit einer vierstelligen Geheimzahl (PIN) gibt. Während man an den *ATMs* der kontoführenden Bank gebührenfrei Bargeld abheben *(cash withdrawal)* kann, muss man an den meisten anderen *ATMs* eine Gebühr *(transaction fee)* bezahlen. Falls Sie einen der angezeigten *fast cash*-Beträge, meistens 20, 40 oder 60 Dollar wählen, sparen Sie sich einige Zwischenschritte am Automaten.

An der *ATM* Ihrer Bank können Sie auch den Kontostand erfragen *(balance inquiry)* und Geldbeträge zwischen *savings* und *checking account* verschieben *(balance transfer)*. Anders als in Europa kann man jedoch am Automaten keine Überweisungen vornehmen oder vollständige Kontoauszüge *(account statements)* ausdrucken. Letztere kommen entweder monatlich per Post oder können online eingesehen werden.

Bargeld und Schecks lassen sich sowohl am Automaten als auch am Schalter einreichen. Schecks werden zuvor auf der Rückseite auf der dafür vorgesehenen Stelle unterschrieben.

Das *check deposit* und die anderen Services an der *ATM* kann man auch ganz bequem vom Auto aus vornehmen, da viele Bankfilialen eine *drive-through ATM* haben.

Das amerikanische Bankwesen arbeitet oft noch im Schneckentempo.

Bitte beachten Sie, dass ein per Scheck eingezahlter Betrag oft erst am nächsten Tag oder sogar einige Tage später vollständig verfügbar ist. Wenn Sie freischaffend tätig sind, werden Sie übrigens in der Regel per Scheck bezahlt und auch wenn Sie eine neue Festanstellung eingegangen sind, werden Sie das erste Gehalt oft per Scheck bekommen, da die Einrichtung des *direct deposit*, also der Überweisung auf Ihr Konto, oft ein wenig dauert. Falls Sie sofort Bargeld von Ihrem *paycheck* brauchen, sollten Sie diesen am Schalter einzahlen und dort sagen, welchen Betrag Sie als *cash back* haben möchten.

Sicher ist sicher: *Safe Deposit Box*

Bei beinahe jeder Bank können Sie ein im Safe befindliches Schließfach *(safe deposit box)* mieten. Idealerweise machen Sie das bei der Bank, bei der Sie auch Ihr Konto haben. In der *safe deposit box* sollten Sie wichtige Dokumente und andere Wertsachen aufbewahren. Jedes Schließfach wird mit zwei Schlüsseln geöffnet. Einen Schlüssel bekommen Sie, den anderen hat die Bank. Wenn Sie an Ihr Schließfach wollen, begleitet Sie ein Bankangestellter in den Safe, prüft Ihre Unterschrift, öffnet Ihr Schließfach mit beiden Schlüsseln und nimmt die Metallbox heraus, in der sich Ihre Wertgegenstände befinden.

Sie können dann entweder gleich Sachen entnehmen oder hineinlegen oder mit Ihrer Box in einen separaten Raum gehen, in dem Sie ungestört sind. Selbstverständlich können Sie das nur während der normalen Öffnungszeiten *(business hours)* der Bank machen. Die Kosten für eine *safe deposit box* sind von Bank zu Bank unterschiedlich, sollten aber in der Regel nicht viel mehr als 30 Dollar pro Jahr betragen.

Rechnungen online bezahlen

In den letzten Jahren sind Geldüberweisungen von Konto zu Konto, dem Online Banking sei Dank, in den USA zwar wesentlich einfacher geworden, aber trotzdem noch nicht sehr verbreitet. Oft verlangt die Bank auch eine Gebühr von mehreren Dollar. Zumindest überweisen die meisten Arbeitgeber inzwischen das Gehalt per *direct deposit* aufs Bankkonto ihrer Angestellten.

Bezahlen Sie Ihre Rechnungen immer einige Tage im Voraus.

Amerikaner schreiben sich aber immer noch gegenseitig Schecks aus und bezahlen ihre Miete sowie die meisten Rechnungen *(bills)* in der Regel, indem sie einen Scheck per Post *(mail)* schicken. Allerdings kann man in zunehmenden Maße Strom- und Telefonrechnungen auch online begleichen *(online bill payment)*. Auch die meisten Banken bieten mittlerweile einen Service an, über den man viele Rechnungen online bezahlen kann. Eine elektronische Überweisung dauert dabei in der Regel mindestens zwei Tage. In nicht wenigen Fällen dauert es sogar länger, wenn z. B. der Rechnungsempfänger keine elektronischen Zahlungen annimmt. Dann schickt nämlich die Bank einen Scheck per Post an den Empfänger, was einige Tage in Anspruch nehmen kann. Zahlen Sie deshalb wenigstens fünf Tage bevor die Bezahlung *(payment)* fällig *(due)* ist, damit Sie keine Strafgebühren *(late fees)* aufgebrummt bekommen.

Debit Cards

Die meisten Banken geben ihren Kunden eine *debit card* (auch *check card* genannt). Diese dient nicht nur als ATM-Karte, sondern wurde vor einigen Jahren eingeführt, um den Kunden das zeitraubende Ausstellen von Schecks beim Einkauf und den Banken die damit verbundenen Bearbeitungskosten zu ersparen.

Debit Cards sind direkt ans Bankkonto gekoppelt.

Das Geld wird direkt vom *checking account* abgezogen. Viele dieser *check cards* tragen auch ein *Visa-* oder *Mastercard*-Symbol und können in Geschäften und online wie Kreditkarten benutzt werden. Sie sehen auch genau wie eine Kreditkarte aus.

Daher fragen die Kassierer in Supermärkten bei der Entgegennahme der Karte oft »*Debit or credit?*«. Sagt man dann »*Credit*«, verstehen diese manchmal »*Debit*« und wählen die falsche Option auf ihrer Kasse. Das liegt daran, dass die beiden Worte sehr ähnlich klingen. Sie sollten daher, wenn Sie *debit* wollen, das »d« ganz deutlich aussprechen. Dann gibt es normalerweise keine Probleme. Wollen Sie *credit*, dann sagen Sie entweder

»*Visa*« oder »*Mastercard*«, je nach dem Symbol auf der Karte, oder sprechen das »r« in *credit* wie ein Amerikaner aus, d. h. vorne im Mund, nicht im Rachen.

Oft können Sie aber auch die Karte selbst durch einen *card reader* ziehen und dann entweder Ihre PIN eingeben, wenn Sie die Karte in der *debit*-Funktion benutzen wollen, oder unterschreiben, wenn Sie die *credit*-Funktion bevorzugen. Wenn Sie *debit* gewählt haben, müssen Sie nicht unterschreiben.

Der Kassierer wird Sie fragen, ob Sie *cash back* haben wollen, d. h. ob Sie gleichzeitig mit dem Bezahlen noch etwas Bargeld (meistens maximal 60 Dollar) vom Konto abheben und sich an der Kasse auszahlen lassen wollen.

Erkundigen Sie sich bei Ihrer Bank, ob diese Gebühren berechnet, wenn Sie die *debit card* bei Einkäufen in der *debit*-Funktion, also durch Eintippen der PIN, benutzen. Wenn das der Fall ist, sollten Sie die Karte lieber wie eine *credit card* verwenden, da Sie dann keine Gebühren bezahlen müssen.

Bitte beachten Sie auch, dass es ein tägliches Limit für das Geldabheben und das Bezahlen mit der *debit card* gibt. Durch einen Anruf bei der Bank lässt sich dieses Limit ausnahmsweise für einen Tag erhöhen, z. B. wenn man weiß, dass eine größere Ausgabe bevorsteht. Bei Verlust der Karte sollten Sie natürlich ebenfalls so schnell wie möglich die Bank informieren.

Credit Cards

Legen Sie sich am besten eine Kreditkarte zu, mit der Sie Flugmeilen sammeln können.

Wenn man einmal einen Blick in die Brieftaschen von Amerikanern wirft, so sieht man mitunter ein halbes Dutzend Kreditkarten (*credit cards*).

Mit diesen wird überall bezahlt: im Supermarkt, an der Tankstelle, im Restaurant. Beim Mieten eines Autos oder Buchen eines Hotelzimmers ist der Besitz einer Kreditkarte gar unverzichtbar. *Visa* und *Mastercard* werden praktisch überall akzeptiert, bei *American Express* und *Discover* gibt es diesbezüglich Einschränkungen. Kleine Läden akzeptieren mitunter keine Kreditkarten für Beträge unter fünf oder zehn Dollar und in manchen Großstädten, z. B. New York, kann man in vielen Restaurants nur mit Bargeld (*cash only*) bezahlen.

Obwohl die Kreditkartenfirmen das Risiko für Schadensfälle weitgehend übernehmen, sollten Sie bei Verlust der Karte gebührenfrei bei der entsprechenden Nummer anrufen:

Visa:	1-800-847-2911
Mastercard:	1-800-627-8372
Amex:	1-800-992-3404
Discover:	1-800-347-2683

Um Verluste durch Kreditkartenbetrug einzudämmen, verarbeiten viele Kreditkartenfirmen das Kaufverhalten der Karteninhaber elektronisch. Werden Einkäufe getätigt, die z. B. durch Höhe des Betrages, Häufigkeit, Tageszeit oder Einkaufsort aus dem Rahmen des Inhaberprofils fallen, kann der Computer die Entscheidung treffen, die Kreditkarte zu deaktivieren.

Seien Sie deshalb nicht erstaunt, wenn Ihnen einmal ein Kassierer oder Kellner mitteilt: »*Your credit card has been declined.*« Sie müssen in diesem Fall bei der Kreditkartenfirma anrufen und die Karte wieder aktivieren lassen.

Das pünktliche Bezahlen der Kreditkartenrechnungen hat wesentlichen Einfluss auf Ihre Kreditvergangenheit (*credit history*) (Lesen Sie dazu bitte den entsprechenden Abschnitt in diesem Kapitel). Sie müssen allerdings nie den gesamten Betrag auf einmal zurückzahlen, sondern nur den auf der monatlichen Abrechnung festgelegten Mindestbetrag. Sie können aber natürlich auch einen höheren bzw. den vollen Betrag zahlen, denn für die verbleibende Kreditsumme muss man in der Regel Zinsen zahlen. Ausnahmen gibt es hier manchmal während der ersten Monate, da viele Kreditkartenunternehmen mit anfänglicher Zinsfreiheit auf Kundenfang gehen.

Sollten Sie einige Kreditkartenschulden haben, die Sie nicht in absehbarer Zeit zurückzahlen können, lassen sich die Kreditkartenzinsen vermeiden oder verringern, indem man sogenannte *balance transfers* ausnutzt, wenn diese mit einem niedrigen Zinssatz bzw. Zinsfreiheit verbunden sind.

Denn wenn Sie erst einmal eine Kreditkarte haben und diese pünktlich abbezahlen, dann werden Sie des Öfteren Post von konkurrierenden Kreditkartenunternehmen bekommen, die darum werben, dass Sie Kreditkarten bei diesen beantragen. Um Ihnen das schmackhaft zu machen, bietet man Ihnen u. a. oft die Möglichkeit eines *balance transfer* an. Sie können so einen Teil oder auch die ganze Schuldensumme (*balance*) Ihrer bisherigen hochverzinsten Kreditkarte auf eine neue Karte transferieren. Ihre alte Kreditkarte ist damit ganz oder teilweise abbezahlt und auf der neuen Kreditkarte werden Ihnen in der Regel für einen bestimmten Zeitraum (oft ein halbes Jahr) keine oder nur geringe Zinsen berechnet.

Vorsicht: Kreditkarten führen nicht selten in eine jahrelange Verschuldung.

Sie können so einen hochverzinsten Kredit in einen zinslosen oder niedrigverzinsten Kredit umwandeln. Theoretisch können Sie nach Ablauf der Niedrigzinszeit wieder einen *balance transfer* zu einer neuen Kreditkarte machen und so fortlaufend Zinsen vermeiden.

Achtung

Bevor Sie einen *balance transfer* veranlassen, sollten Sie genau darauf achten, wie hoch der Zinssatz im Falle eines *balance transfer* ist, wie lange der Zeitraum für den Niedrigzins bzw. die Zinsfreiheit dauert und wie hoch der reguläre Zinssatz nach Ablauf dieses Zeitraums sein wird. Ein *balance transfer* funktioniert nur zwischen Kreditkarten, die von verschiedenen Banken herausgegeben werden. Dabei spielt es keine Rolle, ob es sich z. B. um eine Visa- oder eine Mastercard handelt. Wichtig ist allein, wer die Karten ausgibt, nicht welches Zahlungsnetzwerk genutzt wird.

Wenn Sie eine neue Kreditkarte mit der Post bekommen, müssen Sie diese telefonisch aktivieren. Sie sollten das von dem Telefon aus machen, dessen Nummer Sie auf Ihren Kreditkartenantrag geschrieben haben, da der Computer der Kreditkartenfirma in der Regel beide Nummern vergleicht. Bei einer Übereinstimmung wird die Karte automatisch freigegeben und Sie müssen mit niemandem reden.

Store Charge Cards

Aufgepasst: Die Zinsfreiheit gilt nur, wenn man den Betrag fristgemäß abzahlt.

Viele große Kaufhäuser (*department stores*) bieten ihren Kunden eigene *charge cards* an. Diese funktionieren wie Kreditkarten, können jedoch nur in den Filialen der jeweiligen Kette benutzt werden.

Neuen Kunden macht man diese Karten durch einen Preisnachlass beim ersten Einkauf und möglicherweise Zinsfreiheit für einen bestimmten Zeitraum schmackhaft.

Ein Beispiel: Sie wollen in einem Möbelhaus ein Sofa kaufen. An der Kasse bietet man Ihnen einen Preisnachlass (*discount*) von zehn Prozent an, falls Sie eine *charge card* dieser Kette haben wollen. Wenn Sie dieses Angebot akzeptieren, füllen Sie ein Antragsformular aus und der Verkäufer wird Ihre Daten telefonisch weitergeben. Nach erfolgter Antragsgenehmigung (*approval*) wird der Kaufpreis, minus *discount*, auf Ihrem neuen *charge card* Konto verbucht. Möglicherweise wird man Ihnen ein paar Monate zinslos (*interest free*) Zeit zum Abzahlen der Schuld geben. Aber Vorsicht: Wenn Sie die Schuld nicht vor Ablauf dieser Frist begleichen, werden Ihnen die Zinsen für diesen Zeitraum nachträglich angerechnet.

Bargeld

Während die meisten Geschäfte und Restaurants Kreditkarten und Schecks akzeptieren, sollten Sie vor allem für Parkuhren, Autobahngebühren, Taxifahrten, Campingplätze, Eintrittsgelder aller Art und Getränkeautomaten Bargeld (*cash*) bereithalten. Die Münzen (*coins*) haben folgende Namen, die in der Umgangssprache auch recht häufig verwendet werden: *penny* (*1 cent*), *nickel* (*5 cents*), *dime* (*10 cents*), *quarter* (*25 cents*). Münzen im Werte von 50 *cents* bekommt man so gut wie nie und 1-Dollar-Münzen meistens nur als Wechselgeld an Briefmarkenautomaten.

Wer seine Sachen im Waschsalon (*laundromat*) waschen muss, sollte immer eine ausreichende Menge an *quarters* vorrätig haben. Das gilt auch für die Benutzung von Staubsaugern an Tankstellen und Autowäschen. Seit 1999 wurden übrigens jedes Jahr fünf verschiedene *quarters* herausgegeben, von denen jede Münze einem bestimmten Bundesstaat gewidmet ist. Mittlerweile gibt es eine Münze für jeden Bundesstaat und es ist recht interessant, diese *quarters* einmal genauer zu betrachten, da man u. a. erfahren kann, welches Motto der jeweilige Staat hat und in welchem Jahr er den USA beigetreten ist. Gegenwärtig kommen fünf neue *quarters* im Jahr hinzu, die jeweils einen Nationalpark als Motiv haben.

Des Weiteren wird alle drei Monate eine neue 1-Dollar-Münze mit dem Antlitz eines Präsidenten in Umlauf gebracht. Außer als Sammelobjekt für Numismatiker, Kinder und Touristen sowie als Wechselgeld an Automaten werden die neuen 1-Dollar-Münzen aber kaum in Erscheinung treten, denn die Amerikaner mögen ihre 1-Dollar-Scheine und finden die Münzen eher nervend.

Für den Dollar, egal ob als Münze oder Schein, gibt es in der Umgangssprache auch die Bezeichnung *buck*. Alle angeführten Münznamen werden in der Mehrzahl verwendet, indem ein s angehängt wird, z. B. *50 bucks*. In diesem Zusammenhang sei auch darauf hingewiesen, dass, anders als im Deutschen, an *dol-*

Der Quarter (25 Cents) ist die nützlichste Münze im USA-Alltag.

lar ebenfalls ein s angefügt wird, wenn es sich um mehr als einen Dollar handelt, z. B. *two dollars* im Gegensatz zu »zwei Dollar«.

Die Scheine (*bills*), die Sie im Alltag am häufigsten verwenden werden, sind jene im Wert von 1, 5, 10 und 20 Dollar. 2-Dollar-Scheine bekommt man nur noch so selten zu Gesicht, dass manche Leute glauben, dass sie sich gar nicht mehr im Umlauf befinden. Sie machen auch nur etwa ein Prozent aller Dollar-Scheine aus und nur die wenigsten werden tatsächlich als Zahlungsmittel genutzt, da viele Leute sie als Sammlerstücke behalten, sobald sie diese durch Zufall in die Hände bekommen.

Die 50-Cent-Münze (*Half-Dollar*)

Kanadische Münzen sehen ihren US-Schwestern sehr ähnlich und sind ebenfalls im Umlauf.

Der *Half-Dollar* ist in den USA seit 1794 ununterbrochen als Zahlungsmittel im Umlauf und liegt damit dicht hinter dem *penny* (1 cent), der als dienstälteste U.S.-Münze seit 1793 im Lande unterwegs ist. Allerdings bekommt man die 50-Cent-Münze heutzutage wohl genauso selten zu Gesicht wie den 2-Dollar-Schein, denn in der Regel liegt sie ebenfalls nur bei Sammlern in der Schublade. Der *Half-Dollar* ist jedoch leicht zu erkennen, denn er hat mit 30,61 mm den größten Durchmesser aller Münzen in den USA. Es folgen: 1-Dollar-Münze (26,50 mm), *quarter* (24,26 mm), *nickel* (21,21 mm), *penny* (19,05 mm) und *dime* (17,91 mm).

Reiseschecks

Traveler's checks, die in US-Dollar ausgestellt sind, werden von den meisten Banken ausgezahlt und in vielen größeren Geschäften als Zahlungsmittel entgegengenommen. Das Wechselgeld bekommen Sie dann als *cash*. Leisten Sie die zweite Unterschrift auf den *traveler's checks* immer erst in Gegenwart des Kassierers.

Credit History

Wer in den USA einen Kredit aufnehmen will, um z. B. ein Haus oder ein Auto zu kaufen, muss eine gute Kreditvergangenheit (*credit history*) aufweisen können. Diese gilt Kreditgebern als entscheidender Anhaltspunkt, dass der potenzielle Kreditnehmer vertrauenswürdig ist und das geliehene Geld auch zurückzahlen wird. Auch viele Wohnungsvermieter überprüfen die Kreditvergangenheit. Mitunter wird die *credit history* auch von potenziellen Arbeitgebern herangezogen. Die Informationen, aus denen die *credit history* besteht, werden von drei großen *credit bureaus* gesammelt, ausgewertet und an berechtigte Interessenten gegen eine Gebühr bereitgestellt. Diese drei *credit bureaus* sind:

Equifax (▶ www.equifax.com),
Experian (▶ www.experian.com) und
TransUnion (▶ www.transunion.com).

Da die drei Firmen unabhängig voneinander arbeiten, kann es Unterschiede in den verschiedenen *credit reports* für die gleiche Person geben. Wenn Ihnen jemand einen Kredit auf Grund Ihres *credit reports* verweigert, dann muss Ihnen der Grund und das *credit bureau* genannt werden, das den *credit report* erstellt hat. Laut Gesetz können Sie selbst einmal im Jahr einen kostenlosen *credit report* von jedem *credit bureau* über ▶ www.annualcreditreport.com anfordern. Dies gibt Ihnen die Gelegenheit, die drei *credit reports* zu vergleichen und möglicherweise Fehler zu finden, gegen die Sie Einspruch einlegen können und sollten. Kann ein Fehler nachgewiesen werden, dann wird die entsprechende Information entfernt bzw. korrigiert.

> Überprüfen Sie Ihren Credit Report mindestens einmal im Jahr.

Schreiben Sie aber nicht nur dem *credit bureau*, sondern auch dem Verursacher, z. B. dem Kreditgeber, der die fehlerhafte Information an das *credit bureau* gemeldet hat. Schicken Sie alle Briefe als Einschreiben (*certified mail*) mit Empfangsbestätigung (*return receipt*). Geben Sie dem *credit bureau* einen Monat Zeit, den Sachverhalt zu prüfen. Haken Sie nach, wenn Sie dann noch nichts gehört haben. Gegen eine relativ geringe Gebühr können Sie jederzeit bei den genannten Firmen weitere *credit reports* bestellen.

Kreditgeber, Vermieter etc. können sich über die *credit history* eines Kunden in zwei Formen informieren: *credit report* und *credit score*.

Der **credit report** beinhaltet:

- **Informationen zu Ihrer Person**, wie Name, Anschrift, *Social Security Number*, Geburtsdatum, Arbeitgeber
- Ihre **credit history**, inkl. Kreditkarten, deren Kontostände und verfügbare Kreditrahmen, andere laufende und abbezahlte Kredite, Informationen über verspätetes Bezahlen von Rechnungen, Krediten, Kreditkarten usw.

- **Daten zu eventuellen Gerichtsurteilen**, Pfändungen, Bankrotterklärungen
- eine Liste derjenigen, die Ihren *credit report* erhalten haben
- **Erklärungen**, mit denen Sie bestimmten Informationen im *credit report* widersprochen haben.

Tipps für einen guten *Credit Report*

Bezahlen Sie immer wenigstens die Mindestsumme Ihrer monatlichen Kreditkartenrechnungen. Schicken Sie Ihren Scheck rechtzeitig ab. Rechnen Sie immer eine Woche für den Postweg ein. Beantragen Sie nicht zu viele Kreditkarten und andere Kredite innerhalb eines kurzen Zeitraumes. Die Nachfragen der potenziellen Kreditgeber nach Ihrem *credit report* werden in diesem verzeichnet. Zu viele Nachfragen erwecken den Eindruck, dass Sie dringend Geld brauchen. Das kann andere potenzielle Kreditgeber abschrecken.

Das Gleiche gilt für zu viele unbenutzte Kreditkarten bzw. deren unausgenutzten Kreditrahmen. Während der Besitz einiger Kreditkarten gut für den Aufbau einer *credit history* ist, werden ungenutzte Kreditrahmen von anderen potenziellen Kreditgebern als Risiko angesehen, da sie die Gefahr einer plötzlichen hohen Verschuldung bergen. Schließlich könnten Sie, theoretisch gesehen, plötzlich alle diese Kreditkarten bis zum Maximum ausschöpfen und dann Bankrott (*bankruptcy*) erklären. Vermeiden Sie aber auch, den verfügbaren Kreditrahmen Ihrer Karten voll zu nutzen, da das ebenfalls als Warnzeichen aufgenommen wird. Ideal sind Kreditkartenschulden (*credit card debt*), die unter einem Drittel des verfügbaren Kreditrahmens (*available credit*) liegen.

Credit score: Die Kreditwürdigkeit einer Person kann auch als dreistellige Nummer, *credit score* genannt, wiedergegeben werden. Anhand dieser Nummer, die aus den Einzelheiten der *credit history* berechnet wird, können Geldgeber bei Bedarf schnell entscheiden, ob Sie kreditwürdig sind oder nicht. Je besser Ihr *credit score* ist, desto besser ist in der Regel die Chance, einen Kredit zu erhalten. Je nach Art des Kredits bekommen Sie bei einem guten *credit score* außerdem oft auch eine günstigere Zinsrate (*interest rate*).

Während sich die Geldgeber bei großen Summen den eigentlichen *credit report* anschauen, spielt der *credit score* bei der

Vergabe von *instant credits*, z. B. bei der Ausstellung einer *store charge card* an Ort und Stelle und innerhalb weniger Minuten, die entscheidende Rolle.

In den *credit score* fließen folgende Faktoren ein:

- **Pünktliches Bezahlen** von Rechnungen (*payment history*), inkl. Abbezahlen von Krediten,
- **abzubezahlende Kredite** (*outstanding debt*), z. B. Kreditkarten, Auto, Haus,
- die **Länge** Ihrer bisherigen **Kreditvergangenheit**,
- die **Art der Kredite**, die Sie zurzeit laufen haben sowie
- die **Anzahl der *credit reports*** innerhalb des letzten Jahres, je weniger desto besser, d. h. möglichst nicht mehr als sechs pro halbem Jahr, da viele *credit reports* als mögliche finanzielle Schwierigkeiten interpretiert werden könnten.

Den *credit score* erfahren Sie übrigens nicht, wenn Sie Ihre jährlichen kostenlosen *credit reports* einholen, sondern er wird Ihnen nur gegen eine Gebühr zur Verfügung gestellt.

Tipp: Wer eine Lufthansa Miles & More Karte von Barclaycard hat, bekommt den Credit Score kostenlos.

Vorsicht beim Autokauf

Viele Autohändler lassen sich den Führerschein bzw. die *Social Security Number* geben, die in manchen Staaten auch auf dem Führerschein steht, wenn man eine Probefahrt mit einem Auto macht. Während man mit dem Auto unterwegs ist, fordern die Händler dann schon einmal einen *credit report* an, um zu sehen, ob man als Kunde interessant ist. Deshalb sollte man immer klarstellen, dass der Händler noch keinen *credit report* bzw. *credit score* einholen darf. Sonst kann es passieren, dass man nach Probefahrten bei sechs verschiedenen Händlern möglicherweise sechs Kreditanfragen hat, womöglich alle am gleichen Tag.

Generell gilt: Wer keine gute Kreditvergangenheit nachweisen kann, bekommt nicht ohne Weiteres einen Kredit. Noch schlimmer ist es, wenn man überhaupt keine Kreditvergangenheit hat. Das ist für die meisten Neuankömmlinge ein Problem, das mit der Henne und dem Ei vergleichbar ist: Ohne Kredite keine Vergangenheit und ohne Vergangenheit keine Kredite. Eventuelle Nachweise aus dem Herkunftsland werden in der Regel nicht anerkannt.

Was also tun?

Eine Secured Credit Card ist der erste Schritt zum Aufbau einer Credit History.

Versuchen Sie so schnell wie möglich eine Kreditkarte zu bekommen. Die Bank, bei der Sie ein Konto haben, ist die beste Anlaufadresse. Dort fragen Sie nach einer *secured credit card*. Bei dieser nimmt die Bank eine bestimmte Summe, z. B. 500 Dollar, als Sicherheit. Der Verfügungsrahmen der Karte liegt dann ebenfalls bei 500 Dollar. Auf diese Weise geht die Bank kein Risiko ein und man kann durch das Benutzen der Karte und das zuverlässige Bezahlen der Kreditkartenrechnungen die eigene Kreditwürdigkeit unter Beweis stellen.

Eine weitere Möglichkeit: Legen Sie sich in der Heimat schon eine *American Express Card* zu. Nach dem Umzug in die USA können Sie sich bei *American Express* ummelden und bekommen dort ebenfalls eine Karte ausgestellt (Sie sollten dies aber erst nach Erhalt Ihrer *Social Security Number* machen, denn diese ist Voraussetzung für den Aufbau einer *credit history*). Es ist dann nur eine Frage der Zeit, bis die ersten Antragsformulare von anderen Kreditkartenfirmen ins Haus geflattert kommen.

Die Unternehmen, die Ihnen Antragsformulare für Kreditkarten (*credit card applications*) zuschicken, haben Ihren Namen und Ihre Adresse von den oben genannten *credit bureaus* bekommen. Obwohl Ihre Kreditvergangenheit nicht im Einzelnen weiter gegeben wurde, sind Sie doch als kreditwürdig eingestuft worden.

Deshalb steht in den Werbebriefen auch oft, dass die Kreditkarte schon vorgenehmigt (*pre-approved*) ist. Derartige Werbeschreiben sind also durchaus ein Zeichen für eine gute Kreditvergangenheit. Wenn Ihre *credit history* erst einmal ausgezeichnet ist, werden Sie womöglich mehrere solcher Briefe pro Woche erhalten und dadurch die Kreditkarten mit den günstigsten Konditionen wählen können.

Sie können Ihre Chancen auf die Zusendung derartiger Anträge und den Aufbau einer brauchbaren *credit history* möglicherweise dadurch erhöhen, dass Sie Ihre erste Kreditkarte zu Anfang nie ganz abbezahlen. Im Prinzip sind Sie erst dann ein lohnenswerter Kunde für Kreditkartenunternehmen, wenn diese durch die Verzinsung Ihrer Schuld Geld verdienen können.

Wenn Sie erst einmal eine Schuldsumme (*balance*) für eine Kreditkarte aufgebaut haben, dann werden Konkurrenten der entsprechenden Bank versuchen, Sie abzuwerben und zu bewegen, die Schuld auf eine neue Kreditkarte zu transferieren (*balance transfer*). Um Ihnen das schmackhaft zu machen, wird in der Regel für mehrere Monate »*no interest on balance transfers*«

angeboten, d. h. Zinsfreiheit für derartig transferierte Schulden. Wenn Sie jedoch keine Anträge mehr zugesandt bekommen wollen, dann können Sie bei den *credit bureaus* Ihren Namen von der Weitergabe an Kreditkartenanbieter für zwei Jahre sperren lassen. Ein Anruf bei der folgenden Nummer erledigt das für alle drei *credit bureaus* auf einmal: 1-888-567-8688.

Das funktioniert aber nicht hundertprozentig. Wenn ein Kreditkartenanbieter erst einmal Ihre Adresse hat, wird er Ihnen womöglich mehrmals schreiben, selbst wenn Sie in der Zwischenzeit schon bei der oben genannten Nummer angerufen haben.

Der angebotene Kreditrahmen Ihrer Karten wird anfangs recht niedrig liegen und die Zinsen werden womöglich hoch sein. Man sollte jedoch trotzdem ein paar Karten beantragen und dann diszipliniert benutzen und gute Zahlungsmoral zeigen, um weiterhin Kreditwürdigkeit zu beweisen. Außerdem sollte man von dem Angebot vieler Kaufhäuser Gebrauch machen, die ihre eigenen internen *store charge cards* anbieten. Diese fließen genau wie richtige Kreditkarten in die Kreditvergangenheit ein. Wenn man noch keine andere Kreditkarte hat, ist es jedoch schwer, eine *store charge card* zu bekommen. Auch in diesem Zusammenhang empfiehlt es sich, anfangs eine *secured credit card* zu haben.

Legen Sie sich mindestens drei Kreditkarten zu.

Das zuverlässige Bezahlen aller Rechnungen und Kreditkarten führt allmählich zum Aufbau einer guten Kreditvergangenheit. Nach und nach erhöhen die Kreditgeber dann den Verfügungsrahmen für die Karten und man kann sich mit der nun bewiesenen Kreditwürdigkeit auch an größere Käufe (Auto, Haus) wagen.

Noch eine wichtige Anmerkung: Banken geben ihren Kunden, wie bereits erwähnt, eine *debit card,* die in der Regel auch ein *Visa-* oder *Mastercard*-Logo trägt. Ganz gleich, ob Sie diese Karte in der *debit-* oder in der *credit-*Funktion benutzen, wird das Geld jedoch direkt von Ihrem *checking account* abgezogen. Es handelt sich also nicht um eine Kreditkarte im eigentlichen Sinne und sie trägt deshalb auch in keiner Weise zum Aufbau einer Kreditvergangenheit bei.

Einkommensteuer

Amerikanische Staatsbürger und dauerhaft mit *Green Card* in den USA lebende Ausländer (*resident aliens*) müssen für alle

Einkünfte aus dem In- und Ausland Steuern (*income tax*) entrichten. Wer nur vorübergehend in den USA lebt, also ein *nonresident alien* ist, muss lediglich seine USA-Verdienste versteuern, da es ein Abkommen zwischen den USA und Deutschland gibt, das eine Doppelbesteuerung ausschließt.

Die meisten Leute müssen zwei Steuererklärungen ausfüllen.

Man bezahlt Einkommensteuer an die Bundesregierung (*federal income tax*), die vom *Internal Revenue Service* (*IRS*) eingenommen wird, und in den meisten Staaten auch eine, allerdings wesentlich geringere Einkommensteuer für den jeweiligen Staat, in dem man lebt (*state income tax*). Einige Städte, wie z. B. New York City, erheben zusätzlich eine eigene, relativ geringe Einkommensteuer.

Die Steuererklärungen für das jeweils vergangene Jahr müssen bis zum 15. April abgeschickt werden. Die Formulare dafür finden Sie auf dem Postamt oder in der Bibliothek (*public library*) und auf der IRS-Website (▶ www.irs.gov).

Zumindest für Ihre erste Steuererklärung (*income tax return*) in den USA sollten Sie die Hilfe eines Steuerberaters (*tax accountant*) in Anspruch nehmen. Sie gehen so auf Nummer sicher, dass Sie Ihre Steuererklärung richtig machen. Außerdem sparen Sie auf diesem Wege viel Zeit, die Sie sonst mit dem mühsamen Ausfüllen der Formulare verbracht hätten.

Denken Sie aber trotzdem daran, dass Sie am Ende alleine verantwortlich sind, ganz gleich, ob Sie die Steuererklärung selbst ausgefüllt haben oder ein Steuerberater. Es kann also nicht schaden, wenn Sie sich einmal mit den Grundlagen beschäftigen. Lesen Sie insbesondere den *U.S. Tax Guide for Aliens*, den Sie von der IRS-Website herunterladen können. Dieser erklärt u. a. die Besonderheiten, die für das Jahr Ihres Zuzugs nach Amerika gelten.

Je nachdem, ob im Verlauf des Jahres nicht genug oder zu viele Steuern von Ihrem Lohn (*wage*) bzw. Gehalt (*salary*) abgeführt wurden, werden Sie mit dem Einreichen der Steuererklärung einen Scheck mitschicken müssen, der Ihre Steuerschuld begleicht, oder Sie können nach einigen Wochen einen Scheck von der IRS erwarten, mit dem Ihnen die zu viel gezahlten Steuern zurückerstattet werden (*tax refund*).

Wenn Sie eine Arbeit in den USA aufnehmen, wird Ihnen Ihr Arbeitgeber Formulare mit der Bezeichnung *Form W-4* (*federal income tax*) und das Formular für die jeweilige *state income tax* zum Ausfüllen geben.

Neben Ihren persönlichen Daten wie Adresse und *Social Security Number* geben Sie dort die Zahl der *exemptions* (etwa:

abzugsfähige Lasten) an, die Sie in Anspruch nehmen wollen. Diese richtet sich in erster Linie nach der Zahl der abhängigen Familienmitglieder. Je höher die Zahl der *exemptions*, desto weniger Steuern werden von Ihrem Lohn bzw. Gehalt abgeführt.

Die Kunst besteht darin, weder zu viele noch zu wenige *exemptions* zu wählen, sodass Sie am Ende, wenn Sie Ihre Steuererklärung machen, dem Staat nicht zu viel Geld schulden und umgekehrt.

Lassen Sie sich am besten von einem Steuerberater helfen, da neben der Zahl der Familienmitglieder auch noch andere Faktoren eine Rolle spielen können, etwa die Steuerabschreibungen (*deductions*), die Sie machen können, wenn Sie ein Haus besitzen, und die Geldbeträge, die Sie vor Abzug der Steuer in altersvorsorgende Programme, wie *401(k)* und *Roth IRA*, investieren dürfen.

Am Anfang jeden Jahres schickt Ihnen Ihr Arbeitgeber eine Bescheinigung, die *Form W-2* genannt wird, auf der Ihr Lohn bzw. Gehalt und die Abzüge für das Vorjahr aufgeführt sind. *Form W-2* reichen Sie als Beleg mit Ihrer Steuererklärung ein.

Wenn Sie im Laufe eines Jahres mehrere Arbeitgeber hatten, dann sollten Sie von jedem Arbeitgeber ein solches Schriftstück erhalten, egal, ob Sie dort noch arbeiten oder nicht. Deshalb ist es wichtig, dass Sie gegenwärtige und ehemalige Arbeitgeber informieren, falls sich Ihre Adresse ändert.

Informieren Sie ggf. auch ehemalige Arbeitgeber über einen Adresswechsel.

Wenn Sie Anfang Februar noch nicht jede *Form W-2* bekommen haben, sollten Sie bei dem jeweiligen Arbeitgeber anrufen.

Zwei Begriffe, die im Zusammenhang mit der Steuererklärung immer wieder auftauchen, sind *tax deduction* und *tax credit*:

- **Tax deductions** sind Steuervergünstigungen, um die das zu versteuernde Einkommen verringert werden kann.
- **Tax credits** werden dagegen am Ende vom Betrag der zu entrichtenden Steuern abgezogen.

Wenn Sie erst einmal wissen, wie die Steuererklärung ausgefüllt wird, können Sie das auch selbst machen, und zwar online umsonst über ▶ www.irs.gov bzw. recht preiswert über ▶ www.turbotax.com oder ▶ www.hrblock.com.

Kapitel 6

Wohnung

Eine vernünftige Wohnung in einer schönen Umgebung ist eine der wichtigsten Grundlagen für ein angenehmes Leben, ganz gleich, in welchem Land man wohnt. Wenn man bei der Auswahl der Unterkunft einen Fehler macht, kann einem das ganz schnell den Spaß am Neuanfang nehmen.

Sorgen Sie für einen guten Start in Amerika, indem Sie die nachfolgenden Seiten mit besonderer Aufmerksamkeit lesen!

Wahl des Wohnortes

In der Regel wird sich Ihre Wohnortwahl nach den Chancen auf eine Erwerbstätigkeit richten. Wenn ein spezieller Wohnort für Sie Priorität haben sollte, z. B. weil Sie die Natur oder das Klima mögen, müssen Sie unter Umständen damit rechnen, dass es dort nicht die gewünschte Arbeit für Sie gibt. Versteifen Sie sich weder auf das eine noch auf das andere. Die USA sind ein Land, wo Flexibilität in der Arbeits- und Wohnortwahl eine der wichtigsten Tugenden ist.

Beim Vergleichen der Stadtteile sollten Sie sich Zeit nehmen.

Wenn Sie in eine Großstadt ziehen, sollten Sie sich darüber informieren, in welchen Stadtteilen Kriminalität herrscht. Da gibt es oft innerhalb einer Stadt, ja manchmal von Straße zu Straße, ganz gewaltige (im wahrsten Sinne des Wortes!) Unterschiede. Seien Sie nicht naiv. Recherchieren Sie genau. Bedenken Sie, dass Kriminalität oft durch Armut hervorgerufen wird. Ziehen Sie in eine Nachbarschaft mit geringer Arbeitslosigkeit. Fragen Sie Freunde, Bekannte und Kollegen nach empfehlenswerten Wohngegenden. Erkunden Sie auch einmal das ländliche Umfeld. Häuser und Wohnungen sind dort oft wesentlich preiswerter als in der Stadt.

Der Kauf einer Immobilie setzt genaue Ortskenntnisse voraus. Selbst wenn Sie schon bei Ihrer Ankunft in Amerika genug Geld für einen Hauskauf haben, sollten Sie erst einmal eine Wohnung mieten und sich dann in aller Ruhe umschauen.

So kann es z. B. sein, dass sich ein Stadtteil durch schöne Einfamilienhäuser und gepflegte Gärten auszeichnet. Alles ist ordentlich, die Leute sind nett, kurzum ein idealer Platz zum Wohnen.

Was Sie nicht sehen und wissen können, ist, dass die Keller in diesem Stadtteil ein- bis zweimal im Jahr bei starkem Regen voll Wasser laufen, da dieser Stadtteil ungünstig in einem Tal liegt oder die Kanalisation unzureichend ist. Wenn Sie jedoch länger in der Stadt leben und die Zeitung lesen, werden Sie früher oder später von diesem Problem erfahren und sich zweimal überlegen, dort ein Haus zu kaufen.

Im Großen (Wahl eines Staates, einer Region, einer Stadt) wie im Kleinen (Wohnung mieten oder Haus kaufen) gilt das Sammeln von Informationen als A und O einer richtigen und fundierten Entscheidung. Nutzen Sie persönliche Empfehlungen sowie Informationen aus Zeitungen und dem Internet (z. B. ▶ www.germanicans.com und ▶ www.amerika-forum.de), um sich einen angenehmen Wohnort zu suchen. Ziehen Sie auch Faktoren wie die Qualität der Schulen und Länge des Anfahrtsweges zur Arbeit heran.

Sparen Sie nicht am falschen Platz, da das Wohnen ein ganz entscheidender Faktor in Sachen Lebensqualität ist.

Wohnungssuche

In den USA gibt es ein vielfältiges Angebot an Mietwohnungen. Die Mieten variieren stark, von sehr niedrig in Kleinstädten bis extrem hoch in Metropolen wie New York. In Universitätsstädten sind die Wohnungen im Uni-Umfeld oft sehr teuer. Die preiswertesten Wohnungen findet man fast überall am Stadtrand.

Wohnungskomplexe werden oft als *apartment communities* angepriesen. Der Begriff *community* ist jedoch stark übertrieben, denn eigentlich handelt es sich meistens doch nur um einen Apartment-Komplex, in dem es einen Pool und einen Fitnessraum zur gemeinsamen Nutzung gibt. Von »Gemeinschaft« zu sprechen, ist daher in diesem Zusammenhang nicht ganz zutreffend. Es hört sich halt nur besser an.

Gated communities, die es besonders in großen Städten gibt, sind eingezäunt und haben, wie der Name schon sagt, ein Tor, durch das nur die Bewohner des Komplexes dürfen. Das soll theoretisch zu höherer Sicherheit führen. In *adult communities* können nur ältere Leute ohne Kinder eine Wohnung mieten. *Retirement communities* sind für Menschen im Rentenalter sowie jüngere Behinderte und bieten zumeist eine ganze Reihe von alten- und behindertengerechten Dienstleistungen an, die nach Bedarf in Anspruch genommen werden können.

Wie findet man nun eine geeignete Wohnung?

Neben einem Blick in die Lokalzeitung lohnt sich auch der Weg zu *apartment search* Agenturen, die eine Liste der meisten verfügbaren Wohnungen haben und Ihnen bei der Suche nach geeignetem Wohnraum hilfreich zur Seite stehen. Für Wohnungssuchende ist dieser Service in der Regel kostenlos. Das Internet ist ebenfalls ein hervorragendes Werkzeug zur Wohnungssuche. Hier kann man sich auf Websites wie ▶ www.apartments.com über die Angebote und Preise tausender Wohnungskomplexe in den USA informieren und bei Interesse Kontakt mit den Anbietern aufnehmen. Außerdem kann man so schon vorab herausfinden, ob ein Vermieter (*landlord*) Haustiere erlaubt, was oft nicht der Fall ist. Katzen und kleine Hunde werden im Allgemeinen eher geduldet als größere oder mehrere Hunde. Mieterkommentare zu vielen Apartmentkomplexen können Sie auf ▶ www.aptratings.com lesen.

Als weitere Methode der Wohnungssuche könnte man mit dem Auto herumfahren und nach Schildern mit der Aufschrift »*For Rent*« Ausschau halten. Achten Sie auch einmal in den Eingangsbereichen der Supermärkte auf kostenlose Broschüren mit dem Titel »*Apartments*«. Diese beinhalten Werbungen zahlreicher Apartment-Komplexe mit Bildern und Beschreibungen.

Eine hervorragende Adresse, um privat vermieteten Wohnraum zu finden, ist: ▶ www.craigslist.org

Fast alle Apartment-Komplexe haben ein Vermietungsbüro (*rental office*) vor Ort, das in der Regel von Montag bis Samstag geöffnet ist. Die Mitarbeiter dort geben Auskunft über verfügbare Wohnungen, die sie potenziellen Mietern gerne zeigen. Dabei weisen sie gewöhnlich auch auf die anderen Vorzüge ihres Komplexes hin, z. B. den Fitnessraum, den Swimmingpool und den Tennisplatz. Davon sollte man sich aber nicht sonderlich beeindrucken lassen, da diese Einrichtungen vielerorts zum Standard gehören. Vielmehr sollte man sich auf den eigentlichen Wohnraum konzentrieren.

Achten Sie auf den Wohnraum und die Nachbarn, nicht den Pool.

- **Wohnungen**, die **im Erdgeschoss** liegen, sind *1st floor* (oder *ground floor*) *apartments*, darüber befindet sich der *2nd floor* usw.
- **Einraumwohnungen** mit kleiner Küche und kleinem Bad werden als *studio apartment* bezeichnet.
- Kleine, unter Umständen möblierte (*furnished*) **Wohnungen mit Küchenecke** (*kitchenette*) und kleinem Badezim-

mer werden *efficiency apartments* genannt. Diese Wohnungen gibt es in erster Linie in Städten mit sehr hohen Mieten.

- Die meisten Wohnungen haben jedoch ein Wohnzimmer und ein Schlafzimmer (*one-bedroom-apartments*) oder zwei Schlafzimmer (*two-bedroom-apartments*). Letztere sind nicht selten mit zwei Badezimmern ausgestattet. Im Schlafzimmer gibt es oft eine angeschlossene Kleiderkammer (*walk-in closet*).

- Amerikanische Mietwohnungen haben in der Regel keinen **Keller.**

- Viele Wohnungen haben jedoch eine kleine **Abstellkammer** (*storage room*).

- Wenn man nicht ständig zum Waschsalon (*laundromat*) fahren möchte, sollte man darauf achten, dass die Wohnung (oder zumindest das Gebäude) einen **Waschautomaten** (*washer*) und einen Trockner (*dryer*) hat. In manchen Wohnungen gibt es zwar keine Maschinen, jedoch ist ein entsprechender Platz mit Anschlüssen (*washer + dryer hook-ups*) vorhanden. Die Maschinen muss man dann selbst kaufen.

- Eine **Einbauküche** mit Kühlschrank (*fridge*), Geschirrspüler (*dishwasher*) und Mikrowelle (*microwave*) gibt es in jeder akzeptablen Wohnung, ebenso eine Klimaanlage (*air conditioning*).

- Die **Deckenlampen** sind ebenfalls fast immer schon vorhanden und nicht selten mit einem Deckenventilator (*ceiling fan*) kombiniert.

- Oft gibt es überdachte **Außenparkplätze** (*carports*) oder Parkmöglichkeiten im Keller (*underground parking*). Am Alter und Zustand der geparkten Autos kann man oft erkennen, was man für Nachbarn haben wird. Viele alte Autos lassen darauf schließen, dass es sich um Angehörige unterer Einkommensschichten handelt. Neue Fahrzeuge bedeuten, dass dort Leute mit besseren Jobs wohnen, die sich jedoch noch kein eigenes Haus leisten können oder wollen. Der Preisunterschied zwischen den Wohngebieten beträgt oft nur wenige hundert Dollar, wobei es in den zuerst genannten Gegenden eher problematische (z. B. laute) Nachbarn geben könnte. Hier sollte man nicht am falschen Ende sparen.

Bei der Auswahl der Wohnung sollte man sich immer vom eigenen Verstand leiten lassen. Selbst wenn man sie gezielt danach fragt, würden die Vermieter nie zugeben, dass es möglicherweise Probleme in ihrem Komplex gibt.

Nachdem man sich für eine bestimmte Wohnung entschieden hat, füllt man ein Antragsformular (*application form*) aus. Darauf gibt man Auskunft zur Person, wie z. B. Arbeitsstelle, Einkommen, bisherige Wohnorte und die Sozialversicherungsnummer (*Social Security Number*), die man nach Möglichkeit schon haben sollte.

Hat man bereits in Amerika gelebt, dann ist das alles kein Problem. Nachdem der zukünftige Vermieter die Angaben und die Kreditvergangenheit (*credit history*) der Antragsteller geprüft hat und überzeugt ist, zuverlässige Mieter zu bekommen, erhalten diese nach zwei bis drei Tagen Bescheid.

Für Neuankömmlinge in Amerika, die sich noch keine Kreditvergangenheit durch das regelmäßige Bezahlen von Rechnungen und Krediten aufgebaut haben, kann das Ganze problematischer werden. Es gilt dann, den Vermieter davon zu überzeugen, dass man seine Miete immer bezahlen kann. Der Nachweis eines Arbeitsplatzes und Einkommens, eine Bürgschaft durch amerikanische Verwandte oder Freunde und das Entrichten einer höheren Kaution (*security deposit*) schaffen hier im günstigen Fall Abhilfe.

Allerdings kann man auch auf Vermieter stoßen, die sich darauf nicht einlassen werden. Dann muss man es woanders versuchen, z. B. bei Privatleuten, die nur einzelne Wohnungen oder Häuser vermieten und für die Formalitäten wie die Sozialversicherungsnummer und die Kreditvergangenheit nicht so wichtig sind.

Eine günstige Alternative zu einem teuren Hotelaufenthalt während der Zeit der Wohnungssuche ist das wochenweise Mieten von möblierten Einraumwohnungen in sogenannten *extended stay hotels*. Das ist zwar teurer als eine richtige Wohnung, aber billiger als ein Hotelzimmer. Zudem hat man so eine eigene Küche. Verzeichnisse derartiger Hotels gibt es im Internet unter ▶ www.extendedstayamerica.com und ▶ www.extendedstaynetwork.com.

Mietverträge sind in der Regel befristet. Im Falle einer Einigung mit dem Vermieter wird in der Regel ein Mietvertrag (*lease*) für ein Jahr abgeschlossen. Auf einen kürzeren Mietzeitraum (*short-term lease*), insbesondere auf eine *month-to-month lease*, die Ihnen maximale Flexibilität bietet, lassen sich nur relativ wenige Vermieter ein.

Wer ein Haustier (*pet*) hat, muss in der Regel einen kleinen monatlichen Aufpreis zur Miete (*pet fee*) bezahlen.

Der Mietpreis schließt oft die Wasserkosten mit ein. Strom, Gas, Telefon und Kabelfernsehen muss man selbst bei den entsprechenden Versorgern (*utilities*) anmelden. Der Vermieter hat normalerweise eine Liste mit den entsprechenden Telefonnummern. Manchmal ist die Grundversorgung mit Kabelfernsehen und Internet ebenfalls im Mietpreis inbegriffen.

Die Miete wird monatlich per Scheck bezahlt, einige Vermieter akzeptieren mittlerweile auch Kreditkarten. Wer beim Abschluss des Mietvertrages noch kein Konto hat, kann mit einem *cashier's check* bezahlen, den man bei jeder Bank bekommt.

Auch die Kaution muss bei der Unterzeichnung des Vertrages entrichtet werden. Die Kaution beträgt in der Regel weniger als eine Monatsmiete und wird vom Vermieter zur etwaigen Begleichung von Schäden bzw. Verschmutzung nach dem Auszug verrechnet. Haustierbesitzer zahlen oft noch eine spezielle zusätzliche Kaution (*pet deposit*). Eine Banküberweisung (*direct deposit*) als Zahlungsmethode für die Miete ist in den USA in der Regel (noch) nicht üblich.

Der Vermieter lässt die Wohnung normalerweise vor dem Einzug neuer Mieter frisch streichen. Auch der Teppichboden wird gründlich gereinigt oder neu verlegt. Beim Einzug bekommt der Mieter eine Liste, auf der eventuelle Mängel eingetragen werden müssen.

Machen Sie Mängel umgehend geltend.

Achten Sie besonders darauf, dass der Rauchmelder (*smoke detector*) und der Kohlenmonoxidmelder (*carbon monoxide detector*) einsatzbereit sind, dass die Fliegengitter (*screens*), die in den USA zur Standardausrüstung jeder Wohnung gehören, vor allen Fenstern in Ordnung sind und dass alle Lichter (*lights*), alle Steckdosen (*outlets*) sowie alle elektrischen Geräte und die Klimaanlage bzw. Heizung funktionieren. Der Vermieter veranlasst bei Bedarf die notwendigen Reparaturen.

Um sich gegen den Verlust Ihres Hausrats durch Diebstahl, Feuer und dergleichen zu versichern, sollten Sie eine *renter's insurance* abschließen. Diese Versicherung ist nicht teuer und kann oft preisgünstig zusammen mit der Autoversicherung (*automotive insurance*) abgeschlossen werden.

Gibt es in den USA eine Meldepflicht?

In den USA gibt es keine Einwohnermeldeämter und eine Meldepflicht im Prinzip auch nicht, dennoch wollen einige staatliche Behörden wissen, wo Sie wohnen.

So müssen Sie die Einwanderungsbehörde *USCIS* innerhalb von zehn Tagen informieren, falls sich Ihre Adresse ändert:
▶ www.uscis.gov/addresschange

Wenn man den Führerschein macht bzw. diesen nach einem Wohnortwechsel ummeldet, registriert die zuständige Behörde des jeweiligen Staates, in der Regel das *Department of Motor Vehicles* oder der *Secretary of State* ebenfalls Ihre Adresse.

Auch die *Social Security Administration*, welche die *Social Security Cards* ausstellt und die Buch über Einkommen und Abgaben jedes Arbeitnehmers in den USA für spätere Rentenansprüche führt, hält Ihre Adresse fest.

Außerdem kennt die Steuerbehörde *Internal Revenue Service (IRS)* Ihren Wohnort. Die *Social Security Administration* und den *Internal Revenue Service* müssen Sie allerdings bei einem Umzug nicht kontaktieren, da diese Behörden Ihre neue Adresse automatisch festhalten, wenn Sie Ihren Arbeitsplatz wechseln bzw. Ihre Steuererklärung einreichen.

Strom und Gas

Die Bibliothek ist ein guter Anlaufpunkt, falls Sie Fragen haben.

Fragen Sie Ihren Vermieter nach den Nummern der lokalen Gas- und Stromversorger (*utilities*). Sie können diese Nummern aber auch aus dem Telefonbuch, dem Internet oder am Auskunftsschalter der Stadtbibliothek (*public library*) erfahren. In manchen Städten können Sie Strom und Gas bei derselben Firma beziehen, in anderen Städten wird getrennt versorgt.

Rufen Sie bei den jeweiligen Firmen an und sagen Sie: »*I would like to set up an account.*« Man wird Sie nach Ihrem Namen, Ihrer Anschrift etc. befragen. Wenn Sie noch keine Kreditvergangenheit in Amerika haben (im Kapitel »Credit History« umfassend erläutert), wird man unter Umständen ein *security deposit* verlangen. Diese Kaution dient dem Unternehmen als Sicherheit, falls Sie nicht in der Lage sind, Ihre Rechnung zu bezahlen.

Heizung und Klimaanlage

Die meisten Gebäude werden mit Erdgas (*natural gas*) beheizt. Heizen (*heating*) mit Strom kann dagegen recht teuer werden, zumal viele amerikanische Wohnungen nur sehr schlecht isoliert sind. Insbesondere bei den Fensterisolierungen sind die Amerikaner den Europäern einige Jahrzehnte hinterher. Die meisten Heizungen bestehen aus einer zentralen Einheit per Wohnung oder

Haus, welche die warme Luft durch die gleichen Schächte (*air ducts*) bläst, die im Sommer die kühle Luft der Klimaanlage verteilt. Heizkörper mit Thermostaten sind in den USA zwar nicht üblich, aber durchaus erhältlich, sodass Sie, wenn Sie ein Haus kaufen, dieses umrüsten lassen können. Das ist allerdings sehr teuer.

Fast alle amerikanischen Häuser und Wohnungen haben eine Klimaanlage (*air conditioning*). Die meisten Wohnungen und Gebäude haben *central air conditioning*, d. h. eine zentrale Einheit, die kalte Luft durch die besagten *air ducts* bläst. Hin und wieder haben Wohnungen jedoch nur einzelne *window units*. Diese kompakten Klimaanlagen sind individuell an den Fenstern angebrachte Kästen und kühlen nur den jeweiligen Raum. Das ist besonders in älteren Häusern der Fall. In Supermärkten, Restaurants und Büros ist es im Sommer oft recht kühl, besonders wenn die Klimaanlage nicht richtig eingestellt ist. Viele Europäer beklagen sich darüber. Man gewöhnt sich aber daran. Notfalls kann man sich ein Sweatshirt oder dergleichen überziehen.

Während eines Gewitters sollten Sie Ihre heimische Klimaanlage ausschalten, da durch das Unwetter eine elektrische Überspannung (*power surge*) hervorgerufen werden kann, die den Kompressor überlädt. Eine teure Reparatur wäre die Folge.

Der 20-Dollar-Lebensretter

Carbon monoxide (Kohlenstoffmonoxid) ist ein farb-, geruch- und geschmackloses sowie giftiges Gas. Tausende Menschen in den USA landen jedes Jahr mit *carbon monoxide poisoning* in der Notaufnahme und Hunderte sterben.

Die Ursache ist zumeist eine defekte Gasheizung, die unbemerkt das *carbon monoxide* produziert. Deshalb sollte jedes Haus und jede Wohnung neben einem Rauchmelder (*smoke detector*) auch einen Kohlenmonoxidmelder (*carbon monoxide detector*) haben, den es ab ca. 20 Dollar im Baumarkt zu kaufen gibt. *Carbon monoxide detectors* werden entweder per Batterie betrieben oder dauerhaft in die Steckdose gesteckt.

Geschirrspüler

In vielen Wohnungen gibt es auch Geschirrspülautomaten (*automatic dishwashers*). Wie mit allen anderen Maschinen, die schon in den Wohnungen vorhanden sind, kann es sich hier um ältere Modelle handeln, sodass die Ergebnisse manchmal nicht ganz zufrieden stellend sind. Ein gutes Spülmittel für Geschirrspülautomaten (*automatic dishwasher detergent*) in praktischer Tablettenform (*tabs*) ist *Electrasol*.

Garbage Disposer

Die Abflüsse vieler amerikanischer Küchenwaschbecken haben einen eingebauten *garbage disposer*. Dieser zerkleinert Essensreste, die dann weggespült werden können. Das Vorhandensein eines solchen *garbage disposer* ist am Abfluss gekennzeichnet. Über dem Waschbecken gibt es ferner einen Schalter, der wie ein normaler Lichtschalter aussieht. Wenn Sie diesen Schalter betätigen, wird der *garbage disposer* mit viel Lärm seine Arbeit verrichten. Lassen Sie gleichzeitig kaltes Wasser laufen, um einen Abfluss des Zerkleinerten zu gewährleisten. Passen Sie auf, dass kein Glas, Metall, Holz, Porzellan und dergleichen in den *disposer* kommt und stecken Sie auch nicht Ihre Finger hinein.

Sollte der *garbage disposer* einmal den Dienst versagen, lohnt sich der Versuch, ihn durch Drücken des *reset button*, der sich unter dem Waschbecken direkt an dem *garbage disposer* befindet, wieder arbeitsfähig zu machen. Sollte das nicht funktionieren, muss man allerdings den Hausmeister oder einen Klempner rufen.

Waschautomat und Wäschetrockner

In vielen Wohnungen gibt es Waschautomaten und Wäschetrockner (*washer + dryer*), in manchen Wohnungen aber auch nur die entsprechenden Anschlüsse (*washer + dryer hook-ups*). Für Letztere müssen Sie dann die Maschinen selbst kaufen. In einigen Apartment-Komplexen gibt es auch zentrale Räume mit Waschautomaten und Wäschetrocknern.

Natürlich könnten Sie Ihre Wäsche auch im Waschsalon (*laundromat* oder *coin laundry*) waschen. Von vielen Europäern werden die amerikanischen Waschmaschinen als rotierende Zylinder belächelt. Meistens kann man nur zwischen drei Temperaturstufen wählen (kalt, warm und einigermaßen heiß), da das warme Wasser direkt aus der Leitung kommt und die Maschinen keinen Heizstab haben. Wie dem auch sei, die Wäsche wird trotzdem sauber. Zu empfehlen sind die Waschmittel (*laundry detergents*) der Marke *Tide*. Wäsche, die chemisch gereinigt werden muss, bringen Sie zum *dry cleaner*.

Staubsauger

Man unterscheidet grundsätzlich zwischen zwei Staubsaugertypen: einteilige *upright vacuum cleaners*, die man vor sich herschiebt, und zweiteilige *canister vacuum cleaners*, die man hinter sich herzieht. Die einteiligen Schiebestaubsauger sind in den USA vorherrschend, aber nicht empfehlenswert.

Zweiteilige Staubsauger zum Ziehen gibt es in den USA u. a. von *Miele* und *Kenmore*. Während die Staubsauger von *Miele* sehr teuer sind, gibt es die recht guten Geräte der Marke *Kenmore*, die in den Kaufhäusern der Firma *Sears* angeboten werden, zu wesentlich günstigeren Preisen. Noch ein Tipp: Bei *Sears* (und auch in vielen anderen Läden) kann man beim Erwerb von Staubsaugern und anderen Geräten eine Zwei- oder Dreijahres-Garantie (*warranty*) dazukaufen, die alle etwaigen Reparaturen (und ein eventuelles Ersatzgerät) abdeckt. Das lohnt sich durchaus, da die Hersteller-Garantie meistens nur ein Jahr beträgt.

Dusche

Eine Dusche (*shower*) mit der entsprechend relativ flachen Wanne ist in amerikanischen Wohnungen der Regelfall, richtige Badewannen zum Hinsetzen die Ausnahme. Zum Regulieren der Wassertemperatur gibt es zumeist nur einen Drehknopf. Wenn Sie das Wasser aufdrehen, kommt es aus dem Hahn unmittelbar über dem Abfluss. Drehen Sie so weit an dem Knopf, bis Sie die richtige Temperatur eingestellt haben. Bei den meisten Duschen müssen Sie nun im Bereich des Hahns einen Hebel hineindrücken oder einen Ring herunterziehen bzw. hochdrücken. Das ist von Dusche zu Dusche verschieden, was man besonders beim Aufenthalt in verschiedenen Hotels merkt. Meistens muss man raten oder experimentieren. Es sollte jedoch kein Problem sein, durch systematisches Vorgehen die Lösung des Rätsels zu finden.

Wenn Sie eine Wohnung mieten oder ein Haus kaufen, wird die Dusche zumeist keinen Vorhang (*shower curtain*) haben. Diesen bekommen Sie preiswert in großen Kaufhäusern (*department stores*), wie z. B. *Target, Sears* und *Kmart*.

Falls der Abfluss verstopft ist, hilft der Rohrreiniger »Liquid Plumr« (»Flüssiger Klempner«).

Klobrille ist nicht gleich Klobrille

In den USA gibt es zwei Standard-Typen bei den Klobrillen: *regular/round* (normal/rund – ca. 16 1/2 inches lang) und *elongated* (gestreckt – ca. 18 1/2 inches lang).

Vor dem Kauf einer neuen Klobrille sollte man sich also die heimische Toilette genau anschauen, um festzustellen, welches Format in Frage kommt. Und dann gibt es da ja noch die Klobrillen öffentlicher Toiletten, die vorne eine kleine Lücke haben. (Diese *open front seats* gibt es ebenfalls in der runden und in der gestreckten Form.)

Es gibt verschiedene Theorien für die Existenz dieser Sitze mit Lücke, z. B. dass sie das Draufpinkeln reduzieren, hygienischer und frauenfreundlicher sind, Materialkosten bei der Herstellung sparen und leichter sauber gemacht werden können. Während der Grund ungeklärt ist, beruht die enorme Verbreitung der *open front seats* auf Bauvorschriften, welche vielerorts die Verwendung dieser Klobrillen in öffentlichen Toiletten vorschreiben.

In diesem Zusammenhang noch ein weiterer Tipp: Amerikanische Toiletten haben normalerweise nur eine Spülmenge. Sie können Ihren Spülkasten jedoch mit der gewohnten Zwei-Mengen-Spültechnik nachrüsten, indem Sie bei ▶ www.amazon.com einen *dual flush converter* kaufen.

Kapitel 7

Hauskauf

Ein eigenes Stück Amerika! Mit dem Kauf einer Immobilie können auch Sie sich den *American Dream* erfüllen. Als Einwanderer
sind Sie dabei in keiner Weise benachteiligt. Statistisch gesehen
ist der Anteil der Wohneigentümer (d. h. vor allem Hausbesitzer)
unter US-Bürgern, die in einem anderen Land geboren wurden,
ungefähr genau so hoch wie unter jenen Menschen, die in den
USA das Licht der Welt erblickt haben, nämlich rund 66 Prozent.
Bei Leuten, die in Amerika leben, aber keine Staatsbürger sind,
liegt der Anteil der Wohneigentümer immerhin bei 34 Prozent.

> Zwei Drittel der Amerikaner woh-
> nen im eigenen Haus.

Finanzierung

Bevor Sie sich auf die Suche nach einem Haus machen, sollten
Sie sich natürlich darüber im Klaren sein, wie viel Sie dafür bezahlen wollen bzw. können und wo das Geld herkommen soll.

Fast alle Amerikaner nehmen für die Finanzierung eines Hauskaufs einen speziellen Kredit, einen *mortgage loan*, auf. Einen *mortgage loan* kann man bei einer Bank (*bank*), einer Genossenschaftsbank (*credit union*), einer *mortgage bank* oder bei einem *mortgage
broker*, der *mortgage loans* verschiedener Anbieter vermittelt, bekommen. Umgangssprachlich werden *mortgage loans* oft einfach
nur als *mortgage* bezeichnet. Man unterscheidet zwei Arten von
mortgages: fixed-rate mortgage und *adjustable-rate mortgage*. Bei
einer *fixed-rate mortgage* bleiben die Zinsen während der gesamten Laufzeit des Kredites gleich. Bei einer *adjustable-rate mortgage*
kann sich die Zinsrate jedoch stark verändern, da sie an die Ent-
wicklung des allgemeinen Zinsniveaus im Lande gekoppelt ist.

Die meisten Hauskäufer bevorzugen daher eine *fixed-rate
mortgage*, die normalerweise über 15 oder 30 Jahre läuft. Wenn
möglich, sollten Sie versuchen, eine *15-year mortgage* aufzunehmen, da Sie bei dieser wesentlich weniger Zinsen zahlen. Nicht
nur die Zinsrate ist niedriger, sondern auch der Betrag, den Sie
nach Ablauf der *mortgage* für das Haus gezahlt haben. Bei einer
Kreditsumme von 150.000 Dollar zahlen Sie bei einer *30-year
mortgage* möglicherweise über 100.000 Dollar mehr in Zinsen
als bei einer *15-year mortgage*. Der Vorteil einer *30-year mort-*

gage ist dagegen eine niedrigere monatliche Ratenzahlung, wodurch man sich ein größeres Haus leisten oder Geld anderweitig investieren könnte. Auch die höheren Zinsbeträge können unter Umständen ausgenutzt werden, da sie sich von der Einkommensteuer absetzen lassen.

Lassen Sie sich von Bekannten oder Kollegen eine Bank empfehlen.

Denken Sie daran, dass eine *mortgage* kein Gnadenakt von Seiten des Kreditgebers (*lender*) ist, sondern ein lukratives Geschäft. Sie sollten daher nicht als Bittsteller, sondern als informierter Kunde auftreten. Holen Sie verschiedene Angebote ein und vergleichen Sie diese sorgfältig. Gehen Sie mindestens zur *mortgage*-Abteilung der Bank, bei der Sie Ihr Konto haben, und zu einem *mortgage broker*.

Die wichtigste Voraussetzung, um eine *mortgage* zu bekommen, ist eine gute *credit history* und der damit zusammenhängende *credit score*. (Lesen Sie bitte aufmerksam den Abschnitt »Credit History« im Kapitel »Geldfragen«.)

Folgende Papiere werden potenzielle Kreditgeber möglicherweise sehen wollen:

- Ihren letzten **Gehaltszettel** (*paystub*) bzw. **Beschäftigungsnachweis** (*proof of employment*)
- **Steuererklärungen** (*federal tax returns*)
- **Gehaltsnachweise** (*W-2 forms*) der letzten zwei Jahre
- Ihren letzten **Kontoauszug** (*account statement*)
- Eine Liste aller **Schulden** (einschließlich Kreditkarten)
- Eine Liste aller **Investitionen** bzw. Güter, z. B. Aktien, Immobilien und Autos
- Wenn Sie bereits ein Haus besitzen und dabei sind, eine *mortgage* abzuzahlen, werden Sie die diesbezüglichen **Dokumente** vorlegen müssen.
- Wer eine Wohnung mietet, muss wahrscheinlich die **Höhe der Miete** nachweisen, z. B. durch Vorlage des Mietvertrags.
- Zu guter Letzt wird der Kreditgeber natürlich auch den **Kaufvertrag** für die Immobilie sehen wollen.

Rechnen Sie damit, dass Sie Ihre finanziellen Verhältnisse bis ins letzte Detail offen legen müssen. Empfindlichkeit hinsichtlich Privatsphäre und Datenschutz sind da völlig fehl am Platz. Sehen Sie es einmal aus der Sicht des Kreditgebers: Er wird Ihnen eine große Summe Geld leihen und um abzuschätzen, welches Risiko er mit Ihnen eingeht, braucht er einen umfassenden Einblick in Ihre Finanzen.

Allgemein gilt, dass die Ratenzahlungen für das Haus nicht mehr als 28 Prozent und für alle Schulden insgesamt, also *mortgage*, Kreditkarten, Autokredit etc. zusammen, nicht mehr als 36 Prozent Ihres monatlichen Einkommens ausmachen sollten. Wer ein Haus kaufen will, muss in der Regel um die 20 Prozent des Kaufpreises in bar haben. Dieser Betrag wird als *down payment* bezeichnet. Für die verbleibende Summe bekommt man dann einen Kredit. Wenn man einen höheren Prozentsatz als *down payment* aufbringen kann, erhält man unter Umständen einen Kredit mit besseren Konditionen. Im Prinzip ist es so: Je mehr der Käufer von Anfang an finanziell am Haus beteiligt ist, desto eher kann der Kreditgeber davon ausgehen, dass der Kredit auch zurückgezahlt wird. Bargeld müssen Sie jedoch nicht nur zwecks *down payment* aufbringen, sondern auch für die *closing costs*, die sich in erster Linie aus einer Reihe von kleinen und großen Verwaltungsgebühren zusammensetzen und die meistens zwischen drei und fünf Prozent des Immobilienpreises betragen.

Rechnen Sie mit mindestens 20 Prozent Anzahlung und 3 Prozent Gebühren.

Sie sollten darauf Wert legen, dass der Kreditgeber innerhalb von drei Tagen nach Entgegennahme des Kreditantrages (*loan application*) ein schriftliches *good faith estimate of closing costs* ausstellt. Auf jeden Fall muss der Kreditgeber ein *Truth in Lending Act statement* (*TILA*) anfertigen, das die Einzelheiten des Kredits, einschließlich Zinsrate (*APR – annual percentage rate*), beinhaltet. Zur Bestimmung Ihres Kreditrahmens wird der Kreditgeber auch schon die ungefähr zu erwartenden Eigentumssteuern (*property taxes* bzw. *real estate taxes*) und Versicherungskosten berücksichtigen.

Neben der regulären *homeowner's insurance* wird bei einer Anzahlung unter 20 Prozent auch eine *private mortgage insurance* (*PMI*) verlangt. Diese beträgt normalerweise ein halbes Prozent der Kreditsumme und wird von Ihnen bezahlt, sichert aber den Kreditgeber gegen finanzielle Verluste ab, falls Sie Ihren Zahlungsverpflichtungen nicht nachkommen. Die PMI müssen Sie bezahlen, bis Sie ein Fünftel der geliehenen Kreditsumme (*principal*) zurückgezahlt haben.

In diesem Zusammenhang sollten Sie aber beachten, dass in den Anfangsjahren der Hauptteil Ihrer Ratenzahlungen zur Begleichung von Zinsen (*interest*) dient. Erst im Verlauf der Zeit verschiebt sich dieses Verhältnis der Begleichung zunehmend zu Gunsten der eigentlich geliehenen Summe. Daraus ergibt sich, dass Sie das erste *principal*-Fünftel nicht nach einem Fünftel der Kreditlaufzeit, sondern erst wesentlich später beglichen haben werden.

Ein Begriff, den Sie im Zusammenhang mit der Hausfinanzierung oft hören werden, ist *points*.

Dabei handelt es sich um im Voraus, bei Abschluss der Hauskaufs, bezahlte Zinsen. Ein *point* entspricht einem Prozent der Kreditsumme. Durch das Bezahlen von *points* verringern sich die Zinsen für die *mortgage* und damit die monatlichen Ratenzahlungen. Pro *point* werden die Zinsen bei einer *30-year mortgage* normalerweise um 0,125 Prozent gesenkt. Als *points* bezahlte Geldbeträge sind in dem jeweiligen Jahr steuerlich absetzbar (*tax deductible*).

Die hier besprochenen *points* werden auch als *discount points* bezeichnet und lohnen sich eigentlich nur, wenn man lange in dem gekauften Haus wohnen bleibt. Auf jeden Fall erhöhen sie die Geldsumme, die man anfangs in bar als *closing costs* aufbringen muss. *Discount points* werden von Kreditgebern auch gerne genutzt, um die Zinsrate niedriger aussehen zu lassen. Die Banken preisen eine niedrige Rate an, lassen sich dann aber *points* bezahlen, sodass man praktisch doch mehr Zinsen entrichtet. Wenn Sie die Angebote verschiedener Geldgeber vergleichen, sollten Sie daher nicht nur auf die angegebene Zinsrate, sondern auch auf mögliche *points* achten.

Der Begriff *points* wird zum Teil aber auch verwendet, wenn es um die *origination fee* geht, d. h. um die Gebühr, die der Kreditgeber möglicherweise für die Bereitstellung des Kredites verlangt. Diese *points* können aber nicht von der Steuer abgesetzt werden und dienen lediglich dazu, den Profit des Kreditgebers zu erhöhen.

Idealerweise sollten Sie einen Kredit mit niedrigen Zinsen, keinen *points* und minimalen *origination fees* (auch *loan fees* genannt) aufnehmen. Vergleichen Sie also mehrere Angebote und wählen Sie das günstigste.

Um zu verhindern, dass die Zinsen für Ihren Kredit in der Zeit bis zum eigentlichen Hauskauf (*closing*) steigen, können Sie ein *interest rate lock-in* machen, d. h. die Zinsrate für einen bestimmten Zeitraum festschreiben lassen. Fragen Sie den Kreditgeber, ob dafür Gebühren (*lock-in fees*) erhoben werden.

Wenn ein Kreditgeber willig ist, Ihnen eine *mortgage* zu geben, wird er Ihnen einen *Letter of Pre-Approval* ausstellen. Dieser wird den finanziellen Rahmen für Ihre Haussuche bestimmen.

Wenn Sie z. B. für eine *mortgage* bis zu 180.000 Dollar *pre-approved* sind, dann ist das die finanzielle Obergrenze für Ihre Haussuche. Wenn Sie sich dann für ein bestimmtes Haus entschieden haben und dem Verkäufer ein Angebot (*offer*) machen, dann zeigen Sie diesem mit dem *Letter of Pre-Approval*, dass Sie finanziell in der Lage sind, die Immobilie zu kaufen. Das ist besonders wichtig, wenn es mehrere Interessenten gibt. Der Verkäufer wird sich dann eher mit jemandem einigen, bei dem abzusehen ist, dass finanziell alles reibungslos über die Bühne gehen wird. Außerdem werden Sie Ihre *mortgage* schneller bekommen, da ein großer Teil der Formalitäten bereits erledigt wurde.

Die meisten Kreditgeber bieten auch eine *pre-qualification* an. Das nützt Ihnen aber am Ende nichts, da diese, anders als der *Letter of Pre-Approval*, für den Kreditgeber nicht verbindlich ist. Um Letzteren zu bekommen, müssen Sie eine Gebühr bezahlen und Ihre finanziellen Verhältnisse werden gründlich geprüft, indem z. B. ein *credit report* eingeholt wird.

Pre-Approval ist besser als Pre-Qualification.

Die *pre-qualification* ist dagegen kostenlos, dauert oft nur Minuten und ist lediglich ein theoretischer Anhaltspunkt, ob Sie eine *mortgage* bekommen würden. Die Angaben, die Sie zu Ihren Finanzen machen, werden hierbei nicht überprüft.

Wenn Sie als Einwanderer noch keine Kreditvergangenheit nachweisen können, müssen Sie die Kreditgeber durch eine höhere Eigenbeteiligung, d. h. zwanzig Prozent oder mehr, und durch den Nachweis eines sicheren und ausreichenden Einkommens davon überzeugen, dass Sie kreditwürdig sind. Je mehr Bargeld Sie haben, desto einfacher wird es sein, eine *mortgage* zu bekommen.

Für den Fall, dass Ihr Kreditantrag abgelehnt wurde, müssen die Gründe dafür innerhalb von dreißig Tagen schriftlich in einer *adverse action notice* dargelegt werden. Die Ablehnung durch einen Kreditgeber bedeutet jedoch nicht, dass andere Firmen genauso entscheiden würden. Jedes Unternehmen hat andere Kriterien für die Kreditvergabe. Nehmen Sie die genannten Ablehnungsgründe aber trotzdem ernst und versuchen Sie, nach Möglichkeit Abhilfe zu schaffen. Lassen Sie sich nicht auf Wucherzinsen ein. Mieten Sie lieber eine Wohnung oder ein Haus für ein Jahr und bauen Sie sich in dieser Zeit eine überzeugende *credit history* auf. Wenn Sie sich dann erneut um eine *mortgage* bemühen, wird wahrscheinlich alles schon viel einfacher aussehen. Außerdem können Sie diese Zeit nutzen, um sich besser über den lokalen Immobilienmarkt zu informieren.

Es kann nicht oft genug betont werden: Regeln Sie den finanziellen Aspekt des Hauskaufs, bevor Sie überhaupt mit der Haussuche beginnen. Dann wissen Sie, ob und in welcher Höhe Sie einen Kredit bekommen werden.

Real Estate Agent wählen und Haussuche beginnen

Für den Käufer fallen keine Maklerkosten an.

Nachdem die finanziellen Voraussetzungen für den Hauskauf geschaffen sind, ist es Zeit, sich einen *real estate agent* zu suchen. Besonders wenn Sie zum ersten Mal ein Haus in Amerika kaufen, sollten Sie nicht auf die Hilfe eines solchen Experten verzichten. Kosten verursacht dieser nicht: Der *agent* des Käufers (*buyer's agent*) teilt sich die Provision (*commission*) mit dem *agent* des Verkäufers (*seller's agent*). Die Provision (meistens sechs Prozent) wird von dem Verkäufer bezahlt.

Während des gesamten Kaufprozesses, der sich in der Regel über vier bis sechs Wochen hinzieht, werden Sie durch Ihren *agent* gegenüber dem Verkäufer bzw. dessen *agent* vertreten. Sie müssen also mit dem Verkäufer nicht persönlich verhandeln. Außerdem wird Ihnen Ihr *agent* beratend zur Seite stehen und Sie durch den recht komplizierten Prozess eines Hauskaufs führen. Um einen guten *real estate agent* zu finden, fragen Sie am besten Ihre Freunde, Bekannten und Kollegen, ob diese jemanden empfehlen können. Bei der ersten Kontaktaufnahme wird Sie der *agent* nach Ihren Wünschen und Vorstellungen von dem Haus und der Wohngegend befragen und sich nach Ihren finanziellen Möglichkeiten erkundigen. Er wird dann regelmäßig in einer Datenbank nachsehen, welche Angebote auf Markt sind, die Ihren Vorstellungen und finanziellen Möglichkeiten entsprechen, und eventuell Besichtigungstermine vereinbaren.

Sie können aber auch selbst die Gegend erkunden und nach Häusern mit »*For Sale*«-Schildern im Vorgarten Ausschau halten. Auf diesen hat der *agent* des Verkäufers seinen Namen und seine Telefonnummer angebracht. Notieren Sie sich diese Angaben, falls Sie Interesse an einem Haus haben, damit Ihr *agent* Kontakt mit dem *seller's agent* aufnehmen kann. Manchmal gibt es an den Schildern auch eine kleine Kiste mit einem Infoblatt zum Mitnehmen, auf dem eine Beschreibung und der Preis des Hauses stehen. An Wochenenden gibt es auch oft *open houses*, auf die mit entsprechenden Schildern hingewiesen wird und die Sie ohne Voranmeldung besichtigen können.

Einige Hausverkäufer haben, um Geld zu sparen, keinen *seller's agent*. Das erkennt man an Schildern mit der Aufschrift »*For Sale by Owner*«. Lassen Sie auch in diesem Fall Ihren *agent* mit dem Verkäufer verhandeln.

Das Internet (z. B. ▶ www.realtor.com) ist generell ein hervorragendes Mittel, um das Angebot an zum Verkauf stehenden Häusern zu erkunden. In den Eingangsbereichen der Supermärkte gibt es ferner Broschüren mit Hausangeboten in der jeweiligen Stadt oder Gegend.

Nehmen Sie sich ausreichend Zeit für die Haussuche. Besichtigen Sie so viele Häuser wie möglich. Lassen Sie sich nicht von den *agents* der Verkäufer beschwatzen. Machen Sie Ihre Augen auf: Ist das Dach in Ordnung, sind die Fenster dicht, gibt es Wasserschäden an der Decke oder Feuchtigkeit im Keller? In welchem Zustand sind die Nachbarhäuser?

Ihr Makler sollte nicht auch den Verkäufer vertreten.

Denken Sie immer daran, dass ein *real estate agent* nur einem Herrn dienen kann. Ihr *agent* sollte nicht gleichzeitig auch den Verkäufer vertreten. Wenn das der Fall ist, wird er im Interesse des Verkäufers handeln, der ihn schließlich bezahlt. Deshalb sollten Sie immer Ihren eigenen *agent* haben, der mit dem *agent* des Verkäufers verhandelt und ausschließlich Ihre Interessen vertritt.

Formen von Wohneigentum

Haus ist nicht gleich Haus und es gibt eine Menge Varianten hinsichtlich der Art des Hauses, der Bauweise und Besitzverhältnisse. Bevor Sie sich auf die Suche nach Ihrem Traumhaus begeben, sollten Sie sich also mit den wichtigsten Formen amerikanischen Wohneigentums vertraut machen:

Single Family Home (Detached Home)

Das Einfamilienhaus ist die typische Form des Wohneigentums in den USA. Einfamilienhäuser gibt es in allen Preisklassen. Die meisten Häuser sind aus Holz gebaut. Häuser aus Ziegelstein (*brick*) sind recht selten zu finden. Allerdings gibt es relativ viele Häuser, die eine *brick facade* haben. Hier sind die Ziegelsteine jedoch nur vorgemauert, der Rest des Hauses ist auch hier aus Holz. Wer einmal in einem typisch amerikanischen Haus gewohnt hat, wird beeindruckt sein, welch hervorragendes Material Holz ist, und eventuelle Vorurteile gegen diese Art des Bauens schnell aufgeben. Ein besonderer Vorteil von Holzhäusern ist, dass sie sich hervorragend um- und ausbauen lassen, da Wände relativ leicht zu entfernen sind. Auch das Installieren neuer Kabel, Rohre, Heizungssysteme, Klimaanlagen etc. wird dadurch wesentlich erleichtert.

Viele Häuser haben eine Garage als Bestandteil des Hauses, andere haben frei stehende (*detached*) Garagen. Die Größe der

Garagen wird nach der Anzahl der Autos angegeben, die hinein-passen, also *one-car garage, two-car garage* oder sogar *three-car garage*. Wenn das Haus einen eingezäunten Garten bzw. Hinter-hof hat, was ein Plus für Hundebesitzer und Familien mit klei-nen Kindern ist, spricht man von einem *fenced-in backyard*.

Duplex

Zweifamilienhäuser findet man nicht allzu oft in den USA. Nor-malerweise ist das Bauland preiswert genug, um ein frei stehen-des Haus für eine Familie zu bauen. Ein *duplex* sieht man daher in erster Linie in Städten mit hohen Grundstückspreisen.

Normalerweise befindet sich ein *duplex* im Besitz von nur einer Person, die den einen Teil des Hauses selbst bewohnt und den anderen Teil vermietet.

Condominium

Bei dieser Form des Wohneigentums, oft auch kurz *condo* ge-nannt, handelt es sich entweder um eine Eigentumswohnung oder um ein Reihenhaus. *Condos* sind in der Regel preiswerter als Häuser, sind besonders praktisch für Leute, die viel reisen, da man sich weniger Sorgen um Einbrüche machen muss und es auch keinen Rasen zu mähen gibt, und erfordern insgesamt weniger Anstrengungen, was die Instandhaltung betrifft. Zu-dem gibt es oft einen Swimming Pool, Tennisplätze und einen Fitnessraum.

Vor dem Kauf sollte man aber auf Einschränkungen in Sa-chen Haustiere achten, falls man eine Katze oder einen Hund hat. Und natürlich hat man in einem *condo* weniger Privatsphäre und möglicherweise unangenehme Nachbarn, mit denen man Wand an Wand leben muss. Im Falle der Eigentumswohnung in einem Apartmenthaus beschränkt sich das direkte Wohneigentum auf das Innere der »eigenen vier Wände«. Das Grundstück, die Geh-wege, das Dach und die Außenwände des Gebäudes befinden sich im gemeinschaftlichen Besitz aller *condo*-Eigentümer, die finanzi-ell zu deren Instandhaltung beitragen müssen.

Wenn Sie ein Reihenhaus (*townhouse*) kaufen, erwerben Sie auch das Stück Land, auf dem es steht und natürlich gehören Ihnen auch das Dach und die Außenwände, für deren Instand-haltung Sie selbst verantwortlich sind. Allerdings müssen Sie auch als Reihenhausbesitzer finanziell zur Instandhaltung der Gemeinschaftsanlagen beitragen.

Welche Form von *condo* Sie auch wählen, um die Mitglied-schaft in einer *homeowner association* und um eine monatliche

> Mitunter sind Haustiere gar nicht oder nur eingeschränkt erlaubt.

Beitragszahlung von oft mehreren Hundert Dollar kommen Sie nicht herum. Aber auch der Besitz eines frei stehenden Hauses kann unter Umständen mit einer solchen Mitgliedschaft verbunden sein, insbesondere in neuen Eigenheimsiedlungen (*subdivisions*), wenn diese eine Reihe von Gemeinschaftsanlagen haben. Das Wort *community* im Namen der Siedlung weist oft schon auf das Vorhandensein einer *homeowner association* hin. Lesen Sie vor dem Kauf aufmerksam alle Unterlagen der *homeowner association*.

Wenn Sie für den Erwerb eines *condo* eine *mortgage* aufnehmen wollen, wird der Kreditgeber den Zustand des gesamten Komplexes berücksichtigen und bei Problemen möglicherweise zurückschrecken. Er wird u. a. darauf achten, wie viele *condos* von den Eigentümern selbst bewohnt bzw. vermietet werden und ob noch gebaut wird, die Versicherung der Gebäude ausreichend ist, die Finanzen der *homeowner association* in Ordnung sind und es genügend finanzielle Rücklagen für große Reparaturen gibt.

Co-op

Bei einer *co-op* handelt es sich um eine Genossenschaft. Die meisten *co-ops* bestehen aus Reihenhäusern oder Wohnungen. Die Preise liegen oft deutlich unter denen von *condos*.

Um Wohnraum in einer *co-op* zu erwerben, kaufen Sie einen Anteil der Genossenschaft. Ihr Wohnraum gehört nicht Ihnen direkt, sondern der *co-op*. Wenn Sie Ihren Wohnraum wieder verkaufen wollen, verkaufen Sie genau genommen Ihren Genossenschaftsanteil. Wie beim *condo* tragen Sie auch in einer *co-op* finanziell zur Instandhaltung der Gemeinschaftsanlagen bei.

Achten Sie genau auf alle finanziellen Verpflichtungen.

Mobile Homes

Rund neun Millionen Haushalte in den USA leben in einem *mobile home*, oft auch *trailer* genannt. Diese zumeist einem Bungalow ähnlichen Unterkünfte sind mehr oder weniger permanent in sogenannten *trailer parks* aufgestellt. Einen neuen *trailer* kann man oft schon ab 40.000 Dollar bekommen. Der Stellplatz im *trailer park* wird gemietet. Nicht selten bleibt so ein *mobile home* für immer im gleichen *trailer park*. Theoretisch kann man den *trailer* aber auch per Schwerlasttransport an einen anderen Ort bringen lassen.

Hin und wieder findet man *mobile homes* auf privaten Grundstücken außerhalb von *trailer parks*, insbesondere in ländlichen Gebieten. Schließlich ist so ein *trailer* bei weitem billiger als der Bau eines richtigen Hauses.

Sowohl bei den *mobile homes* als auch bei den *trailer parks* gibt es riesige Unterschiede. Alte *trailer parks* haben mitunter

Ähnlichkeit mit *slums*. Nagelneue *trailer parks* können dagegen recht angenehm sein, und auch die neuen *mobile homes* gleichen immer mehr richtigen Häusern.

Wenn Sie überlegen, ein *mobile home* zu kaufen, sollten Sie zwei Dinge in Betracht ziehen:

- Im Gegensatz zu richtigen Häusern steigt der Wert eines *trailers* fast nie. Im Gegenteil, meistens werden Sie ein *mobile home* nur mit Verlust wieder verkaufen können.
- Im Falle eines Tornados (siehe das entsprechende Kapitel) bietet ein *trailer* keine sichere Unterkunft.

Pre-manufactured Homes

Pre-manufactured homes werden wie *mobile homes* in Fabriken gebaut und im Gegensatz zu letzteren dauerhaft auf richtige Fundamente (oft mit Keller) auf Privatgrundstücken gesetzt.

Mittlerweile gibt es auch schon zweigeschossige *pre-manufactured homes* mit Spitzdächern, bei denen der Unterschied zu Häusern, die an Ort und Stelle gebaut werden, kaum noch zu erkennen ist.

Die Vorteile von *pre-manufactured homes* liegen auf der Hand: Sie sind wesentlich billiger als vor Ort gebaute Häuser, man muss lediglich für den Bau des Fundaments/Kellers sowie für Strom-, Trinkwasser- und Abwasseranschlüsse sorgen. Zum vereinbarten Termin wird das Haus (manchmal in mehrere Komponenten zerlegt) per Tieflader angeliefert und per Kran auf das Fundament gesetzt. Bäder und Küchen werden in der Regel auch schon in der Fabrik eingebaut. Besonders in ländlichen Gegenden ist diese effiziente Art des Bauens sehr beliebt.

Log Homes

Blockhäuser (*log homes*), deren Wände aus aufeinander gelegten Baumstämmen bestehen, erleben derzeit eine Renaissance in Amerika. Von kleinen Hütten bis zu riesigen Häusern – diese Bauweise bietet in allen Preisklassen etwas. Normalerweise bestellt man ein *log home* als Bausatz (*kit*). Das Fundament (mit oder ohne Keller) muss man extra bauen lassen und das eigentliche Haus kann man entweder selbst zusammensetzen – handwerkliches Geschick und ausreichend Zeit vorausgesetzt – oder mit zusätzlichen Kosten von einem Team des Herstellers bzw. selbst gewählten Handwerkern errichten lassen. Auch um die Elektroinstallation und um die Klempnerarbeiten muss man sich selbst kümmern. Daher sollte man sich von den relativ niedrigen Preisen der Bausätze nicht allzu sehr beeindrucken lassen, sondern vielmehr alle anfallenden Kosten in die Kalkulation einbeziehen.

Amerikanische Fundamenttypen

In den USA gibt es drei häufige Fundamenttypen: *basement*, *crawlspace* und *slab-on-grade*.

- Ein *basement* ist, wie das Wort schon sagt, ein ganz normaler Keller, der mehr oder weniger tief in die Erde gebaut ist. Wenn ein Keller als Wohnraum genutzt werden kann, spricht man von einem *finished basement*. Viele neue Häuser werden jedoch mit einem *unfinished basement* verkauft. Der Besitzer muss dann die Wände, Deckenverkleidungen und Türen selbst einbauen.
- Ein Haus mit einem *crawlspace* hat anstelle eines Kellers einen etwa hüfthohen Zwischenraum zwischen Hausfußboden und Erdreich. Dieser Raum kann nicht genutzt werden und dient lediglich dem Verlegen von Leitungen und Rohren. Durch die geringe Höhe kann man sich hier nur im Kriechen (*crawl*) fortbewegen. Der Boden im *crawlspace* ist meistens mit Schotter oder Kies bedeckt.
- Ein *slab-on-grade* ist ein in die Erde gegossener Betonfußboden, unter dem sich weder *basement* noch *crawlspace* befinden.

Faktoren, die den Hauspreis bestimmen

Der wichtigste Faktor ist der Ort (*location*), wo sich das Haus befindet. Das beginnt bei der Region und geht über den Staat und die Stadt bis in den Stadtteil (*neighborhood*). Das gleiche Haus, das Sie an einem Ort für 200.000 Dollar sehen, kann einige Straßenzüge weiter schon 250.000 Dollar kosten, in einer anderen Stadt 300.000 Dollar, und in einem anderen Staat oder einer anderen Region 400.000 Dollar oder mehr. Wenn ein Haus auf den Markt kommt, orientiert sich der Verkäufer beim Festsetzen des Preises daran, für welchen Betrag vergleichbare Häuser in der Nachbarschaft im Laufe der letzten Monate verkauft wurden.

> Denken Sie bei der Wahl der Immobilie bereits an den Wiederverkauf.

Die Verbrechensrate (*crime rate*) ist natürlich ebenfalls ein entscheidender Punkt. Je mehr Kriminalität in einer Nachbarschaft, desto billiger die Häuser. Sie können dann aber sicher sein, dass Sie das Haus nur schwer oder stark verlustbringend wieder loswerden.

Auch wenn Sie keine Kinder haben, ist der Ruf der Schulen ein wichtiger Faktor.

Ein weiterer wichtiger Faktor, der den Hauspreis bestimmen kann, ist die Qualität der öffentlichen Schulen (*public schools*), in deren Einzugsbereich sich das Haus befindet. Wenn die Schulen einen guten Ruf haben, wird es eine größere Nachfrage nach Häusern geben. Das treibt natürlich den Preis nach oben. Allerdings wird Ihnen das auch von Nutzen sein, wenn Sie Ihr Haus wieder verkaufen wollen. Deshalb ist die Schulfrage auch für Leute ohne Kinder von Bedeutung.

Die Größe und der Zustand des Hauses und des Grundstücks (*lot*) spielen natürlich auch eine wichtige Rolle. Häuser mit zwei oder drei Schlafzimmern (*bedrooms*), d. h. Räume zusätzlich zum Wohnzimmer (*living room*), sind am beliebtesten, da die meisten Leute Kinder haben. Häuser mit nur einem *bedroom* werden Sie daher wesentlich preiswerter bekommen, aber schwieriger wieder verkaufen können, da die Nachfrage nach diesen geringer ist. Einen erheblichen Preisunterschied gibt es in der Regel auch für Häuser mit und ohne Garage sowie mit und ohne *air conditioning*. Eine gut ausgestattete Küche und ein modernes Badezimmer (die meisten Häuser haben sogar zwei Bäder) treiben den Preis nach oben. Häuser mit starkem Renovierungsbedarf werden als *fixer-upper* bezeichnet. Wer ein solches Haus kauft, sollte so viel Sachverstand haben, dass er genau weiß, worauf er sich einlässt, und sollte die Kosten und das Risiko abschätzen können.

Um es abschließend noch einmal zu betonen: Denken Sie schon beim Kauf des Hauses an einen möglichen Wiederverkauf. Kaufen Sie kein Haus, das Sie nur schwer wieder loswerden. Der Erwerb eines Hauses ist eine Investition. Wie alle Investitionen sollte auch der spätere Verkauf eines Hauses gewinnbringend sein. Außerdem sollten Sie flexibel bleiben, z. B. für den Fall, dass sich anderswo bessere Berufschancen bieten. Diese Flexibilität ist aber nur gegeben, wenn Sie ein Haus wählen, das Sie im Bedarfsfall schnell wieder verkaufen können.

Der Kauf

Wenn Sie Ihr Traumhaus gefunden haben, machen Sie dem Verkäufer (*seller*) ein schriftliches Kaufangebot (*offer*). Dieses sollte unter dem Preis liegen, den der Verkäufer verlangt. Es sei denn, es gibt viele Interessenten für das Haus. Dies sollte dann allerdings auch wirklich der Fall sein. Nur weil es der *agent* des Verkäufers sagt, muss das noch lange nicht so sein. Wenn ein Haus jedoch schon längere Zeit auf dem Markt war, können Sie davon ausgehen, dass die Nachfrage nicht sehr hoch ist.

Schauen Sie sich einmal genau das Foto des Hauses an, das im Internet oder in anderen Anzeigen abgebildet wird. Gibt es Blätter an den Bäumen? Gibt es andere Hinweise, dass das Foto in einer zurückliegenden Jahreszeit aufgenommen wurde? Wenn ja, dann ist es wahrscheinlich, dass der Verkäufer Schwierigkeiten hat, das Haus loszuwerden. Das gibt Ihnen Verhandlungsspielraum.

Andererseits sollten Sie sich aber auch fragen, warum das Haus so lange keinen Käufer fand. Möglicherweise gibt es schwerwiegende Mängel. Ihr *agent* sollte auch eine ungefähre Vorstellung davon haben, wie lange das Haus schon zum Verkauf stand.

Nachdem der Verkäufer Ihr Angebot erhalten hat, wird er wahrscheinlich einen neuen Preis nennen, der zwischen dem ursprünglichen Betrag und Ihrem Angebot liegt. Sie können dieses Gegenangebot (*counter-offer*) akzeptieren oder Ihrerseits wiederum ein neues Angebot machen.

Nur in Ausnahmefällen zahlen Sie den vollen Preis.

Wie lange Sie dieses Spiel fortsetzen wollen, ist Ihnen überlassen. Sie sollten jedoch realistisch bleiben und die Geduld des Verkäufers nicht zu sehr strapazieren. Lassen Sie sich von Ihrem *real estate agent* beraten, wie Sie in dieser Angelegenheit vorgehen sollen.

Neben Ihrem Kaufangebot (*offer*) stellen Sie auch einen Scheck in Höhe von etwa einem Prozent des Immobilienpreises aus. Diesen Scheck nennt man *deposit* oder *earnest money* und er zeigt dem Verkäufer, dass Sie es mit Ihrem Kaufangebot ernst meinen. Wenn der Verkäufer Ihr Kaufangebot nicht akzeptiert hat bzw. Sie nicht das Gegenangebot, muss er Ihnen auf jeden Fall das *deposit* wiedergeben. Vermeiden Sie trotzdem ein höheres *deposit*, da es doch einmal passieren kann, dass Sie das Geld nicht oder nur per Rechtsstreit wiederbekommen. Das Schriftstück, mit dem Sie Ihr Angebot machen (*offer*) und das Ihre Unterschrift trägt, wird zum Kaufvertrag (*sales agreement*), wenn der Verkäufer Ihr Preisangebot und Ihre Bedingungen (*terms*) annimmt und es ebenfalls unterschreibt.

Im *sales agreement* sollte ein Zeitrahmen (normalerweise vier bis sechs Wochen) festgeschrieben sein, währenddessen Sie sich Ihre *mortgage* besorgen. Halten Sie als Vorbedingung (*contingency*) fest, dass der Kauf nur stattfindet, falls Sie eine *mort-*

gage bekommen. (*The sale is* »*subject to*« oder »*contingent upon*« *obtaining appropriate financing.*)

Machen Sie den Kauf auch abhängig von einer Inspektion des Hauses (*contingent upon home inspection*) durch einen professionellen Inspektor (*home inspector*) und die Offenlegung von Mängeln durch den Verkäufer (*seller's disclosures*).

Das schriftliche *disclosure statement* listet die Mängel des Hauses auf. Es wird nach Unterzeichnung des *sales agreement* ausgestellt. Wenn Sie durch das *disclosure statement* von Mängeln erfahren, von denen Sie bis dahin nichts wussten, dann sollten Sie einen Preisnachlass oder die Behebung der Mängel verlangen bzw. vom Kauf zurücktreten. Finden Sie später andere, verborgene Mängel an dem Haus, so liefert Ihnen das unvollständige *disclosure statement* wichtige Munition in einem eventuellen Rechtsstreit.

Generell ist das *disclosure statement* auch eine Absicherung für den Verkäufer, da er so nachweisen kann, dass er den Käufer über eventuelle Mängel informiert hat. Lesen Sie sich das *disclosure statement* genau durch. Oft werden allgemeine, harmlos klingende Worte gewählt, die über das wahre Ausmaß der Mängel nicht wirklich Aufschluss geben, aber trotzdem ausreichend sind, um den Verkäufer abzusichern.

Bringen Sie das *disclosure statement* mit zur Hausbesichtigung. Die *home inspection* findet in der Regel ein bis zwei Wochen nach der Unterzeichnung des *sales agreement* statt. Einen guten *home inspector* finden Sie durch Empfehlungen von Freunden oder Kollegen bzw. Ihres *real estate agent*. Sie können auch das Telefonbuch zu Rate ziehen, aber mit persönlichen Empfehlungen werden Sie am besten fahren. Fragen Sie einfach herum. Viele Ihrer Freunde und Kollegen werden in den letzten Jahren ein Haus gekauft haben und werden Ihnen einen guten *home inspector* empfehlen können.

Kaufen Sie auf gar keinen Fall ein Haus, ohne es vorher von einem *home inspector* auf Mängel untersuchen zu lassen. Die *home inspection* wird ein paar hundert Dollar kosten, kann Ihnen aber unter Umständen tausende Dollar und viel Ärger sparen, falls das Haus Schäden aufweist, die möglicherweise erst nach Monaten oder Jahren zu Tage treten können.

Begleiten Sie den *home inspector* durch das Haus, stellen Sie viele Fragen und lassen Sie sich alles erklären. Ziehen Sie sich alte Sachen an, da Sie vielleicht auf dem Dachboden oder im Keller herumkriechen werden. Findet der *home inspector* wesentliche Mängel, so können Sie von dem Kauf Abstand nehmen, den

Preis neu verhandeln oder die Reparatur durch den Verkäufer verlangen. Deshalb ist es wichtig, die *home inspection* als *contingency* im *sales agreement* aufzuführen.

Sie können auch versuchen, von dem Verkäufer eine Garantie (*home protection plan*) zu verlangen. Diese sollte im *sales agreement* festgehalten sein und zum Zeitpunkt des Verkaufs vom Verkäufer erworben werden. Der Verkäufer garantiert, dass die Wasserrohre, die elektrischen Anlagen, das Heizungssystem, die Klimaanlage und die anderen technischen Geräte im Haus einwandfrei funktionieren, und erwirbt für einige hundert Dollar eine Versicherung, die im Falle eines Schadens die Reparaturkosten übernimmt. Diese Versicherung wird in der Regel für ein Jahr abgeschlossen und kann dann vom Käufer fortgeführt werden. Wenn der Verkäufer nicht bereit ist, die Kosten zu übernehmen, dann sollten Sie selbst eine solche Versicherung zusätzlich zur üblichen *homeowner's insurance* abschließen. Viele Verkäufer werden sich aber darauf einlassen, da es sie gegen mögliche spätere Forderungen des Käufers absichert.

Das *sales agreement* sollte ferner festhalten, wann Sie einziehen werden und dass das Haus zu diesem Zeitpunkt von dem Verkäufer geräumt sein muss. Halten Sie auch fest, dass Sie das Haus noch einmal kurz vor dem Verkaufsabschluss (*closing*) besichtigen werden.

Jetzt beginnt der komplexe Prozess der Übereignung. Dieser ist mit viel Papierkram und einer Menge Gebühren (*closing costs*) verbunden. Wenn Sie auf Nummer sicher gehen wollen, dann lassen Sie alle Papiere von einem Anwalt durchsehen, der auf diesem Gebiet Erfahrung hat.

Nachdem Sie das *sales agreement* unterschrieben haben, müssen Sie sich um die *mortgage* kümmern. Wie bereits gesagt, sollten Sie sich um die Finanzierung schon vor dem Kauf bemühen und bereits *pre-approved* sein. Sie gehen jetzt zu Ihrem Kreditgeber und leiten den tatsächlichen Prozess zum Erhalt einer *mortgage* ein.

Der Kreditgeber wird eine Schätzung (*appraisal*) des Immobilienwertes veranlassen. Wenn dieser nicht ausreicht, um als Sicherheit für die *mortgage* zu dienen, kann diese verweigert werden. Bitte beachten Sie, dass der zu diesem Zweck geschätzte Wert (*appraised value*) etwas anderes ist, als der separat ermittelte *assessed value*, welcher der Besteuerung der Immobilie zu Grunde gelegt wird.

Da Kreditgeber auch kein Geld für Immobilien leihen wollen, mit denen es möglicherweise besitzrechtliche Probleme ge-

> Die Bank wird einer Finanzierung nur bei ausreichendem Schätzwert zustimmen.

ben wird, beauftragen sie spezielle Firmen mit einer *title search*, um festzustellen, ob der *seller* wirklich zum Verkauf des Hauses berechtigt ist. Eine *title insurance policy*, die Sie als Hauskäufer bezahlen müssen, versichert den Kreditgeber gegen Fehler in dieser Nachprüfung. Wenn Sie auch für sich selbst jedes Risiko ausschließen wollen, sollten Sie eine *owner's title insurance policy* abschließen. Des Weiteren wird der Kreditgeber eine *flood certification* veranlassen. Sollte das Haus in einem flutgefährdeten Gebiet liegen, wird eine *flood insurance policy* verlangt werden, die normalerweise nicht Teil einer *homeowner's insurance* ist.

Eine *homeowner's insurance* ist unbedingt abzuschließen. Wenn das Haus per *mortgage* finanziert wurde, wird der Kreditgeber diese Versicherung ohnehin von Ihnen verlangen. Wenn Sie die Versicherung nicht selbst abschließen, wird der Kreditgeber Ihr Haus versichern und Ihnen die Rechnung schicken. Das ist meistens teurer, als wenn Sie sich eigenständig einen Versicherer suchen.

Es gibt zwei Formen:

- Eine **replacement-cost policy** zahlt im Schadensfall die Kosten für die Anschaffung eines gleichwertigen Ersatzes und ist normalerweise zehn Prozent teurer als eine
- **cash value policy**, die lediglich den Zeitwert des zu Ersetzenden berücksichtigt.

Die Art der Versicherung hängt vom Alter des Hauses ab. Besitzer älterer Häuser wählen meistens *replacement-cost policies*, während Eigentümer neuer Immobilien *cash value policies* bevorzugen.Einige Kreditgeber werden auch eine Landvermessung (*survey*) veranlassen, um die Grundstücksgrenzen zu prüfen. Der gesamte Prozess dauert mehrere Wochen. Wenn alle Dokumente vorliegen und die *mortgage* für das Haus genehmigt wurde, ist es Zeit für das sogenannte *closing*, d. h. für den endgültigen Abschluss des Kaufvorganges.

Am Tag vor dem *closing* sollten Sie das Haus noch einmal kurz besichtigen (*final walk-through*), um sich zu überzeugen, dass sich das Haus im gewünschten Zustand befindet und dass der Verkäufer ausgezogen ist. Gehen Sie nicht zum *closing*, wenn der Verkäufer noch nicht ausgezogen ist, sonst kaufen Sie unter Umständen das Haus und haben den vorherigen Eigentümer als Mieter in Ihrem Haus wohnen! Beim *closing* werden – neben Ihnen und Ihrem *real estate agent* – die folgenden Personen anwesend sein:

- ein *closing agent*, der das *closing* leitet,
- ein **Angestellter der *title company***, der die Eigentumsverhältnisse bestätigt,
- der **Verkäufer** und dessen *real estate agent* und
- der **Kreditgeber**.

Sowohl Käufer, Verkäufer und Kreditgeber können ihre Anwälte teilnehmen lassen. Der Angestellte bzw. Anwalt des Kreditgebers oder der *title company* oder Ihr Anwalt können auch als *closing agent* fungieren. Bringen Sie alle Papiere, die Sie im Zusammenhang mit dem Hauskauf erhalten haben, mit zum *closing*. Sie werden mit zwei Parteien Dokumente unterzeichnen, zum einen mit dem Kreditgeber alle Dokumente, welche die *mortgage* betreffen, zum anderen mit dem Verkäufer der Immobilie, was die Übertragung des Eigentums angeht.

Beim Closing unterzeichnen Sie Dokumente hinsichtlich Kauf und Finanzierung.

Laut Gesetz können Sie sich das *HUD-1 settlement statement*, das alle Kosten auflistet, 24 Stunden vor dem *closing* ansehen. Vergleichen Sie die aufgeführten *closing costs* mit denen, die im *good faith estimate* aufgeführt wurden. Achten Sie darauf, dass Beträge, die Sie bereits bezahlt haben, nicht noch einmal von Ihnen verlangt werden. Stellen Sie starke Abweichungen vom *good faith estimate*, wie unbekannte Kostenpunkte und deutliche Erhöhungen von Gebühren, in Frage.

Das *final TILA statement* beschreibt die Einzelheiten der *mortgage*.

Die *mortgage note* enthält Ihre Verpflichtung, den Kredit zurückzuzahlen, und die Maßnahmen, die der Kreditgeber ergreifen kann, falls Sie das nicht machen.

Die *mortgage/deed of trust* gibt dem Kreditgeber einen Anspruch auf die Immobilie, falls Sie der in der *mortgage note* gegebenen Zahlungsverpflichtung nicht nachkommen.

Wenn es sich um ein neues Haus handelt, brauchen Sie ein *certificate of occupancy*, damit Sie einziehen können.

Die *closing costs* können in folgende Kategorien eingeteilt werden:

- *Lender fees:* Alle Gebühren, die mit der *mortgage* zusammenhängen.
- *Third-party fees:* Gebühren für Dienstleistungen, die von dritter Seite eingeholt werden mussten, wie z. B. *title search and insurance, appraisal, flood certification* und *inspections*.
- *Government fees:* staatliche Verwaltungsgebühren und Steuern.

- **Escrow and interest fees:** Geld, das in ein *escrow account* gezahlt wird, kann der Bezahlung von Versicherungen (*homeowner's insurance* und *private mortgage insurance*), Steuern (*property taxes*) sowie Zinsen (*loan interest*) dienen. Kreditgeber wollen diese Gebühren vorab in einem Konto haben, um das Risiko zu vermeiden, dass der Kreditnehmer die Versicherung oder die Steuern nicht bezahlt und das Haus in Folge einer Naturkatastrophe oder einer Beschlagnahmung durch den Staat nicht mehr als Sicherheit für den Kredit dienen kann. Nur wer deutlich mehr als 20 Prozent *down payment* aufbringt, kann unter Umständen ein *escrow account* vermeiden, muss aber mit höheren Zinsen rechnen, mit denen der Kreditgeber das entsprechende Risiko auszugleichen versucht. Da Versicherungsgebühren und Steuern steigen können, kann sich auch der Betrag, der in das *escrow account* eingezahlt werden muss, von Jahr zu Jahr ändern.

Der Kauf ist erst nach dem *transfer of the deed* vollständig abgeschlossen. Zuvor muss jedoch der Scheck des Kreditgebers zur *title insurance company* geliefert worden sein. Diese wird dann die Übertragungsurkunde (*deed*) amtlich eintragen lassen.

Letztendlich bekommen Sie die Schlüssel – und das Haus gehört endlich Ihnen!

Steuern

Als Hausbesitzer müssen Sie, wie bereits angedeutet, *property taxes* bezahlen. In der Regel werden Sie höhere Steuern als der Vorbesitzer entrichten müssen, da der Wert der Immobilie nach jedem Verkauf neu bestimmt (*assessed*) wird.

Als Immobilienbesitzer haben Sie Steuervorteile.

Der Besitz eines Hauses hat aber auch erfreuliche steuerliche Aspekte. So können Sie die Zinsen für Ihre *mortgage* im Rahmen Ihrer jährlichen Einkommensteuererklärung (*tax return*) absetzen (*tax deduction*). Auch die *property tax* ist *deductible*. Auf Grund dieser Steuervorteile müssen Sie weniger *federal income tax* von Ihrem Lohn abziehen lassen, wodurch Sie monatlich mehr Geld zur Verfügung haben.

Lassen Sie von einem Steuerberater (*tax accountant*) berechnen, wie viel Steuern monatlich von Ihrem Lohn abgezogen werden sollten, sodass Sie am Jahresende dem Staat weder zu viel schulden noch zu viel gezahlt haben. Fragen Sie Ihren Steuerberater auch, ob Sie Ihre Umzugskosten von der Steuer absetzen können.

Mortgage Servicer

Ein sogenannter *mortgage servicer* nimmt Ihre Ratenzahlungen entgegen, verwaltet den *escrow account* und schickt Ihnen ein jährliches *mortgage statement*, das Auskunft darüber gibt, wie Ihre Zahlungen für die Begleichung der Kreditsumme, Zinsen, Steuern und Versicherung aufgewandt wurden. Der *mortgage servicer* kann der Kreditgeber oder ein in dessen Auftrag arbeitender Dienstleister sein.

Seien Sie nicht überrascht, wenn der Kreditgeber, bei dem Sie die *mortgage* aufgenommen haben, diese an eine andere Firma verkauft. Wenn sich Ihr *mortgage servicer* ändert, müssen Sie sowohl vom alten als auch vom neuen *mortgage servicer* schriftlich unterrichtet werden. Die Einzelheiten der *mortgage* bleiben bei einem solchen Wechsel unverändert. Überprüfen Sie alle Unterlagen sorgfältig. Widersprechen Sie schriftlich, falls Sie Fehler entdecken. Der *mortgage servicer* ist gesetzlich dazu verpflichtet, eventuelle Widersprüche innerhalb von sechzig Arbeitstagen zu bearbeiten.

Prepayments

Wenn Sie jeden Monat etwas mehr als die geforderte Rate bezahlen, können Sie die Laufzeit der *mortgage* um Jahre verkürzen und tausende Dollar an Zinsen sparen. Schon 50 Dollar mehr pro Monat können einen gewaltigen Unterschied machen. Erkundigen Sie sich aber erst bei Ihrem *mortgage servicer*, ob Ihr Kreditvertrag Strafgebühren im Falle vorzeitiger Abzahlung (*prepayment penalties*) vorsieht und wie diese zu vermeiden sind.

Durch zusätzliche Zahlungen können Sie letztendlich viel Geld sparen.

Mit manchen Kreditgebern kann man auch einen *biweekly pre-payment plan* vereinbaren. Man bezahlt alle zwei Wochen eine halbe Monatsrate, was pro Jahr zu dreizehn statt zwölf monatlichen Ratenzahlungen und damit ebenfalls zu einer schnelleren Abzahlung des Kredites führt.

Anfangs muss eine Gebühr (*setup fee*) von einigen hundert Dollar bezahlt werden. Pro Zahlung gibt es dann zusätzlich eine kleine Bearbeitungsgebühr (*processing fee*). Letztlich sparen Sie aber durch diese Zahlungsmethode viele tausend Dollar. Außerdem werden Sie erheblich sparen, weil Sie durch das schnellere Abbezahlen des Kredites auch die *private mortgage insurance* (*PMI*), die Sie aufnehmen mussten, wenn Ihr *down payment* weniger als zwanzig Prozent war, eher als vorgesehen loswerden.

Die PMI kann auf Verlangen des Hauseigentümers storniert werden, wenn die Kreditsumme weniger als 80 Prozent des ursprünglich geschätzten Hauswertes (*original appraised value*) beträgt. Bei 78 Prozent ist der *mortgage servicer* verpflichtet, die PMI zu beenden. Allerdings gibt es Ausnahmen, z. B. wenn der Kreditnehmer als risikoreich eingeschätzt wird (*high-risk borrower*), nachdem er einige Raten nicht gezahlt hat, oder wenn die Immobilie vom Käufer nicht mehr selbst bewohnt, sondern vermietet wird.

Refinancing

Eine hohe Zinsrate lässt sich per Refinancing senken.

Nehmen wir einmal an, dass Sie eine *mortgage* mit neun Prozent Zinsen abgeschlossen haben. Ein paar Jahre später sinkt die allgemeine Zinsrate jedoch auf sieben Prozent. Wer jetzt eine *mortgage* abschließt, bezahlt zwei Prozent weniger Zinsen. Aber auch Sie können in den Genuss niedrigerer Zinsen kommen, indem Sie ein *refinancing* machen. Suchen Sie sich ein Finanzunternehmen aus, das ein *refinancing* zu günstigen Bedingungen anbietet. Dieses Unternehmen wird Ihre alte *mortgage* in einer Summe abbezahlen und eine neue *mortgage* mit Ihnen abschließen. Der Vorteil für Sie ist, dass Sie nun weniger Zinsen bezahlen und dadurch die monatlichen Raten geringer werden. Der Anreiz für den neuen Kreditgeber liegt darin, dass er jetzt mit Ihnen im Geschäft ist und an Ihren Zinsen verdient.

Praktisch gewinnen beide: Sie sparen Geld und der Kreditgeber hat Sie als Kunden gewonnen. Der Verlierer ist der alte Kreditgeber, der daher unter Umständen ebenfalls zu einem *refinancing* bereit sein könnte, um Sie als Kunden zu behalten. Beachten Sie aber, dass bei einem *refinancing* recht hohe Gebühren anfallen können. Sie sollten es daher nur dann machen, wenn die Einsparungen größer als die Gebühren sind. Durch ein *refinancing* können Sie auch einen *30-year loan* in einen *15-year loan* umwandeln, und so den Kredit nicht nur schneller abzahlen, sondern auch ganz erheblich an Zinsen sparen.

Die oben beschriebene Form des *refinancing* wird *rate-and-term refinancing* genannt, da die Zinsrate (*interest rate*) und möglicherweise die Laufzeit (*term*) geändert werden. Im Falle niedriger Zinsen und steigender Immobilienwerte wählen einige Hausbesitzer jedoch ein sogenanntes *cash-out refinancing*. Dabei wird der verbliebene *mortgage*-Betrag beim *refinancing* durch eine bestimmte Summe erhöht, welche der Kreditnehmer ausgezahlt bekommt. Hauptsächlich wird dies gemacht, um mit dem Geld hochverzinste Kreditkartenschulden abzubezahlen. Man sollte aber genau nachrechnen, ob die derart eingesparten Zinsen nicht durch die Kosten der nun länger laufenden *mortgage* übertroffen werden.

Auch sollte man aufpassen, dass die Kreditsumme nicht mehr als 80 Prozent des geschätzten Immobilienwertes beträgt, da man dann wieder *private mortgage insurance* zahlen muss.

Buying from a Builder

Überall in den USA stampfen Baufirmen (*builders*) neue Eigenheimsiedlungen (*subdivisions*) aus dem Boden. Wenn Sie ein neues Haus in einer solchen Siedlung erwerben wollen, dann kaufen Sie in der Regel direkt vom *builder*.

In den Eingangszonen der Supermärkte können Sie oft kostenlose Broschüren mit dem Titel »New Homes« finden. Diese Werbematerialien geben Ihnen einen guten Überblick über den örtlichen Markt. Nehmen Sie sich viel Zeit, besichtigen Sie zahlreiche Häuser und vergleichen Sie Lage, Ausstattung und Preise.

Die Preise in Werbebroschüren gelten für Häuser mit minimalster Ausstattung.

Wie bei jedem anderen Hauskauf können Sie auch hier oft den Preis herunterhandeln oder, was bei neuen Häusern in der Regel besser funktioniert, Zusatzleistungen vom Verkäufer verlangen, eine schwache Nachfrage nach dem Haus vorausgesetzt. Sie könnten z. B. sagen, dass Sie das Haus zum genannten Preis kaufen würden, aber nur, wenn der *builder* einen Zaun (*fence*) baut. Der kostenlose Zaun, der empfehlenswert ist, wenn Sie einen Hund oder kleine Kinder haben, könnte Ihnen unter Umständen, je nach Größe des Grundstücks, weit über tausend Dollar sparen. Sie könnten weitere bzw. andere Extras verlangen, wie beispielsweise ein elektrisches Garagentor (*electric garage door opener*) oder bessere Küchengeräte (*kitchen appliances*).

Manchmal ist das Haus, das vom *builder* angeboten wird, noch nicht gebaut. Sie können ein Musterhaus (*model home*) besichtigen und haben oft die Möglichkeit, spezielle Veränderungswünsche für das Haus, das für Sie gebaut werden soll, vorzubringen. Aber natürlich ist es ein Risiko, etwas zu kaufen, was es noch nicht gibt.

Die in den Werbebroschüren angegebenen Preise sind meistens auf die Häuser mit der preiswertesten Ausstattung und den kleinsten Grundstücken bezogen. Die *builders* bieten normaler-

Ein Haus ohne Klimaanlage lässt sich nur schwer wiederverkaufen.

weise eine Reihe von *upgrades* an, d. h. bessere Materialien, mehr Land, eine bessere technische Ausstattung der Häuser. Das treibt natürlich die Preise nach oben. Wenn die Klimaanlage (*air conditioning*) nicht im Grundpreis inbegriffen ist, sollten Sie diese unbedingt als *upgrade* nehmen oder beim Verhandeln des Kaufpreises als kostenlose oder preislich reduzierte Zusatzleistung verlangen. Selbst wenn Sie nicht beabsichtigen, die Klimaanlage oft zu benutzen, so ist diese doch für einen späteren Wiederverkauf wichtig, da die meisten Amerikaner mittlerweile ein Haus ohne Klimaanlage nicht mehr akzeptabel finden.

Von besonderer Wichtigkeit ist natürlich die Garantie (*warranty*), die das kostenlose Beheben von Mängeln für eine bestimmte Anzahl von Jahren sicherstellt. Kaufen Sie keinen Neubau ohne Garantie!

Selbst bauen

Die wenigsten Amerikaner bauen ihr Haus selbst. Wer ein nagelneues Haus kauft, erwirbt dieses in erster Linie von einem *builder*, der oft ganze Siedlungen komplett nach eigenen Plänen errichtet und potenziellen Käufern nur einen beschränkten Einfluss auf das Aussehen ihrer Häuser gestattet. Wer jedoch genug handwerkliches und organisatorisches Geschick mitbringt, kann durch einen Bau in eigener Regie viel Geld sparen.

Bauland ist in den meisten Regionen recht preiswert und das Angebot an Materialien groß. Man sollte sich allerdings genau nach den örtlichen Bauvorschriften (*building codes*) erkundigen und einen *contractor* mit der Koordinierung und Aufsicht des Baus beauftragen.

Werkzeuge mieten

Wenn Sie Reparatur- oder Bauarbeiten an Ihrem Haus durchführen wollen, müssen Sie eventuell benötigte Elektrowerkzeuge nicht unbedingt kaufen. Suchen Sie einmal bei Google mit den Worten *tool rental* und dem Namen Ihres Wohnortes oder gehen Sie zu einer Filiale der Baumarktkette *Home Depot*. Dort können Sie neben Werkzeugen auch einen Pickup Truck mieten, falls Sie sperrige Baumaterialien transportieren wollen.

Klärbehälter

Wenn Sie ein Haus auf dem Lande kaufen, dann geht Ihr Abwasser nicht per Kanalisation zum Klärwerk, sondern wird in einem ans Haus angeschlossenen individuellen Klärbehälter (*septic tank*) aufgefangen. Ein *septic tank* ist normalerweise aus Beton und befindet sich hinter oder neben dem Haus im Erdboden. Feste Bestandteile sammeln sich am Boden des Tanks und ölige Substanzen schwimmen oben. Die dazwischen befindliche Flüssigkeit wird durch perforierte Rohre unterirdisch im sogenannten *leach field* verteilt. Dieses befindet sich auf einem Teil des Grundstücks, meistens hinter dem Haus.

Häuser außerhalb von Ortschaften sind meistens nicht an die Kanalisation angeschlossen.

Der Boden reinigt die Flüssigkeit durch Filterung und durch Mikroorganismen, sodass sie sauber ist, wenn sie das Grundwasser erreicht. Die im Tank verbleibenden Feststoffe müssen regelmäßig abgepumpt werden. Das kostet um die 200 Dollar und ist bei den meisten *septic tanks* alle zwei Jahre notwendig. Wenn *septic tanks* regelmäßig abgepumpt werden, halten sie normalerweise mehrere Jahrzehnte. Ein neuer *septic tank* kostet, je nach Größe, 5.000 bis 20.000 Dollar. In manchen Staaten muss vor dem Verkauf eines älteren Hauses der *septic tank* ausgewechselt werden, wenn dieser ein bestimmtes Alter überschritten hat.

Zigarettenstummel, Tampons und dergleichen sollten niemals in den *tank* gespült werden, da diese die Rohre im *leach field* verstopfen können. Setzen Sie Waschmittel, antibakterielle Seife usw. sparsam ein, da sie die zur Zersetzung notwendigen Bakterien im Tank abtöten.

Es versteht sich von selbst, dass Sie Farbe, Lacke, Verdünnung und ähnliche Chemikalien nicht herunterspülen dürfen, da diese das Grundwasser verseuchen.

Wasserhärte

In einigen Gegenden der USA ist das Wasser sehr hart, d. h. es enthält viel Kalzium oder Magnesium, welche zu Ablagerungen in Rohren und Haushaltsgeräten führen und auch die Brauchbarkeit von Seife stark einschränken. Um das Wasser weicher zu machen, muss man es durch eine Apparatur im Haus laufen lassen, die *water softener* genannt und in die ein dafür bestimmtes Salz geschüttet wird, das es in großen Säcken im Supermarkt zu kaufen gibt. Die Natrium-Ionen ersetzen die Kalzium- und Magnesium-Ionen und machen so das Wasser weicher.

Radon

Radongas gefährdet langfristig die Gesundheit.

Das geruchlose, radioaktive Gas Radon ist nach Rauchen die zweithäufigste Ursache für Lungenkrebs in den USA. Das Gas gelangt durch Risse im Fundament ins Haus. Bei Häusern auf dem Lande, die einen eigenen Brunnen (*well*) als Wasserquelle haben, kann Radon auch durch das Wasser ins Haus eindringen. Statistisch gesehen hat jedes fünfzehnte Haus in den USA erhöhte Radonwerte, d. h. die Testwerte liegen bei 4 pCi/L (*pico-Curies per liter*) oder höher. Testen Sie Ihr Haus auf dieses Gas, ganz gleich, wo Sie wohnen und wie Ihr Haus gebaut ist. Verlassen Sie sich nicht auf die Testwerte in den Nachbarhäusern, da es von Haus zu Haus große Unterschiede geben kann.

Getestet wird das unterste bewohnte Geschoss. Wenn der Keller als Wohnraum genutzt wird, dann sollte hier getestet werden.

Testrichtlinien, Firmen, die Tests durchführen bzw. *test kits* verkaufen und auswerten, und qualifizierte Handwerker, die bei Bedarf Abhilfe gegen erhöhte Radonwerte schaffen können, finden Sie in der Regel auf den offiziellen Websites der einzelnen Bundesstaaten. Umfangreiche Informationen gibt es auch auf der Website der Umweltbehörde EPA (▶ www.epa.gov). Dort finden Sie auch ein Verzeichnis der sogenannten *state radon offices* (▶ www.epa.gov/radon/whereyoulive.html), d. h. der zuständigen Stellen der einzelnen Bundesstaaten. Sie können den Radontest selbst durchführen, indem Sie ein preiswertes *radon test kit* in einem Baumarkt kaufen oder von einem entsprechenden Anbieter per Post bestellen. Diese Testvorrichtungen werden für mindestens zwei Tage aufgestellt und dann an ein Labor geschickt. Der Bedienungsanleitung sollte genau Folge geleistet werden, um möglichst aussagekräftige Ergebnisse zu bekommen. Wirklich präzise Testergebnisse werden erreicht, wenn qualifiziertes Personal professionelle Testgeräte für einen Zeitraum von mehr als neunzig Tagen aufstellt. Wenn Sie ein Haus kaufen wollen, dann können Sie meistens auch den *home inspector* mit dem Radontest beauftragen.

Der Radonwert beträgt in der freien Luft durchschnittlich 0,4 pCi/L. Der Durchschnittswert für Häuser liegt bei etwa 1,3 pCi/L. Wenn Sie erhöhte Werte, also 4 pCi/L und höher messen, ist starker Handlungsbedarf angesagt. In den meisten Häusern, die erhöhte Werte haben, ist es durchaus möglich, diese auf unter 2 pCi/L abzusenken. Eine alternative Angabe von Testresultaten ist WL (*working levels*). Sollte der Radonwert für Ihr Haus 0,02 WL (was in etwa 4 pCi/L entspricht) oder höher sein, dann sollten Sie für Abhilfe sorgen.

Wenn Sie ein neues Haus bauen lassen, sollten Sie aufpassen, dass das Haus *radon-resistant* gebaut wird. Passive Maßnahmen, bei denen es sich je nach Fundament um unterschiedliche Beschichtungen und Versiegelungen sowie Abzugsrohre handelt, kosten bei einem Neubau normalerweise weniger als 500 Dollar.

Sollte der Einbau eines aktiven Systems in Form eines elektrischen Luftabzuges (*vent fan*) notwendig sein, werden zusätzlich etwa 350 Dollar fällig. In einem schon bestehenden Haus sind die Kosten wesentlich höher. Sie können hier mit einem Betrag zwischen 1.000 und 2.500 Dollar für den Einbau von einem Radonverminderungssystem (*radon mitigation system*) rechnen. Wenn Radon durch Brunnenwasser ins Haus gelangt, schaffen spezielle Filter oder Belüftungsanlagen Abhilfe.

Wählen Sie zur Ausführung der Arbeiten einen qualifizierten *radon mitigation contractor*. In einigen Staaten müssen solche Leute zertifiziert sein, in anderen jedoch nicht. Fragen Sie auf jeden Fall nach der Qualifikation und holen Sie sich mehr als einen Kostenvoranschlag ein. Lassen Sie sich auch die Telefonnummern vorheriger Kunden geben, d. h. fragen Sie nach *references*.

Halten Sie Kosten, Zeitrahmen und Garantien in einem Vertrag fest. Dieser sollte auch beinhalten, dass der *contractor* alle notwendigen Genehmigungen (*licenses*) einholt, sich an die örtlichen Bauvorschriften (*building codes*) hält, per *liability insurance* versichert und für entstehenden Schaden (*damage*) verantwortlich ist sowie nach Abschluss der Arbeiten aufräumt und sauber macht (*clean-up*). Es sollte auch festgehalten werden, ob die gegebenen Garantien im Falle eines Hausverkaufs auf den neuen Besitzer übertragbar (*transferable*) sind. Beauftragen Sie nicht den ausführenden Handwerker, sondern einen unabhängigen Tester mit der Messung der Radonwerte vor und nach den Umbauten.

Finanzielle Anreize zum Energie sparen

Wer in den USA ein altes Haushaltsgerät, wie z. B. einen Kühlschrank, eine Waschmaschine oder einen Geschirrspüler bzw. auch die Heizung oder die Klimaanlage durch neue, energiesparende Modelle ersetzt oder das Haus baulich energiesparender macht, kann unter Umständen finanzielle Zuschüsse bzw. Steuervergünstigungen erhalten.

Umfangreiche Informationen dazu gibt es hier: ▶ www.energysavers.gov und ▶ www.dsireusa.org

Einzelne Bundesstaaten bieten ebenfalls finanzielle Anreize.

Kapitel 8

Umzug innerhalb der USA

Sie können sich die Post ein Jahr lang nachschicken lassen.

Vor einem Umzug ist es ratsam, dass Sie der amerikanischen Post Ihre neue Anschrift mitteilen, damit Ihnen die Sendungen, die noch an Ihre bisherige Adresse gehen, nachgeschickt werden können. Sowohl bei zeitweiligen als auch bei dauerhaften Adresswechseln können Sie das auf dieser Website machen: ▶ http://moversguide.usps.com

Neben den üblichen Formalitäten, wie Post ummelden, Telefon, Gas, Strom, Kabelfernsehen abmelden etc., stellt sich bei einem Umzug innerhalb der USA natürlich die Frage des Möbeltransports.

Viele Leute mieten einen Lastkraftwagen (*truck*), beladen diesen selbst und fahren ihn zum neuen Wohnort. Bei Umzügen innerhalb einer Stadt oder bei nicht allzu langen Strecken ist das sehr praktisch und preissparend, insbesondere weil man nur einen kleinen Lkw mieten muss, mit dem man dann mehrmals fahren kann. Es gibt aber auch Leute, die ihr gesamtes Hab und Gut in einen solchen *truck* laden, ihr Auto auf einem Spezialanhänger hinten anhängen und die gesamte USA durchqueren.

Informieren Sie sich genau, z. B. in der Führerscheinstelle, ob Sie mit Ihrer Fahrerlaubnis berechtigt sind, die von Ihnen ins Auge gefasste Lkw-Größe zu fahren. Bei kleinen Lkws reicht im Allgemeinen eine normale Autofahrerlaubnis.

Wenn Sie zum ersten Mal einen Lkw fahren, sollten Sie immer daran denken, dass die Bremswege länger sind, dass Sie wesentlich längere Wege zum Überholen brauchen und dass Sie beim Abbiegen einen größeren Bogen fahren müssen, um mit den Hinterrädern nicht über die Bordsteinkante zu fahren. Außerdem wird Ihre Sicht stark eingeschränkt sein.

Bestellen Sie Ihren *rental truck* im Voraus und inspizieren Sie ihn beim Abholen genau. Halten Sie Schäden, z. B. Kratzer, auf dem dafür vorgesehenen Formular fest. Akzeptieren Sie kein Fahrzeug, das Ihnen nicht sicher erscheint. Testen Sie insbesondere die Bremsen und inspizieren Sie alle Reifen. Kaufen Sie sich ein Vorhängeschloss, damit Sie den Laderaum abschließen können.

Die meisten Verleiher haben auch ein umfangreiches Angebot an Verpackungsmaterialien, die Sie auch unabhängig vom Mieten eines Fahrzeugs bzw. im Voraus kaufen können. Stabile Kartons können Sie relativ preiswert in Bau- und Büromärkten kaufen bzw. unter Umständen auch kostenlos in großen Buchläden bekommen, da diese die Kartons nach dem Auspacken der darin angelieferten Bücher normalerweise nicht mehr brauchen.

Wenn Sie viele Möbel haben und den Umzug nicht alleine bewerkstelligen können oder wollen, dann sollten Sie ein professionelles Umzugs- bzw. Transportunternehmen beauftragen. Für Langstreckenumzüge können Sie Ihre Möbel u. a. von *United Van Lines* bzw. *North American Van Lines* transportieren lassen oder einen Container von *American President Lines* mieten, um nur drei von vielen Anbietern zu nennen. Beginnen Sie rechtzeitig mit der Auswahl eines Transportunternehmens.

Beachten Sie, dass die meisten Amerikaner während der Sommermonate umziehen. Holen Sie kostenlose Preisvoranschläge (*free estimates*) von mehreren Anbietern ein. Fragen Sie Freunde, Bekannte, Kollegen und Nachbarn, die vor nicht allzu langer Zeit umgezogen sind, ob diese ein Unternehmen empfehlen können. Vereinbaren Sie einen verbindlichen Preis. Die Kosten für Kurzstreckenumzüge werden normalerweise per Stunde berechnet, Langstreckenumzüge nach Gewicht. Zusätzliche Kosten entstehen, wenn Sie das Umzugsgut vom Transportunternehmen verpacken lassen. Wenn Sie alles selbst einpacken, sollten Sie beachten, dass der Fahrer den Transport von ungenügend verpackten Gegenständen ablehnen kann.

Weitere Kostenfaktoren sind sperrige Gegenstände, Tragen über Treppen und Fahrstühle sowie Probleme beim Parken, die darin resultieren, dass das Umzugsgut über lange Strecken getragen werden muss. Sorgen Sie deshalb dafür, dass der Lkw problemlos vor Ihrer alten und Ihrer neuen Adresse geparkt werden kann. Bitten Sie gegebenenfalls die Stadtverwaltung um Unterstützung beim Reservieren des entsprechenden Parkplatzes. Prüfen Sie ferner, ob Ihr Hab und Gut ausreichend durch das Transportunternehmen versichert wird.

Wenn Sie Sachen für eine bestimmte Zeit einlagern wollen, so können Sie das bei *self storage*-Firmen machen und dort Lagerräume unterschiedlicher Größe mieten. Die Adressen der örtlichen Anbieter finden Sie in Ihrem Telefonbuch.

Vergessen Sie nicht, Ihren Adresswechsel (*change of address*) Freunden, Bekannten und dem Arbeitgeber mitzuteilen. Wenn Sie innerhalb eines Staates umziehen, teilen Sie der zuständigen Führerscheinbehörde Ihre neue Adresse mit. Wenn Sie in einen anderen Staat umziehen, brauchen Sie sich nicht abzumelden. Sie gehen einfach mit Ihrem bisherigen Führerschein zu der ent-

24 % der US-Bevölkerung sind in den letzten fünf Jahren umgezogen.

sprechenden Behörde des neuen Staates. Der alte Führerschein wird ungültig gemacht und in der Regel an ein Stück Papier geheftet, das Ihren Antrag auf einen neuen Führerschein bestätigt. Unter Umständen müssen Sie die theoretische Prüfung noch einmal ablegen. Sie bekommen den neuen Führerschein meistens innerhalb von zwei Wochen zugeschickt. Abhängig von der technischen Ausstattung der jeweiligen Behörde kann es aber auch sein, dass Ihnen der neue Führerschein gleich ausgehändigt wird.

Wenn Sie noch kein amerikanischer Staatsbürger sind, müssen Sie der Einwanderungsbehörde *USCIS* die neue Adresse innerhalb von zehn Tagen mitteilen. Das können Sie auf ▶ www.uscis.gov/addresschange machen.

Vergessen Sie nicht, Ihre neue Adresse der USCIS mitzuteilen.

Weiterhin sollten Sie die neue Adresse Ihrer Bank und allen Firmen mitteilen, von denen Sie Kreditkarten (inkl. *store charge cards* großer Ladenketten) haben oder bei denen Sie Kredite, z. B. zwecks Autokaufs, aufgenommen haben, von denen Sie Zeitungen und Zeitschriften abonniert haben, bei denen Sie versichert sind, die Ihre private Altersvorsorge und andere finanzielle Investitionen verwalten und von denen Sie Kundenkarten haben (z. B. *airline frequent flyer cards*). Weiterhin sollten Sie Arzt, Zahnarzt, Tierarzt usw. über Ihren Umzug informieren.

Verzeichnisse von Lkw-Verleihern und Transportunternehmen sowie *self storage*-Adressen und andere Informationen findet man auf ▶ www.moversusa.com und ▶ www.moving.com

Kapitel 9

Telefon und Internet

Nutzen Sie den Konkurrenzkampf der zahlreichen Telefongesell-schaften, um Geld zu sparen. Vergleichen Sie die Gebühren der verschiedenen Anbieter genau und lassen Sie sich keine unnötigen Dienstleistungen aufschwatzen. Schließen Sie keine Verträge ab, deren Laufzeit mehr als zwei Jahre beträgt.

Telefonieren von, nach und in den USA

Die allgemeine **Notrufnummer** der Polizei, Ambulanz und Feuerwehr ist die 911.

Vorwahlen für internationale Gespräche:

- **USA nach Deutschland:** 01149
- **USA nach Österreich:** 01143
- **USA in die Schweiz:** 01141

  Achtung: Die erste Null der deutschen Städtevorwahlen wird weggelassen, Sie wählen z. B. statt 040: 01149-40 und dann die Nummer des Empfängers.

- Die **Vorwahl von Europa in die USA** ist 001.

Bei Ferngesprächen innerhalb der USA müssen Sie eine 1 vor die Ortsvorwahl setzen. Ist die Vorwahl z. B. 313, so wählt man 1-313 und dann die Nummer des Empfängers.

An öffentlichen Telefonen (*public phones*) brauchen Sie entweder Kleingeld oder Sie können *call collect* wählen, d. h. der Angerufene bezahlt das Gespräch. Wählen Sie dazu 0 und dann die Vorwahl und die eigentliche Nummer. Wenn Sie nur eine 0 wählen, schaltet sich die Vermittlung (*operator*) ein. An den meisten öffentlichen Telefonen sind Schilder angebracht, die Hinweise für deren Benutzung geben. Gebührenfreie Nummern in den USA haben die Vorwahl 1-800, 1-888 oder 1-877. Telefonnummern können auch durch Buchstaben, die auf den Telefontasten verzeichnet sind, wiedergegeben werden. Das erleichtert Firmen, ihre Telefonnummern unter die Leute zu bringen, z. B. *1-800-CALL-ATT.*

Beim Diktieren von Telefonnummern sagen viele Amerikaner übrigens für eine Null nicht *zero,* sondern nennen stattdessen den Buchstaben O, wahrscheinlich weil »oh« nur eine Silbe hat und *zero* zwei Silben.

Wenn man große Unternehmen anruft, wird man zumeist von einer Ansage begrüßt, die einem verschiedene Möglichkeiten der Durchwahl anbietet. Wer z. B. eine Kreditkartenfirma anruft, wird möglicherweise aufgefordert eine 1 zu wählen, wenn man eine Karte aktivieren will, eine 2, wenn man den Verlust einer Karte melden muss, eine 3, wenn man eine Zweitkarte möchte, usw. Wenn man diese Nummer dann gewählt hat, kann es sein, dass man wieder zwischen mehreren Nummern wählen oder vielleicht seine Kreditkartennummer eintippen muss.

Hin und wieder wird man auch aufgefordert, das *pound sign* (#) oder den *star* (*), für die es extra Tasten gibt, zu drücken, z. B. am Ende einer eingegebenen Kreditkartennummer. Diese automatischen Systeme können über mehrere Ebenen gehen, bis man endlich mit einem menschlichen Wesen sprechen kann. Am Arbeitsplatz gibt es neben der allgemeinen Nummer für das Büro oft dreistellige, individuelle Durchwahlen (*extensions*) für jeden Mitarbeiter. Wenn die Nummer für das gesamte Büro z. B. 123-4567 ist, dann haben einzelne Mitarbeiter *extensions* wie 101, 102 etc. Auf Visitenkarten kann das dann (mit Vorwahl) folgendermaßen angegeben werden: (313) 123-4567 x.101.

Privater Telefonanschluss

Telefonleitungen hängen oft noch an Masten und sind sehr anfällig.

Überlegen Sie sich zunächst einmal, ob Sie für Ihre Wohnung überhaupt noch ein herkömmliches Telefon brauchen, da Sie ja wahrscheinlich auch ein Handy haben werden.

Sollten Sie sich dennoch, z. B. aus beruflichen Gründen, für einen traditionellen Telefonanschluss entscheiden, kaufen Sie sich zunächst einmal einen Apparat bei *Target, Sears* oder *Office Max.*

Eine Telefongesellschaft finden Sie durch die Google-Suche mit den Worten *home phone service* und dem Namen Ihres Wohnortes. Falls Sie zu diesem Zeitpunkt keine andere Möglichkeit des Internet-Zugangs haben, können Sie das an einem Computer Ihrer Stadtbibliothek (*public library*) machen. Sollten Sie Fragen haben, wenden Sie sich an die Bibliothekarin am *reference desk.* Man wird Ihnen in der Regel gerne helfen.

Sie können entweder einen Anschluss über das traditionelle *landline*-Telefonnetz (z. B. bei AT&T) bestellen oder als *cable*-Anschluss zusammen mit Internet und/oder Kabelfernsehen (z. B. bei *Comcast* oder *Time Warner*).

An den meisten Orten werden Sie keine große Auswahl zwischen Telefon- und Kabelgesellschaften haben. Hier nehmen oft ein oder zwei Unternehmen eine Monopolstellung ein. Ganz untypisch für die USA, ist der Kundenservice darum leider in der Regel ausgesprochen schlecht. Es kann durchaus ein bis zwei Wochen dauern, bis Ihr Telefon- bzw. Kabelanschluss funktioniert.

Telefonkarten

An Tankstellen sowie in Super- bzw. Drogeriemärkten können Sie Telefonkarten *(pre-paid calling cards)* kaufen. Anders als in Europa haben diese keinen Chip, sondern eine spezielle Nummer. Sie können mit diesen Karten von jedem Telefon aus anrufen, z. B. auch vom eigenen Handy. Auf diese Weise lässt sich u. a. bei Gesprächen ins Ausland Geld sparen. Empfehlenswert ist die *International PhoneCard,* die Sie in jeder Filiale der Drogeriemarktkette *Walgreens* bekommen. Man kann aber auch preiswerte internationale Gesprächsminuten über das Internet erwerben, z. B. bei ▸ www.nobelcom.com.

Mobil telefonieren

Der amerikanische Begriff für Handy ist *cell phone*. Bei der Wahl eines Anbieters sollten Sie sorgfältig die Preise vergleichen. Lassen Sie sich nicht allzu sehr von den Sonderpreisen für die eigentlichen Telefone beeinflussen. Achten Sie vielmehr darauf, wie viele Minuten und welches Territorium in der Monatsgebühr inbegriffen sind. Denken Sie daran, dass sich die Gesprächsminuten schnell summieren können, besonders wenn das *cell phone* Ihr einziges Telefon ist, d. h. wenn Sie zuhause kein herkömmliches Telefon mehr haben. Bedenken Sie auch, dass Ihnen meistens auch jene Minuten angerechnet werden, die Sie als Gesprächsempfänger am Handy verbringen.

In den USA zahlen beide Gesprächsteilnehmer.

Da Sie zwischen verschiedenen Preisstufen mit unterschiedlichen Minutenzahlen wählen können, lohnt es sich oft, vorsorglich eine höhere Stufe zu wählen und zehn Dollar mehr im Monat zu bezahlen als später eine gepfefferte Rechnung präsentiert zu bekommen, weil man das erlaubte Limit überschritten hat. Oft kann man seine Minutenzahl online im Auge behalten und viele Anbieter erlauben auch eine Änderung der Preisstufe für den nächsten Monat.

Sollten Sie für Ihre Familie mehrere Handys brauchen, dann können Sie das in der Regel über einen einzigen Vertrag machen und dabei Geld sparen. Schließen Sie den Vertrag in jedem Fall nur für ein oder zwei Jahre ab und wählen Sie dann wieder den besten Anbieter. Ihre Telefonnummer können Sie beim Wechsel zu einem anderen Unternehmen behalten. Wenn Sie sich nicht durch einen Vertrag binden lassen und, statt eine monatliche Rechnung zu bezahlen, die Gesprächsminuten lieber im Voraus kaufen wollen, sollten Sie einen *pay as you go cell phone service*, z. B. von *AT&T*, wählen. Das lohnt sich besonders, wenn Sie nur selten telefonieren bzw. das Handy nur für einen Notfall mit sich führen wollen.

Ein weiterer Vorteil: Wenn Sie einen Vertrag für ein reguläres *cell phone* mit Monatsgebühr abschließen wollen, wird Ihre *credit history* geprüft. Wie weiter vorne in diesem Buch erklärt wird, haben Neuankömmlinge in den USA diese noch nicht und das könnte einen Vertragsabschluss zunächst schwierig bis unmöglich machen.

Durch die Google-Suche »consumer reports prepaid phones« findet man einen Preisvergleich.

Beim Kauf von *pay as you go cell phone service* spielt Ihre *credit history* dagegen keine Rolle und so kann man ganz einfach die ersten Monate überbrücken, ohne auf ein Handy verzichten zu müssen. Später lohnt sich dann für die meisten Leuten der Abschluss eines Vertrages, da die Kosten pro Gesprächsminute bei *pay as you go cell phones* normalerweise doppelt so hoch sind wie bei regulären *cell phones* mit Monatsgebühr.

Einige Unternehmen bieten auch Verträge ohne *credit check*, also ohne Überprüfung der *credit history* an. Sie müssen dann entweder eine Kaution *(security deposit)* hinterlegen oder höhere Gebühren zahlen.

Lästig wie die Fliegen: *Telemarketers*

Wenn Sie eine Weile an Ihrer neuen Adresse gelebt haben, werden Sie zunehmend, insbesondere abends und an Wochenenden, Anrufe von sogenannten *telemarketers* bekommen, die Ihnen Produkte oder Dienstleistungen übers Telefon verkaufen wollen. Diese Anrufe können Sie zumeist leicht erkennen:

Wenn Sie ans Telefon gehen und »*Hello?*« sagen, bleibt es zunächst ein bis zwei Sekunden lang still und dann meldet sich jemand, der Ihren Namen falsch ausspricht. Die Kunst besteht darin, den Hörer schon in der kurzen Pause nach dem »*Hello?*« aufzulegen. Diese Pause wird dadurch hervorgerufen, dass Ihre Nummer von einem Computer gewählt wird, der Sie mit dem *telemarketer* verbindet, nachdem Sie abgehoben haben.

Es versteht sich von selbst, dass Sie sich auf kein Gespräch einlassen und auf gar keinen Fall etwas kaufen sollten. Geben Sie niemanden, der Sie anruft, persönliche Daten wie z. B. Ihre Kreditkartennummer oder Ihre *Social Security Number*. Legen Sie am besten gleich auf. Wenn es sich wirklich um etwas Wichtiges handelt, schickt man Ihnen ohnehin einen Brief. Sie sollten aber auch nicht mit dem *telemarketer* diskutieren oder diesen beschimpfen. Denken Sie daran, dass dieser auch nur ein Mensch ist, der einen unterbezahlten Job macht. Sagen Sie einfach: »*Please take me off your calling list*« und legen Sie dann auf.

Man kann sich auch in die *National Do Not Call Registry* eintragen lassen (▶ www.donotcall.gov), um *telemarketers* das Anrufen zu verbieten. *Telemarketers*, die 31 Tage nach dem Eintragen der Telefonnummer trotzdem noch anrufen, riskieren eine Geldstrafe. Gemeinnützige Organisationen (*charities*) und politische Vereinigungen sind davon aber ausgenommen.

Internetzugang

In Sachen Internetzugang bieten sich Ihnen drei Möglichkeiten: *DSL, cable* und *wireless*. Auf ▶ www.allconnect.com können Sie sich einen ersten Überblick über die Anbieter an Ihrem Ort verschaffen.

DSL kommt, wie Sie sicher wissen, über die Telefonleitung ins Haus. Sie können hier in der Regel entweder Telefon-, Internetanschluss und Fernsehen zusammen im Paket *(bundle)* kaufen, oder nur den jeweils gewünschten Service. An den meisten Orten in den USA hat *AT&T* auf diesem Gebiet eine Monopolstellung.

Als Alternative bietet sich die Kabelfirma an, bei der man ebenfalls im Paket oder einzeln kaufen kann. *Comcast* hat hier ebenfalls weitgehend eine Monopolstellung, die durch die Übernahme von *Time Warner Cable* beinahe flächendeckend wird.

Normalerweise bleibt Ihnen also nur die Wahl zwischen *AT&T* und *Comcast*. Viele Leute wechseln verärgert von der einen Firma zur anderen, weil sie schlechten Kundenservice erfahren haben, nur um festzustellen, dass die andere Firma auch

Fragen Sie vor Vertragsabschluss nach Sonderangeboten (specials).

nicht besser ist. Im Umgang mit diesen Monopolisten sind oft starke Nerven gefragt.

Das notwendige Modem können Sie von dem jeweiligen Anbieter mieten, einen *wireless router* für das drahtlose Arbeiten in Haus und Garten bekommen Sie u. a. bei *Best Buy*. Falls Sie mit moderner Technik auf Kriegsfuß stehen, können Sie dort auch einen Termin für die Installation durch einen Mitarbeiter der *Geek Squad* vereinbaren. Dieser Hausbesuch kostet ca. 70 Dollar.

Als Alternative zu Telefon- und Kabelfirma bietet sich noch der Internetzugang per *wireless broadband* an. Das lohnt sich eher für Leute, die viel mit ihrem Laptop unterwegs sind, ist allerdings teurer als ein normaler Internetanschluss und abhängig vom Ort und von der Belastung des Netzes mitunter auch weniger zuverlässig.

Kostenloses *wireless internet* gibt es in der Regel in allen Stadtbibliotheken *(public libraries)*, in vielen *coffee shops* und Kneipen sowie in manchen Städten auch in öffentlichen Parkanlagen.

Kostenloses Telefonieren übers Internet

Übermitteln Sie keine vertraulichen Daten via Skype.

Skype (▶ www.skype.com) ermöglicht das kostenlose Telefonieren per Internet, wahlweise auch als Videotelefonie. Dazu müssen beide Gesprächsteilnehmer die entsprechende Software heruntergeladen haben. Das Telefonieren ins Fest- und Mobilfunknetz ist gebührenpflichtig. Skype funktioniert ohne Probleme auch zwischen Amerika und Europa, eine gute Internetverbindung vorausgesetzt.

Kapitel 10

Post

Das staatseigene amerikanische Postunternehmen ist der *United States Postal Service* (*USPS*), den zwei Eigenschaften auszeichnen: recht preiswert und verhältnismäßig langsam. Einfache Briefe sind in den USA meistens um die fünf Tage unterwegs. Bitte beachten Sie diese Zustellungsdauer, wenn Sie Schecks per Post senden, um Rechnungen zu bezahlen. Schicken Sie derartige Briefe etwa eine Woche vor dem Fälligkeitsdatum ab.

> Postsendungen sind in den USA lange unterwegs.

Einen der vielen blauen Briefkästen zu finden, ist nicht schwer. Die Leerungszeiten stehen im Inneren der Klappe. Postämter haben meistens auch Briefkästen, an die man heranfahren kann und in die man seine Briefe einwirft, ohne aus dem Auto auszusteigen. Eine weitere Möglichkeit: Der Briefträger nimmt ausreichend frankierte Post mit, wenn man sie gut sichtbar am Briefkasten anbringt. Da die amerikanische Post oft recht kurzfristig die Gebühren für einfache Briefe erhöht und sich das Drucken neuer Briefmarken ersparen will, steht auf den Marken seit einigen Jahren statt einer Zahl das Wort *Forever*. Diese Briefmarken können, wie das Wort schon sagt, bis in alle Ewigkeit verwendet werden, ganz gleich zu welchem Preis man sie gekauft hat und welches Porto *(postage)* aktuell gilt.

Wenn man sich wegen des Portos nicht sicher ist, z. B. wenn man etwas ins Ausland schicken will, sollte man natürlich zum Postamt gehen. Anders als der amerikanische Einzelhandel haben Postämter erheblich eingeschränkte Öffnungszeiten.

> Pakete ins Ausland sind extrem teuer.

Besonders zur Mittagszeit gibt es dort daher oft einen enormen Andrang. Außerdem genießen Postangestellte eine große Anzahl von Feiertagen, welche sie u. a. für die Samstagsarbeit entschädigen sollen, sodass die Postämter manchmal an Tagen geschlossen sind, an denen alle anderen Leute arbeiten müssen.

Viele Amerikaner nutzen private Anbieter wie den *United Parcel Service* (*UPS*) und *Federal Express* (*FedEx*), um Pakete und auch Eilbriefe zu verschicken. Die gleichen Dienstleistungen werden aber auch vom *United States Postal Service* angeboten. Die Preise sind vergleichbar. Der Konkurrenzkampf zwischen den drei großen Unternehmen, neben denen es noch einige kleine Anbieter gibt, wirkt sich natürlich positiv für die Kunden aus.

Aufbewahrung und Weiterleitung von Post

Zwei besonders nützliche Dienstleistungen des *United States Postal Service* sind das Weiterleiten und das Aufbewahren von Post.

Wie schon im Kapitel zum Umzug innerhalb der USA empfohlen wurde, sollten Sie Ihre alte und Ihre neue Adresse auf der Website ▸ http://moversguide.usps.com eintragen, damit Ihnen die Post, die noch an Ihre alte Adresse gerichtet ist, nachgeschickt werden kann *(mail forwarding)*.

Ein voller Briefkasten signalisiert Einbrechern, dass niemand zu Hause ist.

Wenn Sie jedoch nur in den Urlaub fahren und vermeiden wollen, dass Ihr Briefkasten mit Postsendungen vollgestopft oder dass die Post während Ihrer Abwesenheit gestohlen wird, dann können Sie auf dem Postamt ein Formular mit dem Titel *Authorization to Hold Mail* ausfüllen. Für mindestens drei und höchstens dreißig Tage kann Ihre Post auf dem Postamt gesammelt und aufbewahrt werden. Sie können auf dem Formular auch ankreuzen, ob Sie sich nach Ablauf des von Ihnen gewählten Zeitabschnittes die gesamte Post auf einmal liefern lassen oder ob Sie diese vom Postamt abholen wollen.

Die zweite Lösung ist empfehlenswerter, da sich in der Regel doch so viel Post ansammelt, dass sie nicht in Ihren Briefkasten passen würde und deshalb jemand zur Entgegennahme zu Hause sein müsste. Sie können das entsprechende Formular *(Form 8076)* auch von ▸ www.usps.com herunterladen und ausgefüllt Ihrem Briefträger mitgeben.

Unerwünschte Kataloge abbestellen

Die rasante Vermehrung von Katalogen im Briefkasten ist so sicher wie das Amen in der Kirche. Da bestellt man mal irgendwo etwas und ein halbes Jahr später bekommt man regelmäßig Kataloge von 20 anderen Versandhäusern, da diese sich anscheinend untereinander die Adressen potentieller Kunden zuschieben.

Zum Glück gibt es aber eine Website, über die man alle unerwünschten Kataloge auf einmal abbestellen kann. Dieser Service ist kostenlos und hilft auch der Umwelt, da so weniger Kataloge sinnlos gedruckt und verschickt werden: ▸ www.catalogchoice.org

Schreibweise von Adressen

Adressen werden in den USA nach folgendem Muster angegeben:

John Doe
1234 Main St.
Boston, MA 02117

Die Hausnummer steht immer vor dem Straßennamen. Die Postleitzahl (*zip code*) kann durch weitere vier Nummern noch genauer bestimmt werden, z. B. *Boston, MA 02117-6789*. Normalerweise reichen die ersten fünf Nummern jedoch aus. Die einzelnen Bundesstaaten werden in Postanschriften wie folgt abgekürzt:

Abkürzungen der Bundesstaaten

AL	Alabama	**MT**	Montana
AK	Alaska	**NE**	Nebraska
AZ	Arizona	**NV**	Nevada
AR	Arkansas	**NH**	New Hampshire
CA	California	**NJ**	New Jersey
CO	Colorado	**NM**	New Mexico
CT	Connecticut	**NY**	New York
DE	Delaware	**NC**	North Carolina
DC	District of Columbia	**ND**	North Dakota
FL	Florida	**OH**	Ohio
GA	Georgia	**OK**	Oklahoma
HI	Hawaii	**OR**	Oregon
ID	Idaho	**PA**	Pennsylvania
IL	Illinois	**PR**	Puerto Rico
IN	Indiana	**RI**	Rhode Island
IA	Iowa	**SC**	South Carolina
KS	Kansas	**SD**	South Dakota
KY	Kentucky	**TN**	Tennessee
LA	Louisiana	**TX**	Texas
ME	Maine	**UT**	Utah
MD	Maryland	**VT**	Vermont
MA	Massachusetts	**VA**	Virginia
MI	Michigan	**WA**	Washington
MN	Minnesota	**WV**	West Virginia
MS	Mississippi	**WI**	Wisconsin
MO	Missouri	**WY**	Wyoming

Kapitel 11

Zwischenmenschliche Beziehungen

»*Wie man in den Wald hineinruft, so schallt es heraus.*« Diese Redensart bewahrheitet sich wohl überall auf der Welt und auch in den USA kommt man mit freundlichen Worten und einem Lächeln in den meisten Situationen am Besten weiter.

Obwohl der Umgang miteinander natürlich auch stark von der Persönlichkeit jedes einzelnen Menschen abhängt, sind Amerikaner durch ihre Kultur insgesamt doch anders geprägt als Deutsche, Österreicher und Schweizer.

Die Freundlichkeit vieler Amerikaner fällt deutschsprachigen Besuchern beim ersten USA-Aufenthalt oft am deutlichsten auf und wird dann nicht selten als Oberflächlichkeit charakterisiert. Allerdings hat das freundliche Miteinander mit oberflächlichem Verhalten nichts zu tun, sondern stellt schlichtweg die Norm des Umgangs untereinander dar. Als Folge dessen wird der Grenzwert zwischen normalem und unhöflichem Verhalten auch wesentlich niedriger angelegt. Um nicht unangenehm aufzufallen, sollte man das besonders in den ersten Monaten in den USA immer im Hinterkopf behalten.

Wenn Sie im Alltag auf die in den nachfolgenden Ausführungen genannten Besonderheiten achten und sich in Ihre Kommunikationspartner hineinversetzen können, werden Sie mit Sicherheit schneller Fuß fassen.

Nachbarn

»Leben und leben lassen« – die meisten Amerikaner handeln nach diesem Motto.

Der Umgang zwischen Nachbarn ist in den USA in der Regel freundlich und locker. Wenn Sie in Ihr neues Zuhause einziehen, werden sich Ihre unmittelbaren Nachbarn wahrscheinlich kurz vorstellen, und zwar meistens nur mit ihrem Vornamen. In der Folgezeit grüßt man sich und plaudert gegebenenfalls ein wenig über Themen wie Wetter oder Sport. Kleinliche Streitigkeiten unter Nachbarn, wie sie z. B. in Deutschland mitunter vorkommen, sind in den USA extrem selten. Das nachbarschaftliche Miteinander ist normalerweise durch Geduld und Toleranz geprägt. »Leben und leben lassen« ist das Leitmotto, und wenn Not am

Mann ist, können Sie auf die Hilfsbereitschaft Ihrer Nachbarn zählen. Auf dem Lande und in kleinen Städten ist die Nachbarschaftshilfe sicher stärker ausgeprägt als in der Großstadt, aber auch dort ist sie keine Seltenheit.

Da Amerikaner keine Freunde von kleinlichen Reglementierungen sind, gibt es keine festgelegten Ruhezeiten, außer der Regelung, dass Lärm nach zehn Uhr abends vermieden werden sollte. Es kann also durchaus vorkommen, dass der Nachbar am Sonntagmorgen den Rasen mäht. Sich darüber aufzuregen bringt nichts, denn man würde Ihren Ärger nicht begreifen. Ein gepflegter Rasen ist, das sei an dieser Stelle einmal hervorgehoben, den meisten amerikanischen Hausbesitzern enorm wichtig. Da wird gedüngt, bewässert und gemäht, was das Zeug hält. Löwenzahn (*dandelion*) ist allgemein verhasst und wird nicht selten mit der chemischen Keule bekämpft. Wenn Sie sich nicht den Unmut Ihrer Nachbarn zuziehen wollen, sollten Sie vermeiden, dass Ihr Rasen wie eine Wiese aussieht. Und vergessen Sie nicht, die Hinterlassenschaften Ihres Hundes zu entfernen, ganz gleich, ob sich diese auf Ihrem Grundstück befinden, auf dem des Nachbarn oder in öffentlichen Anlagen.

In den USA ist man in Sachen Lärm oft tolerant.

Kollegen und Vorgesetzte

Der Umgang am Arbeitsplatz ist in den USA weniger formal als in Deutschland. Das einzige Mal, dass Sie Ihren Kollegen die Hand geben, wird an Ihrem ersten Arbeitstag sein. Der Chef lässt sich in der Regel, wie alle Kollegen und sonstigen Vorgesetzten, mit dem Vornamen anreden und spart nicht mit Lobesworten und motivierenden Sprüchen. Amerikaner lachen gerne bei der Arbeit, eine humorvolle Atmosphäre ist deshalb nicht selten. Die Hierarchie im Unternehmen ist nicht immer gleich ersichtlich und manchmal braucht man Tage oder Wochen, um diese an einem neuen Arbeitsplatz zu durchschauen. Da es in den USA so gut wie keinen Kündigungsschutz gibt und Sie jederzeit und ohne Angabe von Gründen entlassen werden können, sollten Sie sich der Machtverhältnisse im Unternehmen aber immer bewusst sein. Ein durchweg freundliches Auftreten am Arbeitsplatz ist generell nicht zu unterschätzen, denn der Umgang der Mitarbeiter untereinander ist amerikanischen Arbeitgebern extrem wichtig. Sie können Ihre Arbeit noch so gut machen, wenn Ihr Chef zu der Ansicht kommt, dass Sie menschlich nicht ins Team passen, werden Sie unter

Freundlichkeit am Arbeitsplatz ist den Amerikanern sehr wichtig.

Umständen Ihren Job verlieren. Sie sind auf jeden Fall gut beraten, keine Bemerkungen zu Themen wie Politik, Religion oder Sex zu machen. Amerikaner führen grundsätzlich keine politischen Diskussionen am Arbeitsplatz und sehen Religion als Privatsache an. Sex ist als Gesprächsthema in den meisten Unternehmen sogar ausdrücklich untersagt, in erster Linie um Mitarbeiterinnen vor Anzüglichkeiten zu schützen.

Sie werden schnell feststellen, dass Amerikaner in der Regel weniger selbständig arbeiten. Manager kommunizieren ständig mit ihren Team-Mitgliedern. Da wird gelobt, motiviert und laufend gefragt, wie der Stand der Dinge ist. Anordnungen sind nicht immer als solche zu erkennen, denn sie werden in der Regel als Bitte oder Vorschlag formuliert. Seien Sie geduldig, wenn Ihnen Ihr Manager laufend im Nacken sitzt, also *micro managing* betreibt. Das nervt zwar oft auch Amerikaner, dagegen machen kann man in der Regel aber nichts. Sie sollten sich auch daran gewöhnen, dass in den USA erwartet wird, Entscheidungen schnell zu treffen und Probleme sofort anzugehen. Langes Analysieren und Planen sind nicht gefragt, auch wenn das Resultat dadurch nicht immer optimal wird. In den USA wird oft erst gehandelt und dann später eventuell ausgebessert, während z. B. in Deutschland lange nach der besten Lösung gesucht und dann ein perfektes Produkt geliefert wird – was dazu führen kann, dass ein anderes Unternehmen mit einem nicht so perfekten Produkt schneller ist und somit den Vorzug erhält. Dieses Risiko, gedankenreich und tatenarm zu sein, will man in den USA nicht eingehen. Schnelle, vorzeigbare Resultate sind wichtiger als eine möglicherweise bessere Lösung. Achten Sie daher darauf, Ihre aus der Heimat gewohnte Gründlichkeit mit den Bedürfnissen Ihres amerikanischen Arbeitgebers in Einklang zu bringen, zumal von Ihnen oft auch erwartet wird, an mehreren Projekten gleichzeitig zu arbeiten. Sie sollten immer in der Lage sein, konkret von Ihrem Fortschritt (*progress*) berichten zu können, wenn Ihr Vorgesetzter (*supervisor*) Sie danach fragt.

Äußern Sie Kritik nur sehr behutsam und niemals, ohne zuvor auch etwas Lobendes gesagt zu haben, nach dem Muster: »Dies und das ist schon sehr gut, aber wäre es nicht besser, wenn wir ...« Vermeiden Sie die in Deutschland übliche Direktheit, mit der Sie Amerikaner nur vor den Kopf stoßen würden. Sie können hier anfangs nicht vorsichtig genug sein!

Reden Sie mit Ihren Kollegen auch niemals darüber, wie hoch Ihr Gehalt ist. Das könnte unter Umständen Neid auslösen oder sogar zur Kündigung führen, denn viele Arbeitsverträge verbieten es ausdrücklich, sich zu diesem Thema untereinander auszutauschen.

Eine Trennung zwischen Arbeits- und Privatleben ist in den USA nicht besonders ausgeprägt. Das betrifft u. a. die Arbeitszeiten: Gehaltsempfänger arbeiten oft auch abends und an Wochenenden und sind selbst zu Hause ständig per E-Mail und Telefon erreichbar. Urlaub wird nur selten und meistens nur für wenige Tage genommen. Kollegen schließen schnell lockere Freundschaften und unternehmen auch Dinge außerhalb der Arbeit zusammen. Allerdings bestehen viele dieser Freundschaften nicht sehr lange, denn Amerikaner wechseln nicht selten nach ein oder zwei Jahren den Arbeitsplatz. Das ist oft auch mit einem Umzug an einen anderen Ort verbunden. Viele Leute sehen ihren gegenwärtigen Job nämlich immer nur als Sprungbrett für eine andere, bessere Arbeit. Die Karriereleiter erklimmen die meisten Arbeitnehmer in den USA nicht innerhalb eines Unternehmens, sondern durch Arbeitsplatzwechsel. Amerikaner verlassen sich grundsätzlich nicht auf andere, z. B. ihren gegenwärtigen Arbeitgeber, wenn es um ihren beruflichen und materiellen Aufstieg geht, sondern ergreifen selbst die Initiative. Stagnation ist Amerikanern fremd und sie halten deshalb ständig Ausschau nach Möglichkeiten, ihr Leben zu verbessern.

> Amerikaner erwarten, dass E-Mails umgehend beantwortet werden.

Ein geplanter Jobwechsel wird dem Arbeitgeber normalerweise auch nur zwei Wochen zuvor mitgeteilt. Die meisten Leute arbeiten dann bis zur letzten Minute hervorragend weiter, um sich vom Arbeitgeber im Guten zu trennen. Das liegt daran, dass sich potentielle Arbeitgeber im Falle einer Bewerbung bei ehemaligen Brötchengebern nach der Arbeitsmoral des Bewerbers erkundigen. Ferner ist es üblich, bei Bewerbungen die Namen und Telefonnummern von drei ehemaligen Kollegen bzw. unmittelbaren Vorgesetzten anzugeben. Diese *references* sind sehr wichtig. Kurz gesagt: Ihr Verhältnis zu Vorgesetzten und Kollegen kann Ihren beruflichen Werdegang auf lange Zeit erheblich beeinflussen. Ein nettes Auftreten fällt da oft mehr ins Gewicht als berufliches Können.

Präsentationen auf Amerikanisch

Business-Präsentationen in den USA unterscheiden sich wesentlich von denen in Deutschland. In Deutschland nimmt man sich in der Regel Zeit, ein Thema systematisch und nüchtern zu betrachten und zieht dazu viele Hintergrundinformationen, Daten und Fakten heran. Damit würden Sie Ihre amerikanischen Kollegen jedoch zu Tode langweilen und in den meisten Fällen nichts erreichen. In den USA sind Präsentationen normalerweise kurz (maximal 30 Minuten), anschaulich und enthalten oft unterhaltsame Elemente. Die einzelnen *PowerPoint slides* bestehen nicht selten hauptsächlich aus Bildern mit wenig Text. Während Präsentationen eher greifbar sein und Grundgedanken vermitteln sollten, können die *handouts*, die Sie an die Zuhörer verteilen, durchaus detaillierte Informationen enthalten und das in der Präsentation Gesagte mit Daten untermauern. Wenn Sie bei Amerikanern punkten wollen, sollten Sie nach Möglichkeit originelle, innovative Lösungen anbieten. Kreativität ist insgesamt mehr gefragt als Detailverliebtheit und analytisches Denken. Während der Erfolg der deutschen Wirtschaft hauptsächlich auf dem Fachwissen der Arbeitskräfte und auf analytischem Denken beruht, zeichnen sich amerikanische Unternehmen vor allem durch Schnelligkeit und Risikobereitschaft aus. Zu viele Details könnten da als störend empfunden werden.

Freunde und Bekannte

Der Begriff »friend« wird nicht wörtlich genommen.

Amerikaner benutzen den Begriff *friend* sowohl für Freunde als auch für Bekannte. So kann es durchaus sein, dass Sie jemanden erst ein oder zwei Mal getroffen haben, von diesem aber gegenüber Dritten als *friend* vorgestellt werden. Der Grund dafür mag sein, dass die Bezeichnung für einen Bekannten, *acquaintance*, eher altmodisch und gestelzt klingt. Kollegen oder Geschäftspartner, mit denen Sie gut auskommen, werden Sie möglicherweise ebenfalls schon bald als *friend* bezeichnen. Freunde im deutschen Sinne werden *close friends* genannt.

Die meisten Amerikaner haben gerne Gäste. Jedoch sollten Sie niemals bei jemandem auftauchen, ohne vorher anzurufen. Das gilt auch, wenn Sie eingeladen wurden. Diese Einladungen werden oft locker ausgesprochen, dann aber mitunter auch schnell wieder vergessen. Vergewissern Sie sich also einige Stunden zuvor oder vielleicht auch am Vorabend, ob die Einladung noch steht. Am Besten machen Sie das, indem Sie kurz anfragen, ob Sie etwas zum Essen oder Trinken mitbringen sollen. Sie sollten natürlich ohnehin etwas dabei haben, aber die Frage danach eignet sich hervorragend, den Gastgeber indirekt an die Einladung zu erinnern. Sie können das auch gerne per E-Mail machen. Nehmen Sie es nicht persönlich, falls der Termin kurzfristig verschoben wird. Amerikaner sind in dieser Beziehung sehr flexibel.

Falls in der Einladung *BYOB* (als Abkürzung für *bring your own bottle* bzw. *bring your own beer*) steht, heißt das, dass der Gastgeber von den Gästen erwartet, ihre eigenen alkoholischen Getränke mitzubringen. Besorgen Sie aber auch eine Flasche Wein oder ein paar Süßigkeiten, wenn Ihnen gesagt wurde, dass Sie nichts mitbringen müssen. Eis wird ebenfalls gerne gesehen, besonders im Sommer und falls auch Kinder eingeladen wurden. Auch ein selbst gebackener Kuchen kommt immer gut an.

Wenn Sie zu jemandem nach Hause eingeladen wurden, sollten Sie auf keinen Fall pünktlich und schon gar nicht überpünktlich sein. Ihr Gastgeber würde das als merkwürdig empfinden. Kommen Sie lieber fünf bis zehn Minuten zu spät.

> Allzu große Pünktlichkeit ist nicht gefragt.

Tipps zum Leute kennenlernen

Wer gerade in den USA angekommen ist, wird zunächst einmal durch die Arbeit oder das Studium und möglichwerweise als Mitglied einer Glaubensgemeinschaft neue Leute kennenlernen. Darüber hinaus gibt es jedoch noch eine ganze Reihe anderer Möglichkeiten, viele neue Bekanntschaften zu schließen:

Bei ▶ www.meetup.com kann man Leute mit gleichen Interessen finden, die sich auf lokaler Ebene in entsprechenden Gruppen treffen. Da ist eigentlich alles dabei, was man sich so vorstellen kann, von den verschiedensten Hobbies bis zur Politik, insbesondere wenn gerade Wahlkampf ist. Da gibt es dann an jedem Ort zahllose Freiwillige, die sich für die jeweiligen Kandidaten ins Zeug legen. Die Bekanntschaften und Freundschaften, die man so schließt, überdauern nicht selten das Ende des Wahlkampfes. Überhaupt ist Freiwilligenarbeit eine gute Möglichkeit, neue Leute kennen zu lernen. Bei ▶ www.volunteermatch.org kann man etwas Passendes finden.

Der Besuch von Kursen am *Community College* könnte dazu dienen, die eigenen (Sprach- und andere) Kenntnisse zu verbessern und zugleich Bekanntschaften zu schließen. Wer Sport treibt, findet in den USA ebenfalls schnell Gleichgesinnte.

Wichtig: Das Anlegen einer Facebook-Seite (▶ www.facebook.com) eignet sich hervorragend, mit den ganzen neuen Bekannten und Freunden in Kontakt zu bleiben. Da wird man dann immer wieder mal zu einer Party, einem Barbecue oder einer Veranstaltung eingeladen, wo man dann noch mehr Leute kennen lernt. Irgendwann sollte man dann natürlich auch selbst einmal etwas organisieren.

Bitte beachten Sie, dass Amerikaner zwar sehr nett sind, aber oft ein wenig länger brauchen, um echte und dauerhafte Freundschaften zu entwickeln. Bringen Sie also etwas Geduld mit. Andererseits ist die Aufgeschlossenheit und das freundliche Interesse gegenüber Ausländern wirklich beispielhaft. Die USA sind bekanntlich eine Nation aus Einwanderern. Amerikaner werden Ihnen in der Regel sofort erzählen, aus welchen Ländern ihre Vorfahren in die USA kamen.

Falls Sie Kinder haben, ist es wichtig, dass diese ihre Schulfreunde mit nach Hause bringen können. Amerikanische Kinder und Jugendliche verbringen viel Zeit in den Häusern ihrer Klassenkameraden und Freunde. Halten Sie auch Ausschau nach sportlichen Betätigungen für Ihre Kinder. Insbesondere durch die Teilnahme an Mannschaftssportarten können diese leicht neue Freunde finden. Mädchen spielen in den USA übrigens genauso viel Fussball wie Jungen. Für Kleinkinder lassen sich oft Spielnachmittage (*play dates*) organisieren und damit nebenbei auch Freundschaften mit anderen Eltern schließen. Auf ▶ www.mamapedia.com können Sie Kontakt zu anderen Eltern in Ihrer Gegend herstellen.

Fremde

Die meisten Amerikaner sind sehr kontaktfreudig.

Der Umgang mit Fremden ist in den USA normalerweise freundlich, höflich und nicht selten auch von humorvollem *small talk* geprägt. Amerikaner sind zumeist tolerant und vermeiden Konflikte.

Das Warten in einer Schlange ist für Amerikaner kein Problem. Da gibt es kein Vordrängeln. Im Gegenteil, anderen Menschen den Vortritt zu lassen, ist keine Seltenheit. Beispiel Supermarktkasse: Wenn man nur ein oder zwei Sachen kaufen will, kommt es tendenziell häufiger vor als Sie es von zuhause gewohnt sein werden, dass man von einer anderen Person, die den Einkaufswagen voll hat, vorgelassen wird.

Sollte es notwendig sein, dass man sich beim Einkauf zwischen einem Regal und einem davor stehenden Kunden durchschlängeln muss, wird sich in der Regel entschuldigt. Für die meisten Neuankömmlinge in den USA ist das häufige »*Excuse me!*« der Amerikaner sicher gewöhnungsbedürftig.

Im Restaurant wird nicht gemeckert, selbst wenn das Essen mangelhaft war. Denken Sie bitte auch daran, dass der Kellner nichts für die Qualität der Speisen kann und geben Sie trotzdem 15 bis 20 Prozent Trinkgeld. Wenn Sie mit einem Restaurant insgesamt unzufrieden waren, gehen Sie einfach nicht wieder hin. Essen Sie lieber wiederholt dort, wo sowohl Service als auch Qualität ausgezeichnet sind. Dieses Abstimmen mit dem Geldbeutel ist am Ende wesentlich wirksamer als sich zu beschweren.

Und was das Thema Rechnen betrifft: Sie werden sicher schnell feststellen, dass die meisten Amerikaner im Kopfrechnen nicht besonders gut sind. Üben Sie sich einfach in Geduld, wenn jemand auf dem Papier oder elektronisch auszurechnen versucht, was Sie schon längst im Kopf gelöst haben.

Eine Sache, die Amerikaner gar nicht gern haben, ist wortlos angestarrt zu werden. In öffentlichen Verkehrsmitteln, im Fahrstuhl und in ähnlichen Situationen sollte man niemanden länger als zwei bis drei Sekunden bzw. wiederholt schweigend anschauen. Den meisten Leuten ist das unheimlich. Auch bei Begegnungen im Park oder auf einem einsamen Fußweg wird oft gegrüßt und etwas Belangloses gesagt, z. B. *How is it going?* (Wie geht's?) Als Antwort wird *Good!* oder *Fine!* erwartet und Sie können dann auch zurückfragen: *How are you?* Mitunter wird es auch etwas *small talk* geben, wenn z. B. die Fahrstuhlfahrt oder das Warten auf den Bus zu lange dauert. Durch diesen freundlichen Austausch wird dem Fremden auch signalisiert, dass man ihm wohlgesinnt ist und er sich keine Sorgen um seine Sicherheit machen muss. Das hat bestimmt auch historische Wurzeln, da sich in den Weiten Amerikas oft Leute in einsamen Gegenden begegneten und sich auf diese Weise mögliche Konfliktsituationen am einfachsten vermeiden ließen.

> Amerikaner lassen sich nicht gerne mustern.

Small Talk

Amerikaner sind Meister im *small talk*, d. h. sie können sich aus dem Stehgreif heraus minutenlang über relativ neutrale Themen wie Sport, Wetter oder Straßenverkehr austauschen. Sinn des Ganzen ist natürlich nicht die Vermittlung von tiefgründigen Informationen oder Ansichten, sondern der Aufbau einer freundlichen Atmosphäre zwischen den Gesprächspartnern.

Ganz gleich, ob Sie jemanden geschäftlich treffen, kurz mit dem Nachbarn reden oder sich zu einem *date* verabredet haben, sollten Sie das Gespräch mit möglichst neutralen bzw. unterhaltsamen Themen beginnen. Amerikaner nutzen gerne Humor, um das Eis zu brechen. Über ernsthafte Themen, z. B. Politik, sollten Sie nur mit Ihren *close friends* reden.

Noch ein Tipp in diesem Zusammenhang: Die meisten Amerikaner mögen es nicht, wenn in einem Gespräch eine längere Pause entsteht. Diese von ihnen als unangenehme Stille (*awkward silence*) empfundenen Momente gilt es so gut wie möglich zu vermeiden bzw. zu überbrücken, zur Not eben mit *small talk*.

Dating

Wer in den USA einen Partner sucht, sollte viel Geduld haben. Amerikaner lassen sich in der Regel nur sehr langsam auf eine Beziehung ein. Diese Unentschlossenheit ist wohl auch ein Grund dafür, warum es in den USA so viele Singles gibt. *Dating websites* wie ▶ Match.com oder ▶ OkCupid.com haben Millionen Mitglieder, von denen manche oft Jahre nach dem perfekten Partner Ausschau halten.

Natürlich gibt es auch in den USA *casual sex*, also unverbindlichen und spontanen Sex, wenn es jedoch an die ernsthafte Suche nach einem Lebenspartner geht, vermeiden es die meisten Amerikaner, in irgendeiner Weise mit der Tür ins Haus zu fallen. Beim ersten *date* lernt man sich in der Regel nur besser kennen und umarmt sich vielleicht kurz zur Verabschiedung. Kommt es bei gegenseitiger Zuneigung zu einem zweiten *date* und läuft dabei alles gut, gibt es zum Abschied oft einen Kuss. Die dritte Verabredung endet dann aber nicht selten im Bett.

Es gilt, den Eindruck zu vermeiden, dass man dringend einen Partner sucht.

Auch in der Folge verabredet man sich normalerweise nur ein oder zweimal pro Woche und erst nach Wochen oder zum Teil auch Monaten wird dann darüber geredet, ob man nun ein Paar ist und dass man nun nicht mehr mit anderen Leuten ausgeht. Amerikaner haben normalerweise Angst, dieses Thema zu früh anzusprechen und damit den anderen zu verprellen. Dementsprechend dauert es oft auch mindestens ein oder zwei Jahre, bis jemand den Mut hat, eine gemeinsame Wohnung vorzuschlagen.

Verlobung

Eine Verlobung (*engagement*) findet in den USA nicht selten so statt, wie man es aus Filmen kennt. Der Herr fragt die Dame seines Herzens nach einem romantischen Abendessen bei Kerzenschein, ob sie ihn heiraten möchte. Zeitgleich zur Frage präsentiert er ihr den Verlobungsring (*engagement ring*) und kniet sich dabei mitunter auch leicht hin. Alternativ dazu ist auch die Frage an einem schönen Ort in der Natur sehr beliebt.

In den USA trägt gewöhnlich nur die Frau einen Verlobungsring, und zwar wie in Deutschland am Ringfinger der linken Hand. Amerikanische Männer geben für diesen Ring, der nach Möglichkeit einen Diamanten oder anderen Edelstein haben sollte, im Durchschnitt 5.200 Dollar aus. Ein Risiko gehen sie damit allerdings nicht ein, denn in den meisten Bundesstaaten ist der Mann auch weiterhin der rechtmäßige Eigentümer des Ringes. Kommt es zu einer Trennung, muss die Frau ihn zurückgeben.

Hochzeit

Zumindest die erste Hochzeit (*wedding*) scheint eines der wichtigsten Ereignisse im Leben vieler Amerikaner zu sein. Planung, Aufwand und Kosten sind oft enorm. Durchschnittlich geben Amerikaner 29.000 Dollar für eine Hochzeit aus, und 100 bis 200 Gäste sind keine Seltenheit. Traditionell wird vom Vater der Braut erwartet, dass er die meisten Kosten übernimmt, allerdings hat es da in den letzten Jahren doch etwas Bewegung gegeben, und meistens steuern alle beteiligten Parteien etwas hinzu.

Wie kommen diese hohen Kosten zustande? Die meisten Leute mieten den Raum für die Hochzeitsfeier (*wedding reception*) in einem Hotel oder in einem Restaurant. Das kostet dann schon mal um die 2.000 bis 3.000 Dollar. Das Essen schlägt in der Regel mit ca. 40 bis 50 Dollar pro Gast zu Buche. Dazu kommen dann die alkoholischen Getränke, falls es eine *open bar* gibt, bei der die Gastgeber am Ende die gesamte Rechnung bezahlen. Essen und Getränke können also insgesamt durchaus um die 10.000 Dollar ergeben. Die Gebühren für die Trauung in der Kirche liegen um die 500 Dollar. Für einen professionellen Fotografen werden oft auch noch 1.000 Dollar ausgegeben, für Blumen ungefähr 750 Dollar und für einen DJ oder eine Band ca. 1.500 Dollar. Ein Hochzeitskleid kann gut und gerne mehr als 1.000 Dollar teuer sein. Eheringe für Frauen kosten im

Als preiswerte Alternative bietet sich z.B. eine Hochzeit im Freien an.

Durchschnitt 1.000 Dollar und für Männer rund 500 Dollar. Für die Hochzeitstorte kommen dann in der Regel auch noch um die 500 Dollar hinzu. Natürlich gibt nicht jeder so viel Geld aus, eine Seltenheit sind derartige Hochzeiten aber nicht.

Eine Hochzeit wird normalerweise sehr langfristig geplant. Die Einladungen werden deshalb oft Monate im Voraus verschickt. Den Gästen wird Ort und Zeit der Trauung sowie der anschließenden Hochzeitsfeier mitgeteilt. Die Empfänger der Einladungen werden um *RSVP* gebeten, d. h. sie sollen bis zu einem angegebenen Termin mitteilen, ob sie zur Hochzeit kommen. Das ist notwendig, um die entsprechenden Reservierungen für die Hochzeitsfeier zu machen. RSVP entspricht dem deutschen u. A. w. g. (»um Antwort wird gebeten«) und ist die Abkürzung des französischen *répondez s'il vous plaît*. Wenn es den Zusatz *regrets only* gibt, muss man nur antworten, falls man nicht kommen kann.

Um zu verhindern, dass Hochzeitsgeschenke mehrfach gegeben werden und am Ende drei Toaster und vier Mixer in der Küche stehen, erstellen die zukünftigen Eheleute auch in den USA einen Hochzeitstisch – ein Brauch, der in den 1920er-Jahren in den USA, genauer in einem Chicagoer Kaufhaus, entstanden sein soll und *wedding registry* genannt wird. Das Paar registriert sich dazu oft bei zwei oder drei Kaufhausketten und wählt die gewünschten Geschenke selbst aus. Diese werden auf eine Liste gesetzt, die dann auf der Website des jeweiligen Kaufhauses eingesehen werden kann. Nachdem ein Geschenk erworben wurde, wird es von der Liste gestrichen. Wer nicht zur Hochzeit kommen kann, kauft oft ebenfalls ein Geschenk und lässt es an das glückliche Paar schicken.

Bei der Trauung stehen der Braut (*bride*) meistens vier bis fünf *bridesmaides* und dem Bräutigam (*groom*) eine gleiche Anzahl an *groomsmen* zur Seite. Diese rekrutieren sich in erster Linie aus guten Freunden und manchmal auch aus Geschwistern oder anderen, etwa gleichaltrigen Verwandten. Die beste Freundin der Braut ist die *maid of honor* und der beste Freund des Bräutigams ist der *best man*. Die *bridesmaides* tragen alle das gleiche, zumeist farbige Kleid, das im Vorfeld von der Braut bzw. von ihrer Mutter ausgewählt wurde. Die *groomsmen* sind oft einheitlich in einen Smoking (*tuxedo*) gekleidet. Der *best man* reicht dem Bräutigam während der Trauung zum entsprechenden Zeitpunkt die Ringe. Während der anschließenden Hochzeitsfeier wird vom *best man* und von der *maid of honor* erwartet, jeweils eine kurze Ansprache (*toast*) zu halten. Die Aufgaben der beiden beschränken sich aber meistens nicht nur

Geldgeschenke werden ebenfalls gern gesehen.

auf die Hochzeit. Die *maid of honor* organisiert in der Regel ein *bridal shower*, das vier bis sechs Wochen vorher stattfindet. Dabei handelt es sich um ein gemütliches Beieinander der Braut und ihrer weiblichen Freunde und Verwandten, bei dem sie von allen kleine Geschenke bekommt. Dabei geht es sehr gemächlich zu, im Gegensatz zur *bachelorette party* kurz vor der Hochzeit, bei der die Braut und ihre Freundinnen oft noch einmal kräftig in einem Nachtclub feiern gehen, während der Bräutigam und seine Freunde das Gleiche in Form einer *bachelor party* machen. Einen Polterabend gibt es in den USA nicht.

Die Trauung findet in den USA in der Regel in einem Gotteshaus oder in einer *wedding chapel* statt. Letztere sieht oft wie eine kleine Kirche oder Kapelle aus, ist aber nur ein Gebäude zum Heiraten. Für die Hochzeitsfeier wird meistens ein angemessen großer Saal in einem nahegelegenen Hotel gemietet. Nicht selten verbringen viele Gäste dann auch die Nacht in diesem Hotel.

Eine Heirat auf dem Standesamt ist erschreckend formlos und sollte nur in Betracht gezogen werden, falls die Heirat aus irgendeinem Grund schnell als Formalität erledigt werden muss. Informationen zu den rechtlichen Formalitäten einer Eheschließung mit US-Bürgern finden Sie im Kapitel »Wege in die USA« weiter vorne.

Eine gleichgeschlechtliche Eheschließung ist in ca. 20 Bundesstaaten möglich.

Die Sache mit dem Ehering

In den USA wird der Ehering am Ringfinger der linken Hand getragen. In der Antike glaubte man, dass eine Ader vom linken Ringfinger direkt zum Herzen führt, weshalb sowohl Ägypter als auch Römer den Trauring an diesem Finger trugen. Die Amerikaner setzen diese Tradition fort.

Den Verlobungsring tragen die amerikanischen Frauen nach der Hochzeit übrigens weiterhin an diesem Finger, allerdings wird der Ehering nun zuerst aufgesteckt. So lässt sich der teure Verlobungsring mit Diamant im Bedarfsfall leichter abnehmen, während der schlichte Ehering am Finger bleiben kann.

Scheidung

Etwa die Hälfte aller Ehen in den USA endet mit einer Scheidung *(divorce)*, oft schon innerhalb der ersten zehn Jahre. Sollten auch Sie diesen Schritt gehen wollen, sind Sie in der Regel gut beraten, die Hilfe eines Anwaltes in Anspruch zu nehmen, der auf *family law* spezialisiert ist. Falls Ihr Einwanderer-Status bei der Scheidung eine Rolle spielt, sollte sich der Anwalt, den Sie wählen, auch mit *immigration law* auskennen. Wenn Sie mit Ihrem Ehepartner eine gemeinsame Firma betreiben, dürften auch geschäftliche und steuerliche Aspekte von Bedeutung werden. Stellen Sie bei der ersten Kontaktaufnahme mit einer Rechtsanwaltskanzlei Ihre Situation kurz dar und erkundigen Sie sich nach einem Anwalt, der ausreichend Erfahrung hat, um mit Ihren speziellen Gegebenheiten umzugehen.

Bevor Sie eine Scheidung einleiten, könnten Sie jedoch durch eine Eheberatung *(marriage counseling)* herausfinden, ob Ihre Ehe noch zu retten ist. Sollte das nicht der Fall sein, ist eine Trennung *(separation)* die logische Folge. Für den Fall, dass Sie Kinder haben, erstellen Sie unter Hinzuziehung von Anwälten ein *separation agreement,* das Aufsichtspflichten und finanzielle Aspekte bis zur Scheidung regelt.

Wichtig: Falls Sie von Ihrem Ehepartner misshandelt werden, sollten Sie diesen sofort verlassen. Suchen Sie zur Not Unterkunft in einem *domestic violence shelter.* Schalten Sie einen Anwalt ein, um vor Gericht ein Kontaktverbot *(restraining order)* zu erwirken. Gegebenenfalls kann das Gericht von Ihrem Ehepartner auch verlangen, seine Schusswaffen abzuliefern. Ihre Aufenthaltsgenehmigung können Sie in der Regel behalten, auch wenn Sie zu diesem Zeitpunkt weniger als zwei Jahre in den USA waren. Lassen Sie sich von Ihrem Ehepartner diesbezüglich nicht unter Druck setzen. Denken Sie immer daran: Für Gewalt in der Ehe gibt es keine Entschuldigung. Die *National Domestic Violence Hotline* berät rund um die Uhr: 1-800-799-7233. Im Notfall rufen Sie die Polizei über 911. An den meisten Orten ist diese innerhalb weniger Minuten zur Stelle.

Jeder US-Bundesstaat hat ein eigenes Scheidungsrecht. Jedoch ist es mittlerweile in allen Staaten möglich, eine *no-fault divorce* zu bekommen, d. h. eine Scheidung, bei der dem Ehepartner keine Schuld nachgewiesen werden muss und bei der recht allgemeine Scheidungsgründe angegeben werden können. Eine derartige Scheidung kann von einem der Ehepartner eingereicht werden und garantiert, dass man auch ohne Einwilligung des Partners eine Scheidung bekommt.

Rund 95 Prozent aller Scheidungen sind allerdings *uncontested divorces,* d. h. beide Parteien einigen sich gütlich in Sachen Scheidung und hinsichtlich Kinder, Unterhalt und Eigentum.

Eine Scheidung ist in der Regel unkompliziert zu bewerkstelligen.

Die Details dieser Einigung werden in einem *divorce agreement* festgehalten und mit dem *no-fault complaint* eingereicht.

Auch wenn die Scheidung einvernehmlich ist, sollten beide Seiten jeweils einen eigenen Anwalt heranziehen. Um Geld zu sparen, könnte einer der beiden Anwälte die Hauptarbeit verrichten und Sie könnten am Ende die Gesamtkosten der beiden Anwälte teilen.

Einvernehmliche Scheidungen können in vielen Bundesstaaten innerhalb von ein bis zwei Monaten vorgenommen werden. In einigen Staaten müssen die Ehepartner einen gewissen Zeitraum getrennt gelebt haben, in anderen spielt das keine Rolle. Falls Sie keine Kinder haben, keinen Unterhalt vom Partner fordern und es keine Probleme bei der Besitzaufteilung gibt, ist die Scheidung oft wenig mehr als eine Formalität.

Lange Wartefristen gibt es nicht.

Sollte es jedoch Meinungsverschiedenheiten geben, z. B. in Sachen Unterhaltszahlungen für den ehemaligen Ehepartner *(alimony)*, Alimente *(child support)*, Sorgerecht *(custody)* oder Besitzaufteilung *(property distribution)*, kann die Scheidung einige Zeit in Anspruch nehmen, insbesondere bis Sie einen Termin vor Gericht bekommen.

Ein teurer und vor allem stressiger Rechtsstreit kann, wenn beide Partner dazu bereit sind, durch eine Vermittlung *(mediation)* vermieden werden. Anwälte sind während dieser Verhandlungen, die durch einen unparteiischen *mediator* geleitet werden, normalerweise nicht zugegen. Ihr Anwalt kann Sie aber vorbereiten und auch die verhandelte Vereinbarung durchsehen, bevor Sie diese unterschreiben.

Kapitel 12

Mit Kindern in die USA

Die Amerikaner sind eine kinderfreundliche und kinderreiche Nation. Viele Familien haben zwei und mehr Kinder. Es gibt viele schöne Kinderspielplätze und Restaurants sowie Supermärkte sind hervorragend auf die kleinen Gäste eingestellt. Das Thema Bildung (*education*) ist den Amerikanern sehr wichtig und viele Leute fangen schon früh damit an, Geld für die Ausbildung ihrer Kinder zurückzulegen.

Als Neuankömmling muss man sich aber erst einmal daran gewöhnen, dass in den USA für Bildung oft tief in die Tasche gegriffen werden muss. Besonders schmerzhaft ist das bei der Kleinkindbetreuung und beim Studium. Da hilft nur ein Preisvergleich, um günstige Angebote und sonstige Sparpotenziale zu finden.

Andererseits kommt man aus dem Staunen nicht heraus, wenn man sich einmal die Ausstattung der meisten Bildungseinrichtungen ansieht, die eine enorme Vielfalt an Lern- und Betätigungsmöglichkeiten zulassen. Wie in den meisten Bereichen in Amerika ist allerdings auch hier Eigenständigkeit gefragt. Man muss selbst die Initiative ergreifen und die vorhandenen Angebote nutzen.

Behinderte Kinder werden nicht ausgegrenzt.

Auffallend beispielhaft ist die Einbeziehung von behinderten Kindern. Selbst Schwerstbehinderte besuchen reguläre Schulen, werden dort allerdings oft von speziell ausgebildeten Lehrern betreut. Auch die sportliche Betätigung von Behinderten wird in amerikanischen Schulen groß geschrieben. Als Folge dieser Integration vom frühesten Alter an, gibt es in den USA keine Berührungsängste zwischen Nichtbehinderten und Behinderten.

Kindertagesstätten

Wenn Sie ganz kleine Kinder haben und berufstätig sind, sollten Sie darauf vorbereitet sein, dass eine Kindertagesbetreuung (*day care* bzw. *child care*) in den USA extrem teuer ist. Amerikanische Eltern zahlen durchschnittlich mehr als 3.000 Dollar pro Jahr und Kind. Vergleichen Sie die Preise und die Qualität der verschiedenen Anbieter und informieren Sie sich bei einem

Steuerberater, ob und wie Sie zumindest einen Teil der Kosten von der Steuer absetzen können.

Seien Sie nicht verwundert, wenn Plätze in Kindertagesstätten knapp sind und Sie sich auf eine Warteliste setzen lassen müssen. Von Ort zu Ort kann es da ganz erhebliche Unterschiede geben.

Kinder ab vier Jahre können am *pre-kindergarten* (oft auch kurz *pre-K* genannt) teilnehmen. Diese Vorschulprogramme werden meistens von den Bundesstaaten finanziert, zumindest wenn sie in öffentlichen Einrichtungen angeboten werden. Die gleichbedeutende Bezeichnung *preschool* wird meistens verwendet, wenn der Träger privat oder kirchlich ist.

Bitte beachten Sie, dass der Begriff *kindergarten* dagegen das Jahr bezeichnet, welches der ersten Klasse unmittelbar vorausgeht und das in der Regel an der örtlichen Grundschule angeboten wird. *Preschool* bzw. *pre-kindergarten* sind also eine Vor-Vorschule und gehen dem *kindergarten* voraus. *Kindergarten* in den USA ist also kein Kindergarten im deutschen Sinne, sondern ein Vorschuljahr.

Das Wort »Kindergarten« hat in den USA eine andere Bedeutung.

Schule

Ungefähr neun von zehn Kindern und Jugendlichen in den USA besuchen *public schools*, d. h. aus Steuermitteln finanzierte, öffentliche Schulen, für deren Besuch keine Gebühren erhoben werden. Die meisten dieser Schulen sind gut und bieten den Heranwachsenden Betätigungsmöglichkeiten, die oft weit über die in Europa üblichen hinaus gehen. So verfügen viele amerikanische Schulen über ganz hervorragende Sportanlagen, die nicht selten sogar eine Schwimmhalle mit einschließen.

Die Schulzeit kann in drei Etappen eingeteilt werden: *elementary school* (diese beginnt in den meisten Bundesstaaten im Alter von fünf Jahren mit einem Pflichtjahr *kindergarten* und endet in der Regel nach der sechsten Klasse), *middle school* (manchmal auch *junior high school* genannt, sie endet meistens nach der achten Klasse) und *high school* (diese wird immer nach der zwölften Klasse mit dem *high school diploma* abgeschlossen).

Alle Schüler besuchen die *high school*, eine Einteilung in Hauptschule, Realschule und Gymnasium gibt es in den USA nicht. Der Einzugsbereich der Schulen ist vielerorts sehr groß, sodass die Kinder entweder mit dem kostenlosen Schulbus fahren oder von ihren Eltern mit dem Auto zur Schule gebracht werden. In den oberen Jahrgängen der *high school* haben die Schüler dann oft auch ein eigenes Auto, mit dem sie zur Schule fahren. *High schools* haben daher oft riesige Parkplätze.

Für Schüler an der *high school* gibt es je nach Klassenstufe folgende Bezeichnungen: *freshmen* (9. Klasse), *sophomores* (10. Klasse), *juniors* (11. Klasse) und *seniors* (12. Klasse). Diese Bezeichnungen wiederholen sich später für Studenten am ebenfalls vier Jahre dauernden *college*.

Amerikanische Schulnoten bestehen aus den Buchstaben A, B, C, D und F, wobei A die beste Note ist und F für *fail* (»nicht bestanden«) steht. Den Noten A bis D werden oft noch ein Plus oder ein Minus hinzugefügt, um die Bewertung qualitativ noch aussagekräftiger zu machen.

Die finanzielle, personelle und inhaltliche Kontrolle der *public schools* unterliegt den Städten bzw. Landkreisen und wird unterschiedlich stark von den Regierungen der Bundesstaaten beeinflusst. Neben Pflichtfächern (*required courses*) gibt es Wahlfächer (*electives*), die z. B. auch eine Fahrschule (*driver's education*) und handwerkliche Kurse einschließen können.

Neben den *public schools* gibt es auch *private schools*, für die oft ein recht hohes Schulgeld (*tuition*) bezahlt werden muss. *Private schools* haben meistens einen religiösen Träger und somit ist Religionsunterricht Teil des Schulalltags. An *public schools* gibt es dagegen keinen Religionsunterricht. In einigen Bundesstaaten gibt es auch *charter schools*. Diese werden zwar von privaten Trägern betrieben, aber aus öffentlichen Mitteln finanziert und dürfen daher kein Schulgeld verlangen.

In den gesamten USA herrscht Schulpflicht, je nach Staat bis zu einem Alter von 16 oder 18 Jahren. Fast alle Staaten haben aber auch Regelungen für das sogenannte *home schooling*, das Eltern ermöglicht, ihre Kinder zu Hause selbst zu unterrichten.

Wer seine Kinder auf eine amerikanische Schule schickt, sollte wissen, dass das Thema Sex dort wahrscheinlich kaum bzw. nicht ausreichend behandelt wird. Viele Schulen schrecken vor dem Thema zurück und versäumen es daher, ihre Schüler u. a. über sichere Methoden zur Schwangerschaftsverhütung und über mögliche Risiken durch übertragbare Krankheiten zu informieren. Da sich viele Eltern ebenfalls vor dem Thema scheuen, gibt es in den USA wesentlich mehr Mütter und Väter im Schulalter als z. B. in Deutschland.

Während das Thema Sex weitgehend vermieden wird, gibt es an vielen amerikanischen Schulen keinen Mangel an Nationalstolz. Das geht mit der Flagge vor dem Schulgebäude los und

Die Schulen werden weitgehend über Grundstücksteuern finanziert.

findet mit dem morgendlichen Schwören der *Pledge of Allegiance* seinen wohl stärksten Ausdruck: »*I pledge allegiance to the flag of the United States of America, and to the republic for which it stands, one nation under God, indivisible, with liberty and justice for all.*« (»Ich schwöre Treue auf die Fahne der Vereinigten Staaten von Amerika und die Republik, für die sie steht, eine Nation unter Gott, unteilbar, mit Freiheit und Gerechtigkeit für jeden.«) Der Teilsatz *one nation under God* wurde trotz der Trennung von Staat und Kirche und dem Verbot von Gebeten an öffentlichen Schulen vom Obersten Gerichtshof als verfassungskonform bestätigt.

Die Sommerferien dauern in den USA fast drei Monate. Das hat seinen Ursprung darin, dass in vergangenen Zeiten, als die Mehrheit der Bevölkerung noch auf dem Lande lebte, den Schülern die Möglichkeit gegeben werden sollte, ihren Eltern bei der Ernte zu helfen. Diese langen Ferien erfreuen sich auch heute noch großer Beliebtheit, sodass es kaum Bestrebungen gibt, sie zu kürzen.

Kapitel 13
Berufsausbildung und Studium

Studium und Berufsausbildung sind extrem teuer.

In den Bereichen Berufsausbildung und Studium unterscheiden sich die USA ganz wesentlich von Deutschland, Österreich und der Schweiz. Während das Hochschulstudium in den USA viel teurer ist, aber zumindest in vielen Bereichen Weltklasseniveau besitzt, bestehen in der Berufsausbildung riesige Lücken, was sicher auch eine der Hauptursachen für die mangelnde Wettbewerbsfähigkeit amerikanischer Hersteller auf den internationalen Märkten ist. Viele Unternehmen beklagen sich zwar über einen Mangel an qualifizierten Arbeitskräften, eine innerbetriebliche Lehrlingsausbildung gibt es in den USA jedoch nicht. Es wird stattdessen erwartet, dass sich jeder selbst um seine Ausbildung kümmert und die Kosten dafür übernimmt. Fast alle Bildungseinrichtungen in den Vereinigten Staaten verlangen nämlich sowohl für ein Studium als auch für eine Berufsausbildung beträchtliche Gebühren. Mehr als die Hälfte der amerikanischen Studenten nehmen zu diesem Zweck verzinste Kredite auf und verschulden sich ganz erheblich. Die Wahl einer beruflichen Ausbildung bzw. eines Studiums wird daher ganz wesentlich davon bestimmt, ob man sich die Ausbildung leisten kann und welche beruflichen Chancen man mit dem jeweiligen Abschluss hat.

Arbeiten ohne formelle Ausbildung

Wer in den USA gut verdienen will, absolviert ein Hochschulstudium oder besucht zumindest Lehrgänge an einem *community college* bzw. an privaten Schulen, die sich auf die Ausbildung bestimmter Berufsgruppen spezialisiert haben, wie z. B. *culinary schools* für Köche. Ansonsten bleibt in der Regel nur die Aufnahme einer schlecht bezahlten Arbeit, die nur wenige Kenntnisse voraussetzt und bei der ein kurzzeitiges *training* bei Jobaufnahme stattfindet, etwa im Handel oder in der Gastronomie. Hier lernt man innerhalb von ein paar Tagen, wie die Arbeit zu verrichten ist. Je nachdem, wie man sich anstellt, ob man verlässlich ist und wie viel Durchhaltevermögen man hat, gibt es in diesen Jobs aber durchaus Aufstiegsmöglichkeiten. Während viele Leute in diesen Berufen anfangs nur Mindestlohn erhalten, können sie durch eine Beförderung zum *assistent manager* nach ein oder zwei Jahren deutlich mehr verdienen.

Community College

Ein *community college* bzw. *junior college* ist eine Bildungseinrichtung, an der man entweder eine Berufsausbildung machen oder die ersten zwei Jahre eines vierjährigen College-Studiums absolvieren kann. Träger der *community colleges* sind meistens die *counties*, d. h. die bundesstaatlichen Verwaltungsbezirke. Finanziert werden sie aus Steuermitteln und Studiengebühren (*tuition*). *Junior colleges* sind dagegen private Institutionen, die sich alleine aus Studiengebühren finanzieren und dementsprechend teurer sind. Die meisten Studenten an diesen Einrichtungen sind berufstätig und gehen abends zum Unterricht.

An einem Community College kann man berufsspezifische Kenntnisse erwerben.

Das Unterrichtsangebot beinhaltet spezielle berufliche Ausbildungen, u. a. zum Buchhalter, Automechaniker, Zahnarzthelfer oder Grafikdesigner, sowie grundlegende akademische Studien, auf die dann in zwei weiteren Jahren, die man anschließend an einem akademischen College bzw. an einer Universität absolviert, aufgebaut werden kann. Damit lässt sich der Zweijahresabschluss, der *associates degree*, den man am *community college* bekommt, zu einem Vierjahresabschluss, den *bachelor's degree* ausbauen. Zahlreiche Studenten wählen diesen Weg, weil *community colleges* wesentlich billiger als akademische *colleges* bzw. Universitäten sind: Im Jahr 2013 kostete ein Studienjahr an einem *community college* im Durchschnitt $3.131, an einer *public university* $8.893 und an einem *private college* $30.094. Hinzu kommen noch Kosten für Unterkunft, Essen und Bücher, sodass für ein Studienjahr an einer öffentlichen Einrichtung mehr als $20.000 und an einer privaten Einrichtung deutlich mehr als $40.000 benötigt werden.

Der *Community College Finder* auf ▶ www.aacc.nche.edu ist ein nach Bundesstaaten geordnetes Verzeichnis aller *community colleges* in den USA.

Public, Private und For-Profit Institutions

Public universities werden von den einzelnen Bundesstaaten unterhalten und haben oft das Wort *State* im Namen, z. B.

South Dakota State University oder *Michigan State University*. Die *public universities* sind ganz hervorragende Einrichtungen und vom Angebot her vergleichbar mit den meisten Universitäten in Europa. Daneben gibt es eine Vielzahl von *private schools*, also *colleges* bzw. *universities* mit einem privaten Träger, wie z. B. *Harvard University, Stanford University* und *Yale University*. Diese haben nicht selten einen elitären Charakter.

Die Studiengebühren der *public universities* sind niedriger als die der *private schools*, weil sie teilweise aus Steuergeldern finanziert werden. Viele Studenten an den *public universities* kommen jedoch aus mittleren und einkommensschwachen Bevölkerungsschichten und nehmen nicht nur Kredite (*student loans*) für das Bezahlen der Studiengebühren auf, sondern haben nebenbei auch noch Teilzeit- und sogar Vollzeitjobs, um sich den Lebensunterhalt zu verdienen. Der Altersdurchschnitt ist oft höher als an den *private schools* und es gibt auch mehr Angehörige von Minderheiten. Die Studenten an *private schools* beginnen das Studium dagegen in der Regel unmittelbar nach der *high school*. Ihre Eltern sind oft besser verdienend und in der Lage, zumindest für einen Teil der Studiengebühren und Lebenshaltungskosten aufzukommen.

Private schools sind zwar teuer, sie sind aber nicht profitorientiert. Das von den Studenten eingenommene Geld wird vollständig in Lehre und Forschung sowie in die Infrastruktur der Bildungseinrichtungen investiert. Für hochbegabte mittellose Studenten und für Leistungssportler gibt es zudem Stipendien (*scholarships*). *Private schools* sollten deshalb nicht mit *for-profit institutions*, wie z. B. *University of Phoenix, DeVry University* und *Kaplan University*, verwechselt werden. Diese Einrichtungen sind profitorientierte Unternehmen, die zum Teil am Aktienmarkt gehandelt werden. Sie werben pausenlos im Internet und im Fernsehen. Ihre Zulassungsbestimmungen sind extrem locker und die Studiengebühren sehr hoch. Viele Studenten verschulden sich, aber nur wenige führen ihr Studium zu Ende. Die Abschlüsse dieser Einrichtungen werden von vielen Arbeitgebern sehr skeptisch betrachtet. Lassen Sie sich von der Werbung nicht zu viel versprechen und informieren Sie sich gründlich, suchen Sie z. B. bei Google einmal mit dem Namen der jeweiligen Institution in Verbindung mit dem Wort *complaints* (Beschwerden).

Bei bestimmten Universitäten ist Vorsicht angebracht.

College

Der Begriff *college* wird in den USA in zweierlei Weise verwendet. Zum einen als Begriff für das vierjährige Studium nach der *high school*, mit dem man einen *bachelor's degree* erwirbt, und zum anderen als Bezeichnung von Bildungseinrichtungen, die darauf spezialisiert sind, ein solches Studium anzubieten. Universitäten bieten ebenfalls durchweg ein *college*-Studium an, im Gegensatz zu einem reinen *college* haben sie jedoch auch weiterführende Studien zur Erlangung eines *master's degree* bzw. Doktortitels im Angebot und sind in der Forschung tätig.

Ganz gleich, ob man seinen B.A. (*Bachelor of Arts*) oder B.S. (*Bachelor of Science*) an einem *college* oder an einer *university* erworben hat, ist man berechtigt, anschließend zur *graduate school* zur gehen, d. h. einen M.A. (*Master of Arts*) oder M.S. (*Master of Science*) an einer Universität zu erlangen. Viele Universitäten sind intern in verschiedene *colleges* und *graduate schools* unterteilt, zu denen oft auch noch verschiedene *professional schools*, wie z. B. eine *medical school* und eine *business school*, kommen.

Wer studieren will, bewirbt sich direkt bei den Bildungseinrichtungen. Diese entscheiden über die Zulassung hauptsächlich anhand der *ACT/SAT scores* und des GPA. Bei ACT und SAT handelt es sich um standardisierte Wissenstests und GPA ist die Durchschnittsnote, die in der *high school* erlangt wurde. Wer kein *high school diploma* hat, kann durch den GED-Test die Hochschulreife nachweisen. Viele Amerikaner bewerben sich an mehreren Einrichtungen, von namhaft bis weniger namhaft. Am Ende entscheiden sie sich dann meistens für ein Studium an der jeweils renommiertesten Institution, an der sie zugelassen wurden, da sie sich so später bessere Berufschancen versprechen.

Die Kosten unterscheiden sich, wie schon beschrieben, ganz erheblich zwischen öffentlichen und privaten Einrichtungen. Generell bezahlt man weniger, wenn man an einer Bildungseinrichtung studiert, die in dem Staat liegt, in dem man seit einigen Jahren gewohnt hat. Das nennt man *in-state tuition*, im Gegensatz zur wesentlich teureren *out-of-state tuition*. Wer sich für den Militärdienst verpflichtet bzw. diesen bereits absolviert hat, kann an *public universities* weitgehend kostenlos studieren und erhält Zuschüsse zu den Lebenshaltungskosten. Insbesondere junge Menschen aus ärmeren Bevölkerungsschichten nehmen dieses Angebot oft wahr. Die meisten Unis halten ferner Ausschau nach Spitzensportlern, auch aus dem Ausland, die sie durch ein kostenloses Studium anlocken. Das trifft besonders auch auf Mannschaftssportarten zu, da

Ein Preisvergleich lohnt sich.

die amerikanischen Unis miteinander im Wettbewerb stehen und sportliche Erfolge wichtig für das Image sind.

Graduate School

Nach den vierjährigen Bachelor-Studiengängen, die auch als *undergraduate programs* bezeichnet werden, kann man an vielen Hochschulen weiterführende, zweijährige *graduate programs* besuchen, um einen *master's degree* zu erwerben. Das muss man allerdings nicht an der gleichen Bildungseinrichtung machen. Fast alle Amerikaner, die ein *graduate program* absolvieren, studierten zuvor in einer anderen Stadt. Der für das amerikanische Arbeitsleben so typische, häufige Ortswechsel beginnt also meistens schon während der Studienzeit.

Die großen Universitäten haben zudem sogenannte *professional schools*, z. B. *medical school* für ein Medizinstudium, *dental school* für ein Zahnarztstudium, *law school* für ein Jurastudium, um nur einige zu nennen. Diese Programme dauern zum Teil wesentlich länger als andere *graduate programs*. Ein Studium der Rechtswissenschaften dauert in den meisten Fällen drei Jahre.

In der Regel müssen vor der Bewerbung zum Studium spezielle Tests bestanden werden. Für die meisten Studienrichtungen ist das der GRE, bei einem angestrebten betriebswirtschaftlichen Studium der GMAT und für zukünftige Jurastudenten der LSAT. Je höher die Testpunktzahl, desto besser sind die Chancen, einen Studienplatz an einer angesehenen Universität zu bekommen, was sich anschließend oft direkt auf die Berufschancen und das Einkommen auswirkt. Ausländische Bewerber müssen außerdem oft ihre englischen Sprachkenntnisse durch das Bestehen des TOEFL-Tests nachweisen. Umfangreiche Informationen zu den verschiedenen Tests erhält man auf ▶ www.princetonreview.com. Auf dieser Website gibt es auch Ranglisten für die besten *colleges*, *graduate schools* und *professional schools*.

Wer einen Doktortitel (z. B. PhD für Geisteswissenschaftler) erwerben möchte, muss mehrere Jahre einplanen. In der Regel erwirbt man erst einen M.A. oder M.S. und bewirbt sich dann für ein Doktorstudium, es gibt aber mitunter auch die Möglichkeit, gleich nach dem Erwerb eines B.A. oder B.S. einen Studiengang zu belegen, der eine Promotion zum Ziel hat und den M.A. oder M.S. lediglich als Zwischenschritt verleiht. Doktorstudenten unterrichten normalerweise auch und können mit dem Einkommen ihren Lebensunterhalt bestreiten.

Die Zulassung zur Graduate School ist oft von Tests abhängig.

Viele große Unternehmen sowie Universitäten in den USA bieten ihren Arbeitnehmern übrigens eine komplette oder teilweise Erstattung von Studienkosten (*tuition reimbursement*) an, falls diese sich weiterbilden wollen. Besonders beliebt sind hier Studiengänge in der Wirtschaftswissenschaft, die einen *Masters of Business Administration* (MBA) zum Ziel haben.

Anerkennung ausländischer Studienleistungen und Abschlüsse

Studienleistungen und Abschlüsse aus dem Ausland werden in den USA oft nicht ohne Weiteres anerkannt. Ein deutscher Bachelor-Abschluss ermöglicht z. B. nicht automatisch die Aufnahme in ein amerikanisches *graduate program*. Entscheidend für die Anerkennung des deutschen Abschlusses ist, welche konkreten Leistungen zu dessen Erlangung erbracht wurden. In vielen Fällen reicht deren Umfang aus, mitunter aber gibt es Probleme, insbesondere wenn der Bachelor in nur drei Jahren erworben wurde. Informieren Sie sich also rechtzeitig bei der Universität, an der Sie studieren wollen. Unter Umständen wird man Sie auffordern, sich Ihren Abschluss von einem *credential evaluation service* (▶ www.aice-eval.org und ▶ www.naces.org) bescheinigen zu lassen. Die Kosten dafür müssen Sie übernehmen.

Es lohnt sich durchaus, bei mehreren Universitäten anzufragen, da die Anerkennung von Studienleistungen und Abschlüssen überall anders gehandhabt wird. Demzufolge könnte dies an einigen Universitäten schwierig, an anderen jedoch recht unkompliziert sein. Man wird Ihnen dann auch mitteilen, welche Tests (z. B. TOEFL oder GRE) Sie im Vorfeld absolvieren müssen.

Wer mit seinem ausländischen Abschluss in den USA berufstätig sein möchte, sollte sich bei dem entsprechenden Berufsverband nach der Anerkennung erkundigen. Informationen hierzu finden Sie auf ▶ www.ed.gov mit der Suchanfrage *recognition of foreign qualifications*.

Ein Tipp: Falls man Sie auffordert, bestimmte Unterlagen notariell beglaubigen zu lassen, sollten Sie das nach Möglichkeit in den USA machen. Ihre amerikanische Bank wird in der Regel einen Notar (*notary public*) haben, der das kostenlos oder gegen eine sehr geringe Gebühr machen wird.

Notarielle Beglaubigungen sind in den USA oft kostenlos.

Anerkennung von Studienleistungen und Abschlüssen aus den USA

Für die Anrechnung von Studienleistungen, die in den USA erbracht wurden, sind in Deutschland die Fachbereiche der Hochschulen zuständig. Werden Ausbildungsgänge mit einer staatlichen Prüfung abgeschlossen, wie z. B. bei Lehramt und Medizin, entscheiden die Landesprüfungsämter. In Österreich und in der Schweiz wird ähnlich verfahren.

Möglichst schon vorher über die Anerkennung informieren.

Wer an einer amerikanischen Partner-Universität seiner Hochschule studiert hat, bekommt seine Studienleistungen normalerweise ohne Probleme anerkannt. Falls an einer Uni in den USA studiert wurde, mit der keine Kooperationsvereinbarung besteht, kann die Anerkennung unter Umständen komplizierter werden. Man sollte sich daher schon vor Beginn des Studienaufenthaltes in USA erkundigen, ob die dort erbrachten Leistungen bei der Rückkehr an die heimatliche Hochschule anerkannt werden. Zu diesem Zweck kann man sich von beiden Hochschulen ein sogenanntes *Learning Agreement* über die zu besuchenden Lehrveranstaltungen und deren Anerkennung bestätigen lassen.

Wer einen amerikanischen Abschluss erwirbt und ein weiterführendes Studium in Deutschland anschließen möchte, muss sich ebenfalls an den Fachbereich der betreffenden Hochschule bzw. an das zuständige Landesprüfungsamt wenden. Unter Umständen wird es notwendig sein, gewisse Zusatzleistungen zu erbringen.

Wer einen in den USA erworbenen Magister- bzw. Doktortitel in Deutschland führen bzw. seinen amerikanischen Abschluss zur Berufsausübung nutzen möchte, muss sich das von seinem zuständigen Kultusministerium genehmigen lassen. Entscheidend ist hier die Akkreditierung der amerikanischen Universität, die den Titel verliehen hat.

Umfangreiche Informationen rund ums Thema Studium in den USA gibt es auf ▶ www.educationusa.de sowie auf den Websites der amerikanischen Botschaften in Deutschland, Österreich und in der Schweiz.

Kapitel 14

Arbeiten

Wer in die USA auswandert, sollte sich nicht unbedingt darauf festlegen, weiterhin im gelernten Beruf zu arbeiten. Vielmehr sollte man sich alle seine Fähigkeiten und Kenntnisse vor Augen halten und dann überlegen, welche Tätigkeiten in Frage kommen.

Auf dem amerikanischen Arbeitsmarkt zählen Flexibilität und praktische Fähigkeiten in vielen Bereichen mehr als dokumentierte Abschlüsse. Viele Amerikaner wechseln alle zwei bis drei Jahre den Job, um sich finanziell zu verbessern. Der Arbeitsmarkt ist ständig in Bewegung. Eigenständige Fortbildung durch den Besuch von Kursen in verschiedensten Bildungseinrichtungen trägt dazu bei, die eigenen Fähigkeiten zu erweitern und die Chancen auf einen guten Job zu verbessern.

Jobsuche

Offene Stellen finden Sie im Anzeigenteil der Lokalzeitung und im Internet, z. B. auf ▶ www.monster.com und ▶ www.indeed.com. Oft gibt es auch Schilder wie »*Help Wanted*« oder »*Hiring*« an den Gebäuden von Unternehmen bzw. in den Schaufenstern von Geschäften. Hören Sie sich auch im Bekannten- und Freundeskreis nach Jobs um. Durch persönliche Vermittlung bekommt man oft die besten Arbeiten. Eine weitere Möglichkeit ist der Besuch von *job fairs*. Eine *job fair* ist eine Art Messe (*fair*), auf der Unternehmen Stände einrichten, an denen Jobsuchende ihren ausgedruckten Lebenslauf abgeben und sich kurz vorstellen können. Diese *job fairs* werden in den Tageszeitungen angekündigt. Gehen Sie auch zu *job fairs*, die nicht unbedingt Ihrem Berufszweig entsprechen. Auf diese Weise bekommen Sie Übung im Umgang mit amerikanischen Arbeitgebern, und man kann ja nie wissen, vielleicht finden Sie gerade dort eine interessante Arbeit, wo Sie am wenigsten damit rechnen.

> Schauen Sie auch auf Craigslist.org nach Jobs.

Bewerbung

Kaufen Sie sich zur Vorbereitung auf Ihre Bewerbungen zunächst einmal Bücher mit Mustern von Bewerbungsschreiben (*cover letters*) und Lebensläufen (*résumés*). Diese bekommen Sie in fast jedem amerikanischen Buchladen bzw. bei den großen Online-Buchhändlern. Insbesondere das Format der amerikanischen Lebensläufe unterscheidet sich ganz deutlich von den in Europa üblichen. Suchen Sie sich unter den oft hunderten Mustern ein für Sie passendes aus und ersetzen Sie die Musterangaben mit Ihren eigenen. Einen Service zum richtigen Formatieren des Lebenslaufes bietet ▶ www.myperfectresume.com

Stellen Sie dar, warum gerade Sie die beste Wahl sind.

Versuchen Sie das *résumé* auf eine Seite, maximal zwei Seiten, zu beschränken. Heben Sie in erster Linie jene Informationen hervor, die für die Arbeit, für die Sie sich bewerben, von Bedeutung sind. Das Gleiche gilt für den *cover letter*: Legen Sie schlüssig dar, aus welchem Grund Sie sich für die Stelle interessieren und warum Sie für die Arbeit geeignet sind. Der *cover letter* sollte den Lebenslauf ergänzen und nicht dessen Informationen einfach wiederholen. Während der Lebenslauf eine nüchterne Aneinanderreihung von Fakten ist, können Sie in dem *cover letter* Ihre Persönlichkeit durchscheinen lassen.

Teilen Sie dem Arbeitgeber mit, dass Sie motiviert und in der Lage sind, die betreffende Arbeit erfolgreich zu meistern. Schreiben Sie für jede Bewerbung einen eigenen *cover letter,* der wirklich Bezug auf die jeweilige Stelle und das angeschriebene Unternehmen nimmt. Wenn Sie für jede Bewerbung den gleichen Formbrief benutzen, werden die Empfänger das merken und kaum Interesse an Ihnen haben. Halten Sie den Brief kurz und aussagekräftig. Niemand hat Lust oder Zeit, einen Roman zu lesen. Wenn Sie niemanden persönlich anschreiben, lautet die neutrale Anrede in formellen Briefen »*To Whom It May Concern*:«. Wie Sie sehen, wird die Anrede, anders als im Deutschen, nicht mit einem Komma, sondern mit einem Doppelpunkt abgeschlossen. Das nachfolgende erste Wort des Briefes wird immer groß geschrieben.

Teilen Sie Ihren *cover letter,* der auf eine Seite passen sollte, in drei Absätze ein:

- Sagen Sie im **ersten Absatz,** um welche Stelle es sich handelt und wo Sie die Stellenausschreibung (*job posting*) gesehen haben. Wenn Sie sich nur generell erkundigen wollen, ob das Unternehmen offene Stellen (*job openings*) hat, sollten Sie deutlich machen, für welche Art Arbeit Sie sich interessieren. Wenn jemand Ihnen empfohlen hat, sich bei der Firma zu bewerben, sollten Sie dessen bzw. deren Namen erwähnen.

- Im **zweiten Absatz** erläutern Sie, wie Ihre Qualifikationen und Erfahrungen zu der angestrebten Arbeit in Bezug stehen. Wenn Sie auf eine Stellenanzeige schreiben, gehen Sie auf die dort genannten Ansprüche an die Bewerber ein. Wenn Sie sich unaufgefordert bei einer Firma nach Arbeit erkundigen, sollten Sie Ihre Flexibilität hervorheben, mit der Sie sich den Bedürfnissen des potenziellen Arbeitgebers anpassen können. Zeigen Sie, dass Sie sich über das Unternehmen informiert haben und dass Sie über Fähigkeiten verfügen, die für diesen Arbeitgeber von Interesse sein könnten.

- Im **dritten und letzten Absatz** sollten Sie Ihre Vorfreude auf eine Einladung zu einem Bewerbungsgespräch (*job interview*) ausdrücken. Sollte sich die Arbeitsstelle nicht an Ihrem gegenwärtigen Wohnort befinden, könnten Sie in diesem Absatz auch mitteilen, dass Sie sich zu einem bestimmten Zeitpunkt in der Stadt oder Region des angeschriebenen Unternehmens befinden. Das erleichtert diesem, einen Termin für ein *job interview* festzulegen. Teilen Sie gegebenenfalls mit, dass Referenzen, ein Portfolio und dergleichen auf Verlangen (*on request*) verfügbar sind.

Legen Sie der Bewerbung auf gar keinen Fall ein Bild von sich bei und nehmen Sie auch keinen Bezug auf Ihr Alter, Geschlecht, Religion, Rasse, politische Ansichten und dergleichen. Selbstverständlich sollten weder *cover letter* noch *résumé* Fehler bezüglich Rechtschreibung und Grammatik enthalten. Lassen Sie Ihre Bewerbungsunterlagen von einem Freund, Verwandten oder Bekannten, der Muttersprachler ist, durchsehen.

> Lassen Sie Ihre Bewerbung von einem Muttersprachler durchsehen.

Legen Sie sich eine neutral klingende E-Mail-Adresse zu, etwa nach dem Muster *vornamenachname@yahoo.com* und besprechen Sie Ihren Anrufbeantworter mit einem professionell klingenden Begrüßungstext, sodass Sie auch hier einem potenziellen Arbeitgeber gegenüber einen guten Eindruck machen.

Wenn Sie sich unaufgefordert bei einem sehr großen Unternehmen bewerben, ist es sehr wahrscheinlich, dass Ihre Unterlagen erst einmal ungelesen in eine Datenbank eingegeben werden. Wenn dann Bedarf an einer Arbeitskraft besteht, wird in der Datenbank mit Stichwörtern, die auf den Job und auf die gewünschten Qualifikationen der Bewerber zutreffen, gesucht. Unter den Suchergebnissen werden dann geeignete Bewerber ausgewählt. Erst zu diesem Zeitpunkt sieht man sich die Bewerbungsunterlagen an. Daher melden sich manche Unternehmen erst Monate später bei den Bewerbern. Da manche Firmen tausende Bewerbungen im Monat zugeschickt bekommen, macht dieses Verfahren Sinn. Die große Zahl der Bewerber ist auch der Grund, warum viele Unternehmen keinen Antwortbrief bei Erhalt der Unterlagen schicken.

Wenn Sie sich im Handel, in der Gastronomie und dergleichen bewerben wollen, fragen Sie einfach in dem jeweiligen Geschäft oder Restaurant nach einem Bewerbungsbogen (*application form*). Tragen Sie dort alle relevanten Informationen ein und geben Sie das Formular anschließend einem Manager. Das sollte für untere Positionen ausreichen. Wenn Sie sich um einen Manager-Posten bewerben wollen, kommen Sie jedoch um *cover letter* und *résumé* in der Regel nicht herum.

Abschließend noch ein wichtiger Hinweis: Fast alle Arbeitgeber in den USA schauen sich an, was Job-Bewerber in sozialen Netzwerken wie *Facebook* und *Twitter* von sich gegeben haben. Vermeiden Sie dort also schon im Vorfeld Ihrer Bewerbung Themen wie Religion, Sex und Politik, falls Sie Ihre Bewerbungschancen nicht beeinträchtigen wollen.

Nicht zu unterschätzen: LinkedIn

Ein aussagekräftiges Profil auf ▶ www.linkedin.com ist unabdingbar für eine erfolgreiche Bewerbung und ein berufliches Vorankommen. Sie sollten es immer auf dem neuesten Stand halten und möglichst viele Verbindungen mit Freunden, Kollegen und Geschäftspartnern aufbauen. Schreiben Sie nach Möglichkeit auch Empfehlungen für nette Kollegen. Diese revanchieren sich in der Regel für den Gefallen. Derartige Empfehlungen werden von Personalabteilungen sehr ernst genommen und können letztendlich den Ausschlag geben, Sie in die engere Wahl zu ziehen und zu einem Interview einzuladen. Falls ein Unternehmen durch Ihre Bewerbung neugierig auf Sie geworden ist, wird man nämlich immer zuerst Ihre Seite auf *LinkedIn* besuchen, um sich einen weiteren Eindruck von Ihnen zu verschaffen.

Viele Personalabteilungen suchen auf dieser Website aber auch gezielt nach geeigneten Mitarbeitern, die sie dann abzuwerben versuchen. Unabhängige *recruiters,* die den Kontakt zwischen Arbeitgebern und geeigneten Arbeitnehmern herstellen, sind ebenfalls ständig auf *LinkedIn* unterwegs. Falls Sie von einem *recruiter* kontaktiert werden, sollten Sie sich durchaus mit diesem unterhalten und in Verbindung bleiben, auch wenn Sie zu diesem Zeitpunkt keine neue Arbeit suchen. Sollte einige Monate später doch eine Arbeitssuche notwendig werden, aus welchem Grund auch immer, stehen die Chancen ausgesprochen gut, dass der *recruiter* aussichtsreiche Bewerbungsgespräche für Sie organisiert. Kosten tut Sie das nichts, denn der *recruiter* wird bei einem Vermittlungserfolg von Ihrem neuen Arbeitgeber bezahlt. Da es auf diesem Gebiet auch schwarze Schafe gibt, sollten Sie einem *recruiter* niemals Geld und auch keine Informationen geben, die über Ihren Lebenslauf und Ihr *LinkedIn*-Profil hinausgehen, insbesondere nicht Ihre *Social Security Number*.

Falls Sie Ideen für Ihr *LinkedIn*-Profil suchen oder sich mit dem Autor dieses Buches vernetzen möchten, sind Sie herzlich eingeladen auf ▸ www.kaiblum.com auf den entsprechenden Link zu klicken.

Job Interview

Der wichtigste Teil des Bewerbungsprozesses ist das Bewerbungsgespräch (*job interview*). Die Einladung zu einem solchen ist ein gutes Zeichen. Der potenzielle Arbeitgeber zeigt damit ein Interesse an Ihnen. Je nach Arbeit werden aber häufig mehrere Bewerber zu Interviews eingeladen, anhand derer der Arbeitgeber dann meistens seine Einstellungsentscheidung trifft.

Gehen Sie mit einer positiven, optimistischen Einstellung in das Interview. Der Interviewer spürt das. Würden Sie nicht auch lieber jemanden für sich arbeiten lassen, der optimistisch ist, der bereit ist, eine Möglichkeit beim Schopfe zu packen, der den Willen hat, dazuzulernen und sich weiterzuentwickeln? Seien Sie freundlich und lächeln Sie viel. Niemand will einen mürrischen Mitarbeiter.

Überlegen Sie sich vor dem Interview, was Ihnen in Ihrem bisherigen Arbeitsleben Spaß gemacht hat und wo Sie Erfolge hatten, was Ihre Stärken (*strengths*) und Ihre Schwächen (*weaknesses*) sind. Man wird Sie wahrscheinlich danach fragen. Sie sollten einige Erfolgsbeispiele parat haben und an geeigneter Stelle in das Gespräch einflechten. Verkaufen Sie sich nicht unter Wert. Gleichzeitig sollten Sie aber auch jeden Anschein von Überheblichkeit vermeiden. Geben Sie Ihre Erfolge in bescheidenem Ton wieder. Wenn Sie nach Ihren Schwächen gefragt werden, könnten Sie etwas anführen, was auch positiv gesehen werden kann, z. B. dass

Mitunter gibt es zuerst ein Interview am Telefon.

Sie manchmal zu viel arbeiten oder etwas zu perfekt machen wollen. Sagen Sie niemals etwas Schlechtes über Ihre vorherigen Arbeitgeber. Betonen Sie die Zukunft und Ihren Willen, etwas Neues kennen zu lernen und sich weiterzuentwickeln.

Wenn Sie gefragt werden, warum Sie gerade jene Stelle wollen, für die Sie sich bewerben, sollten Sie nicht als Hauptgrund angeben, dass Sie zurzeit keine Arbeit haben. Betonen Sie vielmehr, warum Ihnen diese Arbeit interessant erscheint und wie Sie Ihre Fähigkeiten und Interessen in diese Tätigkeit einbringen können. Wenn Sie direkt gefragt werden, ob Sie derzeit eine Arbeit haben, sollten Sie natürlich ehrlich antworten und den Grund für die Nichtbeschäftigung angeben, z. B. dass Sie gerade umgezogen sind.

Überzeugen Sie den Interviewer, dass Sie gut ins Unternehmen passen.

Informieren Sie sich vor dem Interview über das Unternehmen, bei dem Sie sich vorstellen. Die Website der Firma ist dabei die erste Anlaufstelle und liefert in der Regel einen guten Überblick. Wenn der Interviewer merkt, dass Sie informiert und interessiert sind, erhöhen Sie Ihre Chancen.

Der Interviewer wird auch wissen wollen, ob Sie ein *team player* sind, also ob Sie gut mit anderen zusammenarbeiten können. Dafür sollten Sie auf jeden Fall ein Beispiel aus Ihrem bisherigen Arbeitsleben parat haben. Ferner wird man wissen wollen, wie Sie Problemsituationen, sowohl beruflich als auch im Umgang mit schwierigen Personen, gelöst haben. Arbeitgeber wünschen sich ferner, dass ihre Angestellten zielorientiert (*goal-oriented*) arbeiten.

Sie sollten den Eindruck vermitteln, dass Sie an dem Job ernsthaft interessiert sind, auch wenn Sie noch Termine für Interviews bei anderen Firmen haben. Sie werden feststellen, dass sich der Interviewer auch oft so benimmt, als ob er sich schon entschlossen hat, Sie einzustellen. In Wirklichkeit hat er aber noch eine Reihe anderer Kandidaten zum Interview bestellt. Solange Sie kein konkretes Jobangebot (*job offer*) bekommen, ist daher alles nur hypothetisch. Sie zeigen, dass Sie es mit Ihrer Bewerbung ernst meinen und der Interviewer gibt Ihnen eine Chance, sich von Ihrer besten Seite zu zeigen und sich um den Job zu bemühen. Das zeigt gegenseitigen Respekt und dass das Interview seinen Zweck hat und für beide Seiten keine Zeitverschwendung ist. Durch das Interviewen von Bewerbern hat der Arbeitgeber die Möglichkeit, sich jene Arbeitskräfte auszusuchen, die von der Persönlichkeit her am besten in sein Team passen.

Fragen Sie nicht nach der Höhe des Gehalts oder nach der Zahl der Urlaubstage. In der Regel bekommen Sie diese Informationen erst, wenn Ihnen der Job angeboten wird.

Betrachten Sie jedes Bewerbungsgespräch als Übungsmöglichkeit. Selbst wenn Sie nach den ersten Interviews noch keinen Job bekommen, werden Sie doch feststellen, dass Sie von Interview zu Interview besser werden, was sich letztendlich auszahlen wird. Nur ganz selten werden Sie gleich am Ende des Interviews ein Jobangebot bekommen. Ein gutes Zeichen ist schon, wenn Sie gleich oder ein paar Tage später zu einem Gespräch mit dem Vorgesetzten des Interviewers gebeten werden. Das bedeutet meistens, dass Sie schon in die engere Wahl gezogen wurden oder sogar, dass der Interviewer Ihre Einstellung empfohlen hat und der Vorgesetzte nur noch seine Zustimmung geben muss, nachdem er sich selbst ein Bild von Ihnen gemacht hat.

In vielen Fällen gibt es aber nur ein Interview. Der Interviewer wird Ihnen am Ende des Gesprächs danken und Ihnen mitteilen, dass Sie Bescheid bekommen werden. Sie sollten jetzt Ihrerseits dem Interviewer danken und ihm zum Abschied freundlich die Hand geben. Nicht nur der erste Eindruck ist wichtig, sondern auch der letzte.

Schicken Sie dem Interviewer am folgenden Tag ein kurzes Dankschreiben (*thank you note*). Danken Sie dem Interviewer für die Zeit, die er sich genommen hat, und bekunden Sie noch einmal Ihr Interesse an der Arbeit. Das könnte am Ende den Ausschlag zwischen mehreren gleich qualifizierten Bewerbern geben, da es noch einmal zeigt, dass Sie es mit Ihrer Bewerbung wirklich ernst meinen.

> Sie können sich gerne per E-Mail für das Interview bedanken.

Sollte die Firma nicht an Ihnen interessiert sein, werden Sie entweder nichts hören oder einen Brief bekommen, in dem man Ihnen für das Interview dankt und Ihnen alles Gute für die Zukunft wünscht.

Wenn man jedoch Interesse an Ihnen hat, wird man Sie in der Regel anrufen und Sie fragen, ob Sie ebenfalls noch interessiert sind. Wenn das der Fall ist, wird man Ihnen ein Jobangebot machen und Ihnen die Einzelheiten wie Lohn bzw. Gehalt, Urlaub und andere Leistungen erläutern.

Vergütung und Zusatzleistungen

Sie bekommen entweder Stundenlohn (*wage*) oder ein festgelegtes Jahresgehalt (*salary*). Die meisten Arbeitgeber (*employers*) bezahlen ihre Mitarbeiter (*employees*) alle zwei Wochen. Aber auch die Bezahlung einmal pro Monat wird mehr und mehr üblich. Sie bekommen Ihr Geld entweder in Form eines Schecks (*paycheck*), den Sie dann auf der Bank einzahlen müssen (*deposit*), oder als Überweisung aufs Konto (*direct deposit*). Letzteres wird jedoch nicht von allen Arbeitgebern angeboten. Unabhängig von der Zahlungsweise erhalten Sie einen *paystub*, d. h. einen Zettel auf dem Ihr Verdienst und alle Abzüge verzeichnet sind.

Als Lohnempfänger (*hourly employee*) werden Ihnen geleistete Überstunden (*overtime*) bezahlt, meistens sogar zu anderthalbfachem Stundensatz. Für Gehaltsempfänger (*salaried employees*) bleibt der Verdienst immer gleich, unabhängig davon, wie viele Stunden gearbeitet wurden.

Zusätzlich zu Lohn bzw. Gehalt können Sie vom Arbeitgeber weitere Leistungen (*benefits*) bekommen. Diese sind je nach Unternehmen unterschiedlich umfangreich. Es kann auch sein, dass Sie keine *benefits* bekommen, insbesondere wenn Sie Teilzeit (*part-time*) arbeiten.

Zu den *benefits* gehören bezahlte freie Tage:

- **Urlaubstage** (*vacation days*)
- **Krankentage** (*sick days*)
- Tage zur **Regelung persönlicher Angelegenheiten** (*personal days*)
- **Bezahlte Feiertage** (*holidays*)

Nicht wenige Unternehmen bieten nur *vacation days* an. Manche trennen *vacation days* und *sick days*, andere *vacation days* und *personal days*, die man auch im Falle einer Krankheit nehmen kann. Einige Unternehmen bieten mehr als die staatlichen Feiertage an, z. B. Tage, die zwischen einem Feiertag und einem Wochenendtag liegen. Je größer das Unternehmen ist, desto mehr freie Tage haben Sie in der Regel.

Arbeitnehmer in den USA erhalten relativ wenig Urlaub.

Nur die wenigsten Arbeitnehmer in den USA haben aber auch nur annähernd soviel Urlaub wie ihre Kollegen in Europa. Eine Ausnahme sind Lehrer, die in der Regel den Sommer (oft unbezahlt) freihaben. Einen gesetzlich garantierten Anspruch auf Mindesturlaub wie in Deutschland gibt es in den USA nicht.

An anderen *benefits* müssen Sie sich als Arbeitnehmer zumeist finanziell beteiligen. Sie sollten diese aber unbedingt wahrnehmen. Dazu gehören Krankenversicherung (*health insurance*); Zahnarztversicherung (*dental insurance*); Versicherung gegen kurzfristige und langfristige Arbeitsunfähigkeit (*short-term disability* und *long-term disability*). Diese Versicherungen werden im Kapitel »Gesundheit« näher erklärt. Weiterhin können Sie über

Ihren Arbeitgeber oft eine preiswerte Lebensversicherung (*life insurance*) für den Fall Ihres plötzlichen Dahinscheidens abschließen, um Ihre Familie vor finanzieller Not zu schützen.

Wenn Ihr Arbeitgeber Ihnen die Beteiligung an einem *401(k) plan* anbietet, sollten Sie das unbedingt wahrnehmen. Sie investieren so in Ihre Altersvorsorge und bekommen oft zusätzliches Geld von Ihrem Arbeitgeber. Bitte lesen Sie die Erläuterungen zum Thema *401(k) plan* im Kapitel »Altersvorsorge«.

Damit wurden die wichtigsten *benefits* angesprochen. Je nach Arbeitgeber kann es noch andere Leistungen geben, wie z. B. Hilfe bei der Adoption von Kindern (*adoption assistance*) und bezahlte College- und Universitätskurse (*education reimbursement*).

Kündigung

Ein kompliziertes Arbeitsrecht wie in Deutschland gibt es in den USA nicht. Die meisten Arbeitsverträge sind so ausgelegt, dass Ihnen jederzeit ohne Grund gekündigt werden kann. Im Vertrag heißt es, dass Ihre Beschäftigung *at will* ist. Wenn ein Unternehmen beginnt, rote Zahlen zu schreiben, wird oft sofort mit Entlassungen reagiert, um schnell wieder in den schwarzen Bereich zu kommen. Nehmen Sie es sich also nicht zu Herzen, falls Ihnen das einmal widerfährt. Auf der anderen Seite können auch Sie jederzeit kündigen. Es ist allerdings üblich, dass man dem Arbeitgeber zwei Wochen vor dem geplanten letzten Arbeitstag Bescheid gibt. Das nennt man *two weeks notice*.

> Plötzliche Entlassungen sind in den USA keine Seltenheit.

Sie sollten bis zum letzten Tag vorbildlich weiterarbeiten und sich von Ihrem Arbeitgeber und Ihren Kollegen im Guten trennen, da Sie bei zukünftigen Bewerbungen Ihre bisherigen Arbeitsplätze mit Adresse und Telefonnummer angeben müssen und potenzielle Arbeitgeber in der Regel Erkundigungen bei früheren Vorgesetzten einholen. Es ist also wichtig *not to burn bridges*, wie die Amerikaner sagen.

Wenn Sie bei einer Firma mit mindestens zwanzig Mitarbeitern tätig waren, können Sie Ihre Krankenversicherung nach Ihrer Kündigung für eine bestimmte Zeit behalten. Die gesetzliche Grundlage dafür ist COBRA. Nach Verlust des Arbeitsplatzes sind Sie und Ihre mitversicherten Familienmitglieder für 18 Monate weiterversichert, wenn Sie bereit sind, die Versicherungskosten in voller Höhe zu tragen. Sie zahlen dann auch den Anteil, für den zuvor der Arbeitgeber aufgekommen ist. Dazu kann noch eine Verwaltungsgebühr kommen.

Der frühere Arbeitgeber muss den Versicherten innerhalb von vierzehn Tagen über die Kosten informieren. Es ist möglich, nur Teile der bisherigen Versicherung weiterzuführen, z. B. nur die Krankenversicherung, nicht aber die Zahnarztversicherung. Auch können einige Familienmitglieder aus der Versicherung herausgenommen werden, um dadurch die Kosten zu senken. Es können jedoch keine Leistungen hinzugefügt bzw. zusätzliche Personen mitversichert werden. Behinderte können sich bis zu 29 Monate, Familienmitglieder im Sterbefall bzw. bei einer Scheidung von dem Versicherten für maximal 36 Monate weiter versichern.

Unter Umständen könnte es wesentlich preiswerter sein, sich selbst zu versichern, insbesondere wenn Sie noch relativ jung sind. Namhafte Versicherungen sind u. a. *Aetna* (▶ www.aetna.com), *Blue Cross Blue Shield* (▶ www.bcbs.com), *Kaiser Permanente* (▶ www.kaiserpermanente.org) und *HUMANA* (▶ www.humana.com).

Arbeitslosengeld

Die Arbeitslosenversicherung in den USA ist ein Gemeinschaftsprogramm der Bundesregierung und der Staaten, das durch Steuern finanziert wird. Die Genehmigung und Auszahlung des Arbeitslosengeldes *(unemployment benefits)* erfolgt durch die einzelnen Bundesstaaten, die alle ihre eigenen Bestimmungen haben, z. B. was die Mindestzahl der gearbeiteten Tage vor dem Arbeitsplatzverlust betrifft. In den meisten Staaten wird bis zu einer bestimmten Obergrenze, die ebenfalls erheblich von Staat zu Staat variieren kann, die Hälfte des letzten Gehalts gezahlt. Das Arbeitslosengeld muss als Einkommen versteuert werden.

Nicht jeder Arbeitslose erhält Geld.

Arbeitslose erhalten nur dann eine finanzielle Unterstützung, wenn sie ihre Arbeit ohne eigenes Verschulden verloren haben *(termination without cause)*, z. B. wenn ein Unternehmen aus wirtschaftlichen Gründen Entlassungen vorgenommen hat. Wer aufgrund von Fehlverhalten oder mangelnden Leistungen am Arbeitsplatz entlassen wurde *(termination for cause)*, erhält keine Arbeitslosenunterstützung. Wer selbst kündigt, hat ebenfalls keinen Anspruch. Das Gleiche trifft auf alle zu, die Teilzeit- oder Zeitarbeit ausüben bzw. selbständig arbeiten.

Arbeitslosengeld kann man normalerweise bis zu sechs Monate lang erhalten. In Zeiten hoher Arbeitslosigkeit wird dieser Zeitraum oft um einige Wochen verlängert. Die Zahlung wird beim zuständigen *state unemployment office* beantragt und beginnt etwa zwei bis drei Wochen nach Antragstellung. In den meisten Bundesstaaten muss man alle zwei Wochen einen Antrag auf Verlängerung stellen, was in der Regel telefonisch möglich ist. Zudem muss man willig sein, eine neue Arbeit, gleich welcher Art, aufzunehmen. Arbeitslose müssen sich daher bei der Arbeitsvermittlung *(job service)* des jeweiligen Staates registrieren und sich auch selbst aktiv um eine neue Arbeit bemühen. Der *job service* hilft bei der Arbeitssuche und kann vom Arbeitslosen verlangen, sich für bestimmte Stellen zu bewerben und diese gegebenenfalls auch anzunehmen.

Sozialhilfe

In den USA wird davon ausgegangen, dass eine gesunde Person eine Arbeit finden sollte, egal ob diese ihrer beruflichen Qualifikation entspricht oder nicht. Die Zahlung von Sozialhilfe *(welfare)* an arbeitsfähige Personen wird von den einzelnen Staaten geregelt und ist den Bedingungen im jeweiligen Staat angepasst. Die Staaten erhalten Bundesmittel zur Zahlung von Sozialhilfe. Sozialhilfeempfänger *(welfare recipients)* können durch die so bereitgestellten Gelder bis zu fünf Jahre im Leben finanzielle Unterstützung bekommen. Nicht wenige Staaten zahlen danach aus eigenen Mitteln weiter. Einige wenige Staaten haben jedoch ein Zeitgrenze festgelegt, die deutlich unter fünf Jahren liegt.

> Auch bei der Sozialhilfe gibt es viele Einschränkungen.

Sozialhilfe wird nur an jene gezahlt, deren Einkommen unterhalb der Armutsgrenze liegt und die nicht genug Geld für Essen, Kleidung und Unterkunft haben. Die Zahlung von Sozialhilfe wird oft davon abhängig gemacht, dass sich die Empfänger aktiv um eine Arbeit bemühen. Das gilt in den meisten Staaten auch für allein stehende Mütter. Wenn ein Sozialhilfeempfänger eine schlecht bezahlte Arbeit findet, kann er in einigen Staaten einen Teil seiner Unterstützung weiter bekommen, um ein zum Leben notwendiges Einkommen zu erreichen. Sozialwohnungen *(public housing)* und Lebensmittelgutscheine *(food stamps)* sowie die Gesundheitsversorgung von Kindern sind ferner Teil der staatlichen Hilfsmaßnahmen. Auch private Hilfsorganisationen *(charities)*, die sich aus Spenden finanzieren, helfen Menschen (und Tieren) in Not, z. B. mit Essen und Kleidung. Viele Amerikaner geben Geld an derartige Organisationen.

In den letzten Jahren ist die Verarmung breiter Bevölkerungsschichten stark vorangeschritten, und wer aufmerksam durchs Land fährt, findet mitunter Zustände wie in der Dritten

Welt vor. Wenn Sie sich dauerhaft in den USA niederlassen wollen, sollten Sie vor diesem Trend nicht die Augen verschließen. Seien Sie sich des mangelhaften Sozialnetzes bewusst und schaffen Sie Vorsorge, um finanzielle Durststrecken zu überstehen.

Temping

Eine gute Methode, Arbeitslosigkeit zu überbrücken oder verschiedene berufliche Erfahrungen zu sammeln bzw. Flexibilität zu wahren, ist das *temping*. Zeitarbeitsfirmen (*temp agencies*) vermitteln Arbeitskräfte für eine bestimmte Zeit an Unternehmen, die entweder durch Urlaub oder Krankheit entstandene Lücken füllen müssen, durch eine gute Auftragslage zeitweilig mehr Arbeitskräfte benötigen bzw. keine Mitarbeiter fest einstellen wollen, um Lohnnebenkosten zu vermeiden. Einige Firmen wählen diesen Weg auch, um risikofrei neue Arbeitskräfte zu testen. Bei beiderseitigem Gefallen kann so unter Umständen aus dem *temp job* eine Festanstellung (*permanent employment*) werden.

Wer Interesse an einem *temp job* hat, sollte sich bei einer der zahlreichen *temp agencies* vorstellen. Bringen Sie Ihren ausgedruckten Lebenslauf, Ihre *Social Security Card* und Ihre Aufenthalts- und Arbeitserlaubnis mit und seien Sie darauf vorbereitet, einen Bewerbungsbogen und andere Formulare auszufüllen sowie Eignungstests zu absolvieren. Planen Sie mindestens ein bis zwei Stunden für diese Formalitäten ein. Ihren Fähigkeiten und Interessen zufolge werden Sie dann in die Liste der verfügbaren Arbeitskräfte eingeordnet. Die *temp agency* wird Sie bei Bedarf anrufen und mitteilen, wann und wo Sie zur Arbeit erscheinen sollen.

Normalerweise arbeiten Zeitarbeiter (*temps*) alle paar Tage oder Wochen bei einer anderen Firma. Manchmal werden daraus aber auch mehrere Monate bei dem gleichen Unternehmen. Die Firmen, die *temps* anfordern, bezahlen die *temp agency* für die gearbeiteten Stunden. Die *temps* erhalten ihren Lohn dann regelmäßig, zumeist wöchentlich, von der *temp agency*. Zusatzleistungen wie Krankenversicherung und bezahlter Urlaub kann man als *temp* in der Regel nicht erwarten.

Meistens handelt es sich um Bürojobs.

Internships

Falls Sie finanziell dazu in der Lage sind, könnten Sie ein unbezahltes oder minimal vergütetes Praktikum *(internship)* absolvieren. Dieses kann Wochen, aber auch Monate dauern. Insbesondere kleine Unternehmen nutzen das oft schamlos aus, allerdings bietet sich Ihnen so die Möglichkeit, Berufserfahrung zu sammeln und Ihren Lebenslauf auszubauen. Halten Sie jedoch bereits während des Praktikums Ausschau nach einer festen Arbeitsstelle und zögern Sie nicht, das Praktikum abzubrechen, falls Sie eine solche angeboten bekommen.

Mitunter kann ein Praktikum auch zu einer Festanstellung führen.

Die Nachfrage nach Praktika ist normalerweise sehr hoch. Nehmen Sie die Bewerbung daher genauso ernst wie die für eine Festanstellung. Oft gibt es auch hier ein Bewerbungsgespräch. Sie können so durchaus Erfahrungen in Sachen Bewerbung sammeln, die sich dann später als wertvoll erweisen werden. Ausschreibungen für Praktika finden Sie auf den bekannten Job-Websites, wie z. B. ▶ www.indeed.com. Suchen Sie dort mit den Worten *intern* bzw. *internship* sowie dem gewünschten Wirtschaftszweig und Ort.

Betrügereien mit Job-Angeboten

Immer wieder findet man in Zeitungen, im Internet und auf Schildern Angebote, die versprechen, dass man zu Hause arbeiten und bei freier Zeiteinteilung bequem Geld verdienen kann. Hierbei handelt es sich fast immer um Betrügereien (*work-at-home scams*), insbesondere wenn man anfangs etwas von dem Anbieter kaufen muss, z. B. Schulungsvideos, Software und dergleichen.

Andere Betrüger veröffentlichen falsche Stellenangebote (auch auf legitimen Websites), teilen dann per E-Mail mit, dass man die Stelle bekommen hat und wollen entweder Geldüberweisungen für angebliche Gebühren oder weitere Informationen vom Bewerber. Schicken Sie niemals Geld an einen angeblichen Arbeitgeber oder Arbeitsvermittler! Legitime Firmen haben keine Bewerbungsgebühren (*application fees*), lassen sich keine Schulungsmaterialien (*training materials*) und keine Sicherheitsüberprüfungen (*background checks*) bezahlen. Die *Social Security Number*, die Bankverbindung und die Fahrerlaubnis-Nummer sollte man ebenfalls nicht übermitteln.

Gutes tun: *Volunteering*

Millionen Amerikaner stellen einen Teil ihrer Arbeitskraft und Zeit unentgeltlich gemeinnützigen Organisationen zur Verfügung. Das geht vom wöchentlichen Hunde ausführen im örtlichen Tierheim (*animal shelter*) der *Humane Society* über das Errichten von Häusern für einkommensschwache Familien im Rahmen von *Habitat for Humanity* bis zum Freiwilligenjahr in Entwicklungsländern, z. B. im *Peace Corps*. *Volunteering* bietet Neuankömmlingen in den USA die Möglichkeit, die neue Heimat aktiv mitzugestalten und zugleich nette Bekanntschaften zu schließen und vielleicht sogar neue Freunde zu finden. Welche Organisationen speziell an Ihrem Ort *volunteers* suchen, können Sie auf ▶ www.volunteermatch.org herausfinden.

Kapitel 15

Umgang mit finanziellen Notsituationen

Die meisten Amerikaner bewegen sich finanziell auf dünnem Eis. Viele mussten ihr Studium durch enorme Kredite finanzieren. Auch das Auto und das Haus werden in der Regel auf Kredit gekauft. Da wird dann ein großer Teil des Einkommens verwendet, um die Schulden abzuzahlen. Am Monatsende haben die meisten kaum Geld übrig und der Verlust des Arbeitsplatzes, der in den USA normalerweise von heute auf morgen und ohne Vorwarnung geschieht, bringt viele Menschen in ernsthafte Schwierigkeiten. Dies kann Ihnen als Einwanderer ebenfalls geschehen und Sie sollten wissen, was man in einer solchen Situation am besten macht.

Nicht alle Schulden sind gleich

Schulden *(debts)* können in zwei Kategorien eingeteilt werden: *secured* und *unsecured debts*.

Secured debts sind Schulden, bei denen Besitzgüter, meistens Immobilien oder Autos, als Sicherheit *(collateral)* dienen. Falls Sie Ihren Zahlungsverpflichtungen nicht nachkommen, kann Ihnen der Kreditgeber diese Güter wegnehmen.

Ein Sonderfall von *secured debts* sind *liens*. Falls Sie jemand verklagt und Sie vor Gericht verlieren und zur Zahlung einer hohen Geldsumme verurteilt werden, kann der Kläger ein *lien* auf Ihre Immobilie eintragen lassen. Spätestens wenn Sie die Immobilie verkaufen, erhält der Kläger dann die entsprechende Summe aus dem Verkaufserlös. Auch wenn jemand Arbeiten an Ihrem Haus ausgeführt hat und Sie sich weigern, diesen Handwerker zu bezahlen, z. B. weil die Arbeit Ihrer Meinung nach schlecht ausgeführt wurde, kann dieser ein *lien* gegen Ihre Immobilie eintragen lassen. Das Gleiche kann passieren, wenn Sie Ihre *property taxes* nicht zahlen.

Unsecured debts sind dagegen Schulden, bei denen es kein *collateral* gibt. Wenn Sie z. B. Ihre Kreditkartenschulden nicht begleichen, kann Ihnen der Kreditgeber kein Besitzgut wegnehmen, sondern muss Sie verklagen. Auch Kredite zur Finanzierung eines Studiums, unbeglichene Arztkosten oder Stromrechnungen, nicht bezahlter Unterhalt sowie Mietschulden sind *unsecured debts*.

Prioritäten bei den Zahlungen setzen

Falls Sie in finanzielle Not geraten, sollten Sie bei der Rückzahlung von Schulden Prioritäten setzen. Diese müssen sich nicht danach richten, welcher Kreditgeber am häufigsten bei Ihnen anruft, sondern vielmehr, welche Konsequenzen es haben würde, falls Sie bei der Zahlung in Rückstand geraten.

Kreditkartenfirmen bleibt zunächst einmal nichts anderes übrig, als jeden Tag bei Ihnen anzurufen, um Sie zur Bezahlung von *unsecured debts* zu bewegen.

Die Bank, bei der Sie Ihr Fahrzeug finanziert haben, muss das nicht machen, denn sie hat ganz andere Waffen in ihrem Arsenal: Sie kann das Auto einfach abschleppen lassen. Ein Gerichtsbeschluss ist dafür nicht nötig. *Secured debts* haben also die höchste Priorität, da die Konsequenzen in der Regel schwerwiegend sind.

Aber auch alle Zahlungen rund ums Thema Wohnen sollten ganz oben auf Ihrer Liste stehen. Sollten Sie Ihre Miete nicht zahlen können, z. B. weil Sie Ihre Arbeit verloren haben, sind Sie gut beraten, frühzeitig das Gespräch mit dem Vermieter zu suchen. Möglicherweise kann Ihnen dieser eine preiswertere Wohnung anbieten oder gewährt Ihnen einen Aufschub. Sie können dem Vermieter auch anbieten, einen Teil der Miete als Arbeitsleistung, z. B. Malerarbeiten oder Grundstückspflege, zu erbringen. Derartige Vereinbarungen sollten unbedingt schriftlich festgehalten werden. Dass Ihnen Strom, Gas und Wasser bei Nichtbezahlen der Rechnungen abgedreht werden können, versteht sich von selbst. Auch hier sollten Sie sich umgehend mit den Versorgern in Verbindung setzen. Falls Sie zur Zahlung von Alimenten *(child support)* verpflichtet sind, sollten Sie das Gericht um eine Herabsetzung des Betrages bitten.

Suchen Sie frühzeitig den Dialog mit dem Vermieter und allen Kreditgebern.

Denken Sie daran: viele Kreditgeber lassen mit sich reden. Falls Sie ein Haus oder ein Auto finanziert haben, sollten Sie versuchen, niedrigere monatliche Raten zu vereinbaren. Das wird nicht immer klappen, aber lassen Sie nichts unversucht, rechtzeitig eine Lösung zu finden.

Falls Sie Ihr Auto geleast haben, können Sie den Vertrag vorzeitig beenden, was allerdings die Zahlung einer Strafgebühr zur Folge hat. Möglicherweise ist es daher günstiger, den Vertrag fortzuführen.

Bei einem Haus wird sich die Bank unter Umständen auch mit einem *short sale* einverstanden erklären. Das ist der Verkauf einer Immobilie, die auf dem gegenwärtigen Markt weniger Wert ist als der zu begleichende Kreditbetrag. Die Bank gibt sich dann mit dem Verkaufserlös zufrieden und erlässt den Restbetrag.

Wenn Sie Ihr Fahrzeug oder Ihr Haus behalten, sollten Sie unbedingt dafür sorgen, dass diese weiterhin versichert sind. Kontaktieren Sie die Versicherung und fragen Sie nach Möglichkeiten, die Versicherungskosten zu senken. Falls Sie es versäumen, die Versicherungsraten zu zahlen, wird die Bank, bei der Sie Auto und Haus finanziert haben, eine Versicherung für Sie abschließen, was in der Regel wesentlich teurer wird.

Falls Sie Ihre Kreditkartenrechnungen nicht bezahlen können, rufen Sie bei den jeweiligen Banken an, damit man Ihnen nicht höhere Zinsen und eine Strafgebühr *(late fee)* aufbrummt. Bitten Sie freundlich darum, diese als Gefälligkeit *(courtesy)* zu erlassen. Verwenden Sie genau dieses Wort bei Ihrem Anruf, darauf reagieren die Banken meistens entgegenkommend. Eine andere Möglichkeit ist das Einschalten einer Firma, die auf *debt solutions* spezialisiert ist, z. B. ▶ www.greenpath.com. Eine derartige Firma handelt mit allen Ihren Kreditgebern niedrigere Zinsraten aus. Sie überweisen dann einmal im Monat einen vereinbarten Geldbetrag an die Firma und diese übernimmt die Überweisung der Ratenzahlungen an die einzelnen Kreditgeber. Dafür berechnet sie zwar eine Gebühr, durch die niedrigeren Zinsen sparen Sie jedoch viel Geld und zahlen die Kredite schneller ab. Die betroffenen Kreditkarten können Sie dann allerdings bis zur vollständigen Schuldbegleichung nicht mehr benutzen.

Falls Sie Ihre Einkommenssteuer nicht vollständig und termingerecht zahlen können, sollten Sie mit der Steuerbehörde *IRS* eine Ratenzahlung *(installment agreement)* vereinbaren. Das entsprechende Antragsformular *(IRS Form 9465-FS)* ist auf ▶ www.irs.gov erhältlich. Wenn Sie das nicht machen, kann die *IRS* Ihr Gehalt, Bankkonto und Haus beschlagnahmen.

Die Steuerbehörde lässt sich in der Regel auf Ratenzahlungen ein.

Insolvenz als letzter Ausweg

Falls Sie finanziell in eine ausweglose Lage geraten, können Sie per Gerichtsbeschluss Ihre persönliche Insolvenz *(personal bankruptcy)* feststellen lassen. Sie sollten sich diesen Schritt aber genau überlegen, da er Ihre zukünftige Kreditwürdigkeit ganz erheblich beeinträchtigt: Mehrere Jahre lang werden Sie kaum

Eine Insolvenz kann sich lange auf Wohnungs- und Arbeitssuche auswirken.

noch Kredite bzw. nur zu hohen Zinsen erhalten. Das betrifft nicht nur Kreditkarten, sondern auch den Kauf eines Autos oder einer Immobilie. Vermieter und mitunter auch potentielle Arbeitgeber könnten unter Umständen ebenfalls einen Blick auf den *credit report* werfen, auf dem die *bankruptcy* mindestens sieben Jahre lang verzeichnet sein wird. Versuchen Sie daher eine andere Lösung mit Ihren Kreditgebern auszuhandeln, z. B. die Verminderung der Ratenzahlungen oder auch der Schuldsumme. Firmen, die sich auf *credit counseling* spezialisiert haben, erreichen hier oft deutlich bessere Ergebnisse als Kunden, die selbst mit den Banken verhandeln. Und da das Gesetz ohnehin sechs Monate *credit counseling* vorschreibt, bevor man seine Insolvenz erklären kann, sollten Sie nichts unversucht lassen, auf diesem Weg eine Lösung zu finden. Die oben bereits erwähnte Firma *GreenPath* hat einen guten Ruf auf diesem Gebiet.

Falls Sie letztendlich doch Insolvenz erklären müssen, gibt es zwei Möglichkeiten: *Chapter 7 bankruptcy* und *Chapter 13 bankruptcy*. Bei einer *Chapter 7 bankruptcy* werden alle *liquid assets*, z. B. Bank- und Sparguthaben, vom Gericht ermittelt und an Ihre Kreditgeber als teilweise Schuldbegleichung aufgeteilt. Die restlichen Schulden werden erlassen. Das Gericht wird den Antrag auf *Chapter 7 bankruptcy* allerdings ablehnen, falls Ihr Einkommen eine gewisse Obergrenze überschreitet. Als Alternative besteht die Möglichkeit, eine *Chapter 13 bankruptcy* zu beantragen. Hier prüft das Gericht einen Plan zur teilweisen Rückzahlung der Schulden in drei bis fünf Jahren. Sollte das Gericht zustimmen, wird es in diesem Zeitraum die monatlichen Zahlungen entgegennehmen und an die Kreditgeber weiterleiten. Nach Ablauf des festgelegten Zeitraumes werden die restlichen Schulden erlassen. Auch im Vorfeld einer *Chapter 13 bankruptcy* sind Sie zum *credit counseling* verpflichtet. Da die Gesetzgebung rund um die *personal bankruptcy* sehr komplex ist, sollten Sie sich unbedingt von einem Anwalt beraten lassen.

Kapitel 16

Selbständig machen

Unternehmergeist ist eine Eigenschaft, die in den USA einen sehr hohen Stellenwert besitzt und sowohl die U.S.-Regierung als auch die Regierungen der einzelnen Bundesstaaten bemühen sich nach Kräften, den Weg in die Selbständigkeit zu ermutigen und zu unterstützen. Dabei spielt es keine Rolle, ob Sie lediglich freiberuflich arbeiten oder Dutzende Mitarbeiter einstellen wollen, denn in jedem Fall werden Sie Unternehmer.

Sie können auch nebenberuflich die ersten unternehmerischen Schritte wagen und weiterhin einer anderen bezahlten Tätigkeit nachgehen. Ihrem Arbeitgeber müssen Sie nicht mitteilen, dass Sie gleichzeitig auch selbständig tätig sind. In den USA ist es überhaupt nicht ungewöhnlich, dass Arbeitnehmer nebenbei auch ihren eigenen Geschäften nachgehen, die allerdings nicht in Konkurrenz zum Arbeitgeber stehen sollten. Von staatlicher Seite gibt es jedenfalls keine Einschränkungen; man darf so vielen Tätigkeiten und Geschäften nachgehen, wie man will.

Natürlich schlagen Existenzgründungen nicht selten auch fehl. Aber selbst wenn man als Unternehmer scheitert, hat das in den USA in der Regel keine negativen Auswirkungen auf die berufliche Zukunft. Im Gegenteil: Die Erfahrungen, die man als Selbständiger gesammelt hat, werden von potentiellen Arbeitgebern bei Bewerbungen oft positiv bewertet.

> Fehlschläge als Selbständiger werden in den USA nicht negativ bewertet.

Zum Thema Firmengründung lassen sich zweifellos ganze Bücher füllen und die Details hängen natürlich auch von der Art der geplanten Dienstleistungen bzw. Produkte ab. Die nachfolgenden Ausführungen sind daher lediglich als Überblick zu verstehen, welche ersten Schritte empfehlenswert sind und wo Sie weitere Informationen bzw. Hilfe bekommen können. Sie sind in keiner Weise als Ersatz für eine professionelle Beratung durch Rechtsanwälte bzw. Finanz- und Steuerberater gedacht.

Geschäftsplan ausarbeiten

Wer eine Firmengründung beabsichtigt, sollte einen Geschäftsplan (*business plan*) erstellen. Im *business plan* beschreibt man die Geschäftsidee und steckt die Rahmenbedingungen und

Ziele der Firmengründung ab. Durch das Ausarbeiten eines Geschäftsplans werden Sie gezwungen, sich systematisch und detailliert Gedanken über alle Aspekte der Firmengründung zu machen. Falls Sie einen Kredit aufnehmen wollen, wird die Bank die Vorlage des Geschäftsplans sogar verlangen, damit sie das Kreditrisiko besser abschätzen kann. Die Finanzen nehmen daher den größten Teil des Geschäftsplans ein. Aber ganz gleich, ob Sie Kreditgeber überzeugen müssen oder nicht, wird Ihnen der Geschäftsplan auf jeden Fall helfen, bei aller Euphorie, die eine Firmengründung mit sich bringt, die Risiken besser abzuschätzen und Ziele bzw. Meilensteine bewusst zu setzen. Eine kostenlose Geschäftsplanvorlage (*business plan template*) kann man von ▶ www.bplans.com herunterladen. Dort gibt es auch mehrere Hundert Beispiele, an denen man sich beim Verfassen des eigenen Geschäftsplans orientieren kann.

Kostenlose Beratungsdienste nutzen

Auch wer nebenberuflich ein Geschäft betreiben möchte, kann sich beraten lassen.

Die *U.S. Small Business Administration* (SBA) betreibt überall im Lande staatliche Beratungsstellen, die kostenlose Seminare und Beratungsdienste anbieten sowie bei der Vermittlung von Finanzierungsmöglichkeiten behilflich sind bzw. Garantien für Bankkredite übernehmen. Die für Ihren Ort zuständige Zweigstelle finden Sie auf ▶ www.sba.gov unter *Counceling & Training*. Wer z. B. Schwierigkeiten bei der Ausarbeitung des Geschäftsplans hat, kann sich hier Rat holen.

Auf der Website der SBA gibt es unter dem Stichwort *Community* auch ein Diskussionsforum, wo man sich mit Experten, erfahrenen Unternehmern und anderen Existenzgründern austauschen kann.

Eine Organisation, die vielerorts ebenfalls Beratungsdienste und Workshops für Existenzgründer anbietet, ist SCORE (▶ www.score.org). Diese Organisation, in der mehr als 13.000 Freiwillige ihr Wissen und ihren Erfahrungsschatz als Unternehmer weitergeben, ist ein Partner der SBA.

Auf lokaler Ebene gibt es zudem zahlreiche Vereinigungen und Treffpunkte, wo Kontakte mit anderen Selbständigen geknüpft und Erfahrungen ausgetauscht werden können. Sie werden dort mit Sicherheit auch auf andere Einwanderer stoßen, denn laut SBA machen diese rund 17 Prozent aller Unternehmensgründer in den USA aus. Suchen Sie bei Google einfach einmal mit den Stichworten *networking events* und dem Namen

Ihres Wohnortes bzw. Bundesstaates. Da Geschäftsfrauen oft zusätzlich noch ihre eigenen Vereinigungen haben, sollten Unternehmerinnen auch einmal mit dem Suchbegriff *business women* in Verbindung mit dem Wohnort suchen.

Nehmen Sie diese Angebote unbedingt in Anspruch und hören Sie auf den Rat, den Ihnen die Experten erteilen. Das wird Ihnen helfen, Ihre Erwartungen und Träume in Einklang mit der Realität zu bringen. Ihre Chancen auf Erfolg werden sich damit zweifellos erhöhen.

Selbständige müssen auch nicht alles selber machen, sondern können auf eine Vielzahl von Service-Anbietern zurückgreifen, die sich darauf spezialisiert haben, Dienstleistungen wie Buchhaltung, Steuerberatung usw. preiswert und auch in kleinstem Rahmen anzubieten.

Selbständige kooperieren bei größeren Projekten zudem oft miteinander und ergänzen sich gegenseitig. Für die Kunden zählt in erster Linie das Resultat und der Preis. Die oben genannten *networking events* eignen sich ganz hervorragend, sowohl Service-Anbieter als auch potentielle Kooperationspartner zu finden.

Genehmigungen einholen

Viele Betriebe lassen sich in den USA wesentlich einfacher eröffnen als etwa in Deutschland, da es in den Vereinigten Staaten z. B. keinen Meisterabschluss gibt. So kann u. a. jeder, der will, eine Bäckerei betreiben. Ausbildungsnachweise werden jedoch gefordert, wenn die Sicherheit der Kunden von der fachgerechten Ausführung der Arbeit abhängt, was z. B. auf Elektriker und Kfz-Mechaniker zutrifft.

Für viele Geschäfte braucht man jedoch keine umfangreiche Ausbildung, muss zum Betreiben aber bestimmte Genehmigungen einholen. So benötigt man in der Regel für die Eröffnung eines Gastronomiebetriebes eine *food service license* und eine *liquor license*.

Jeder Bundesstaat hat seine eigenen Gesetze in Sachen Nachweise und Genehmigungen. Existenzgründer können das *Business Licenses and Permits Search Tool* der SBA nutzen, um herauszufinden, bei welchen staatlichen Behörden die Firma registriert werden muss und ob spezielle Genehmigungen sowie berufliche Zertifikate notwendig sind: ▶ www.sba.gov/licenses-and-permits

Beachten Sie die Vorschriften Ihres Bundesstaates.

Finanzierungsmöglichkeiten abwägen

Für viele Firmengründungen ist die Aufnahme eines Kredites notwendig. Auch hier ist die Beratung in einer Zweigstelle der *Small Business Administration* (SBA) sehr empfehlenswert. Dort wird man mit Ihnen geeignete Finanzierungsmöglichkeiten ermitteln.

Oft kommt ein sogenannter *SBA loan* in Frage. Das ist ein Kredit, dessen Rückzahlung durch die SBA garantiert wird, sodass die Bank, bei der dieser Kredit aufgenommen wird, kein Risiko eingeht. Der amerikanische Staat fördert auf diese Weise den Weg in die Selbständigkeit.

Eine weitere Form der Finanzierung ist *venture capital.* Hier erfolgt die Bereitstellung von Kapital durch andere Geldgeber zu unterschiedlichsten Bedingungen, wie Zinsen oder Unternehmensbeteiligungen. Die SBA stellt im Rahmen des *Small Business Investment Company (SBIC) Program* Informationen zu ausgewählten *venture capital companies* bereit. Die Suche nach Finanzierungsmöglichkeiten in Ihrem Bundesstaat wird durch das *Loan and Grants Search Tool* auf der SBA-Website erleichtert:

▶ www.sba.gov/loans-and-grants

Neben dem Kapital, das Sie zur eigentlichen Unternehmensgründung benötigen, sollten Sie natürlich auch ausreichende Ersparnisse haben, um die ersten Monate der Selbständigkeit zu überbrücken, da es in der Regel einige Anlaufzeit braucht, bis die Einkünfte aus der eigenen Firma die Lebenshaltungskosten abdecken werden. Denken Sie daran, dass viele Firmengründungen fehlschlagen, weil dieser Aspekt nicht ausreichend berücksichtigt wurde. Falls notwendig, könnten Sie daher in der Anfangsphase nebenher weiterhin einer anderen bezahlten Tätigkeit nachgehen. Das würde Ihnen unter Umständen auch ermöglichen, preiswert und umfassend krankenversichert zu sein. Ansonsten gilt es, Preise und Leistungen verschiedener Versicherungsanbieter zu vergleichen. Ihre Suche nach einer geeigneten Versicherung können Sie bei Google mit den Worten *health insurance for self employed* in Verbindung mit der Eingabe Ihres Bundesstaates beginnen. Falls Sie verheiratet sind und Ihr Ehepartner erwerbstätig ist, können Sie sich in der Regel über dessen Arbeitgeber mitversichern. Das ist oft wesentlich preiswerter als sich selbst zu versichern. Aber beachten Sie bitte, dass das oft nur gegen Ende des Jahres für das folgende Jahr möglich ist.

Bedenken Sie, dass es oft Monate oder länger braucht, um schwarze Zahlen zu schreiben.

Rechtsform wählen

In Sachen Rechtsform stehen Ihnen in den USA ein ganze Reihe von Möglichkeiten zur Verfügung:

- Die *sole proprietorship* ist die unkomplizierteste Rechtsform: Die Firma befindet sich im Besitz einer einzigen Person. Es gibt keine rechtliche und steuerliche Trennung zwischen Person und Firma, d. h. die Steuern für die Einkünfte aus der Firma werden als Einkommenssteuer des Besitzers (*personal income tax*) entrichtet, genauso wie sie auch jeder Arbeitnehmer in den USA zahlen muss. Bei dieser Eigentumsform gibt es zu bedenken, dass Sie bei finanziellen Verlusten bzw. bei Rechtsstreitigkeiten mit Ihrem persönlichen Vermögen haften. Diese Rechtsform ist daher eher für Betätigungsfelder mit geringem Risiko geeignet. Falls Sie Startkapital benötigen, werden sich die Banken hier alleine an Ihrer persönlichen Kreditwürdigkeit orientieren.
- Eine *partnership* ist einer *sole proprietorship* sehr ähnlich. Zwei oder mehr Personen betreiben das Unternehmen gemeinsam. Profite bzw. Verluste werden unter den Partnern nach vorheriger Vereinbarung aufgeteilt. Jeder der Partner zahlt individuell *personal income tax* und haftet mit seinem persönlichen Vermögen, und zwar nicht nur für die eigenen Fehler, sondern auch für die seiner Partner. Man sollte sich die Wahl dieser Rechtsform also sehr gut überlegen.
- Eine *Limited Liability Company* (LLC) schützt dagegen weitgehend vor Verlust des eigenen Vermögens und ist der Gesellschaft mit beschränkter Haftung (GmbH), nach deren Vorbild sie geschaffen wurde, sehr ähnlich. Die Form der LLC eignet sich sowohl für individuelle Betreiber als auch für mehrere Teilhaber, die *members* genannt werden. Auch hier werden die Profite bzw. Verluste unter den *members* nach Vereinbarung aufgeteilt und die Versteuerung erfolgt in den meisten Fällen ebenfalls über die *personal income tax*, jedoch kann die Zahlung der Bundessteuern (*federal income tax*) wahlweise auch als *corporation* erfolgen. Jeder Bundesstaat hat übrigens ein eigenes LLC-Gesetz, das bei den Formalitäten zur Gründung des Unternehmens und bei der Versteuerung zu beachten ist.
- Eine Rechtsform, die der LLC sehr ähnlich ist, ist die LLP, d. h. die *Limited Liability Partnership*. Statt *members* heißen

die Betreiber *partners*. Die Versteuerung ist ähnlich wie bei der LLC, allerdings verlangen einige Staaten, dass einer der Partner auch mit seinem persönlichen Vermögen haftet. Ein weiterer Nachteil der LLP ist zudem, dass es jederzeit mindestens zwei Partner geben muss, während eine LLC auch von einer einzelnen Person betrieben werden kann. Die LLP ist als Rechtsform eher für Anwaltskanzleien und dergleichen geeignet und in einigen Staaten sogar dafür vorgeschrieben.

- Die Schaffung einer *corporation* ist im Vergleich zu den zuvor beschriebenen Geschäftsformen eine komplexe Angelegenheit, die neben dem Bewältigen vieler rechtlicher Formalitäten auch mehr Startkapital erfordert. *Corporations* sind an den Zusätzen *Corporation (Corp.)*, *Incorporated (Inc.)* oder *Limited (Ltd.)* im Firmennamen zu erkennen. Finanziell und rechtlich sind die Besitzer (*shareholders*) eines solchen Unternehmens zwar umfassend geschützt, jedoch erfolgt eine zweimalige Besteuerung. Zunächst wird nämlich der Gewinn des Unternehmens versteuert und dann auch noch das Einkommen der einzelnen Besitzer.

- Die zweimalige Versteuerung, wie sie bei einer *corporation* üblich ist, lässt sich mindern, indem man das Unternehmen in eine *S corporation* umwandelt. Die *shareholders* erhalten den Profit zum Teil als Gehalt und zum Teil als Gewinn ausgezahlt, die unterschiedlich besteuert werden. Man sollte sich hierzu ausführlich beraten lassen.

- Eine *cooperative* (kurz: *coop*) ist eine Genossenschaft und unterscheidet sich von anderen Rechtsformen u. a. durch ihre demokratischen Strukturen. Umfangreiche Informationen zur Gründung einer *coop* findet man auf ▸ www.ncba.coop

Der Firma einen Namen geben

Eine Firma kann gleichzeitig unter einem *legal name* und einem *fictitious name* operieren. Der *legal name* wird für alle staatlichen Formulare, Steuererklärungen, Lizenzen, Kredite usw. verwendet. Den *fictitious name* kann man nutzen, um sich der Öffentlichkeit zu präsentieren.

Wählen Sie einen Namen, der sich leicht merken lässt.

Bei einer *sole proprietorship* ist der Name des Besitzers immer zugleich auch der *legal name* der Firma. Wenn Paul Smith z. B. einen Klempnerbetrieb hat, ist sein offizieller Firmenname *Paul Smith*, er kann jedoch auch unter einem anderen Namen tätig sein, z. B. *Sinks to Sewers Plumbing*.

Die Tätigkeit unter einem fiktiven Namen muss in den meisten Bundesstaaten angemeldet werden und wird wahlweise als *fictitious name, assumed name, trade name* oder *Doing Business As (DBA) name* bezeichnet. Auf dem Genehmigungsschein steht dann in der Regel so etwas wie »*Paul Smith DBA Sinks to Sewers Plumbing*«. Bei einer *sole proprietorship* macht diese Verfahrensweise offensichtlich am meisten Sinn, aber auch die anderen Rechtsformen, wie z. B. die *partnership* oder die *Limited Liability Company (LLC)* bzw. *corporation* können diese Möglichkeit durchaus nutzen. Wo Sie den Namen in Ihrem Bundesstaat registrieren müssen, finden Sie am Besten durch eine Google-Suche mit den Worten *register a business name in*, gefolgt vom Namen Ihres Bundesstaates.

Warum man beim Firmennamen an Google denken sollte

Wenn Sie einen Namen für Ihre Firma wählen, sollten Sie daran denken, dass die meisten Amerikaner zuerst bei Google vorbeischauen, wenn sie einen Service oder ein Produkt suchen. Ihr Firmenname wird eine enorme Rolle spielen, ob Sie dort gefunden werden oder nicht. Deshalb sollte Ihr Firmenname entscheidende Suchbegriffe beinhalten. Sollte Ihr offizieller Firmenname nicht besonders Google-freundlich sein, könnten Sie einen geeigneten *(DBA) name* (siehe oben) wählen.

Laut Google suchen 97 % der Amerikaner online, wenn sie einen Service an ihrem Wohnort benötigen.

Nehmen wir einmal an, dass Sie sich als Klempner in Chicago niederlassen. Die meisten potentiellen Kunden werden, wenn sie einen Klempner brauchen, mit Begriffen wie *plumber* oder *plumbing* und *Chicago* bei Google suchen. Ihr Firmenname sollte also diese Begriffe enthalten, z. B. *Superior Plumbing Chicago*. Ihre Website-Adresse sollte ▸ www.superior-plumbing-chicago.com lauten und auf der Homepage sollten diese Begriffe sowohl in der Überschrift als auch im Text vorkommen. Ihre Adresse und Telefonnummer sollten Sie ebenfalls an prominenter Stelle auf der Homepage anbringen, z. B. ganz oben auf der Seite. Wer dringend einen Service braucht, wird nicht lange suchen wollen. Falls Ihre Firma eine lokale Ausrichtung hat, also ein *local business* ist, dann sollten Sie auf jeden Fall auch ein kostenloses Profil bei *Google Business* anlegen.

Geschäftsräume suchen

Erwägen Sie gründlich alle Möglichkeiten.

Der Ort und die Art der Räumlichkeiten werden zweifellos die Rentabilität Ihrer Firma entscheidend beeinflussen.

Falls Sie Ihre Firma am heimischen Computer betreiben können, werden Ihnen hier keine großen Kosten entstehen. Im Gegenteil, durch die Inanspruchnahme der *home office deduction* haben Sie sogar entscheidende steuerliche Vorteile. Informationen hierzu finden Sie auf der Website der amerikanischen Steuerbehörde: ▶ www.irs.gov

Falls Sie nicht alleine arbeiten möchten, können Sie preiswert einen Schreibtisch in einem *shared office space* bzw. *coworking space* mieten. Sie können dort auch den gemeinsamen Besprechungsraum für Treffen mit Kunden nutzen oder leicht mit anderen Selbständigen an gemeinsamen Projekten zusammenarbeiten. Aus diesen Kontakten ergibt sich dann oft auch die Vermittlung neuer Kunden. Zudem hat Ihre Firma so eine Adresse, die unter Umständen einen professionelleren Eindruck macht.

Falls Sie sich im Einzelhandel selbständig machen wollen, sollten Sie Ladenräume mieten, an denen viele Menschen vorbeikommen, entweder zu Fuß oder mit dem Auto. Ladenräume in einer sogenannten *strip mall*, d. h. in einstöckigen Ladenzeilen entlang gut befahrener Hauptstraßen, mit Parkplätzen direkt vor den Eingängen der Geschäfte, sind oft wesentlich preiswerter als im Ortskern bzw. in einer *shopping mall*. Auch Restaurants lassen sich hier preiswerter betreiben. Denken Sie daran, dass in den USA viele Leute mit dem Auto unterwegs sind und das Vorhandensein von ausreichenden Parkplätzen, nach Möglichkeit kostenlos, ein entscheidender Erfolgsfaktor für Ihr Geschäft sein könnte. Noch ein Tipp: Die unmittelbare Nähe von Konkurrenten kann durchaus von Vorteil sein, denn Sie werden dadurch leicht von deren Kunden entdeckt, die sich meistens gerne auch ähnliche Geschäfte anschauen.

Als Handwerker, z. B. Klempner oder Elektriker, sowie als Hersteller von Produkten können Sie oft preiswerte Gebäude oder Räumlichkeiten am Ortsrand finden. Eine gute Verkehrsanbindung ist hier aber ebenso wichtig wie eine erschwingliche Miete.

Auf jeden Fall sollten Sie auch die örtlichen *zoning laws* und *sign regulations* beachten. Die *zoning laws* bestimmen, auf welchen Grundstücken Wohnraum existieren darf (*residential use*), Kommerz betrieben (*commercial use*) oder Produkte hergestellt werden dürfen (*industrial use*). Eine Firma im eigenen Wohnraum lässt sich in der Regel nur betreiben, wenn Sie dort alleine arbeiten, keine Kunden zu Ihnen kommen und Sie keinen Lärm verursachen. Die *sign regulations* sind Vorschriften bezüglich der Ausschilderung von Firmen und Geschäften. Auskunft zu diesen beiden Bereichen erhalten Sie bei der Stadtverwaltung.

Steuern und Versicherungen zahlen

Freiberuflichkeit und Firmengründung gehen in den USA Hand in Hand. Als Freiberufler sind Sie praktisch als 1-Frau bzw. 1-Mann-Firma tätig. Ganz gleich, ob Sie nun unter Ihrem eigenen Namen arbeiten oder als *sole proprietorship*, *partnership* oder *Limited Liability Company (LLC)* unter einem Firmennamen tätig sind, dem Finanzamt zahlen Sie Steuern im Rahmen Ihrer normalen Einkommenssteuer (*personal income tax*) plus Selbständigensteuer (*self-employment tax*), von der Sie nur befreit sind, falls Sie freiberuflich weniger als 400 Dollar im Jahr verdienen.

Die *self-employment tax* besteht aus den Abgaben für *Social Security* und *Medicare*, die bei Arbeitnehmern automatisch vom Lohn bzw. Gehalt abgezogen werden. Wer in einem Beschäftigungsverhältnis steht, zahlt 7,65 Prozent und der Arbeitgeber muss den gleichen Betrag drauflegen. Selbständige zahlen beide Anteile, also zusammen 15,3 Prozent.

Dieser Prozentsatz kann vom Gesetzgeber jedes Jahr geändert werden, ebenso wie der Grenzwert des Einkommens, das für die *self-employment tax* herangezogen wird. Im Jahr 2014 lag dieser Grenzwert bei $117.000. Für Einkommen, das über den aktuellen Grenzwert hinaus erwirtschaftet wird, muss keine *self-employment tax* gezahlt werden. Die Hälfte der gezahlten *self-employment tax* kann zudem als *deduction* vom zu versteuernden Einkommen abgezogen werden, ebenso wie die Kosten für eine Krankenversicherung, um die Sie sich natürlich selber kümmern müssen. Damit verringert sich der Betrag, der zur Berechnung der *personal income tax* herangezogen wird.

Ihr Steuerberater, auf dessen Hilfe Sie als Selbständiger nicht verzichten sollten, wird Sie über alle Steuervergünstigungen genau informieren können. Er wird Ihnen ferner sagen können, welche Steuern an den Bundesstaat und möglicherweise auch an die Lokalverwaltung (*state and local taxes*) gezahlt werden müssen und wie Sie das im Einzelfall machen. Richten Sie sich darauf ein, dass Sie als Selbständiger vier Mal im Jahr Steuern zahlen müssen, und zwar Mitte Januar, April, Juni und September.

Zumindest in der Anfangszeit sollten Sie einen Steuerberater haben.

Wer sein Unternehmen als *corporation* betreibt, muss abhängig vom Gewinn zwischen 15 und 35 Prozent *federal corporate income tax* zahlen und dazu in der Regel noch Steuern für den betreffenden Bundesstaat und möglicherweise auch für den jeweiligen Ort. Diese Steuern werden ebenfalls quartalsweise gezahlt. Darüber hinaus muss dann noch das persönliche Einkommen zu den üblichen Sätzen versteuert werden.

Die Bezahlung von Mitarbeitern und die Abfuhr der Steuern kann ein Payroll Service für Sie übernehmen.

Falls Sie Mitarbeiter (*employees*) haben, gibt es ebenfalls eine Reihe von steuerlichen Dingen zu beachten: Als Arbeitgeber sind Sie verpflichtet, Lohn- bzw. Gehaltssteuern (*federal income tax*) sowie die Abgaben für die Sozialversicherung Ihrer Mitarbeiter an die IRS abzuführen. Zunächst einmal müssen Sie eine *employment identification number* (EIN), die oft auch als *Employer Tax ID* bezeichnet wird, beantragen. Das können Sie auf der Website der Steuerbehörde IRS (▶ www.irs.gov) machen. Bei Arbeitsantritt müssen Arbeitnehmer das Steuerformular *Form W-4 (Federal Income Tax Withholding)* ausfüllen, das Sie dann an die IRS schicken. Informationen dazu enthält der *Employers Tax Guide*, den Sie als PDF von der IRS-Website herunterladen können. Zu Beginn jeden Jahres müssen Sie ferner für jede Person, an die Sie während des vorangegangenen Jahres Lohn oder Gehalt gezahlt haben, eine *Form W-2 (Federal Wage and Tax Statement)* ausfüllen und sowohl an die IRS als auch an den jeweiligen Mitarbeiter schicken. In den meisten Bundesstaaten werden Sie zudem auch eine *state income tax* vom Lohn bzw. Gehalt Ihrer Mitarbeiter an den jeweiligen Staat abführen müssen. Zudem verlangen alle Staaten Zahlungen in Sachen Unfallversicherung (*workers' compensation insurance*) und Arbeitslosenversicherung (*unemployment insurance*). Abhängig vom Betätigungsfeld kommt ferner der Abschluss einer Haftpflichtversicherung (*liability insurance*) in Frage.

Kauf einer Franchise

Viele Fast Food Restaurants, Hotels, Tankstellen und andere Service-Betriebe in den USA werden als *franchises* betrieben, d. h. sie haben individuelle Betreiber, die gegen Gebühren die Markennamen, Geschäftspraktiken und Zuliefermöglichkeiten von landesweit bekannten und erfolgreichen Unternehmen wie *McDonald's*, *Days Inn*, *BP* oder *7-Eleven*, aber auch von kleineren bzw. eher regionalen Firmen nutzen.

Das Betreiben einer *franchise* ist eine attraktive Geschäftsmöglichkeit, denn man bietet erprobte Produkte und Dienstleistungen unter einem bekannten Namen an. Die Mutterunternehmen schulen die Betreiber und übernehmen zudem die Werbung für die Marke. Auch die Finanzierung ist oft einfacher, da die Banken das Risiko hier recht gut einschätzen können.

Die Anfangsgebühren für das Recht, eine *franchise* zu eröffnen, und die fortlaufenden Betreiber-Gebühren können sich je nach Unternehmen sehr stark unterscheiden. Der Bau bzw. das Mieten von Gewerberäumen und die Ausstattung müssen nach den Richtlinien des Markenbesitzers erfolgen und die Kosten dafür ebenfalls vom Betreiber aufgebracht werden. Es gibt *franchises*, bei denen nur 30.000 Dollar Startkapital notwendig sind, und bei anderen muss man eine halbe Million Dollar investieren. Zudem gibt es geographische Einschränkungen, da die Unternehmen darauf achten, dass es nur eine *franchise* für einen bestimmten Einzugsbereich gibt. Das ist natürlich auch im Interesse der jeweiligen Betreiber.

Einen guten Überblick über verfügbare *franchises*, nach Industrie, Startkapital und Bundesstaat geordnet, kann man sich auf ▶ www.franchiseopportunities.com verschaffen.

Kapitel 17

Altersvorsorge

Deutsch-Amerikanisches Sozialversicherungsabkommen

Beitragszeiten
können im
jeweils anderen
Land für Rentenansprüche
geltend gemacht
werden.

Bevor wir uns der staatlichen und privaten Altersvorsorge in den USA zuwenden, zunächst einmal ein Hinweis auf das deutschamerikanische Sozialabkommen. Dieses gilt für alle Personen, die Beitragszeiten in der deutschen und in der amerikanischen Rentenversicherung erworben haben, sowie für Hinterbliebene, die Rentenansprüche geltend machen können. Es dient dazu, dass Menschen, die in den Vereinigten Staaten und in der Bundesrepublik Deutschland gearbeitet haben, hinsichtlich ihrer Rente keine Nachteile entstehen und wirkt in zweifacher Hinsicht: Das Abkommen ermöglicht zum Einen, dass deutsche und amerikanische Beitragszeiten für den Rentenanspruch im jeweils anderen Land angerechnet werden können, sollten die dort zurückgelegten Versicherungszeiten nicht ausreichen, und zum Anderen, dass man die Rente in den jeweils anderen Staat gezahlt bekommen kann.

Die Zusammenrechnung amerikanischer und deutscher Versicherungszeiten erfolgt allerdings nicht zum Zwecke der Berechnung einer Gesamtrente, die dann von einem der beiden Staaten ausgezahlt wird, sondern dient lediglich dazu, einen Rentenanspruch zu ermitteln. Wenn Sie zum Beispiel für eine Rente aus der deutschen Rentenversicherung keine ausreichenden Versicherungszeiten haben, können Ihre amerikanischen Versicherungszeiten angerechnet werden, um die Voraussetzungen zu erfüllen.

Falls Sie in beiden Staaten Anspruch auf eine Rente haben, dann kann Ihnen diese auch in den jeweils anderen Staat überwiesen werden. Die Höhe der jeweiligen Rente wird getrennt auf Grundlage der im betroffenen Land geleisteten Beiträge berechnet. Renten aus der deutschen Rentenversicherung können also ohne Weiteres auf ein Konto in den USA ausgezahlt werden. Die Auszahlung erfolgt am Ende des Monats für den laufenden Monat. Durch das Ausfüllen des Formulars »*Erklärung zum Weiter-*

bezug einer Rente aus der deutschen Rentenversicherung« müssen die Voraussetzungen dafür jährlich nachgewiesen werden.

Die Kranken- und Pflegeversicherung von Rentnern wurde im Abkommen zwischen den USA und Deutschland allerdings nicht geregelt. Wer als Rentner dauerhaft in die USA umzieht, ist nicht mehr in der gesetzlichen deutschen Kranken- und Pflegeversicherung versichert und nur wer eine amerikanische Altersrente bezieht, ist über *Medicare* krankenversichert. Daher wird unter Umständen der Abschluss einer privaten Krankenversicherung notwendig.

In Sachen Krankenversicherung sind deutsche Rentner in den USA benachteiligt.

Weitere Einzelheiten zu den deutsch-amerikanischen Rentenregelungen finden Sie in der Broschüre *»Arbeiten in Deutschland und in den USA«*, die Sie von ▶ www.deutsche-rentenversicherung-bund.de herunterladen können.

Entsendung

Bei einer Entsendung, die nicht länger als fünf Jahre dauert, bleiben Sie weiter in der deutschen Rentenversicherung versichert. Wenn bei einer befristeten Tätigkeit in den USA nicht alle Voraussetzungen für eine Entsendung vorliegen und Sie trotzdem nach deutschem Recht weiterversichert bleiben wollen, können Sie unter Umständen gemeinsam mit Ihrem Arbeitgeber eine Ausnahmevereinbarung zwischen den zuständigen Behörden beantragen. Das sind die Deutsche Verbindungsstelle Krankenversicherung – Ausland (DVKA) und die *Social Security Administration*. Selbständige können ebenfalls eine Ausnahmevereinbarung beantragen. Diese Ausnahmevereinbarung betrifft jedoch lediglich die Rentenversicherung. In die amerikanische Arbeitslosen- und Arbeitsunfähigkeitsversicherungen muss trotzdem eingezahlt werden.

Bei einer Entsendung oder im Falle einer Ausnahmevereinbarung bekommen Sie eine »D/USA 101«-Entsendebescheinigung, damit Sie gegenüber den amerikanischen Behörden nachweisen können, dass Sie nach deutschen Rechtsvorschriften versichert sind. Diese wird von der Krankenkasse, die Ihre Rentenversicherungsbeiträge einzieht, bzw. bei Selbständigen von der BfA ausgestellt.

Staatliche Altersrente in den USA

Die *Social Security Administration* (SSA), welche die *Social Security Card* mit der *Social Security Number* (SSN) ausstellt, verzeichnet das Einkommen und die Abgaben jedes Arbeitnehmers in den USA. Neben *federal taxes* und *state taxes* zahlen Arbeitnehmer 7,65 % ihres Einkommens in die Kasse der SSA. Der Arbeitgeber muss noch einmal den gleichen Betrag abführen. Die SSA zahlt aus diesen Einkünften Renten, Invalidenrenten und Krankenversicherung für Ältere (*Medicare*). Selbständige zahlen sowohl den Arbeitnehmer- als auch den Arbeitgeberanteil, also insgesamt 15,3%. Um sich als späterer Leistungsempfänger zu qualifizieren, muss man mindestens zehn Jahre in den USA gearbeitet haben. Die Höhe der *Social Security Benefits*, die man schließlich gezahlt bekommt, richtet sich danach, wie viel man durch Abzüge von Gehalt bzw. Lohn in die Kasse eingezahlt hat, also wie lange man gearbeitet und wie viel man dabei verdient hat. Das Rentenalter beginnt mit 65 für alle, die vor 1959 geboren wurden, und mit 67 für jene, die danach das Licht der Welt erblickt haben. Viele Leute arbeiten jedoch auch im Rentenalter auf Teilzeitbasis weiter. In den USA ist es weder unmöglich noch ungewöhnlich mit 70 einer Arbeit nachzugehen.

Obwohl jeder Amerikaner eine staatliche Rente erhält, ist die finanzielle Eigenvorsorge doch allen zu raten, die im Alter mehr als ein Minimum zum Leben haben wollen. *401(k) plan* und *Individual Retirement Account* (IRA) sind die meist genutzten Formen der privaten Altersvorsorge.

401(k) Plan

Mehr als 50 Millionen Amerikaner nutzen diese Form der Altersvorsorge.

Eine der zusätzlichen Leistungen (*benefits*), die Ihnen Ihr Arbeitgeber neben Ihrem Lohn bzw. Gehalt anbieten mag, ist die Teilnahme an einem *401(k) plan*. Dabei handelt es sich nicht nur um eine hervorragende Altersvorsorge, sondern Sie bekommen auch zusätzliches Geld von Ihrem Arbeitgeber und haben zudem noch steuerliche Vorteile. Der Name kommt vom entsprechenden Abschnitt im *Internal Revenue Code*, der amerikanischen Steuergesetzgebung, nämlich *section 401, paragraph* (*k*). Die Teilnahme an einem *401(k) plan* ist eine der wichtigsten Altersvorsorgen, die Sie treffen können.

Die meisten Arbeitgeber bieten Ihnen an, einen bestimmten Prozentsatz direkt von Ihrem monatlichen Gehalt vor Steuerabzug einzubehalten und von einem Investmentunternehmen anlegen zu lassen. Ihr Arbeitgeber wird Ihnen für jeden Dollar, den Sie investieren, etwas dazuzuzahlen. Einige Arbeitgeber geben 50 Cent pro Dollar dazu, die meisten zahlen Ihnen jedoch bis zu einer bestimmten Obergrenze für jeden Dollar, den Sie investieren, einen Dollar dazu. Vereinzelt steuern Arbeitgeber sogar noch mehr hinzu.

In jedem Fall bestimmt der Arbeitgeber, bis zu welchem Betrag er Ihnen Geld dazugibt. In den meisten Fällen liegt das Maximum der Zuzahlung bei zwei oder drei Prozent des Monatsgehalts. Sie können aber bis zu 15 Prozent Ihres Gehaltes bis zu einer bestimmten jährlichen Obergrenze investieren, die 2014 $17.500 beträgt. Für Personen über 50 Jahre gilt 2014 ein Maximalbetrag von $23.000. Die Zusatzzahlungen (*matched contributions*) des Arbeitgebers bekommen Sie aber, wie gesagt, nur bis zu einer von diesem festgelegten Grenze.

Einige Arbeitgeber verbinden das Geld, das sie dazu geben, mit dem sogenannten *vesting*. Das bedeutet, dass Ihnen das Geld, das Ihr Arbeitgeber zu Ihrem Anteil dazugezahlt hat, erst gehört, wenn Sie lange genug bei dem Unternehmen gearbeitet haben. Der Arbeitgeber kann z. B. festlegen, dass Sie erst nach drei Jahren *vested* sind. Von diesem Zeitpunkt an gehören Ihnen das bisher und das künftig von Arbeitgeberseite dazugezahlte Geld. Mit dieser Maßnahme versuchen Arbeitgeber, ihre Angestellten längere Zeit an sich zu binden. Drei Jahre am selben Arbeitsplatz zu bleiben, scheint dem europäischen Einwanderer nichts Ungewöhnliches zu sein. In den USA wechseln Arbeitnehmer jedoch wesentlich häufiger als in Europa die Arbeitsstelle, sodass das *vesting* vom Arbeitgeberstandpunkt her durchaus Sinn macht.

> In den USA wechseln Arbeitnehmer im Durchschnitt alle vier Jahre den Arbeitgeber.

Das Geld wird vor Berechnung der Steuerabgaben vom Gehalt abgezogen, sodass der zu versteuernde Einkommensbetrag geringer wird. Ihre per *401(k) plan* gemachten Investitionen und die daraus resultierenden Gewinne werden erst versteuert, wenn Sie auf das Geld zugreifen. Das ist erst möglich, wenn Sie 59,5 Jahre alt sind. Wenn Sie vor diesem Alter Geld abheben, müssen Sie die entsprechenden Einkommenssteuern und eine Strafgebühr in Höhe von zehn Prozent zahlen. Die meisten *401(k) plans* bieten aber die Möglichkeit, bis zu 50 Prozent des Guthabens oder bis zu 50.000 Dollar, je nachdem was weniger ist, gegen Zinsen, die Sie an sich selbst zahlen, zu leihen. Die Rückzahlungsbeträge und die Zinsen werden aber erst nach den Steuern von Ihrem Lohn bzw. Gehalt abgezogen. Außerdem verringern Sie durch die Investitionsausfälle nicht nur Ihre Altersvorsorge, sondern Sie laufen auch

Gefahr, im Falle eines Arbeitsplatzverlustes die ausstehende Summe innerhalb von drei Monaten zurückzahlen zu müssen. Falls Sie dazu nicht in der Lage sind, müssen Sie Steuern und zehn Prozent Strafe auf diesen Betrag zahlen.

Wenn Ihr Arbeitgeber Pleite gehen sollte oder Sie die Arbeitsstelle wechseln, sind Ihre Investitionen sicher, da diese, wie gesagt, von dritter Seite, d. h. von einem *plan administrator,* verwaltet werden. Wenn Sie die Arbeitsstelle wechseln, können Sie das Geld entweder in dem jeweiligen *401(k) plan* lassen und abheben, wenn Sie 59,5 Jahre alt sind, oder Sie können das Geld in einen neuen *401(k) plan* oder auf ein IRA (nachfolgend erklärt) übertragen lassen. Man nennt diese Transferierung *roll-over.* Wenn Sie sich das Geld lieber auszahlen lassen wollen, müssen Sie, wie oben erwähnt, Steuern und zehn Prozent Strafgebühr entrichten. Achten Sie beim *roll-over* darauf, dass das Geld direkt auf das neue Konto (*account*) geht. Auf keinen Fall sollten Sie einen an Sie ausgestellten Scheck erhalten, da auch in diesem Fall Steuern und zehn Prozent Strafgebühr fällig werden. Sollten Sie das Geld in dem bisherigen *401(k) plan* lassen wollen, so geht das nur wenn wenigstens 5.000 Dollar eingezahlt wurden, dieser Betrag *fully vested* ist und Sie das Rentenalter noch nicht erreicht haben.

Beim *401(k) plan* haben Sie weitgehenden Einfluss darauf, wie das Geld investiert wird. Die Firma, die Ihr Geld verwaltet, wird Ihnen eine Reihe von Möglichkeiten anbieten, die nach Risiko kategorisiert sind. Wenn Sie ein geringes Risiko wählen, dann vermehrt sich Ihr Geld langsamer als bei mittlerem oder hohen Risiko, aber die Chancen, dass Sie Geld verlieren – und das ist beim Investieren nie ausgeschlossen – sind ebenfalls geringer. Sie müssen letztlich entscheiden, wie Sie Ihr Geld auf die genannten Risikogruppen verteilen wollen. Die meisten *401(k) plans* bieten Ihnen die Möglichkeit, wenigstens einmal im Vierteljahr die Investitionsstrategie zu ändern.

Sie sind auf jeden Fall gut beraten, Ihre Investitionen und damit das Risiko, zu streuen. Das Anlegen von Geld in *stock mutual funds* ist am risikoreichsten. Diese *mutual funds* kombinieren Aktien (*stock*) verschiedener Firmen. Die Auswahl der Aktien ist bei jedem *mutual fund* anders. Das ganze Spektrum des Aktienmarktes wird durch sogenannte *index funds*, wie z. B. den *S&P 500 index*, abgedeckt. Allgemein wird angenommen, dass je mehr Firmen verschiedenster Industriebereiche berücksichtigt werden, desto geringer das Risiko ist. Allerdings bieten nicht alle *401(k) plans* derartige *index funds* an. Lesen Sie die Broschüren Ihres *401(k)*-Anbieters genau durch und entscheiden Sie dann, wie Ihr

Ihr Geld wird auf dem Aktienmarkt angelegt.

Geld investiert werden soll. Niemals sollten Sie mehr als zwanzig Prozent Ihrer Altersvorsorge in die Aktien eines einzelnen Unternehmens investieren, auch nicht, wenn das die Firma ist, bei der Sie arbeiten. Legen Sie einen Teil Ihres Geldes in einem *mutual fund* an, der hauptsächlich Aktien gestandener Unternehmen enthält. Die Wachstumschancen sind bei diesen zwar geringer als bei Unternehmen, die sich ausschließlich mit angeblichen Zukunftstechnologien beschäftigen, aber auch das Risiko, dass diese Firmen lange Zeit nicht profitabel sind oder gar wieder verschwinden. Wenn Sie Kapitalismus und soziales Gewissen vereinen wollen, sollten Sie *mutual funds* berücksichtigen, die nur Aktien solcher Unternehmen kaufen, die sich in Hinblick auf Gesellschaft und Umwelt verantwortungsvoll verhalten.

Individual Retirement Account (IRA)

Wenn Ihr Arbeitgeber keinen *401(k) plan* anbietet oder Sie einfach noch eine weitere steuergünstige Form der Anlage nutzen möchten, um das Investitionsrisiko zu verringern bzw. zusätzlich für die Zukunft vorzusorgen, dann können Sie Geld in ein *Individual Retirement Account* (IRA) einzahlen. Anders als bei einem *401(k) plan* erhalten Sie jedoch beim IRA keine Zuzahlungen von Seiten Ihres Arbeitgebers. Es gibt elf verschiedene IRA-Typen, von denen die zwei wichtigsten, *Traditional IRA* und *Roth IRA*, nachfolgend erklärt werden.

Traditional IRA: Jeder kann ein *Traditional IRA* eröffnen. Die Einzahlungen (*contributions*) sind zunächst einmal steuerfrei, d. h. wenn Sie z. B. 40.000 Dollar im Jahr verdienen und 2.000 Dollar in ein *Traditional IRA* einzahlen, dann wird Ihre Einkommenssteuer nur für 38.000 Dollar berechnet. (Da es hier auf Grund der Einkommenshöhe und der Teilnahme an vom Arbeitgeber angebotenen Altersvorsorgeprogrammen Ausnahmen gibt, sollten Sie einen Steuerberater konsultieren.) Das Guthaben kann zum Erwerb verschiedener Anlageformen, z. B. Aktien (*stock*) und festverzinsliche Wertpapiere (*bonds*), verwendet werden. Mit dem Abheben (*distribution*) des Geldes kann begonnen werden, wenn man 59,5 Jahre alt ist. Erst zu diesem Zeitpunkt bezahlen Sie Einkommenssteuer. Alle Beträge, die vor dem Erreichen von 59,5 Jahren abgehoben werden, sind zusätzlich zur Steuer mit Strafgebühren in Höhe von zehn Prozent verbunden. Diese Strafgebühren fallen allerdings weg, wenn der Kontoinhaber dauerhaft schwerbehindert wird oder stirbt bzw. das Geld zur Bezahlung hoher Behandlungskos-

Rund 20 % der Arbeitnehmer investieren in ein IRA.

ten bei schwerer oder dauerhafter Krankheit verwendet wird. Ein anderer erlaubter Grund ist der Kauf eines Hauses. Dafür können maximal 10.000 Dollar abgehoben werden, um als Anzahlung (*down payment*) für ein Haus verwendet zu werden. Man kann das Geld allerdings nur dann strafgebührenfrei abheben, wenn man das allererste Haus kauft bzw. in den letzten zwei Jahren kein Haus besessen hat. (Bei dem Betrag von 10.000 Dollar handelt es sich um das lebenslange Limit pro Person. Das Geld muss vor dem Hauskauf abgehoben und dann innerhalb von 120 Tagen zweckgemäß verwendet werden.) Auch für die Bezahlung von College-Kosten kann möglicherweise gebührenfrei Geld abgehoben werden. Weitere Ausnahmen können für die Begleichung von Steuerschulden und die Bezahlung von Krankenversicherungsbeiträgen, nachdem der Kontoinhaber mehr als zwölf Wochen Arbeitslosenunterstützung bezogen hat, gemacht werden.

Roth IRA: Einzahlungen sind, anders als beim *Traditional IRA*, nicht steuerfrei. Wer unter 114.000 Dollar (Single) bzw. 181.000 Dollar (Ehepaare) Jahreseinkommen hat, kann den Rahmen eines *Roth IRA* vollständig ausschöpfen. Bis zu 129.000 Dollar (Single) und 191.000 Dollar (Ehepaare) ist lediglich eine zunehmend eingeschränkte Nutzung eines *Roth IRA* möglich. Wer mehr als die angegebenen Höchstbeträge verdient, kann kein *Roth IRA* eröffnen, sondern muss mit einem *Traditional IRA* vorlieb nehmen.

Anders als bei einem *Traditional IRA*, müssen bei einem *Roth IRA* Steuern und Strafgebühren nur für die vorzeitig ausgezahlten Gewinne (*earnings*), nicht aber für die bei der Einzahlung bereits versteuerten Beträge entrichtet werden. Im Bedarfsfall können Sie also ohne finanziellen Nachteil auf das in das *Roth IRA* eingezahlte Geld zurückgreifen.

Gewinne aus einem *Roth IRA* können ohne Strafgebühren abgehoben werden, wenn das Geld für mindestens fünf Steuerjahre in dem *Roth IRA* war und der Inhaber mindestens 59,5 Jahre alt ist oder schwerbehindert wird bzw. stirbt. Bis zu 10.000 Dollar aus den Gewinnen können ebenfalls strafgebührenfrei abgehoben werden, wenn man zum ersten Mal ein Haus kauft bzw. zwei Jahre lang kein Haus besessen hat. Auch hier gilt, dass das Geld für mindestens fünf Steuerjahre in dem *Roth IRA* war. Weitere Ausnahmen können auch hier unter Umständen hohe medizinische Behandlungskosten, die Weiterzahlung von Krankenversicherungsbeiträgen nach einem zwölfwöchigen Bezug von Arbeitslosenunterstützung, Studiengebühren oder die Begleichung von Steuerschulden sein.

Unter Umständen kann man Gewinne vorzeitig abheben.

Die Hauptunterschiede zwischen *Traditional IRA* und *Roth IRA* bestehen also in der Versteuerung der eingezahlten Beträge und der Gewinne, die Kosten eines Zugriffs auf das eingezahlte Geld und der erlaubten Einkommensgrenzen.

Ein *IRA* kann schnell und einfach über eine Bank oder einen *discount broker* eröffnet werden. Ein *broker* würde in Frage kommen, wenn Sie im Rahmen Ihres IRA in Aktien oder festverzinsliche Wertpapiere investieren wollen. Die einzuzahlenden Mindestbeträge und Gebühren für Kontoführung sowie An- und Verkauf von Aktien variieren von Anbieter zu Anbieter, sind in der Regel aber recht niedrig. Allerdings gibt es jährliche Höchstgrenzen, die für Einzahlungen in alle IRA gelten.

Eine Person, die 49 Jahre alt oder jünger ist, kann pro Jahr maximal 5.500 Dollar in einem IRA anlegen. Wer 50 Jahre oder älter ist, für den gelten derzeit 6.500 Dollar als jährliche Obergrenze. Diese Maximalbeträge werden jedoch in den nächsten Jahren, abhängig von der Inflation, schrittweise angehoben.

Das Geld wird von den meisten Leuten in monatlichen Teilbeträgen eingezahlt. Beachten Sie, dass die Gebühren für den *broker* aus diesen Beträgen kommen müssen, also nicht über die Obergrenzen hinaus dazugerechnet werden können.

Was ist ein ESA?

Der *Coverdell Education Savings Account*, kurz ESA, wurde lange Zeit als *Education IRA* bezeichnet. Diese Form des Sparens bietet sich an, wenn Sie Kinder oder Enkel unter 18 Jahren haben. Sie können so bis zu 2.000 Dollar jährlich zu Gunsten von Kindern investieren. Die eingezahlten Beträge können nicht von der Steuer abgesetzt werden. Wenn das Guthaben, einschließlich der erzielten Gewinne, zur Bezahlung von Schul- und Studienkosten verwendet wird, kann es steuer- und strafgebührenfrei von dem ESA abgehoben werden. Das Geld muss spätestens 30 Tage nach dem 30. Geburtstag des Begünstigten für Schul- und Studienzwecke verwendet worden sein. Für alle erwirtschafteten Beträge, die danach oder für andere Zwecke abgehoben werden, müssen Einkommenssteuer und zehn Prozent Strafgebühren entrichtet werden, welche sich vermeiden lassen, wenn das Geld in das ESA eines anderen Verwandten unter 30 Jahre transferiert wird.

Kapitel 18

Gesundheit

Das amerikanische Gesundheitswesen ist für Neuankömmlinge mit Sicherheit gewöhnungsbedürftig. Warum einfach, wenn's auch kompliziert geht – dieser Grundsatz scheint alles zu bestimmen, von der Krankenversicherung über die ärztliche Behandlung bis hin zur Apotheke. Der weitgehende Mangel an Kundenservice steht zudem im krassen Gegensatz zu anderen Bereichen der amerikanischen Gesellschaft.

Krankenversicherung

Wer keine Krankenversicherung hat, muss Strafe zahlen.

Seit dem 1. Januar 2014 verpflichtet das Gesundheitsgesetz *Patient Protection and Affordable Care Act (PPACA)*, das oft kurz *Affordable Care Act (ACA)* bzw. *Obamacare* genannt wird, zum Abschließen einer Krankenversicherung. Wer beim Abgeben der Steuererklärung keinen Versicherungsnachweis erbringen kann, muss eine Geldstrafe zahlen. Für das Jahr 2015 beträgt diese Strafe zwei Prozent des Jahreseinkommens oder 325 Dollar, je nachdem, welcher Betrag höher ist. Im Jahr 2016 werden zweieinhalb Prozent oder 695 Dollar fällig. Zudem muss man alle Behandlungskosten selbst übernehmen. Eltern können ihre Kinder bis zu deren 26. Geburtstag mitversichern. Menschen ab 65 Jahre sowie Behinderte jeden Alters sind durch das Sozialprogramm *Medicare* versichert. Dieses wird aus der *Social Security tax,* die von Lohn bzw. Gehalt abgezogen wird, finanziert. US-Bürger mit sehr niedrigem Einkommen haben oft die Möglichkeit, sich kostenlos über *Medicaid* zu versichern. Da es sich hier um ein Gemeinschaftsprogramm von Bundesregierung und Staaten handelt, das von Staat zu Staat verschieden gehandhabt wird, fallen jedoch in manchen Staaten viele Arme durch die groben Maschen des Sozialnetzes.

Die meisten berufstätigen Menschen in den USA versichern sich über ihren Arbeitgeber. Arbeitnehmer und Arbeitgeber teilen sich oft die Kosten, manchmal übernimmt der Arbeitgeber auch die gesamten Kosten. Wenn man Lebenspartner oder Kinder mitversichern will, muss man jedoch in der Regel erheblich zuzahlen.

Wer keine Krankenversicherung über den Arbeitgeber bekommt, muss sich selbst versichern. Bei gutem Einkommen kauft man die Krankenversicherung direkt bei einem Versicherungsunternehmen. Um sich in der Vielfalt der Angebote zurechtzufinden, kann man sich von einem *health insurance broker* helfen lassen.

Wer ein niedriges oder moderates Einkommen und keine Versicherung über den Arbeitgeber hat, kann durch Steuervergünstigungen einen Teil der monatlichen Versicherungskosten bezahlt bekommen. Voraussetzung dafür ist, dass die Krankenversicherung über den *Health Insurance Marketplace* (▶ www.healthcare.gov) abgeschlossen wird. Auch Menschen ohne US-Staatsbürgerschaft, die sich rechtmäßig in den USA aufhalten, können diese Möglichkeit nutzen. Die Steuervergünstigungen sind dabei sofort wirksam und fließen in den Preis mit ein, sodass die monatliche Beitragszahlung *(premium)* erschwinglich ist.

Der Abschluss einer Krankenversicherung über den *Health Insurance Marketplace* oder direkt bei einem Versicherer ist in der Regel nur während eines bestimmten Zeitabschnittes am Ende des Jahres, der *open enrollment period* genannt wird, möglich. Es gibt allerdings Ausnahmen, z. B. falls man seine Arbeit verliert, heiratet, ein Baby erwartet, sich scheiden lässt oder in einen anderen Bundesstaat umzieht. Wer eine neue Arbeit aufnimmt und eine Krankenversicherung vom Arbeitgeber angeboten bekommt, kann diese normalerweise gleich beantragen. Allerdings tritt die Versicherung in der Regel erst nach dem ersten vollständig gearbeiteten Kalendermonat in Kraft. Nimmt man dieses Angebot nicht wahr, muss man auch hier bis zur *open enrollment period* warten. Menschen mit chronischen Krankheiten dürfen von den Krankenkassen aufgrund der neuen Gesetzgebung nicht mehr benachteiligt werden, sondern werden zu den gleichen Beitragssätzen wie kerngesunde Menschen versichert. Allerdings steigen die Versicherungspreise mit dem Alter.

> Nur zu bestimmten Zeiten und Anlässen kann man eine Versicherung abschließen.

Bitte beachten Sie, dass eine Krankenversicherung *(health insurance plan)* den Zahnarzt und den Augenarzt bzw. Optiker nicht mit einschließt. Dafür gibt es extra eine *dental insurance* und einen *optical plan*. Diese werden weiter hinten in diesem Kapitel erläutert.

Krankenversicherung ist nicht gleich Krankenversicherung

Krankenversicherungen in den USA haben ein relativ kompliziertes Geflecht aus Selbstbeteiligungen *(out-of-pocket expenses)*. Deren Höhe sowie das Alter des Versicherten und die Art des gewählten medizinischen Versorgungsnetzes bestimmen, wie viel die Krankenversicherung im Monat kostet. Man sollte sich die Beträge genau anschauen, bevor man eine Krankenversicherung abschließt. Auch wer sich über den Arbeitgeber versichert, ist gut beraten, sich einmal mit den folgenden Begriffen vertraut zu machen, damit es beim Arztbesuch bzw. in der Apotheke keine Überraschung gibt:

Sie sollten unbedingt wissen, was diese Begriffe bedeuten.

- **Annual deductible:** Das ist der Betrag, den Sie jedes Jahr selbst zahlen müssen, bevor die Krankenversicherung wirksam wird und die Behandlungskosten übernimmt. Er kann relativ gering sein, z. B. 100 oder 200 Dollar, aber auch einige Tausend Dollar betragen. Generell gilt: Je höher dieser Betrag ist, desto weniger müssen Sie an monatlichen Versicherungsbeiträgen zahlen.
  Beispiel: Ihr *deductible* beträgt 500 Dollar. Sie bezahlen dann pro Kalenderjahr vollständig alle Behandlungskosten bis zu diesem Betrag. Wird dieser überschritten, übernimmt die Krankenversicherung die weiteren Kosten. Allerdings nicht vollständig, denn Sie werden weiterhin *copays* oder *coinsurance* zahlen müssen. Bei einigen Versicherungen schließt das *deductible* Medikamente mit ein. Andere Versicherungen haben ein separates *prescription drug deductible.*
- **Copay:** Das ist ein festgelegter Betrag, den Sie für jeden Arztbesuch und jedes Medikament zahlen müssen, z. B. 25 Dollar pro Arztbesuch und 35 Dollar pro Medikament. Medikamente bekommen Sie in der Regel jeweils nur für einen Monat, sodass Sie jeden Monat das Medikament erneut von der Apotheke holen und jedes Mal *copay* zahlen werden.
  Beispiel: Sie gehen am Jahresanfang zum Arzt und dieser verschreibt ein Medikament, das 400 Dollar kostet. Ihre Krankenversicherung hat ein jährliches *deductible* für Medikamente in Höhe von 200 Dollar und ein *copay* von 35 Dollar. Sie werden dann 235 Dollar für dieses Medikament zahlen. Da Sie Ihr *deductible* für das laufende Jahr nun gezahlt haben, werden Sie in den folgenden Monaten nur noch *copay* zahlen müssen, also jedes Mal 35 Dollar.
- **Coinsurance:** *Coinsurance* bedeutet, dass Sie einen bestimmten Anteil der Behandlungskosten bezahlen.
  Beispiel: Ein Arztbesuch kostet 100 Dollar. Die in der Versicherung festgelegte *coinsurance* beträgt 30 Prozent. In diesem Fall zahlen Sie 30 Dollar, die Krankenversicherung 70 Dollar.
- **Out-of-pocket maximum:** Das ist der Betrag, den Sie maximal pro Jahr an *out-of-pocket expenses* zahlen müs-

sen. Sobald diese Summe durch Zahlungen an *deductible, copays* bzw. *coinsurance* erreicht ist, übernimmt die Krankenversicherung 100 Prozent der Kosten. Daher müssen Sie keine Angst haben, dass Sie die Behandlungskosten im Falle einer schweren Erkrankung oder eines Unfalls nicht zahlen können.

Einige Leistungen werden von den Krankenversicherungen ohne *deductible* und *coinsurance* übernommen, z. B. jährliche Vorsorgeuntersuchungen und Impfungen. Bei *generic drugs,* d. h. Medikamente, die nach Ablauf des Patents des Markenproduktes von anderen Pharmaunternehmen preiswerter angeboten werden, ist der *copay* in der Regel wesentlich niedriger als beim Markenprodukt.

Achten Sie beim Abschluss einer Krankenversicherung auch darauf, welche Art von Versorgernetz diese bietet. Meistverbreitet sind *Health Maintenance Organization (HMO)* und *Preferred Provider Organization (PPO).*

Das Versorgernetz ist durch die Krankenversicherung festgelegt.

Wenn Ihre Krankenversicherung dem Modell der *Health Maintenance Organization (HMO)* folgt, müssen Sie sich innerhalb eines festgelegten *provider network* behandeln lassen *(in-network).* Sie werden außerdem verpflichtet sein, einen *primary care physician* zu wählen. Nur wenn dieser eine Überweisung vornimmt, dürfen Sie einen Spezialisten aufsuchen. Dieser muss ebenfalls im festgelegten Versorgernetz sein. Falls Sie Spezialisten auf eigene Faust bzw. einen Arzt *out-of-network* aufsuchen, müssen Sie einen Großteil der Kosten selbst übernehmen.

Sollte Ihre Krankversicherung dagegen Zugang zu einer *Preferred Provider Organization (PPO)* bieten, die ebenfalls Verträge mit einem Netzwerk aus Ärzten abgeschlossen hat, müssen Sie keinen *primary care physician* wählen. Sie können vielmehr Fachärzte innerhalb des *provider network* ohne Überweisung in Anspruch nehmen. Sollten Sie sich bei einem Arzt behandeln lassen, der *out-of-network* ist, zahlen Sie jedoch eine höhere Eigenbeteiligung. Auch werden Sie den Arzt dann erst einmal direkt bezahlen und sich das Geld von Ihrer Versicherung erstatten lassen müssen.

Da die *PPO*-Versicherung wesentlich mehr Flexibilität in der Ärztewahl bietet, kostet eine derartige Krankenversicherung auch mehr als eine *HMO*-Versicherung. Noch nicht sehr verbreitet sind *Point of Service (POS)* Krankenversicherungen, die Merkmale beider Versicherungstypen aufweisen und preislich zwischen diesen liegen. Wie bei einer *HMO* hat der Patient hier einen *primary care physician,* dieser kann jedoch auch an Spezialisten außerhalb des *provider network* überweisen.

Health Savings Account (HSA)

Einen HSA gibt es nur bei Versicherungen mit hoher Selbstbeteiligung.

Wer in den USA lebt und eine Krankenversicherung mit einer jährlichen Selbstbeteiligung *(deductible)* über 1.250 Dollar (Single) bzw. 2.500 Dollar (Familie) abgeschlossen hat, kann ein *Health Savings Account (HSA)* eröffnen, auf das Geld von Lohn bzw. Gehalt steuerfrei überwiesen wird.

In der Regel können die Überweisungen auf dieses Konto über den Arbeitgeber vor Abzug der Steuern vorgenommen werden. Sollte diese Möglichkeit nicht bestehen, kann man das Geld auch selbst einzahlen und dadurch das besteuerbare Jahreseinkommen verringern. Das macht man dann bei der jährlichen Einkommensteuererklärung geltend. (Selbstständige müssen allerdings *self-employment tax* auf ihre eingezahlten Beträge entrichten.) So lassen sich unter Umständen einige Hundert Dollar im Jahr sparen.

Pro Jahr können maximal 3.300 Dollar (Single) bzw. 6.550 Dollar (Familie) auf ein *HSA* eingezahlt werden (Stand: 2014). Dieses Geld kann dann für Eigenbeteiligungen bei medizinischer Behandlung und bei Medikamenten, aber auch beim Zahnarzt, Augenarzt und Chiropraktiker sowie für Brillen und Hörgeräte genutzt werden. In der Regel verwendet man eine Geldkarte *(debit card)* oder Schecks für dieses Konto zum Bezahlen der genannten Eigenbeteiligungen bzw. anderer Leistungen. Sollte man das Guthaben im laufenden Kalenderjahr nicht aufbrauchen, steht es in den folgenden Jahren weiterhin zur Verfügung. Das gilt auch, wenn man zu einer Krankenversicherung ohne hohe Selbstbeteiligung wechselt. Allerdings kann man dann kein weiteres Geld mehr auf dieses Konto einzahlen.

Sollte man Geld abheben und für nichtmedizinische Zwecke verwenden, werden Einkommensteuer und 20 Prozent Strafgebühr fällig, es sei denn, man ist 65 Jahre alt oder behindert geworden.

Ärztliche Behandlung

Wie bereits erklärt, schreiben *HMO*-Krankenversicherungen vor, dass man einen bestimmten Arzt, in der Regel einen Allgemeinmediziner, als *primary care physician* (mitunter auch *primary care provider* genannt) auswählt. Zu diesem Arzt geht man einmal im Jahr zwecks Vorsorgeuntersuchung (*yearly check-up* oder *physical exam*) und er ist auch der erste Anlaufpunkt im Falle einer Krankheit. Er schreibt bei Bedarf Rezepte (*prescriptions*) sowie Überweisungen (*referrals*) zum Facharzt (*specialist*) aus und hält die Fäden der medizinischen Versorgung in der Hand. Dies entspricht weitgehend der hausarztzentrierten Versorgung, wie man sie auch in Deutschland kennt. Viele Krankenversicherungen erlauben Frauen, dass ein Gynäkologe (*gynaecologist*) diese Funktion übernimmt.

Bitte beachten Sie, dass der Termin für die Vorsorgeuntersuchung oft Monate im Voraus gemacht werden muss. Auch wenn Sie krank sind, z. B. eine Grippe oder eine Erkältung haben, müssen Sie erst in der Praxis anrufen und um einen Termin bitten. Es kann durchaus passieren, dass Sie diesen erst für den nächsten Tag bekommen. Das ist ein Aspekt des amerikanischen Gesundheitswesens, der für die meisten Neuankömmlinge oft überraschend und ärgerlich ist.

Rufen Sie in der Praxis an, bevor Sie zum Arzt gehen.

Es empfiehlt sich, mindestens 15 Minuten vor dem eigentlichen Termin zu erscheinen, da Sie zunächst einige Formulare ausfüllen müssen. Nachdem Sie aufgerufen wurden, wird eine Krankenschwester Gewicht, Körpertemperatur und Blutdruck messen.

Anschließend werden Sie in einem kleinen Behandlungszimmer auf das Erscheinen des Arztes warten. Das kann mitunter recht lange dauern. Wenn der Arzt kommt, wird er sich kurz nach Ihrem Befinden erkundigen und dann wieder verschwinden, damit Sie sich ausziehen und einen kleinen Einwegkittel anlegen können, den Sie während der gesamten Untersuchung anbehalten werden. Der Kittel wird so getragen, dass die offene Seite nach hinten zeigt. Der Arzt wird Sie dann gründlich untersuchen und bei Bedarf an einen Spezialisten überweisen bzw. Tests anordnen. Ein Bluttest ist normalerweise fester Bestandteil der jährlichen Untersuchung.

Wer nach dem 1. Januar 1980 mehr als fünf Jahre in Europa verbracht hat, darf übrigens in den USA kein Blut spenden. Der

Grund dafür ist der Rinderwahn *(mad cow disease)* und die damit im Zusammenhang stehende Creutzfeldt-Jakob-Krankheit.

Krankenhausaufenthalte werden in den USA aufgrund der hohen Kosten so kurz wie möglich gehalten. Etwa die Hälfte aller Operationen werden ambulant *(out-patient)* durchgeführt, d. h. der Patient kehrt einige Stunden nach der Operation *(surgery)* nach Hause zurück.

Medizinische Notfälle

Hausbesuche von Ärzten sind in den USA weitgehend unüblich. Sollte außerhalb der Sprechzeiten, d. h. am Abend oder am Wochenende, eine medizinische Behandlung notwendig werden, gibt es zwei Möglichkeiten: Sie können eine *urgent care*-Einrichtung aufsuchen oder sich in die Notaufnahme *(emergency room/E.R.)* begeben.

Die *urgent care* bietet eine ambulante Behandlung für Erkrankungen und Verletzungen an, die nicht schwerwiegend genug sind, um eine Notaufnahme aufzusuchen, z. B. Blasenentzündungen, Schnittverletzungen oder gebrochene Finger. Die Behandlung erfolgt meistens durch einen *physician assistant,* der in der Qualifizierung zwischen Arzt und Krankenpfleger *(nurse)* steht.

Im Zweifelsfall wird man Sie in die Notaufnahme schicken. Diese sollten Sie allerdings in lebensbedrohlichen Situationen und bei schwereren Verletzungen direkt aufsuchen. Machen Sie sich keine Sorgen darum, ob sich die entsprechende Notaufnahme im Versorgungsnetzwerk Ihrer Krankenversicherung befindet oder nicht. In Notfällen entstehen Ihnen dadurch keine höheren Kosten. Falls ein Rettungswagen *(ambulance)* benötigt wird, rufen Sie 911 an.

In der Notaufnahme wird man auch ohne Versicherung nicht zurückgewiesen.

Andere Länder, andere Volkskrankheiten

Wer in den USA lebt, stellt im Laufe der Zeit mit Erstaunen fest, dass sich Amerikaner in keiner Weise vor Zugluft fürchten, sich nicht über einen schwachen Kreislauf beklagen und noch nie etwas von einem Hörsturz vernommen haben. Und zur Kur fahren sie auch nicht, denn diese ist in den USA als Konzept leider völlig unbekannt.

Die Medikamentenwerbung vermittelt jedoch den Eindruck, dass *acid reflux disease* (Refluxkrankheit/chronisches Sodbrennen), zu hohe Cholesterinwerte, Schlaf- und Potenzstörungen sowie *restless legs syndrome* (unruhige Beine/rastloser Schlaf) Volkskrankheiten sind. Die unausgewogene Berichterstattung in den Medien lässt auch den Glauben entstehen, jedes zweite Kind sei entweder stark autistisch oder habe eine schwere Erdnussallergie.

Diverse psychologische Probleme, insbesondere ADD (Aufmerksamkeitsstörung), Depressionen und bipolare Störungen sowie Allergien, Asthma, Nebenhöhlen- *(sinus infection)* und Lungenentzündung *(pneumonia)* scheinen ebenfalls wesentlich weiter verbreitet zu sein als in Europa. Auffallend viele Leute sind laktoseintolerant *(lactose intolerant)* und so mancher Kollege berichtet nach einem Fehltag von einer Lebensmittelvergiftung *(food poisoning)*. Allerdings scheinen Amerikaner, anders als die Deutschen, so gut wie nie eine Blasenentzündung *(cystitis)* zu haben. Das liegt wahrscheinlich daran, dass sie jeden Tag Unmengen Wasser trinken, um der von ihnen gefürchteten *dehydration* vorzubeugen.

> Die Sympathie des Autors gehört allen, die wirklich von den genannten Krankheiten betroffen sind.

Abschließend sei noch erwähnt, dass es in den USA keine Nasentropfen gibt und Zäpfchen *(suppositories)* den meisten Leuten unbekannt sind. Wenn man erklärt, in welche Körperöffnung diese eingeführt werden, kann man durchaus ungläubige Blicke ernten.

Kinder kriegen

Wer in den USA ein Kind bekommen will, sollte sich mit den Besonderheiten des amerikanischen Gesundheitswesens in diesem Bereich vertraut machen: Die medizinische Betreuung während der Schwangerschaft (und in den meisten Fällen auch während der Geburt) wird von einem speziell dafür ausgebildeten Frauenarzt, einem *obstetrician*, übernommen. (Für diese Spezialisten wird im Sprachgebrauch oft die Abkürzung *ob/gyn* verwendet, wobei jeder Buchstabe einzeln ausgesprochen wird: »*O.B.G.Y.N.*«) Der Einsatz von speziellen Schmerzmedikamenten (*epidurals*) ist normal und ein Kaiserschnitt (*c-section*) wird in den USA wesentlich häufiger vorgenommen als z. B. in Deutschland. Eine Beschneidung (*circumcision*) der männlichen Neugeborenen ist in den USA der Regelfall und man sollte ausdrücklich darauf hinweisen, wenn man diese nicht wünscht.

Eine nette Tradition ist das sogenannte *baby shower*, in Deutschland mitunter als Babyparty bekannt. Dabei handelt es sich um eine Geschenkparty für die werdende Mutter einige Wochen vor der Geburt, die meistens von weiblichen Verwandten und Freunden veranstaltet wird. Geschenkt werden in erster Linie Babykleidung und Spielsachen.

In den USA gibt es keine/n Mutterschutzurlaub/Mutterschutzfrist, wie er/sie in den meisten anderen industrialisierten Ländern üblich ist. Nur wer für ein Unternehmen mit mehr als 50 Mitarbeitern seit mindestens einem Jahr tätig ist und dort in den letzten zwölf Monaten mindestens 1.250 Stunden gearbeitet hat, kann auf der Grundlage des *Family Medical Leave Act (FMLA)* bis zu drei Monate frei nehmen, ohne fürchten zu müssen, die Arbeit zu verlieren. Der Arbeitgeber ist nicht verpflichtet, während dieser Zeit Lohn oder Gehalt zu zahlen. Er muss lediglich die Krankenversicherung und andere Zusatzleistungen *(benefits)* weiterführen und den Arbeitsplatz sichern. *Family Medical Leave* kann in Anspruch genommen werden, wenn man ein Kind bekommt oder adoptiert bzw. falls man Eltern, Ehepartner oder Kind aufgrund einer ernsthaften Erkrankung pflegen muss.

Da ein in den USA geborenes Kind automatisch die amerikanische Staatsbürgerschaft hat, sollten Eltern, die aus einem anderen Land kommen, die zuständige Botschaft von der Geburt informieren, um dem Kind die jeweilige Staatsbürgerschaft zu sichern. In diesem Zusammenhang ein Hinweis: Wenn Sie wollen, dass Ihr Kind zweisprachig aufwächst, sollten Sie zu Hause nur Deutsch sprechen. Um das Erlernen der englischen Sprache müssen Sie sich keine Sorgen machen, das wird beim Besuch einer amerikanischen Kindertagesstätte ganz automatisch geschehen. Achten Sie vielmehr darauf, dass Ihr Kind Ihnen auch auf Deutsch antwortet, da es nicht ausreicht, wenn nur Sie Deutsch sprechen.

Absicherung gegen Arbeitsunfähigkeit

Sie sollten in den USA unbedingt eine Versicherung gegen Arbeitsunfähigkeit (*disability insurance*) abschließen, falls diese von Ihrem Arbeitgeber angeboten wird. Diese zahlt einen gewissen Prozentsatz Ihres Gehalts weiter, falls Sie arbeitsunfähig werden. Diese Versicherung ist umso wichtiger, da der Arbeitgeber oft nicht verpflichtet ist, Ihr Gehalt weiter zu zahlen, wenn Sie längere Zeit krank sind. *Short-term disability insurance* ist für mehrwöchige Krankheiten, *long-term disability insurance* für langfristige Arbeitsunfähigkeit.

Apotheken

Medikamente erhalten Sie entweder rezeptfrei *(over the counter)* in Super- und Drogeriemärkten *(drug stores)* oder auf Rezept *(prescription)* in *pharmacies.* Diese »Apotheken« sind meistens spezielle Schalter in *drug stores* wie *Walgreens, CVS* oder *Rite Aid.* Auch viele Supermärkte haben eine *pharmacy.*

Reine Apotheken gibt es in den USA kaum.

Wenn Sie ein Medikament auf Rezept bekommen, erhalten Sie oft nur einen Teil der verschriebenen Menge, da die Krankenversicherungen nicht gleich für die gesamte Arzneimenge aufkommen wollen. Deshalb müssen Sie sich in bestimmten Zeitabständen, in der Regel alle vier Wochen, Nachfüllungen *(refills)* holen.

Wie bereits im Abschnitt zum Thema Krankenversicherung erklärt wurde, zahlen Sie für jedes Medikament einen *copay*-Betrag. Das trifft auch auf *refills* zu. Sollte man Ihnen mehr als einen Monatsvorrat des Medikaments auf einmal verkaufen, werden Sie für jede Monatsmenge *copay* entrichten müssen, d. h. wenn Sie z. B. einen Vorrat für 90 Tage ausgehändigt bekommen, zahlen Sie dreimal den von Ihrer Versicherung festgelegten *copay*-Betrag.

Da man in amerikanischen Apotheken nicht selten eine halbe Stunde warten muss, bis das Medikament der Großpackung entnommen, gezählt und abgepackt ist, lohnt es sich, *refills* telefonisch vorzubestellen und dann später am Schalter oder im *drive-through* abzuholen. Die entsprechende Telefonnummer steht auf der Verpackung Ihres Medikaments, ebenso wie die Rezeptnummer *(prescription number),* die Sie parat haben müssen. Da der Apotheker *(pharmacist)* unter Umständen Rücksprache mit dem Arzt oder der Versicherung nehmen muss und sich das durchaus hinziehen kann, sollten Sie mindestens drei Arbeitstage, bevor Sie Ihren Vorrat verbraucht haben, bei der *pharmacy* anrufen.

Die meisten *pharmacies* bieten auch Impfungen an, z. B. gegen Grippe und Tetanus.

Als Alternative zur Apotheke könnten Sie den Medikamentenversand *(mail-order pharmacy)* nutzen, den viele Krankenversicherungen anbieten. Wer regelmäßig Medikamente einnehmen muss, kann hier durch ein niedrigeres *copay* Geld sparen. Und während man in der normalen Apotheke, wie gesagt, oft nur Medikamente für 30 Tage bekommt, kann man auf diesem Weg in der Regel einen Vorrat für 90 Tage erhalten.

Zahnarzt

Erfahrungsgemäß sind Sie gut beraten, Ihre Zähne vor der Abreise in den bestmöglichen Zustand zu bringen, sodass Sie in der Anfangsphase in den USA keine teure Zahnbehandlung brauchen. Hören Sie sich im Kollegen- und Freundeskreis nach einem guten Zahnarzt (*dentist*) um. Prüfen Sie, ob Ihre Zahnarztversicherung (*dental insurance*) die Kosten für diesen Zahnarzt übernimmt. Viele Versicherungen übernehmen einen höheren Prozentsatz der Kosten, wenn sich der Zahnarzt im *network* der jeweiligen Versicherung befindet. Für Behandlungen bei *out-of-network*-Zahnärzten müssen Sie einen höheren Betrag selbst bezahlen.

Rechnen Sie generell mit hohen Zuzahlungen.

Ganz gleich, ob sich Ihr *dentist* im *network* der Versicherung befindet oder nicht und unabhängig von der Behandlung, müssen Sie beim jedem Zahnarztbesuch eine Eigenbeteiligung (*copay*) bezahlen. Je nach Behandlungsart kann es sein, dass weitere Eigenbeteiligungen hinzukommen, z. B. bei einer Krone (*crown*). Die halbjährliche Routineuntersuchung (*dental exam*) und die Zahnreinigung (*teeth cleaning*) durch einen *dental hygienist* werden in der Regel voll von den Versicherungen übernommen, da es sich hier um Vorsorgemaßnahmen handelt. Auch bei Füllungen bezahlen die Versicherungen meistens den Großteil der Kosten.

Wenn Sie neu bei einem Zahnarzt (*dentist*) sind, wird dieser zuerst eine Bestandsaufnahme über alle Ihre Zähne machen, was normalerweise auch Röntgenbilder (*x-rays*) einschließt. Der Zahnarzt wird dann, sofern nötig, einen Behandlungsplan aufstellen. Falls gebohrt werden muss, wird der jeweilige Teil Ihres Mundes per Spritze betäubt. Betäubungsloses Bohren, wie es hin und wieder noch von einigen deutschen Zahnärzten praktiziert wird, ist in Amerika absolut unüblich. Aber natürlich wird der Zahnarzt Ihren Wunsch respektieren, wenn Sie aus irgendeinem Grund auf örtliche Betäubung verzichten möchten.

Nach der Behandlung bezahlen Sie an der Rezeption Ihr *copay* und bekommen einen neuen Termin (*appointment*). Ihre Versicherung wird Ihnen einige Wochen später ein *statement* schicken, das anzeigt, welche Kosten übernommen wurden. Falls nicht alle Kosten übernommen worden sind, wird Ihnen Ihr Zahnarzt eine Rechnung schicken, aus der ersichtlich ist, wie viel die Versicherung dem Zahnarzt erstattet hat und wie viel Sie dem Zahnarzt noch schulden. Sie schicken dem Zahnarzt dann einen Scheck per Post. Falls Sie bezweifeln, dass bestimmte Kosten von Ihnen getragen werden müssen, lesen Sie sich, bevor Sie verärgert beim Zahnarzt oder bei der Versicherung anrufen, noch einmal gründlich die Informationsmaterialien Ihrer Zahnarztversicherung durch. Sie werden dann in der Regel erstaunt feststellen, dass Sie die in Frage gestellten Kosten tatsächlich erstatten müssen. So ist es z. B. nicht unüblich, dass Versicherungen erst nach Ablauf einer Wartezeit bestimmte Kosten übernehmen. Wenn Sie beispielsweise kurz nach Versicherungsabschluss eine neue Krone brauchen, wird Ihre Eigenbeteiligung wahrscheinlich wesentlich höher sein als wenn das nach einem Jahr der Fall sein sollte. Das ist jedoch von Versicherung zu Versicherung verschieden und wirklich gute Versicherungen erbringen die meisten Leistungen von Anfang an.

Jedoch werden Sie sich die Versicherung oft nicht aussuchen können, sondern müssen froh sein, wenn Ihr Arbeitgeber überhaupt eine Versicherung anbietet. Allerdings sind Ihre monatlichen Beiträge in der Regel nicht sehr hoch. Wenn Sie also die Kosten der Eigenbeteiligung im Behandlungsfall vermeiden wollen, sollten Sie Ihre Zähne regelmäßig putzen (Sie werden feststellen, dass einige Ihrer Kollegen das sogar nach dem Mittagessen in der Toilette des Arbeitsplatzes machen) und zweimal pro Jahr professionell reinigen lassen. Dieses System der Vorsorge (zusammen mit fluoriertem Trinkwasser) ist außerordentlich effektiv. Achten Sie einmal darauf, wie gut die Zähne der meisten Amerikaner sind. Sie würden nicht lange suchen müssen, um Leute über dreißig zu finden, die noch keine einzige Füllung haben.

Augenarzt und Optiker

Die Kosten für den Augenarzt (*ophthalmologist* bzw. *optician*) oder den Optiker (*optometrist*) müssen zum größten Teil aus eigener Tasche aufgebracht werden, da die entsprechenden »Versicherungen« (*optical plan* oder *vision plan*) der Arbeitgeber meistens völlig unzureichend sind. Oft ermöglichen sie nur einen gewissen Preisnachlass für Brillen (*glasses*) bzw. Brillengläser (*lenses*). Richten Sie sich auf hohe Ausgaben ein, denn auch in Amerika sind modische Brillengestelle (*frames*) unerhört teuer.

Online finden Sie oft wesentlich preiswertere Brillengestelle.

Vorsicht vor wilden Tieren

Vermeiden Sie den Kontakt mit wilden Tieren. Insbesondere Fledermäuse (*bats*), Stinktiere (*skunks*) und Waschbären (*raccoons*) gehören im gesamten Gebiet der USA zu den mit Tollwut (*rabies*) hauptsächlich infizierten Tierarten. Wenn Sie von einem wilden Tier oder einer Ihnen unbekannten Katze bzw. anderen streunenden Haustieren gebissen oder gekratzt werden, sollten Sie unbedingt gleich einen Arzt aufsuchen. Vermeiden Sie ferner auch den Kontakt mit Waschbärenkot (*raccoon feces*), der fast immer Millionen Eier des *raccoon roundworm* enthält. Gelangen diese Eier über den Mund in den Menschen, können die Larven in die Augen oder das Gehirn gelangen und zu Blindheit bzw. Tod führen. Besonders gefährdet sind Kleinkinder, die ja gerne ihre schmutzigen Finger in den Mund stecken.

Wenn Sie also ungefähr daumenlangen, dunklen Kot auf Ihrem Grundstück finden, ist äußerste Vorsicht angesagt. *Raccoons* werden oft durch Hausmüll, Küchenabfälle auf dem Kompost, Vogelfutter und heruntergefallenes Obst angelockt. Kaufen Sie sich daher eine gut verschließbare Mülltonne, werfen Sie nur Gartenabfälle auf den Kompost und sammeln Sie das Obst auf. Sorgen Sie auch dafür, dass Ihr Hund und Ihre Katze gegen Tollwut geimpft sind und monatlich eine Tablette gegen *heartworm* einnehmen. Wenn Sie ein wildes Tier im Haus oder in der Garage finden, sollten Sie *animal control* anrufen. Die Mitarbeiter dieser Polizeiabteilung sind darauf spezialisiert, wilde Tiere sachgemäß und sicher zu entfernen. Wo es keine *animal control* gibt, z. B. in ländlichen Gegenden, wird dieser Service von privaten Unternehmen angeboten, deren Rufnummern Sie in den Gelben Seiten (*Yellow Pages*) Ihres örtlichen Telefonbuches unter *Animal Removal Services* oder *Pest Control Services* finden. Informieren Sie sich auch, welche giftigen Schlangen und Insekten es in Ihrem Bundesstaat gibt.

Heimtückische Wegelagerer

Im Vergleich zu diesen Pflanzen sind Brennnesseln harmlos.

Sehen Sie sich auf Spaziergängen vor, nicht mit *poison ivy* (Giftefeu) sowie *poison oak* und *poison sumac* in Kontakt zu kommen. Diese sind zwar nicht wirklich giftig, verursachen aber ein bis zwei Tage nach dem Berühren der Blätter gewaltig juckende Hautausschläge. *Poison ivy* und *poison oak* haben immer drei Blätter an einem Stengel, *poison sumac* hat sieben bis elf Blätter, wobei sich ein Blatt am Ende des Stengels befindet und die anderen Blätter in Paaren am Stengel wachsen. Wenn Sie viel wandern, sollten Sie vielleicht vorsorglich eine entsprechende Schutzcreme (*ivyblock*) auf die nackten Beine auftragen.

Sollten Sie wissentlich in Kontakt mit den genannten Pflanzen gekommen sein, ist es ratsam, innerhalb von sechs Stunden die Haut mit Wasser und Seife zu waschen und dann mit Alkoholtüchern (*alcohol wipes*) abzureiben bzw. ein Mittel namens *Tecnu* aufzutragen. Der Saft der Pflanzen kann sich übrigens auch an Kleidung, Schuhen, Gartengeräten und Hunden festsetzen und dann beim Anfassen auf die Haut übertragen werden. Fassen Sie alles, was mit den genannten Pflanzen in Kontakt gekommen ist, mit Gummihandschuhen an. Vermeiden Sie es, mit den Händen an Ihr Gesicht zu kommen, insbesondere auf Augen und Mund sollten Sie aufpassen. Sollte es dennoch zum Ausschlag kommen, helfen das Auftragen von *Calamine-Lotion* und die Einnahme von *Benadryl*-Tabletten, den Juckreiz zu mindern. Kratzen Sie auf keinen Fall, das macht es nur noch schlimmer.

Der Stellenwert persönlicher Hygiene

Der durchschnittliche Amerikaner legt großen Wert auf persönliche Hygiene, ganz gleich, ob es ihn selbst oder seine Mitmenschen betrifft. Jede Form von Körpergeruch (*body odor*) wird als ekelhaft empfunden. Deshalb duschen die meisten Amerikaner morgens, bevor sie zur Arbeit gehen, und verwenden reichlich Deo. Unrasierte Beine und Achseln bei Frauen werden ebenfalls von den meisten Amerikanern als abweichend von der Norm betrachtet. Auch das Tragen der gleichen Kleider an zwei aufeinander folgenden Tagen wird als merkwürdig empfunden.

In den USA werden Sie auch Männer finden, die sich die Beine rasieren.

Strand-Besonderheiten

In den USA gibt es nur sehr wenige öffentliche Strände, die sich meistens in Kalifornien oder in Florida befinden, an denen Badegäste völlig nackt (*nude*) bzw. Frauen »oben ohne« (*topless*) sein dürfen. Es gibt jedoch eine ganze Reihe von privaten FKK-Stränden bzw. -Ferienanlagen, die auf ▶ www.aanr.com verzeichnet sind. In öffentlichen Parkanlagen sollte man sich auf keinen Fall *nude* oder *topless* sonnen.

Wer sich als Mann an amerikanischen Stränden und Swimming Pools nicht zum Gespött machen will, sollte die gute alte

Badehose zu Hause lassen und sich der amerikanischen Bade-
mode anpassen und knielange *trunks* tragen.

Die in Europa beliebten kleinen Badehosen werden von den
Amerikanern umgangssprachlich *speedo* genannt (nach dem
gleichnamigen Hersteller) und von den meisten Leuten einem
Bikini-Unterteil gleichgesetzt und als extrem unmännlich empfunden.

Die Marke *Speedo* stellt allerdings seit geraumer Zeit auch
trunks her. Man sollte daher nicht verwirrt sein, wenn man diese
Bezeichnung auch auf langen Badehosen findet.

Geschäfte, Restaurants und dergleichen, auch in Strandnähe,
bedienen niemanden ohne Hemd oder ohne Schuhe. Achten Sie
einmal auf die entsprechenden Hinweisschilder: »*No Shirt, No
Shoes, No Service*«.

Soft Drinks machen dick – so oder so

Achten Sie nach
Ihrem Umzug
nach Amerika auf
Ihr Gewicht.

Wissen Sie, warum Coca-Cola in den USA anders schmeckt als
in Europa? In den USA wird in der Lebensmittelherstellung
überwiegend Maissirup *(high fructose corn syrup)* statt Zucker
verwendet, da er kostengünstiger ist. In Europa ist es umgekehrt. *High fructose corn syrup* wird jedoch vom Körper schneller in Fett umgewandelt als Zucker und dies könnte, neben
dem allgemeinen Bewegungsmangel und den Riesenportio-
nen beim Essen, eine der Hauptursachen sein, warum in den
USA fast 70 Prozent der Menschen übergewichtig sind. *High
fructose corn syrup* ist nämlich in fast allen *soft drinks,* d. h. in
diversen Colas und Brausen, und in vielen anderen Lebensmit-
teln, z. B. oft auch in Brot, zu finden. Also beim Einkauf unbedingt einen Blick auf die Verpackung werfen und nachsehen,
ob *high fructose corn syrup* unter den *ingredients* aufgeführt
wird. Vermeiden Sie aber auch die kalorienfreien Getränke,
denn der Süßstoff *Aspartame,* der sich in den meisten künst-
lich gesüßten Versionen (z. B. *Diet Coke*) befindet, verlangsamt
den Stoffwechsel und macht damit ebenfalls dick. Also Finger
weg von diesen Getränken und lieber Wasser trinken.

Kapitel 19

Kriminalität

Die Kriminalitätsrate in den USA ist in den letzten zwanzig Jahren stark gesunken und liegt derzeit auf dem Niveau der Sechziger Jahre. Ein Grund dafür mag das extrem harte Durchgreifen der Justiz sein: Das Land liegt weltweit an der Spitze, was den Anteil der inhaftierten Bevölkerung betrifft, und zwar mehr als 700 Häftlinge pro 100.000 Menschen. Das ist beinahe zehnmal so hoch wie in Deutschland. In mehr als der Hälfte der Bundesstaaten wird zudem bei schweren Gewaltverbrechen die Todesstrafe verhängt. Derzeit warten über 3.000 Verurteilte auf ihre Hinrichtung. In diesem Kapitel sollen Tipps gegeben werden, wie man die Chancen verringert, Opfer einer Straftat zu werden. Viele dieser Hinweise werden Sie hoffentlich bereits als selbstverständlich empfinden.

Gewaltverbrechen

Die Mordrate ist in den USA ungefähr sechsmal so hoch wie in Deutschland. Trotzdem sollte Sie das nicht über die Maßen beunruhigen, denn die meisten Morde geschehen in Großstädten, und zwar in einkommensschwachen Stadtteilen und in Verbindung mit Gangs und Drogenhandel. Wenn Sie diese Stadtteile meiden, sinken die Chancen, dass Sie Opfer oder Zeuge einer Gewalttat werden, ganz erheblich. Versuchen Sie, die folgenden Regeln zu befolgen:

> Gewaltverbrechen sind stark ortsgebunden.

- Gehen Sie nicht allein durch dunkle, einsame Straßen. Seien Sie aufmerksam und achten Sie auf verdächtige Personen. Prägen Sie sich die Straßennamen ein, sodass Sie im Notfall 911 anrufen und genau benennen können, wo Sie sich befinden.
- Sollten Sie trotz aller Unwahrscheinlichkeit mit vorgehaltener Waffe ausgeraubt werden, sind Sie gut beraten, dem Täter die geforderten Wertgegenstände ohne Diskussion auszuhändigen. Vermeiden Sie Blickkontakt und spielen Sie nicht den Helden.
- Nehmen Sie keine Unbekannten in Ihrem Auto mit und halten Sie nicht an, um einem gestrandeten Autofahrer zu

helfen. Es kann sich dabei um eine Falle handeln. Wenn Sie helfen wollen, rufen Sie die Polizei an, die sich dann um den Autofahrer kümmern wird.

- Öffnen Sie nicht die Tür, falls eine unbekannte Person davor steht. Das gilt auch für Leute, die angeblich Reparaturen oder Wartungsarbeiten ausführen wollen, es sei denn, Sie haben einen entsprechenden Termin vereinbart. Lassen Sie auch niemanden herein, der darum bittet, Ihr Telefon zu benutzen. Wenn Sie in einem Haus mit mehreren Wohnungen leben, sollten Sie niemanden in das Gebäude hineinlassen, den Sie nicht kennen.

Besonders problematisch ist die Vergewaltigungsrate in den USA, die beinahe viermal so hoch ist wie in Deutschland. 91 Prozent der Opfer sind Frauen und 99 Prozent der Täter sind Männer. Hier eine Reihe von Hinweisen:

- Die meisten Bundesstaaten haben eine öffentliche Datenbank *(sex offender registry)*, in der Sie einsehen können, ob verurteilte Sexualstraftäter in Ihrer unmittelbaren Nähe wohnen.
- Sexuelle Übergriffe werden allerdings in den meisten Fällen von Menschen begangen, die ihre Opfer gut kennen, also von Verwandten, Bekannten, Freunden, Kollegen oder Vorgesetzten. 31 % aller Vergewaltigungen geschehen in der Wohnung des Täters, 27 % in der Wohnung des Opfers, 7 % im gemeinsamen Wohnraum von Täter und Opfer, 7 % auf einer Party, 7 % in einem Fahrzeug, 4 % unter freiem Himmel und 2 % in einer Bar.
- Vermeiden Sie Situationen, in denen Sie es dem Täter durch Alkohol- oder Drogeneinwirkung einfach machen, Sie zu überwältigen. Lassen Sie Ihr Getränk beim Besuch einer Bar oder einer Party nicht unbeaufsichtigt, damit niemand Gelegenheit hat, *Date-Rape*-Drogen hineinzumischen.
- Wenden Sie sich an die Personalabteilung, falls Sie von einem Kollegen oder Vorgesetzten bedrängt werden.
- Sollte Ihnen jemand ständig nachstellen, können Sie vor Gericht ein Kontaktverbot *(restraining order)* erwirken. Sollte dieses verletzt werden, rufen Sie sofort die Polizei.
- Seien Sie besonders vorsichtig im Umgang mit Menschen, die Sie über das Internet kennengelernt haben.

Hände weg von Drogen und Vorsicht beim Alkoholkonsum.

Eigentumsdelikte

Informieren Sie sich vor dem Kauf eines Hauses oder dem Mieten einer Wohnung über die Kriminalitätsrate des betreffenden Stadtteils, z. B. auf ▶ www.neighborhoodscout.com. Hier einige Regeln:

- Schließen Sie Ihre Haus- bzw. Wohnungstür zu allen Tageszeiten ab.
- Verriegeln Sie leicht zugängliche Fenster, wenn Sie nicht zu Hause sind und nachts zumindest in den Räumen, in denen Sie nicht schlafen.
- Balkon- und Verandatüren sollten durch eine Metallstange gesichert sein, sodass sie nicht aufgeschoben werden können.
- Sorgen Sie dafür, dass das Haus ringsum gut beleuchtet ist. Falls Sie Strom sparen wollen, installieren Sie Lampen die durch Bewegungsmelder aktiviert werden und die ihren Strom aus Solarzellen beziehen.
- Installieren Sie bei Bedarf neue Schlösser und eine Alarmanlage.
- Lassen Sie Ihre Garage auch tagsüber niemals offen stehen.

Betrachten Sie Ihr Haus aus der Sicht eines Einbrechers: Wo sind die Schwachpunkte?

Kapitel 20

Verhalten bei Naturkatastrophen

Viele Amerikaner verfolgen aufmerksam das Wettergeschehen. Im Kabelfernsehen gibt es dafür natürlich einen eigenen Sender: *The Weather Channel*, auf dessen Website (▶ www.weather.com) man sich auch ganz detailliert über das lokale Wetter informieren kann. Die Amerikaner haben es gelernt, mit extremen Wetterverhältnissen umzugehen. Sie nehmen die Gefahren ernst und verhalten sich entsprechend. Genauso wie z. B. jeder Europäer weiß, dass man bei Gewitter nicht in einem See schwimmen darf, sollte man auch bei unbekannten, für Amerika typischen Unwettern und Naturerscheinungen wissen, was man am besten macht. Bei richtigem Verhalten kann ernsthafter Schaden meistens vermieden werden.

Wintergefahren

Das Wort »Blizzard« ist vermutlich von dem deutschen Wort »blitzartig« abgeleitet worden.

Die Winter sind in weiten Gebieten der USA wesentlich extremer als in Mitteleuropa. Kälte, Schnee und Stürme sind nicht zu unterschätzende Gefahren. Beim Autofahren ist in dieser Zeit besondere Vorsicht angebracht, besonders wenn es durch dünn besiedelte Gegenden geht. Wer da nicht aufpasst, kann in einen schweren Schneesturm (*blizzard*) geraten und tagelang eingeschneit festsitzen.

Das Mitführen eines Handys ist deshalb ratsam, ebenso warme Kleidung, einschließlich Handschuhe und Mütze, sowie ausreichende Verpflegung. Als Geheimtipp gilt die Mitnahme von Katzenklostreu (*cat litter*). Dieses Granulat kann im Schnee festgefahrenen Autos durch das Streuen unter die Reifen die notwendige Bodenhaftung zurück geben. Auch eine handliche, armlange Schneeschaufel, ein Eiskratzer für die Scheiben und eine Taschenlampe (mit Ersatzbatterien) gehören zur Grundausstattung. Für alle Fahrten in den USA, besonders aber im Winter, ist die Mitgliedschaft in Automobilklubs wie *Better World Club* (▶ www.betterworldclub.com) oder *AAA* (sprich: »*Triple A*«) zu empfehlen. Diese schicken Hilfe bei Pannen oder wenn das Auto nicht anspringt. Mit einem Starterkabel oder einer mobilen Starterbox kann man der Batterie oft auch selbst nachhelfen. Gute

Reifen und ausreichend Frostschutzmittel (*antifreeze*) sind natürlich selbstverständlich.

Angemessenes Fahren im Winterwetter ist oberstes Gebot. Denken Sie besonders an die längeren Bremswege und an die Schleudergefahr auf glatten Straßen! Das Fernsehen berichtet ausführlich über das Wetter und warnt vor Gefahren. Dabei gibt es einige feststehende Kategorien:

In schneereichen Staaten lohnen sich Winterreifen.

- *Winter storm watch*: Gefahrbringendes Winterwetter, einschließlich Schneefall und *blizzards*, ist innerhalb der nächsten 24 Stunden wahrscheinlich, ebenso Schneeregen und Glatteis. Vermeiden Sie unnötige Autofahrten. Verfolgen Sie fortlaufend die Ankündigungen im Radio und im Fernsehen.
- *Winter storm warning*: Gefahrbringendes Winterwetter ist innerhalb der nächsten 12 Stunden sehr wahrscheinlich oder steht unmittelbar bevor. Dazu gehören starker Schneefall, teilweise in Verbindung mit kräftigen Winden, Schneeregen und Glatteis. Suchen Sie rechtzeitig ein Gebäude auf und fahren Sie nach Möglichkeit kein Auto.
- *Blizzard warning*: Kräftige Winde und starker Schneefall verursachen extrem schlechte Sichtverhältnisse und Schneeverwehungen. Dieser Zustand hält mehrere Stunden an. Bleiben Sie im Haus bzw. suchen Sie so schnell wie möglich Schutz!

Falls Sie auf einsamer Straße in einem Schneesturm liegen bleiben, sollten Sie sich wie folgt verhalten: Binden Sie einen farbigen Fetzen Stoff an die Antenne. Bleiben Sie im Auto. Lassen Sie das Auto nur für zehn Minuten pro Stunde laufen. Stellen Sie regelmäßig sicher, dass der Auspuff nicht vom Schnee verschüttet ist, damit die Abgase nicht ins Auto zurückgeleitet werden. Schalten Sie die Innenbeleuchtung an, während der Motor läuft, damit Sie eventuell gesehen werden. Bewegen Sie Ihre Arme und Beine. Halten Sie ein Fenster, das im Windschatten liegt, einen Spalt offen, um frische Atemluft ins Auto zu lassen.

Ein Begriff, den Sie im Winter oft hören werden, ist *wind chill*. Nehmen wir einmal an, es herrschen zehn Grad minus. Bei Windstille ist das schon ganz schön kalt. Wenn ein starker Wind weht, scheint es jedoch bei gleicher Temperatur noch wesentlich kälter zu sein. Das kommt durch die Wirkung, die der eisige Wind auf die Haut hat. Deshalb sind die Überlebenschancen an einem windgeschützten Ort wesentlich größer als im Freien. Bleiben Sie also im Auto, wenn Sie während eines Schneesturms auf dem Lande liegen bleiben, statt zu Fuß irgendwo hinzugehen.

Tornados

In den USA gibt es mehr als 1.200 Tornados pro Jahr.

Tornados (*tornadoes*) sind eine in Europa vergleichsweise selten vorkommende Wettererscheinung. In den USA kosten diese wirbelnden Sturmtrichter jedoch jedes Jahr Dutzende Menschenleben und große Sachschäden. Obwohl Tornados in allen Bundesstaaten auftreten können, werden der Mittlere Westen und der Süden der USA am häufigsten von diesen besonders tückischen Stürmen heimgesucht. Tornados treten meistens bei gewittrigem Wetter und auch im Zusammenhang mit *hurricanes* (siehe nächsten Abschnitt) auf. Wenn die meteorologischen Voraussetzungen stimmen, löst sich ein Trichterwirbel vom Himmel, zieht mehrere Kilometer weit übers Land und beschädigt bzw. zerstört alles in seiner Bahn.

Die meisten Tornados sind nur einige hundert Meter im Durchmesser und bewegen sich mit etwa 100 Kilometern pro Stunde fort. Der Durchmesser eines Tornados kann aber auch mehr als zwei Kilometer betragen und seine Geschwindigkeit kann die eines Schnellzuges annehmen. Der Trichter selbst wirbelt außerdem mit einer viel größeren Geschwindigkeit (und Zerstörungskraft) um die eigene Achse. Manchmal treten auch mehrere Tornados gleichzeitig auf.

Wenn in einer Region die Gefahr von Tornados besteht, spielt der *National Weather Service* auf allen lokalen Radio- und Fernsehsendern Warnungen ein und lässt, soweit vorhanden, die örtlichen Sirenen aufheulen. Dabei unterscheidet man zwischen zwei Stufen:

- *Tornado watch:* Das Auftreten eines Tornados ist auf Grund der Wetterbedingungen sehr wahrscheinlich. Man sollte nun aufmerksam dem Fernsehen oder Radio folgen und sich an einen sicheren Ort begeben. Verlassen Sie sich nicht darauf, dass es eine rechtzeitige *tornado warning* geben wird. Achten Sie selbst auf aufgewirbelte Gegenstände, zunehmenden Sturm und Geräusche. Viele Augenzeugen sagen, dass sich ein Tornado wie ein herannahender Güterzug anhört.
- *Tornado warning:* Ein Tornado wurde gesichtet. Jetzt muss man unbedingt einen sicheren Ort aufsuchen. Hat das

Haus einen Keller, so ist man hier am sichersten. Auf jeden Fall aber sollte man sich auf die niedrigste Etage bzw. in einen fensterlosen Raum im Inneren des Gebäudes begeben. Berstende Fenster sind normalerweise das erste Resultat eines Tornadotreffers. Als Nächstes wird der Tornado, wenn er stark genug ist, das Dach vom Haus abreißen und dann die Wände zerstören. Leute, die einen solchen Tornadotreffer in einem Haus ohne Keller überlebt haben, berichten in der Regel, dass sie sich in die Badewanne im Inneren Ihres Hauses gerettet hatten und sich eine Matratze oder ein Kissen über den Kopf hielten. Auf keinen Fall sollte man aus dem Haus gehen und versuchen zu flüchten.

In öffentlichen Gebäuden folgt man den Anweisungen des Personals. Der sicherste Platz in Supermärkten sind die stählernen Kühlräume. Vermeiden Sie unbedingt die Nähe von Fenstern. Ist man mit dem Auto unterwegs und sieht einen Tornado kommen, sollte man entweder flüchten oder ein stabiles Gebäude ansteuern. Stellen Sie mit Hilfe eines unbeweglichen Bezugspunktes zunächst fest, in welche Richtung sich der Tornado bewegt. Fahren Sie nach rechts, wenn sich der Tornado nach links bewegt und umgekehrt. Sollte der Tornado scheinbar unbeweglich sein oder größer werden, dann kommt er wahrscheinlich genau auf Sie zu. Weichen Sie so schnell wie möglich nach links oder rechts aus! Durch einen Tornado hindurchfahren zu wollen, ist glatter Selbstmord. Falls es keine Gelegenheit zur Flucht oder kein schützendes Gebäude gibt, sollte man das Auto am Straßenrand abstellen und sich möglichst weit entfernt flach in eine Bodensenke oder einen Graben legen. Unter Autobahnbrücken zu parken und dort Schutz zu suchen, ist nicht empfehlenswert, da die Überlebenschancen dort u. a. wegen des Windtunneleffekts geringer sind.

> Unterschätzen Sie nicht die tödliche Gefahr, die von einem Tornado ausgeht.

Wohngebiete mit Anziehungskraft

Der amerikanische Volksmund bezeichnet *mobile homes* (siehe entsprechender Abschnitt im Kapitel »Hauskauf«) und die Wohngebiete, in denen sie aufgestellt werden, die sogenannten *trailer parks*, als *tornado magnets*, da diese überdurchschnittlich oft von Tornados getroffen und hier die meisten Schäden und Opfer beklagt werden. Da die *mobile homes* keine Keller haben, sind ihre Bewohner besonders gefährdet. Eine Theorie besagt, dass *trailer parks* deshalb so häufig von Tornados heimgesucht werden, da sie sich oft am Stadtrand befinden, wo die atmosphärischen Bedingungen für einen Tornado anscheinend günstiger als innerhalb der Stadtgrenzen sind.

Hurricanes und Tropical Storms

Die Einwohner Floridas sind am häufigsten betroffen.

Gewaltige Wirbelstürme, *hurricanes* genannt, ziehen jedes Jahr, meistens zwischen Juni und November, vom Atlantik, dem Gulf of Mexico und der Karibik her über den südöstlichen Teil der USA. Heftige Winde, Regen, Gewitter, Tornados und starke Fluten vor, während und nach den eigentlichen Stürmen sind keine Seltenheit.

Die schwächeren Geschwister der *hurricanes* sind die *tropical storms*, die ebenfalls sehr unangenehm, aber nicht ganz so zerstörerisch sind. Der Übergang vom *tropical storm* zum *hurricane* und umgekehrt ist gleitend und liegt bei 74 mph (118 km/h). Die Voraussage dieser Stürme ist in den letzten Jahren stark verbessert geworden. Die zuständigen Behörden warnen in den Medien in folgenden Stufen vor den Stürmen:

- *Tropical storm watch:* Ein *tropical storm* mit starken Winden ist innerhalb der nächsten 36 Stunden möglich.
- *Tropical storm warning:* Ein *tropical storm* mit starken Winden wird innerhalb der nächsten 24 Stunden erwartet.
- *Hurricane watch:* Ein *hurricane* ist innerhalb der nächsten 36 Stunden möglich. Achten Sie auf weitere Ankündigungen. Bringen Sie alle Dinge, die weggeweht werden könnten, von Ihrem Garten oder Balkon ins Haus. Schrauben Sie (bereits von Ihnen vorbereitete) Holzplatten vor die Fenster, wenn Sie keine sturmfesten Fensterläden (*hurricane shutters*) haben. (Abgestorbene Äste sollten regelmäßig von umstehenden Bäumen entfernt werden, damit diese im Falle eines Sturms nicht Ihr Haus beschädigen.) Tanken Sie Ihr Auto voll, um auf eine Evakuierung vorbereitet zu sein. Ersetzen Sie Taschenlampenbatterien und schaffen Sie einen Essen- und Trinkwasservorrat für mehrere Tage.
- *Hurricane warning:* Der *hurricane* wird innerhalb von 24 Stunden mit großer Sicherheit erwartet. Bleiben Sie im

Haus, fern von den Fenstern. Verfolgen Sie die Anweisungen im Radio oder Fernsehen. Während eines *hurricane* verhängen die lokalen Behörden oft eine Ausgangssperre (*curfew*). Lassen Sie sich nicht vom »Auge« des Sturms täuschen. Die eingetretene Ruhe ist nur zeitweilig, die zweite Hälfte des Sturms ist meist noch schlimmer als die erste und es kann während und nach einem *hurricane* auch zu Tornados kommen. Benutzen Sie bei Stromausfall Taschenlampen als Lichtquellen, da Kerzen oft Brände auslösen. Sollten die Behörden im Vorfeld des Sturms die Anweisung zur Evakuierung geben, insbesondere wenn eine Flut, die schon vor dem Sturm kommen kann, befürchtet wird, sollten Sie dieser unbedingt Folge leisten.

Achten Sie auch nach Abklingen des Sturms auf die Anweisungen der Behörden im Radio, Fernsehen oder per Lautsprecher. Vorsicht ist bei beschädigten Stromleitungen, Bäumen und Gebäuden angebracht. Fahren bzw. gehen Sie nicht durch überschwemmte Straßen.

Waldbrände

Amerika hat riesige Wälder, in denen es jedes Jahr zu gigantischen Bränden (*wildfires*) kommt. Natürlich sollten Sie in erster Linie die Brände weit umgehen bzw. sich schnell von ihnen entfernen. Radio und Fernsehen in den betroffenen Gebieten geben ausführliche Informationen.

Kalifornien und North Carolina verzeichnen die meisten Waldbrände.

Wenn Sie mit Ihrem Fahrzeug von einem Feuer eingeschlossen werden, sollten Sie entweder schnell durch das Feuer fahren, wenn Sie dahinter einen Ausweg sehen. Falls es so viel Rauch gibt, dass Sie nicht mehr sehen können, wo Sie hinfahren, halten Sie nach Möglichkeit an der breitesten baumfreien Stelle, lassen den Motor laufen, schalten die Klimaanlage aus und schließen die Fenster. Kauern Sie auf der von der herankommenden Feuerwalze abgewandten Seite im Auto. Bedecken Sie sich mit einer Jacke oder Decke und halten Sie ein Stück trockenen (!) Stoffes über Mund und Nase. Versuchen Sie die Ruhe zu bewahren und atmen Sie so flach wie möglich. Ihr Fahrzeug wird wahrscheinlich Feuer fangen, aber nicht explodieren. Denken Sie daran, dass Sie im Auto sicherer sind als draußen. Wenn das Feuer vorübergezogen ist, sollten Sie das Auto schnellstmöglich verlassen. Begeben Sie sich in das bereits abgebrannte Gebiet.

Feuer brennt schneller bergauf als bergab. Wenn Sie zu Fuß unterwegs sind, sollten Sie sich also möglichst unterhalb des Feuers begeben, idealerweise zu einem Bach, Fluss oder See. Gehen Sie in das Wasser. Ansonsten sollten Sie wenigstens ein Loch für Ihr Gesicht graben und sich flach hinlegen. Möglicherweise zieht das Feuer über Sie hinweg. Felsen, Höhlen und dergleichen bieten ebenso mehr oder weniger Schutz. Wenn die Feuerwand sehr dünn ist, können Sie eventuell hindurchlaufen. Schließen Sie die Augen und halten Sie die Luft an, während Sie hindurchlaufen bzw. atmen Sie nicht ein! Rollen Sie sich dann auf dem Boden, um Feuer an Kleidung, Körper und Haaren zu ersticken. Was immer Sie machen, versuchen Sie Ihre Augen und Ihre Atemwege zu schützen.

Einer Aufforderung zur Evakuierung sollte unbedingt Folge geleistet werden.

Falls Sie Ihr Haus wegen eines herannahenden Waldbrandes evakuieren müssen und Sie noch ausreichend Zeit haben, sollten Sie die Fenster und Fensterläden schließen, leichte Gardinen entfernen, das Gas an der Hauptzufuhr abstellen, die Haustür schließen, aber nicht abschließen, damit Feuerwehrleute hineinkommen können, die Lichter anlassen sowie eine Leiter, Schläuche, Feuerlöscher und mit Wasser gefüllte Eimer bereitstellen, die von der Feuerwehr genutzt werden können. Bringen Sie, wenn möglich, den Rasensprenger aufs Dach und stellen Sie ihn an, sodass das Dach nass wird. Wenn Sie einen Propangastank neben dem Haus stehen haben, drehen Sie den Zufuhrhahn ab und stellen Sie einen Rasensprenger auf, sodass die Umgebung des Tanks beregnet wird. Ziehen Sie feste Schuhe und lange Hosen sowie langärmlige Oberbekleidung aus Baumwolle zu Ihrem Schutze an für den Fall, dass Sie während der Evakuierung in die Nähe des Feuers kommen sollten. Nehmen Sie auch Handschuhe und ein Taschentuch mit, das Sie sich vor den Mund halten können.

Wenn Sie das Haus nicht mehr rechtzeitig verlassen können, sollten Sie zuerst 911 anrufen, damit die Feuerwehr weiß, dass Sie festsitzen. Gehen Sie weit ins Innere des Hauses und warten Sie ab, bis das Feuer vorbeizieht bzw. Hilfe kommt.

Einige Staaten, wie z. B. Kalifornien, verlangen u. a., dass zwischen Häusern und Bäumen zu allen Zeiten ein Mindestabstand herrscht und abgefallene Blätter sowie Nadeln von Dächern und aus Regenrinnen entfernt werden, um das Übergreifen von Bränden auf Gebäude zu vermeiden. Schornsteine und Abzugsrohre für Öfen müssen mit einem *spark arrester* ausgerüstet sein, um Funkenflug zu vermeiden.

Es versteht sich von selbst, dass Sie alles tun sollten, um nicht selbst zum Verursacher eines Waldbrandes zu werden. Ein Lagerfeuer oder ein Grill dürfen nur an den dafür vorgesehenen Orten, die es in den meisten Nationalparks und auf Campingplätzen in ausreichender Zahl gibt, betrieben werden. Rauchen Sie nicht im Wald und werfen Sie keine Kippen aus dem Auto. Wenn Sie Kinder haben, passen Sie auf, dass diese nicht mit Feuer spielen. »Das ist doch selbstverständlich«, werden Sie sagen. Anscheinend denken jedoch nicht alle Leute so. Durch die Unvorsichtigkeit Einzelner brennen jedes Jahr Zehntausende von Quadratkilometern Wald nieder und kommen Menschen sowie Tiere ums Leben.

Erdbeben

Wenn Sie in einem erdbebengefährdeten Gebiet wohnen, sollten Sie die Regeln richtigen Verhaltens kennen. Suchen Sie Schutz unter einem Tisch, wenn Sie sich während eines Bebens innerhalb eines Gebäudes befinden. Halten Sie sich an den Tischbeinen fest und versuchen Sie unter dem Tisch zu bleiben, falls sich dieser fortbewegt. Drücken Sie Ihr Gesicht gegen einen Arm, um Ihre Augen vor Splittern und Scherben zu schützen. Vermeiden Sie die Nähe von Fenstern, Kaminen, Holzöfen sowie schweren Möbeln und Geräten, die auf Sie fallen könnten. (Bereiten Sie Ihr Haus bzw. Ihre Wohnung auf ein Beben vor, indem Sie Regale und hohe Einrichtungsgegenstände an den Wänden festschrauben. Halten Sie eine Taschenlampe bereit, falls die Stromversorgung unterbrochen wird.) Bleiben Sie im Gebäude, damit keine Fensterscheiben oder andere Teile von Gebäuden auf Sie fallen. Vermeiden Sie Panik. Falls Sie sich im Freien befinden, sollten Sie sich auf eine freie Fläche, möglichst weit weg von Gebäuden und Stromleitungen, begeben. Wenn Sie gerade mit dem Auto unterwegs sind, sollten Sie anhalten, wenn sich eine sichere Gelegenheit bietet. Vermeiden Sie Brücken, Hochstraßen, Unterführungen und Tunnel. Halten Sie möglichst am Straßenrand, aber nicht unter Bäumen, Lichtmasten, Stromleitungen und großen Schildern.

Im Gebirge sollten Sie sich vor Geröll und Erdrutschen in Acht nehmen. Sollten Sie gerade am Strand oder in Küstennähe sein, begeben Sie sich unverzüglich landeinwärts und auf höheres Terrain, da das Erdbeben eine *tsunami* auslösen kann. Dabei handelt es sich um eine Serie von Wellen, die mit zunehmender Küstennähe an Höhe gewinnen und erhebliche Schäden anrichten. *Tsunamis* können an der gesamten Westküste von Kalifornien über Oregon, Washington, British Columbia bis nach Alaska sowie in Hawaii und anderen pazifischen Inseln auftreten.

Erdbeben gibt es in erster Linie im Westen der USA.

Nach dem Abklingen des Erdbebens sollten Sie sich und andere auf Verletzungen untersuchen. Halten Sie Ausschau nach Feuern. Stellen Sie bei entsprechendem Geruch das Gas ab. (Dieses muss später von einem Fachmann wieder angeschaltet werden.) Achten Sie auch auf beschädigte Strom- und Wasserleitungen. Befolgen Sie die im Radio gegebenen Anweisungen. Seien Sie auf Nachbeben gefasst und verhalten Sie sich entsprechend. Evakuieren Sie das Gebäude bei Einsturzgefahr bzw. bei anderen Gefahren wie Feuer und Gasaustritt.

Flash Floods

In gefährdeten Gebieten müssen Hausbesitzer gegen Hochwasser versichert sein.

Bei starkem Regen und bei Schneeschmelze im Gebirge besteht das Risiko von Hochwasser (*flood*) bzw. einer plötzlichen, flutartigen Überschwemmung (*flash flood*). Informieren Sie sich vorab, ob Ihr Haus in einem überschwemmungsgefährdeten Gebiet steht. Stellen Sie fest, ob Ihre Versicherung Hochwasserschäden abdeckt. Schließen Sie bei Bedarf eine spezielle Versicherung (*flood insurance*) ab. Radio und Fernsehen informieren folgendermaßen über aufkommende Gefahren:

- *Flood watch:* Hochwasser ist möglich. Bringen Sie alle wertvollen Gegenstände ins Obergeschoss Ihres Hauses. Halten Sie Ihr vollgetanktes Auto für den Fall einer Evakuierung bereit.
- *Flood warning:* Das Wasser beginnt bereits zu steigen und es wird bald zu einer Überschwemmung kommen. Verfolgen Sie die Durchsagen in Radio und Fernsehen aufmerksam und leisten Sie Anweisungen zur Evakuierung umgehend Folge. *Flash floods* entwickeln sich viel schneller als normale Hochwasser und sind deshalb wesentlich gefährlicher.
- *Flash flood watch:* Eine plötzliche, flutartige Überschwemmung ist möglich. Achten Sie auf erste Anzeichen einer *flash flood* und seien Sie auf eine schnelle Evakuierung vorbereitet.
- *Flash flood warning:* Die *flash flood* hat bereits begonnen oder steht unmittelbar bevor. Evakuieren Sie sofort. Sekunden können entscheidend sein. Begeben Sie sich auf höher gelegenes Terrain. Beachten Sie Warnschilder, die vom Befahren bestimmter Straßen im Falle einer *flash flood* abraten. Ist ein Ausweg per Auto nicht möglich, sollten Sie zu Fuß einen Hang hinaufklettern.

Kapitel 21

Handel und Gastronomie

Ein wichtiger volkswirtschaftlicher Indikator, über den die Medien in den USA regelmäßig berichten, ist *consumer confidence.* Er drückt den Grad an Optimismus aus, den die Konsumenten hinsichtlich der allgemeinen Wirtschaftslage und ihrer eigenen finanziellen Situation fühlen. Je optimistischer sie sind, desto wahrscheinlicher ist es, dass sie sich an den Kauf hochwertiger Güter wagen, und sowohl Hersteller als auch Einzelhandel reagieren darauf, indem sie die Produktion ankurbeln und neue Arbeitskräfte einstellen. Eine kritische Einstellung gegenüber der Konsumgesellschaft ist in den USA nicht besonders ausgeprägt. Allerdings haben sich viele Amerikaner in den letzten Jahren zunehmend besser informiert und durch ihr Kaufverhalten u. a. dazu beigetragen, dass es jetzt in fast jedem Supermarkt Bio-Produkte zu kaufen gibt.

Verkaufskultur

Große Lebensmittelgeschäfte *(grocery stores)* und kleine Läden des täglichen Bedarfs *(convenience stores)* haben sehr lange Öffnungszeiten. Viele sind sogar immer geöffnet, d. h. 24 Stunden am Tag, sieben Tage in der Woche, 365 Tage im Jahr. Kaufhäuser *(department stores)* und Geschäfte in Einkaufzentren *(shopping malls)* öffnen meistens um neun Uhr morgens und schließen um zehn oder elf Uhr abends. Sonntags machen sie oft etwas später auf und schließen früh am Abend. Kleine Einzelhändler im Stadtzentrum *(downtown)* oder in einstöckigen Ladenzeilen, die sich am Rande stark befahrener Straßen befinden und *strip malls* genannt werden, haben ganz unterschiedliche Öffnungszeiten, die sie den Bedürfnissen ihrer Kundschaft anpassen. In der Vorweihnachtszeit, die in den USA wesentlich früher als in Europa beginnt, haben viele Geschäfte wesentlich länger auf. Seien Sie nicht überrascht, wenn Sie schon im Oktober Weihnachtsmusik in den Läden hören.

Die meisten Einkaufszentren sind ohne Auto kaum zu erreichen.

Die Parkplätze der Supermärkte sind nicht selten mehrere Fußballfelder groß und überall stehen Einkaufswagen herum, die von Angestellten eingesammelt werden müssen. Das in Deutschland übliche Verfahren mit der Geldmünze am Wagen wird in den USA nur von Aldi angewendet.

Selbstbedienungskassen *(U-Scan)* sind in Amerika viel häufiger zu finden als in Europa. In der Regel werden sechs bis acht Kassen von einem einzigen Mitarbeiter beaufsichtigt, der bei Bedarf helfend eingreifen kann oder der beim Alkoholkauf das Alter der Kunden überprüft.

Die Preisangaben an den Regalen sind in der Regel ohne Verkaufssteuer *(sales tax)*. Diese ist von Staat zu Staat unterschiedlich, beträgt aber meistens zwischen fünf und neun Prozent und wird erst an der Kasse hinzugerechnet. Lebensmittel sind allerdings fast immer von der *sales tax* ausgenommen.

Selbstverständlich sollten Sie beim Einkauf auf Sonderangebote achten. Diese sind durch Schilder mit der Aufschrift *Sale* gekennzeichnet und wechseln jede Woche. Ein verwandter Begriff ist *bargain*. Im Gegensatz zu Produkten, die während eines *sale* zeitweilig preisgesenkt verkauft werden, sind *bargains* Produkte, die dauerhaft als preiswert angepriesen werden. Ob es sich dabei wirklich um Schnäppchen handelt, lässt sich natürlich nur durch einen Preisvergleich von Geschäft zu Geschäft ermitteln.

Viele amerikanische Geschäfte haben großzügige *return policies,* welche die Rückgabe bzw. den Umtausch von Waren regeln. Wenn Sie eine Ware zurückgeben wollen, sollten Sie den Kassenzettel vorlegen können. Auf diesem ist meistens der zeitliche Rahmen für den Umtausch vermerkt. Vor Ablauf der Frist können Sie die Ware normalerweise ohne Angabe von Gründen zurückgeben. Oft kann man das aber auch später noch machen. Ein Händler wird in der Regel alle Möglichkeiten ausschöpfen, um Sie zufriedenzustellen. Bei größeren Anschaffungen, z. B. beim Kauf von Waschmaschine, Kühlschrank, Fernseher oder Möbeln lohnt sich die Beantragung einer *store charge card,* wenn beim ersten Benutzen ein Preisnachlass, der in der Regel 10 Prozent beträgt, gewährt wird. (Lesen Sie dazu bitte auch den Abschnitt »Credit History« im Kapitel »Geldfragen«.)

Lebensmittelkauf

Die Lebensmittelpreise sind in den USA u. a. wegen der Transportkosten deutlich höher als in Deutschland. Die folgenden Tipps sollen Ihnen helfen, Geld zu sparen:

- In vielen Supermärkten kann man über den sogenannten *unit price,* der oft in kleiner Schrift am Regal neben dem Preis des Artikels angegeben ist, einen präzisen Preisver-

gleich anstellen. So lässt sich bei Waren mit unterschied-
lichen Verpackungsgrößen schnell feststellen, welches
Produkt teurer nach Gewicht, Inhalt oder Fläche (z. B. bei
Toilettenpapier) ist.

- Bitte beachten Sie, dass **Sonderangebote** in vielen Lebens-
mittel- und Drogeriemärkten nur gelten, wenn man eine
Kundenkarte hat. Durch das Ausfüllen eines einfachen
Formulars kann man diese sehr schnell bekommen. In der
Regel erhält man einen kleinen Anhänger mit Strichcode,
den man sich ans Schlüsselbund hängt und der dann jedes
Mal vor dem Bezahlen gescannt wird. Mitunter bekommt
man so nicht nur den Sonderpreis gutgeschrieben, sondern sammelt auch Punkte, mit denen man an der Tankstelle des Supermarktes einen Preisnachlass erhalten kann.

- Nutzen Sie **Coupons**. Diese finden Sie u. a. in Zeitungsbei-
lagen, in den Werbeschriften der Läden, an den Regalen
oder in bzw. an den Produkten. Wenn Sie eine Kundenkarte haben, werden in der Regel an der Kasse Coupons
für Ihren nächsten Einkauf ausgedruckt. Viele Geschäfte
schicken auch regelmäßig Coupons per Post. Mittels der
Kundenkarte führen die Einzelhandelsunternehmen nämlich Buch über Ihr Kaufverhalten und schicken Ihnen dann
Coupons für Produkte, die Sie regelmäßig kaufen oder die
für Sie interessant sein könnten. Bitte achten Sie darauf,
dass die meisten Coupons ein Ablaufdatum haben.

- Falls möglich, folgen Sie dieser **Einkaufsstrategie**: Fahren Sie, wenn Sie Ihren Wocheneinkauf machen, zuerst
zu *Big Lots*. Dort gibt es viele Dinge des täglichen Bedarfs
preiswerter, z. B. Waschpulver, Reinigungsmittel, Sham-
poo, Deo und Toilettenpapier. Machen Sie danach Station
bei *Aldi*. Dort bekommt man nicht nur viele Lebensmittel
wesentlich billiger, sondern auch Schokolade, Wein und
Müsli aus deutschen Landen zu akzeptierbaren Preisen.
Erst nachdem Sie bei *Big Lots* und *Aldi* waren, sollten Sie
in den regulären Supermarkt gehen. Sie werden sehen,
dass Sie auf diese Weise ganz erheblich Geld sparen.

Aldi und Trader Joe's

Mittlerweile gibt es mehr als 1.300 Aldi-Filialen in 32 Bundesstaaten, insbesondere im Osten und im Mittleren Westen. In

den nächsten fünf Jahren sollen noch weitere 650 Läden im ganzen Land hinzukommen. Ob es bereits eine Aldi-Filiale in Ihrer Nähe gibt, können Sie unter »*Find a Store*« auf dieser Website herausfinden: ▶ www.aldi.us

Sehr zu empfehlen ist auch der Einkauf in einer der rund 400 Filialen von *Trader Joe's* (▶ www.traderjoes.com), einem weiteren Unternehmen der Familie Albrecht in den USA. Auch hier sieht man sofort die Ähnlichkeit mit deutschen Lebensmittelmärkten: Die Verkaufsfläche und die Produktvielfalt sind kleiner als bei den amerikanischen Konkurrenten, das Verhältnis von Qualität und Preis der Waren jedoch oft besser.

Gesund einkaufen

Lebensmittel aus biologisch kontrolliertem Anbau bzw. biologisch kontrollierter Tierhaltung, d. h. frei von Genveränderungen, künstlichen Schädlings- und Unkrautbekämpfungsmitteln, Düngemitteln, Antibiotika, Wachstumshormonen, Bestrahlung etc., tragen in den USA die Bezeichnung *organic*. Dabei gibt es zwei Einstufungen: Produkte, die zu 95 bis 100 Prozent aus biologischen Zutaten *(ingredients)* bestehen, tragen ein Siegel mit der Aufschrift »*USDA ORGANIC*«. Die Hersteller mussten sich vom *U.S. Department of Agriculture (USDA)* zertifizieren lassen. Wenn Produkte zu 70 bis 94 Prozent aus Bio-Zutaten hergestellt wurden, steht auf der Verpackung »*made with organic ingredients*«.

Nur der Begriff »Organic« ist gesetzlich geschützt.

Für schön klingende Begriffe wie *natural, free-range* und *hormone-free,* die ebenfalls auf Verpackungen verschiedener Lebensmittel stehen, gibt es keine gesetzlichen Standards und keine staatliche Zertifizierung.

Falls Ihnen *organic milk* zu teuer ist, sollten Sie wenigstens jene Milch wählen, die von Kühen kommt, die nicht mit *rBST* oder *rBGH* behandelt wurden. Das sind Hormone, die den Tieren gespritzt werden, damit sie mehr Milch geben. Diese Hormone sind in den meisten Industrieländern verboten, nicht jedoch in den USA. Achten Sie daher darauf, ob auf der Verpackung (bei den Plastikgallonen oft auf dem Schraubverschluss) Kennzeichnungen wie »*rBST-free*« bzw. »*rBGH-free*« oder »*Milk from cows NOT treated with rBST/rBGH*« aufgedruckt sind. Allerdings wird das nicht staatlich geprüft, sodass man sich auf die Aussagen der Unternehmen verlassen muss. Wer auf Nummer sicher gehen will, sollte also *organic milk* kaufen.

Genmanipuliertes Obst und Gemüse erkennt man an der aufgeklebten Nummer, dem *PLU code.* Normales Obst und Gemüse hat eine 4-stellige Nummer, z. B. 4011. Wenn es aus dem Bio-Anbau kommt, ist die Nummer 5-stellig und beginnt mit einer 9, z. B. 94011. Der *PLU code* für genmanipuliertes Obst und Gemüse hat ebenfalls fünf Stellen, beginnt aber mit einer 8, z. B. 84011. (Als Eselsbrücke können Sie sich das Wort Achtung merken.)

Genetisch verändertes Obst und Gemüse kann man nur an der PLU-Nummer erkennen.

Eine Lebensmittelmarkt-Kette, die sich auf gesundes Essen spezialisiert hat, ist *Whole Foods,* die wegen ihrer recht hohen Preise im Volksmund *»Whole Paycheck«* genannt wird. Mittlerweile gibt es Bio-Produkte jedoch in fast jedem Lebensmittelladen, sodass man per Preisvergleich ganz erheblich sparen kann. Viele Städte haben auch ein Lebensmittelgeschäft in Genossenschaftsbesitz *(food co-op).* Die Waren, die dort angeboten werden, stammen oft von Erzeugern aus der Region, die nach biodynamischen Methoden produzieren. In diesen Läden gibt es meistens auch sehr gutes Brot zu kaufen.

Vegetarische Lebensmittel bekommt man fast überall, Veganer finden jedoch in den Genossenschaftsläden und bei *Whole Foods* in der Regel das beste Angebot.

In vielen Städten gibt es auch Bauernmärkte *(farmers' markets),* meistens am Samstag. Hier bekommen Sie natürlich wesentlich frischeres Obst und Gemüse als in der *produce section* des Supermarktes. Außerdem geht Ihr Geld so direkt an die Erzeuger und Sie tragen somit zum Überleben kleiner landwirtschaftlicher Betriebe in Ihrer Region bei.

Sie können auch noch einen Schritt weitergehen und Obst und Gemüse auf sogenannten *U-Pick-Farms* (»Du-pflückst-Farmen«) eigenhändig ernten. Das ist nicht nur eine Garantie dafür, dass man die besten Früchte mit nach Hause nimmt, sondern ist auch ein tolles Erlebnis, insbesondere für Kinder, die in der Stadt leben und keinen Garten haben.

Es geht aber sogar noch frischer und preiswerter: Sie bauen Ihr Gemüse selbst an. Wenn Sie ein Haus besitzen, werden Sie sicher etwas Land für einen Garten haben. Wohnen Sie in einem Apartment mit Balkon, können Sie z. B. Tomaten, Schnittlauch und Radieschen in Kästen und Töpfen anbauen. Erkundigen Sie sich auch einmal, ob es in Ihrer Stadt einen Gemeinschaftsgarten *(community garden)* gibt. Ein Verzeichnis vieler (aber nicht aller) Gemeinschaftsgärten finden Sie unter ▶ www.communitygarden.org.

Gegen eine relativ geringe Gebühr können Sie im Gemeinschaftsgarten ein Stück Land nutzen und Gemüse, Blumen sowie Kräuter anbauen. Anders als in deutschen Schrebergärten darf man allerdings meistens keine Laube bauen, keinen Zaun errichten und keine Bäume pflanzen. Die Gemeinschaftsgärten sind aber ein guter Weg, um Geld für Lebensmittel zu sparen, frisches Gemüse auf den eigenen Tisch zu zaubern und andere Gärtner kennenzulernen. Zudem kann man hier Gemüse anbauen, die Erbstücke *(heirlooms)* amerikanischen und indianischen Ackerbaus sind und die man normalerweise nicht mehr im Supermarkt bekommt. Die Samen *(seeds)* alter Gemüsesorten können u. a. über ▶ www.rareseeds.com bestellt werden. Tomaten- und andere Pflanzen gibt es oft auch auf dem *farmers' market* und in den Gartenabteilungen der Baumärkte zu kaufen.

Ein abschließender Tipp zum Geld sparen: Vielerorts wird Kompost von kommunaler Seite wesentlich preiswerter als im Bau- oder Gartenmarkt angeboten. Googeln Sie einmal das Wort *compost* zusammen mit dem Namen Ihres Wohnorts bzw. Verwaltungsbezirks *(county)*.

Deutsche Lebensmittel

Produkte aus deutschen Landen können Sie in vielen Supermärkten und im Internet finden. Hier einige Tipps:

- Bei *Aldi* gibt es Wein, Schokolade, Müsli und zu Weihnachten auch Stollen und Glühwein aus Deutschland.
- Mischungen für Kuchen, Knödel und Kartoffelpuffer, Senf, Fischkonserven, eingelegte Gurken, Rotkohl, Sauerkraut, Bock-, Weiß- und Wiener Würste im Glas, diverse *Maggi*- und *Knorr*-Produkte, Honig, Marzipan, ein Dutzend Süßigkeiten von *Haribo*, *Katjes* und *Ritter Sport*, *Bahlsen*-Kekse sowie *Brandt*-Zwieback kann man bei *Cost Plus World Market* kaufen.
- *Walgreens* hat u. a. Schokolade von *Milka* im Angebot. Auch die Schokoladentafeln der Hausmarke *Delish* werden größtenteils in Deutschland hergestellt. Überhaupt lohnt sich ein Blick auf die Verpackung vieler amerikanischer Schokoladen. Nicht selten steht dort *Made in Germany*. So kommen die *Cacao Reserve* Schokoladen der U.S.-Marke *Hershey's* z. B. von Sarotti.
- Auch bei *Big Lots* wird man fündig. Aus deutscher Produktion gibt es dort u. a. Rotkohl und Sauerkraut im Glas sowie Kekse und Mineralwasser.

- Bei *T.J. Maxx* lohnt sich hin und wieder ebenfalls ein Blick ins oft chaotische Lebensmittelregal.
- Joghurt von *Müller* gibt es in vielen großen Supermärkten.
- Deutsches Bier und deutsche Fischkonserven bekommen Sie fast überall, ebenso Gummibären von *Haribo*, Bonbons der Marke *Werther's Echte* (in den USA *Werther's Original*), Kekse von *Bahlsen* sowie Schokolade von *Ritter Sport*.
- Deutsche Lebensmittel und Drogerieprodukte, die man in den USA nicht so einfach finden kann, wie z. B. *Odol*-Mundwasser und *Penaten*-Creme, kann man bei ▶ www.germandeli.com und auch bei ▶ www.amazon.com bestellen.
- Auch Einwanderer aus der Schweiz und Österreich können das eine oder andere Produkt aus ihrer Heimat finden. Hustenbonbons von *Ricola* gibt es in den meisten Drogeriemärkten und auch Schokolade von *Toblerone* und *Lindt* sind in den USA sehr beliebt, von *Red Bull* ganz zu schweigen.

Recycling

Die USA sind Weltmeister in der Müllerzeugung. So landen z. B. jedes Jahr Milliarden Plastiktüten und -flaschen auf der Halde. In Sachen Recycling gibt es deutliche Unterschiede von Bundesstaat zu Bundesstaat und auch von Ort zu Ort. An manchen Orten gibt es bemerkenswerte Anstrengungen, an anderen Orten wird überhaupt nichts getan.

Die Website der Stadtverwaltung informiert über Recycling-Möglichkeiten.

In den Städten und Gemeinden, die Recycling ermöglichen, werden in den Apartmentkomplexen Recyclingtonnen für Zeitungen und Einwegverpackungen aufgestellt. Wer ein Haus besitzt, kann wiederverwertbare Materialien getrennt vom Müll am Straßenrand aufstellen oder diese im örtlichen *recycling center* abliefern.

Pfand auf Flaschen und Dosen wird nur in einigen Bundesstaaten erhoben. Das Pfand beträgt normalerweise 5 oder 10 Cent. Die Rückgabe erfolgt in der Regel per Automat am Eingang des Supermarktes, der eine Quittung ausdruckt. Der Betrag der Quittung wird dann an der Kasse verrechnet.

Alkoholkauf

In den USA herrschen strenge Gesetze zum Verkauf und Ausschank von Alkohol. Personen unter 21 Jahren können generell keine alkoholischen Getränke kaufen. Personen, die jünger als dreißig aussehen, sollten generell damit rechnen, nach ihrer *picture I.D.* (Ausweis mit Foto, in der Regel der Führerschein) gefragt zu werden. Wer Alkohol an Personen unter 21 Jahren verkauft, muss mit hohen Geldstrafen und dem Entzug der *liquor license* rechnen und geht daher kein Risiko bei der Kontrolle ein.

Bier und Wein gibt es in den meisten Supermärkten zu kaufen. Verkaufseinschränkungen gelten an manchen Orten am Sonntag. Härtere alkoholische Getränke muss man vielerorts in *liquor stores* kaufen. In einigen Staaten muss sämtlicher Alkohol in diesen Spezialgeschäften erworben werden.

Der Genuss von Alkohol auf öffentlichen Straßen und Plätzen ist grundsätzlich verboten, ebenso das Pinkeln in Parkanlagen, welches ja oft auf Alkoholgenuss zurückzuführen ist. Das Vorhandensein von geöffneten Flaschen oder Dosen im Auto kann ganz erhebliche Strafen nach sich ziehen. Das Fahren unter Alkoholeinfluss (DUI – *driving under the influence*) wird hart geahndet.

Viele Indianerreservate sind alkoholfreie Gebiete. Der Besitz und Genuss von Alkohol sind dort generell verboten.

Amerikanisches Bier

Die amerikanischen Brauereien *Anheuser-Busch* (mit den Marken *Busch, Budweiser, Michelob*) und *MillerCoors* sind die größten Bierproduzenten der Welt und haben den heimischen Markt fest in der Hand.

Das war nicht immer so. Amerika hatte einst eine ähnliche Brauereienvielfalt wie Europa. Die von den Immigranten verschiedenster Herkunft betriebenen Brauereien produzierten eine enorme Anzahl verschiedener Biere. Die Stadt Milwaukee im Bundesstaat Wisconsin wurde zur Hochburg des amerikanischen Brauwesens, in dem die Namen vieler Bierbrauer deutscher Herkunft nach wie vor fest verankert sind.

Die *Prohibition*, die Zeit des Alkoholverbots von 1920 bis 1933, zwang jedoch die meisten Betriebe zur Aufgabe. Andere hielten sich mit der Produktion von beinahe alkoholfreiem Bier (weniger als ein Prozent Alkoholgehalt) über Wasser.

Nach dem Ende der *Prohibition* gelang es einigen der überlebenden Brauereien, stark zu expandieren und den Markt bis heute zu bestimmen. Die Biere dieser Unternehmen sind zwar nach strengen Qualitätsrichtlinien gebraut, lassen aber, um eine möglichst breite Kundschaft anzusprechen, besondere Originalität vermissen, das hervorragende *Blue Moon* von *MillerCoors* einmal ausgenommen.

Amerikanisches Bier ist weit besser als sein Ruf.

In den letzten zwanzig Jahren gelang es jedoch vielen kleinen Brauereien (*microbreweries*), einige neu gegründet, andere Generationen alt, regionale Märkte zurückzuerobern. So erfreuen sich z. B. *August Schell* in Minnesota, *Leinenkugel* in Wisconsin und *Bell's* in Michigan großer Beliebtheit. Einige Brauereien konnten sich sogar landesweit etablieren, wie z. B. die *Boston Beer Company* mit ihrer Marke *Samuel Adams* und die *Sierra Nevada Brewing Company* mit ihrem *Sierra Nevada Pale Ale*.

Hinzu kommen die zahllosen *brew pubs*. Diese Kneipen, die es fast schon in jeder mittelgroßen Stadt gibt, brauen ihr eigenes, zum Teil sehr originelles Bier.

Bier ist allerdings durchweg teuer in Amerika. Wenn Sie ein Biertrinker sind, sollten Sie eventuell Ihr Bier selbst brauen. Das ist relativ einfach und die Investition in das nötige Zubehör haben Sie durch die Ersparnisse gegenüber den gängigen Bierpreisen schnell wieder hereingeholt.

Als Alternative zum herkömmlichen Bier bieten viele Brauereien auch alkoholisierte Limonade (*hard lemonade*) an, die besonders im Sommer sehr erfrischend ist. Der Alkoholgehalt ist mit dem von Bier vergleichbar. Wohl auch deshalb steht die *hard lemonade* gleich neben dem »flüssigen Brot« in den Kühlregalen der Supermärkte.

Flaschen mit Bier oder *hard lemonade* großer Hersteller haben übrigens in der Regel einen *twist-off*-Verschluss, d. h. ihr (äußerlich normal aussehender) Kronverschluss lässt sich mit der Hand aufdrehen.

Rauchen

Der Verkauf von Zigaretten an Personen unter 18 Jahre ist in Amerika verboten. Wie beim Alkohol werden Personen, die jünger als dreißig aussehen, auch beim Zigarettenkauf meistens nach ihrer *I.D.* gefragt.

Das Rauchen im Flugzeug, Zug oder Bus und in den meisten öffentlichen und privaten Gebäuden ist untersagt. In Restaurants darf nur an den für Raucher vorgesehenen Tischen geraucht werden. Deshalb wird man bei Betreten eines Restaurants oft gefragt, in welchem Bereich man sitzen möchte (*seating preference*), nämlich Raucher (*smoking*) oder Nichtraucher (*non-smoking*).

Beim Buchen eines Hotelzimmers sollte man darauf hinweisen, dass man Raucher ist, um ein Zimmer zu bekommen, in dem geraucht werden darf.

In einigen Staaten, z. B. Kalifornien und New York, darf man in Restaurants und Kneipen überhaupt nicht rauchen. Viele Städte haben zudem ihre eigenen, oft ganz spezifischen Rauchverbote.

Restaurants

Amerikaner sind weitaus häufiger als Europäer bereit, andere für die Zubereitung ihres Essens zu bezahlen. Statistisch gesehen wenden sie beinahe die Hälfte des Geldes, das sie für Essen ausgeben, für Speisen in Restaurants aller Art auf. Was die Vielseitigkeit der Gerichte und die niedrigen Preise betrifft, ist Amerika zentraleuropäischen Staaten wie Deutschland weit voraus. Ob Frühstück (*breakfast*), Mittag (*lunch*) oder Abendbrot (*dinner* oder *supper*) – immer lässt sich etwas Passendes für jeden Geldbeutel finden. Die Einrichtung ist in den Restaurants der unteren und mittleren Preisstufen eher rustikal. Tischdecken und Servietten aus Stoff sind hier in der Regel nicht üblich. Amerikaner sind praktisch: Wenn Essen sowie Service gut sind und der Preis niedrig ist, spielt die Präsentation eine untergeordnete Rolle.

Warten Sie, bis man Ihnen einen Tisch zuweist.

In den meisten Restaurants muss man am Eingang warten, bis ein *host* bzw. eine *hostess* erscheint und einen Tisch zuweist. Wenn alle Tische besetzt sind, wird man auf eine Warteliste eingetragen. Sie können hier Ihren Vornamen oder Nachnamen angeben, je nachdem was für den *host* oder die *hostess* einfacher auszusprechen ist. Man erfährt die ungefähre Wartezeit, die oft erstaunlich akkurat ist, und wartet bis sein Name aufgerufen wird. Wenn ein Tisch frei ist, wird man vom *host* oder von der *hostess* zu diesem geführt. Man wird Sie, wie oben bereits erwähnt, unter Umständen nach Ihrer *seating preference* (*smoking/non-smoking*) fragen.

In Amerika ist es absolut unüblich, mit Leuten, die man nicht kennt, am selben Tisch zu sitzen. Daher kann es durchaus sein, dass in einem Restaurant viele Tische mit mehreren Stühlen jeweils nur von einer Person besetzt sind und Sie trotzdem warten müssen, bis ein Tisch frei wird, statt sich auf die freien Stühle zu setzen.

Die Kellner stellen sich namentlich vor, z. B.: »*Hi, my name is John. I'll be your server tonight.*« In der Regel wird man sich zuerst nach Ihren Getränkewünschen erkundigen. Bei alkoholischen Getränken wird man Sie nach Ihrer *picture I.D.* (Fahrerlaubnis bzw. Pass) fragen, wenn Sie jung aussehen. Wer jünger als 21 Jahre alt ist, bekommt keinen Alkohol ausgeschenkt. Wenn Sie kein Getränk kaufen möchten, wird man Ihnen kaltes Leitungswasser im Glas anbieten. Wasser aus der Flasche (*bottled water*) gibt es nicht in allen Restaurants, da die meisten Leute mit Leitungswasser zufrieden sind.

Nachdem die Getränke gebracht wurden, wird man Ihre Bestellung (*order*) für Vorspeisen (*appetizers*) und Hauptgerichte (*entrees*) entgegennehmen. Viele Restaurants bieten Gerichte an, deren Zutaten Sie teilweise selbst bestimmen können, insbesondere bei Pizza und Omelett. (Bitte beachten Sie, dass *pepperoni* Salami bedeutet und *sausage* Hackfleisch.) Bei Fleischgerichten, insbesondere was Steak und Hamburger betrifft, wird man Sie oft fragen, wie stark das Fleisch durchgebraten sein soll: *rare, medium* oder *well done*. In asiatischen Restaurants können Sie oft Einfluss auf die Gewürzschärfe nehmen, z. B. scharf (*hot* bzw. *spicy*) oder mild (*not spicy*).

Viele Restaurants bieten zur Mittagszeit *all-you-can-eat lunch buffets* an. Für einen Grundbetrag können Sie sich die Speisen an einer Theke selbst zusammenstellen und essen, so viel Sie wollen. Getränke müssen allerdings zusätzlich bezahlt werden. Bitte beachten Sie, dass jedes Mal, wenn man erneut Essen von der Theke holt, dafür wieder ein sauberer Teller genommen werden muss.

Eine entsprechende Äußerung für »Guten Appetit!« gibt es in den USA nicht. Man fängt einfach an zu essen. Die meisten Amerikaner essen auch nicht gerne gleichzeitig mit Messer und Gabel. Nachdem sie einige Teile mit dem Messer zerschnitten haben, legen sie es meistens auf den Tisch und nehmen die Gabel in die rechte Hand. Um sich sogar diesen Vorgang zu sparen, zerkleinern viele Amerikaner, wenn möglich, das Essen von vornherein mit der Seitenkante der Gabel.

Amerikaner haben andere Tischsitten.

Während des Essens wird der Kellner mehrmals unaufgefordert zum Tisch kommen und fragen, ob alles in Ordnung ist und ob man weitere Getränke möchte. Wenn man Leitungswasser trinkt, wird der Kellner das Glas bei Bedarf nachfüllen. Auch bei Cola und Kaffee gibt es oft kostenlose *refills*. Nachdem man mit dem Hauptgericht fertig ist, wird der Kellner fragen, ob man einen Nachtisch (*dessert*) wünscht. Wenn man das bejaht, wird der Kellner entweder das Angebot beschreiben oder ein Tablett mit Beispielspeisen präsentieren, sodass man eine bessere Vorstellung von den *desserts* hat. Sagen Sie dem Kellner Bescheid, falls Sie die Nachspeise mit Ihren Tischgenossen teilen möchten. Man wird Ihnen dann zusätzliche Löffel und Teller bringen.

Die servierten Mahlzeiten sind in der Regel sehr groß. Daher ist es in Amerika üblich, übrig gebliebenes Essen mit nach Hause zu nehmen. Der Kellner wird daher in der Regel anbieten, die Essensreste in eine kleine Box aus Styropor zu verpacken oder eine solche Box zum Tisch zu bringen, in die man die *left overs* dann selbst einpacken kann.

Seien Sie beim Trinkgeld nicht zu knauserig.

Wenn Sie und Ihre Tischgenossen getrennt bezahlen möchten, sollten Sie dem Kellner schon beim Bestellen mitteilen, dass Sie *separate bills* wünschen. Bitte vergessen Sie nicht, den Kellnern 15 bis 20 Prozent Trinkgeld (*tip*) zu geben, da dieses den Hauptteil ihres Verdienstes ausmacht. Sie können entweder Bargeld auf dem Tisch liegen lassen oder einen entsprechenden Betrag auf der Kreditkartenrechnung eintragen. In manchen Restaurants wird bei größeren Gruppen das Trinkgeld schon mit auf die Rechnung gesetzt.

Anders als in Europa ist es in Amerika nicht üblich, nach dem Essen lange am Tisch sitzen zu bleiben. Sobald Sie bezahlt haben, wird von Ihnen mehr oder weniger erwartet, dass Sie das Restaurant verlassen und Platz für neue Gäste machen. Ein Ausnahme bilden natürlich Kneipen (*bars*), wo man so lange sitzen kann, wie man will, vorausgesetzt man bestellt etwas zu trinken.

Viele Restaurants bieten auch Selbstabholung (*take out*) oder Anlieferung per Auto (*delivery*) an. Das trifft insbesondere auf asiatische Restaurants und auf Pizzerias zu. Die Bestellung erfolgt in erster Linie per Telefon. Bei *take out* holt man die eingepackten Speisen selbst beim Restaurant ab, bei *delivery* wird das Essen nach Hause bzw. zum Arbeitsplatz gebracht. Sie sollten dem Fahrer, der das Essen bringt, ein Trinkgeld geben. Beim *take out* entfällt das Trinkgeld.

Warum in den USA einfach drauflos gegessen wird

Wie jedem Neuankömmling schnell auffällt, gibt es in den USA nichts, das dem deutschen »Guten Appetit!« entspricht. In der Regel wird einfach drauflos gegessen. Auch das »*Enjoy your meal!*«, das manchmal gesagt wird, übernimmt nicht wirklich die Funktion des »Guten Appetit!«, denn man muss nicht darauf warten, muss es nicht sagen, und es ist auch kein Problem, wenn man schon mit dem Essen angefangen hat.

Das Fehlen eines »Guten Appetit!« ist möglicherweise so zu erklären: Religion nahm und nimmt in den USA einen größeren Stellenwert ein als in Deutschland, und die meisten Amerikaner haben vor dem Essen das Vaterunser gesprochen. Viele machen das im Familienkreise auch heute noch. Jene, die das generell nicht machen bzw. im Restaurant essen, haben jedoch keinen nichtreligiösen Ersatz für das »Amen!« am Ende des Vaterunser (das in diesem Fall der Startschuß zum Essen ist) gefunden und deshalb wird einfach ungeordnet drauflos gegessen.

Kapitel 22

Rund ums Auto

Das Auto spielt eine enorme Rolle im amerikanischen Alltag. Wirklich gute öffentliche Verkehrsmittel gibt es nur in den Großstädten. An allen anderen Orten ist man ohne Auto verloren. Aus diesem Grund ist es auch nicht verwunderlich, dass selbst Neunzigjährige noch das eigene Auto durch die Gegend kutschieren. Aber auch Sechzehnjährige kann man schon hinterm Steuer sehen. Viele Schüler fahren bereits mit dem Auto zur *high school*.

Hinweise zum Autofahren in Amerika

Rechnen Sie damit, dass viele Leute die Vorfahrtregeln nicht kennen.

Der Wert einer guten Fahrausbildung bzw. das Nichtvorhandensein einer solchen zeigt sich hin und wieder im amerikanischen Straßenverkehr. Obwohl die meisten Amerikaner sehr gut Auto fahren können und durch die Weite des Landes im Allgemeinen eine beneidenswerte Ausdauer hinter dem Steuer aufzubringen im Stande sind, gibt es doch auch eine Menge Autofahrer, die in Deutschland oder Europa niemals eine Führerscheinprüfung bestanden hätten oder die auf Grund ihres Alters, entweder viel zu jung oder viel zu alt, mit dem Straßenverkehr ein wenig überfordert scheinen. Seien Sie daher auf alles gefasst und nehmen Sie das Ganze am besten mit Humor, statt sich darüber aufzuregen.

Ein allzu aggressives Fahrverhalten sollte man ohnehin lieber in Europa zurücklassen, das wird in den USA nicht gern gesehen. Unterlassen Sie auch obszöne Gesten als Reaktion auf das Verhalten anderer Autofahrer. Denken Sie daran, dass nicht wenige Amerikaner bewaffnet sind. Wenn man da zufällig an die falsche Person gerät, kann das ganz schön ins Auge gehen.

Machen Sie sich mit den amerikanischen Verkehrsregeln, die von Staat zu Staat ein wenig variieren, vertraut. Eine kostenloses Broschüre mit den Verkehrsvorschriften bekommen Sie in der jeweiligen Führerscheinstelle.

Die Geschwindigkeit wird in den USA in *miles per hour* (mph) angegeben. Die folgende Tabelle hilft Ihnen bei der Umrechnung:

Umrechnungstabelle mph in km/h								
mph	35	40	45	50	55	60	65	70	75
km/h	56	64	72	80	89	97	105	113	121

Die Höchstgeschwindigkeit (*speed limit*) liegt auf den Autobahnen (*Interstates, highways*) in den meisten Staaten zwischen 65 und 75 mph. Fahren Sie nirgendwo mehr als fünf bis zehn Meilen pro Stunde über der jeweiligen Geschwindigkeitsgrenze. Achten Sie besonders beim Durchfahren kleiner Städte auf die Geschwindigkeit, da die dortigen Polizisten geradezu auf Raser warten, um ihren langweiligen Alltag ein wenig interessanter zu gestalten.

Zu den Besonderheiten im amerikanischen Verkehr zählen u. a. die *Stop*-Schilder mit dem »*3-Way*« oder »*4-Way*«-Zusatz. Hier hat nicht der Vorfahrt, der von rechts kommt, sondern wer zuerst an der Kreuzung angehalten hat und dann, bei mehreren Fahrzeugen, abwechselnd in jede Fahrtrichtung immer der, der als nächster ankam. Zusatzschilder mit der Aufschrift »*No Exit*« oder »*No Outlet*« weisen auf Sackgassen hin, »*Do Not Pass*« verbietet das Überholen und »*No Turn*« das Abbiegen, »*Xing*« (*pedestrian crossing*) bedeutet Fußgängerüberweg, »*Junction*« Kreuzung und »*Yield*« Vorfahrt beachten. »*Lane Ends*« mit der Aufforderung »*Merge Right*« oder »*Merge Left*« informiert darüber, dass eine Spur endet und man sich links oder rechts in die nächste Spur einordnen muss. »*Lane Added*« weist darauf hin, dass die Fahrbahn um eine Spur erweitert wird.

Wenn ein Schulbus am Straßenrand hält, um ein Kind ein- oder aussteigen zu lassen, muss der Verkehr in beiden Richtungen stoppen und warten, bis der Bus wieder losfährt. Der Schulbus signalisiert einen solchen Halt meistens durch blinkende Warnlichter und ein seitlich herausgeklapptes Stoppschild.

Vorsicht bei haltenden Schulbussen!

In Städten haben viel befahrene Straßen mit zahlreichen Ein- und Ausfahrten links und rechts der Fahrbahn oft eine spezielle Spur in der Straßenmitte, die *two-way left turn lane*, die an beiden Seiten durch gelbe Linien begrenzt ist. Wenn Sie nach links abbiegen wollen, können Sie in dieser Spur warten, bis es keinen entgegenkommenden Verkehr gibt. Fahrzeuge aus der anderen Richtung können die gleiche Spur ebenfalls benutzen, um ihrerseits nach links abzubiegen. Vorsicht und Rücksichtnahme sind also gefragt, damit man sich in dieser Spur nicht gegenseitig den Weg verstellt oder gar zusammenstößt. Man kann diese Spur auch benutzen, wenn man nach links auf die Straße auffährt, sich also in den von rechts kommenden Verkehr einordnen will. Das ist besonders bei starkem Verkehrsaufkommen praktisch. Wenn niemand von links kommt, fährt man in die *two-way left turn lane* in der Mitte, wartet in Fahrtrichtung und begibt sich dann in die reguläre Spur, wenn es eine Lücke gibt.

An vielen Ampeln kann bei Rot nach rechts abgebogen werden, vorausgesetzt natürlich, dass Sie erst angehalten haben und dass kein anderes Auto kommt. Achten Sie aber darauf, ob an der Ampel ein Schild mit der Aufschrift »*No Turn On Red*« angebracht ist. Wenn das der Fall ist, müssen Sie auf jeden Fall warten, bis Sie Grün haben.

An bestimmtem Kreuzungen, besonders nachts, blinken die Ampeln kontinuierlich rot oder gelb. Wenn die Ampel in Ihrer Fahrtrichtung rot blinkt, dann müssen Sie anhalten und Vorfahrt gewähren. Bei einer gelb blinkenden Ampel haben Sie Vorfahrt. Verlangsamen Sie Ihr Fahrzeug trotzdem ein wenig und kreuzen Sie mit Vorsicht, besonders nachts, wenn viele betrunkene Autofahrer unterwegs sind.

Wenn Sie an einer Ampel nach links abbiegen wollen, müssen Sie auch bei Grün dem entgegenkommenden Verkehr Vorfahrt gewähren, es sei denn, Sie befinden sich in einer speziellen Abbiegespur und die Ampel zeigt einen grünen Pfeil für Sie an. Achten Sie immer auf Fußgänger und Radfahrer, die zur gleichen Zeit wie Sie Grün haben.

Rechts überholen ist in den USA ganz normal.

Auf Autobahnen muss man immer damit rechnen, dass man von rechts überholt wird. Vorsicht auch beim Überholen der riesigen Trucks. Nur wenn man den Fahrer in dessen Rückspiegel sehen kann, sieht auch er das vorbeifahrende Auto.

Die Auffahrten (*entrance ramps*) und Abfahrten (*exits*) der *highways* sind oft ungünstig gebaut und können sowohl auf der rechten als auch auf der linken Seite liegen. Achten Sie darauf, auf welcher Seite die *exit number* an den Hinweisschildern angebracht ist. Ist diese Nummer rechts, dann fahren Sie rechts ab. Ist die Nummer links, dann wird sich die Abfahrt auf der linken Seite befinden. Diese Hinweismethode wird allerdings nicht immer genutzt. Achten Sie auch auf *Exit Only*-Spuren, in die Sie sich gegebenenfalls einordnen müssen. Diese Spuren werden zu Ausfahrten. Oft werden bestehende Spuren zu solchen *Exit Only-lanes*. Sie sollten in eine andere Spur wechseln, wenn Sie auf dem *highway* bleiben wollen. Seien Sie vor Fahrern auf der Hut, die zu spät merken, dass sie in der falschen Spur sind, und dann in Panik geraten und einen plötzlichen Spurwechsel vornehmen.

Denken Sie beim Auffahren daran, dass der Verkehr, der sich bereits auf dem *highway* befindet, Vorfahrt hat. Beschleunigen Sie bereits auf der Auffahrt und fädeln Sie sich in den Verkehr ein. Meistens endet die Beschleunigungsspur nach ein paar hundert Metern. Manchmal wird diese jedoch zu einer zusätzlich Spur. Ein Schild mit der Aufschrift *Lane Added* weist auf diese Fahrbahnerweiterung hin, die den Zwang zum sofortigen Einfädeln nimmt. Achten Sie trotzdem auf Fahrer, die das nicht erkennen und denken, dass sie die Spur wechseln müssen und dadurch möglicherweise eine gefährliche Situation verursachen.

Besondere Aufmerksamkeit ist gefragt, wenn Auf- und Abfahrt sehr dicht beieinander liegen und die gleiche Einfädelspur haben. Fahrzeuge, die sich bereits auf dem *highway* befinden, haben grundsätzlich Vorfahrt, und daher haben hier abfahrende Autos auch Vorfahrt vor auffahrenden Fahrzeugen. Verlassen Sie sich aber nicht darauf, dass das jeder weiß und seien Sie besonders aufmerksam und rücksichtsvoll.

Es ist allgemein üblich, dass Fahrzeuge, die auf dem *highway* fahren und an einer Auffahrt vorbeikommen und ein Auto sehen, das auf den *highway* auffahren will, nach Möglichkeit in die linke Spur wechseln, um diesem Fahrzeug das Auffahren zu erleichtern. Verlassen Sie sich aber nicht darauf, wenn Sie auffahren. Es kann sein, dass man Sie nicht sieht oder der Verkehr so dicht ist, dass ein Spurenwechsel nicht möglich ist. In Großstädten gibt es manchmal Ampeln an den Auffahrten. Diese wechseln gewöhnlich in sehr kurzen Abständen zwischen Rot und Grün. Bei Grün kann sich jeweils ein Fahrzeug auf die Auffahrt begeben.

Fahrbahnen sind in beiden Richtungen jeweils links mit einer gelben und rechts mit einer weißen Linie markiert. Sollten Sie also einmal rechts eine gelbe Linie bemerken, z. B. auf einer Autobahnauffahrt, dann fahren Sie in der falschen Richtung.

Viele *Interstates* haben an den Fahrbahnrändern sogenannte *rumble strips*. Dabei handelt es sich um zahlreiche kleine Rillen im Beton. Fährt man darüber, vibriert das Lenkrad sehr stark und es gibt ein unüberhörbares Geräusch. Der Zweck dieser *rumble strips* ist es, Autofahrer, die einzuschlafen beginnen und die Fahrbahn zu verlassen drohen, aufzuwecken. Auf Landstraßen gibt es diese *rumble strips* manchmal auch vor Kreuzungen, an denen angehalten werden muss. Anders als die erhöhten *speed bumps*, die den Verkehr in Wohngebieten und auf Parkplätzen verlangsamen sollen, können *rumble strips* das Auto nicht verlangsamen oder beschädigen. Ihr ganzer Zweck besteht darin, die Aufmerksamkeit des Fahrers zu wecken.

Toll roads sind privat finanzierte Autobahnen, die an verschiedenen Stellen Gebühren (*toll*) verlangen, bevor man weiterfahren kann. Neben Kassierern gibt es meistens auch automatische Kassen, an denen man passendes Kleingeld (*coins*) hineinwirft. An manchen *toll roads* nimmt man eingangs einen Ausdruck und bezahlt erst, wenn man ausfährt. Seien Sie besonders vorsichtig, wenn Sie aus der Kassenzone herausfahren. Da herrscht oft ein völliges Chaos. Nicht selten gibt es um die zehn Kassen, aus denen Autos wie Rennpferde aus den Starterboxen herausgeschossen kommen und sich in kürzester Zeit in zwei bis drei Spuren einordnen müssen. Schauen Sie aufmerksam nach links und nach rechts, ob Autos in die gleiche Spur wie Sie wollen. Verlassen Sie sich nicht auf Ihre Spiegel, da sich gerade hier Autos im toten Winkel befinden können.

Dirt roads und *gravel roads* sind Landstraßen, deren Oberflächen aus Sand oder Schotter bestehen. Die meisten Farmen und Ranches liegen an derartigen Straßen.

Besonders in den Sommermonaten gibt es überall zahlreiche Baustellen. Viele *highways* werden mit eingeschränkter Spurenzahl an den Baustellenbereichen (*work zones*) vorbeigeführt. Die erlaubte Höchstgeschwindigkeit ist in diesen Bereichen, die oft viele Meilen lang sind, gewöhnlich stark herabgesetzt und der Verlauf der Spuren kann sich mehrmals ändern. Bei Vollsperrung gibt es eine ausgeschilderte Umleitung (*detour*).

Die meisten Bahnübergänge in den USA haben keine Schranken, Warnlichter oder Ampeln. Halten Sie an derartigen Übergängen an und überzeugen Sie sich, dass kein Zug kommt.

In der Morgen- und Abenddämmerung sollte man auf Rehe achten. 1,5 Millionen Verkehrsunfälle mit Rehen gibt es jedes Jahr in den USA, rund 200 Menschen sterben dadurch. Die meisten Autofahrer sterben, weil sie versuchen, den Rehen auszuweichen und dann die Kontrolle über ihre Fahrzeuge verlieren und mit entgegenkommenden Autos zusammenstoßen oder von der Fahrbahn abkommen bzw. sich überschlagen. Experten sagen, dass ein direkter Zusammenstoß mit einem Reh dagegen in der Regel weit weniger folgenschwer ist.

Eine zunehmende Unsitte ist, dass viele Leute ihre Blinklichter (*turn signals*) nicht benutzen. Eine Umfrage des Versicherungsunternehmens *Response Insurance* bestätigt, was man jeden Tag beobachten kann: 57 Prozent der befragten Autofahrer gaben zu, dass sie die Blinker nicht anstellen, wenn sie die Spur wechseln.

Und warum nicht? 42 Prozent der Nichtblinker sagen, dass sie dazu keine Zeit haben, 23 Prozent gestehen ein, dass sie zu faul sind, 17 Prozent blinken nicht, weil sie nicht vergessen wollen, den Blinker wieder auszustellen, 12 Prozent sagen, dass sie die Spur so oft wechseln, dass sie sich nicht auch noch um das Blinken kümmern wollen, 11 Prozent finden es einfach nicht wichtig, den geplanten Spurwechsel zu signalisieren, 8 Prozent blinken nicht, weil es die anderen Autofahrer auch nicht machen und 7 Prozent sagen, dass das Autofahren ohne Blinken spannender ist. Rechnen Sie also immer damit, dass jemand die Spur wechseln oder abbiegen will, ohne das anzuzeigen. Verlassen Sie sich aber auch nicht darauf, dass Autos, die ihre Blinker gesetzt haben, wirklich abbiegen wollen. Manche Fahrer merken nicht, dass sie diese noch angestellt haben. Achten Sie auch auf Leute, die im Auto telefonieren, und auf alte Leute, die oft langsam und verunsichert fahren.

Viele Radfahrer in den USA zeigen ein geplantes Abbiegen, ob nach rechts oder links, mit dem linken Arm an: Wenn sie den Arm heben, wollen sie nach rechts und wenn sie ihn ausstrecken werden sie nach links abbiegen. Das kann natürlich bei Autofahrern, die das nicht wissen, z. B. wenn sie aus anderen Ländern kommen, zu Mißverständnissen führen.

Amerikanische Radfahrer benutzen andere Armsignale.

Wenn Polizei, Feuerwehr oder Krankenwagen mit Sirene kommen, müssen Sie selbstverständlich rechts anhalten. Sollten Sie auf einer mehrspurigen Straße an einem am Straßenrand stehenden Polizeiauto mit angestellten Warnlichtern vorbeikommen, müssen Sie nach links die Spur wechseln.

Wenn Sie selbst in einen Unfall verwickelt werden, bei dem es Verletzte gibt, müssen Sie auf jeden Fall sofort 911 anrufen und einen Krankenwagen (*ambulance*) anfordern. Lassen Sie bei jedem Unfall nach Möglichkeit von der Polizei ein Unfallprotokoll aufnehmen. Notieren Sie sich den Namen, die Dienstmarkennummer (*badge number*) und das Revier (*department*) des Polizisten und den Namen, die Adresse und Telefonnummer sowie die Automarke (*make*), das Modell (*model*), das Baujahr (*year*), die Farbe (*color*), das Nummernschild (*license number*), die Fahrgestellnummer (VIN – *vehicle identification number*), die Zulassungsnummer (*registration number*) und die Versicherungsdaten (*insurance information*) des Unfallgegners. Lassen Sie sich dazu dessen Führerschein (*driver's license*), Zulassung (*registration*) und Versicherungsnachweis (*insurance card*) zeigen. Schreiben Sie sich auch die Namen und Telefonnummern möglicher Zeugen sowie verletzter Mitfahrer auf. Bleiben Sie ruhig, fangen Sie keinen Streit an und geben Sie auf keinen Fall einen Fehler zu. Zeichnen Sie eine Skizze von der Unfallszene. Kontaktieren Sie umgehend Ihre Versicherung und lassen Sie diese alle Schadensangelegenheiten regeln.

Wie heißt es so schön: Andere Länder, andere Sitten. Das gilt auch für den Straßenverkehr. Man sollte den amerikanischen Verkehr daher ganz ruhig angehen und nie auf sein Recht beharren. Mit Zuvorkommenheit gelangt man am sichersten ans Ziel.

Fehlverhalten im Straßenverkehr

Verhalten Sie sich der Polizei gegenüber einsichtig.

Wenn Sie von der Polizei angehalten werden, weil Sie zu schnell gefahren sind, eine rote Ampel oder ein Stopp-Schild missachtet haben, gilt es, Ruhe zu bewahren. Warten Sie, bis der Polizist zu Ihrem Auto kommt, und nehmen Sie die Hände erst dann vom Lenkrad, wenn der Polizist Sie auffordert, ihm Fahrerlaubnis, Registrierung und Versicherungsnachweis auszuhändigen. Verhalten Sie sich freundlich und kooperativ. Der Polizist wird zu seinem Fahrzeug zurückgehen und nachsehen, ob Sie bereits Verstöße im Register haben. Sollte das nicht der Fall und alle Ihre Papiere in Ordnung sein, können Sie durchaus mit einer Verwarnung davon kommen. Ansonsten wird der Polizist einen Strafzettel *(ticket)* ausstellen, der mit einer Geldstrafe um die 200 Dollar verbunden ist und mitunter auch die Teilnahme an sechs bis acht Stunden Verkehrsschulung zur Folge hat. Oft werden auch die Versicherungskosten steigen. Viele Staaten haben zudem eine Verkehrssünderkartei. Wird eine bestimmte Punktezahl erreicht, kommt es auch hier zum zeitweiligen Fahrverbot.

Falls Sie den Strafzettel nicht hinnehmen wollen, können Sie beim Verkehrsgericht *(traffic court)* Widerspruch einlegen. In vielen Fällen braucht man keinen Anwalt, aber wenn das Risiko besteht, dass Sie Ihre Fahrerlaubnis verlieren, sollten Sie sich auf jeden Fall durch einen solchen vertreten lassen.

Falls der Polizist, der den Strafzettel ausgestellt hat, nicht zur Verhandlung erscheint, wird Ihr Fall wahrscheinlich zu den Akten gelegt. Die Chancen dafür stehen recht gut, falls das Vergehen nicht allzu schwer war. Bereiten Sie sich auf jeden Fall gut vor: Machen Sie sich mit der zutreffenden Verkehrsvorschrift vertraut, bringen Sie mögliche Zeugen oder auch Fotos mit, z. B. falls ein Verkehrsschild verdeckt war oder wenn Sie nachweisen wollen, dass dem Polizisten die Sicht verdeckt war.

Falls Sie betrunken gefahren sind (dieses Vergehen wird als *DUI – Driving Under the Influence* bzw. *DWI – Driving While Intoxicated* bezeichnet) und dabei gestellt bzw. in einen Unfall verwickelt wurden, müssen Sie mit ernsthaften und teuren Konsequenzen rechnen.

Sollte der jeweilige Polizist zu dem Schluss kommen, dass jemand betrunken ist, verhaftet er den betreffenden Verkehrsteilnehmer und nimmt ihn mit zur Polizeistation. Dort wird dann ein Blut- oder Urintest vorgenommen. Sollte der Blutalkoholgehalt im strafbaren Bereich liegen, muss man sich vor Gericht verantworten. Es drohen eine erhebliche Geldstrafe, ein Führerscheinentzug und mitunter sogar eine Bewährungs- oder Gefängnisstrafe. Hinzu kommen die Kosten für einen Anwalt, denn einen solchen sollte man in diesem Fall unbedingt heranziehen, da er oft eine mildere Strafe erwirken kann. Insgesamt können Sie mit Kosten um die 5.000 Dollar rechnen.

Wegbeschreibungen und Orientierungshilfen

Himmelsrichtungen spielen eine wesentliche Rolle, wenn Amerikaner einen Weg beschreiben bzw. wenn sie sich im Straßenverkehr orientieren. Achten Sie daher auch in Straßennamen auf eingefügte Himmelsrichtungen (N, S, W, E), z. B. *2000 W. Main Street*.

> Gewöhnen Sie sich daran, sich nach den Himmelsrichtungen zu orientieren.

Wichtig ist auch der Begriff *block*. Ein *block* wird durch die Häuser bzw. die Grundstücke, die zwischen zwei Straßen liegen, gebildet. Das spiegelt sich meistens in den Hausnummern wider.

Nehmen wir einmal an, es gibt die Häuser 2101 auf der einen und 2102 usw. auf der anderen Straßenseite. (Gerade und ungerade Hausnummern liegen normalerweise auf jeweils einer Seite.) Wenn dann eine Querstraße kommt, gehen die Hausnummern danach wahrscheinlich mit 2201 und 2202 weiter. Wenn es sich um eine große Querstraße handelt, könnten die Nummern sogar mit 3000 weitergehen. Der Wechsel in den Hunderten bzw. Tausenden soll anzeigen, dass ein neuer *block* beginnt. In Wegbeschreibungen wird oft eine bestimmte Anzahl von *blocks* angegeben, die man entlangfahren muss, um an ein bestimmtes Ziel zu kommen. Ein Beispiel: Das gesuchte Parkhaus (*parking structure*) liegt drei Straßen weiter in östlicher Richtung auf der rechten Straßenseite, d. h. *three blocks to the East on the right hand side*.

Auch Straßenkreuzungen werden häufig genannt, um einen Ort zu bestimmen. *The office is near State and Main*, besagt z. B. dass sich das Büro in der Nähe der Kreuzung von *State Street* und *Main Street* befindet.

Auch auf den *Interstate highways* spielen die Himmelsrichtungen eine wichtige Rolle bei der Orientierung. So werden Auffahrten nicht nur mit der entsprechenden Fahrtrichtung ausgeschildert, z. B. *I-94 East* und *I-94 West*, vielmehr geben die Nummern der *Interstates* an sich schon Aufschluss über ihren generellen Verlauf.

- *Interstates* mit **geraden Zahlen** führen immer von Osten nach Westen bzw. umgekehrt. Die Zahlen steigen von Süden (I-10) nach Norden (I-94) an.
- *Interstates* mit **ungeraden Zahlen** gehen immer von Norden nach Süden und umgekehrt. Die Zahlen steigen hier von der Westküste (I-5) zur Ostküste (I-95) hin an.
- Es gibt auch *Interstate highways* mit **dreistelligen Zahlen**. Diese Strecken verbinden andere *highways* miteinander. Wenn die erste Stelle gerade ist, dann handelt es sich in der Regel um eine Ringautobahn (*loop, beltway*), die an beiden Enden an eine *Interstate* angeschlossen ist und z. B. um oder durch eine Stadt geht und im Durchfahrtsgebiet eine schnelle Verbindung zur eigentlichen *Interstate* ermöglicht.

Vergleichen Sie die Karte Ihres Bundesstaates einmal gründlich mit diesen Ausführungen.

Manche *Interstates* teilen sich auch und führen beidseitig um eine Großstadt herum, um dann später wieder vereint zu werden. So wird z. B. *I-95* zum *Washington Beltway* und verläuft als *I-495* westlich und als *I-295* östlich vom politischen Zentrum Amerikas, auf das manchmal auch durch die Redewendung »*inside the Beltway*« angespielt wird. Ist die erste Stelle jedoch eine ungerade Zahl, dann gibt es nur an einem Ende einen Anschluss an die *Interstate*. Der *highway* könnte dann z. B. in das Zentrum einer Stadt führen und dort enden bzw. mit anderen Straßen verschmelzen.

Die »Meilensteine« (*mile markers*) am Rande der *Interstates* zeigen die Entfernung von der Bundesstaatsgrenze an, wo die *Interstate* in den jeweiligen Staat hineinführte. An jeder Grenze (*state line*) beginnt die Meilenzählung neu. Die Zahlen steigen von Süden nach Norden und von Westen nach Osten an. Wenn der Anfangspunkt einer *Interstate* innerhalb eines Staates liegt, dann beginnt dort die Zählung. Wenn Sie in einen Staat von Norden oder von Osten hineinfahren, werden Sie also zuerst hohe Zahlen sehen, die dann allmählich kleiner werden.

In vielen Bundesstaaten richtet sich die Nummerierung der *Interstate*-Ausfahrten nach der Meilennummer, z. B. *Exit 56* liegt nahe Meile 56. Wenn das der Fall ist, kann man durch das Verfolgen der Nummern auf den *mile markers* den Abstand zu der gewünschten Ausfahrt leicht einschätzen. Das ist aber nicht in allen Staaten der Fall. In einigen Staaten werden einfach alle *exits* durchgehend nummeriert. So könnte *Exit 20* bei Meile 210 und

Exit 40 bei Meile 330 liegen. Durch einen Blick auf die Karte und das Vergleichen der *exit numbers* mit den *mile markers* erkennt man jedoch sehr schnell, um welches System es sich handelt.

Eine hervorragende Website zur Planung von Fahrtrouten ist: ▶ www.mapquest.com

Führerschein

Obwohl Sie mit Ihrem alten Führerschein noch ein Jahr in den USA fahren können, ist es doch ratsam, sich so schnell wie möglich einen Führerschein (*driver's license*) des Staates, in dem Sie leben werden, zuzulegen, da dieser auch die Funktion eines Personalausweises einnimmt und immer dann vorgezeigt werden muss, wenn eine *identification* (oft kurz *I.D.* genannt) verlangt wird, wie z. B. beim Abschluss der Autoversicherung (die mit einem amerikanischen Führerschein in der Regel billiger ist), bei der Eröffnung eines Bankkontos, beim Kaufen von Alkohol und Zigaretten sowie möglicherweise beim Bezahlen mit Scheck oder Kreditkarte. Deshalb kann sich auch jeder, der kein Auto fahren will oder kann, eine *identification card*, die wie ein Führerschein aussieht, bei der zuständigen Stelle holen. Auf dieser *I.D.* ist selbstverständlich vermerkt, dass der Inhaber nicht zum Fahren berechtigt ist.

> Jeder Bundesstaat gibt einen eigenen Führerschein aus.

Die Ausgabe einer *driver's license* an Neuankömmlinge in Amerika wird in den einzelnen Staaten unterschiedlich gehandhabt. In einigen Staaten müssen Sie lediglich Ihren alten Führerschein und zusätzliche Dokumente wie Reisepass, Geburts- oder Heiratsurkunde vorlegen und bekommen dann nach einem Sehtest die *driver's license* ausgestellt bzw. an Ihre amerikanische Adresse geschickt. In anderen Staaten müssen Sie Ihren europäischen Führerschein gegen eine *driver's license* eintauschen. Wenn Sie diesen jedoch nicht abgeben wollen, sollten Sie die Führerscheinprüfung absolvieren. Das geht schnell, ist einfach und kostet in den meisten Staaten nur um die 30 Dollar.

Zunächst einmal legt man die theoretische Prüfung in einer Filiale des *Secretary of State* oder des *Department of Highway Safety and Motor Vehicles* ab (je nach Staat gibt es verschiedene Namen; Links zu allen 50 Behörden gibt es unter ▶ www.auswandern.us/fuehrerschein.html). Holen Sie sich dort zur Vorbereitung eine kostenlose Broschüre mit den Verkehrsvorschriften des Bundesstaates. So machen Sie sich nicht nur mit den speziellen Regeln und den amerikanischen Verkehrszeichen, sondern auch mit dem entsprechenden Wortschatz vertraut. Die Prüfung wird gemeinhin als *multiple-choice test* durchgeführt, d. h. auf einem Bogen Papier oder auf einem Computerbildschirm sind ein paar Dutzend Fragen aufgeführt. Zu jeder Frage sind mehrere mögliche Antworten angegeben. Man muss lediglich die richtige Antwort wählen. Der Test wird dann sofort ausgewertet. Hat man zu viele Fehler, wiederholt man den Test am nächsten Tag. Ist der Test jedoch bestanden worden, kann man die praktische Prüfung ablegen (meistens ist das auch erst am nächsten Tag möglich). Zur Fahrprüfung, in deren Rahmen man auch einen Sehtest ablegen muss, bringt man ein eigenes Auto (bzw. Mietwagen) mit.

Einige wenige Staaten verlangen die Teilnahme an einem Theoriekurs. Praktische Fahrstunden müssen jedoch nicht nachgewiesen werden. Jedem ist selbst überlassen, wo und von wem er sich das Autofahren beibringen lässt. In vielen Bundesstaaten ist dazu eine *learner's permit* erforderlich, die man nach bestandener theoretischer Prüfung bekommen kann. Diese berechtigt zumeist schon 16-Jährige dazu, das Fahren im öffentlichen Straßenverkehr im Beisein eines erwachsenen Führerscheininhabers zu üben. Viele *high schools* bieten zudem in den Sommerferien Fahrunterricht an. In bevölkerungsarmen Gegenden ist die praktische Fahrprüfung oft wesentlich einfacher als in Großstädten.

Nach bestandener Fahrprüfung wird man fotografiert und erhält in der Regel den Führerschein wenige Minuten später.

Wenn Sie den Führerschein machen, sollten Sie Ihre Größe und Ihr Gewicht in amerikanischen Maßeinheiten wissen, da man Sie danach fragen wird. Am Ende dieses Buches gibt es dafür Tabellen.

Bei Umzug in einen anderen Staat wird der Führerschein eingetauscht.

Führerscheine müssen alle fünf bis zehn Jahre erneuert werden. Das ist meistens mit einem kurzen Sehtest verbunden. Sie werden dann erneut fotografiert und bekommen einen nagelneuen Führerschein ausgestellt. Wenn Sie in einen anderen Bundesstaat umziehen, müssen Sie dort unverzüglich den Führerschein eintauschen gehen.

Mietwagen

Autovermietungen verlangen gewöhnlich, dass man mit einer Kreditkarte bezahlt, wenigstens 21 Jahre alt ist und den Führerschein seit mindestens einem Jahr besitzt. Für Fahrer unter 25 Jahren werden oft zusätzliche Gebühren berechnet. Einige Vermieter setzen sogar generell ein Mindestalter von 25 Jahren voraus.

Ausländische Führerscheine werden in den meisten Fällen bis zu einem Jahr lang anerkannt. Informieren Sie sich über die genauen Bedingungen und Preise der einzelnen Vermieter. Lassen Sie sich nicht von den niedrigen Grundpreisen täuschen, denn diese enthalten in der Regel noch keinen ausreichenden Versicherungsschutz. Dieser wird von den Vermietern zusätzlich angeboten und sollte auch wahrgenommen werden. Möglicherweise ist es billiger, vor der Abreise nach Amerika ein Mietauto über ein Reisebüro zu buchen. Achten Sie auch hier darauf, ob die Versicherung im Preis inbegriffen ist.

Bei der Abholung des Mietwagens sollten Sie alle Schäden am Auto, inklusive Kratzer, schriftlich festhalten, damit Sie bei der Abgabe nicht dafür haftbar gemacht werden. Betanken Sie das Auto wieder, bevor Sie es zurückbringen, da Sie ansonsten den wesentlich höheren Benzinpreis des Vermieters zahlen müssen.

Autokauf

Ob Sie nun einen Gebrauchtwagen oder ein neues Modell kaufen wollen: Den vom Händler angegebenen Preis sollten Sie niemals bezahlen. Informieren Sie sich bei Gebrauchtwagen im *Kelly Blue Book* (▶ www.kbb.com) über die gängigen Preise des jeweiligen Fahrzeugs. Bei Neuwagen finden Sie diese und andere wertvolle Informationen unter ▶ www.edmunds.com

Jeder Preis lässt sich herunterhandeln.

Der Kauf eines Gebrauchtwagens ist immer ein Risiko. Nicht nur die Wahl des Fahrzeugs ist ein Glücksspiel, da man versteckte Mängel oft nicht erkennt, sondern auch, ob man an einen ehrlichen Gebrauchtwagenhändler (*used car dealer*) gerät oder nicht. Wenn es sich nicht vermeiden lässt, ein gebrauchtes Auto zu kaufen, z. B. weil man nicht genug Geld für einen Neuwagen oder noch keine ausreichende Kreditvergangenheit hat (lesen Sie dazu den entsprechenden Abschnitt im Kapitel »Geldfragen«), sollte man sich vor dem Kauf genau auf den oben genannten Websites informieren. Einen Gebrauchtwagen mit Garantie (*certified used vehicle*) von einem Markenhändler zu kaufen, ist vielleicht keine schlechte Idee. Japanische Hersteller haben generell einen guten Ruf, was die Zuverlässigkeit ihrer Fahrzeuge betrifft. Das trifft sowohl auf neue als auch auf gebrauchte Autos zu. Bei den amerikanischen Marken weisen Neuwagen mittlerweile aber ebenfalls eine sehr gute Qualität auf.

Wenn Sie ein Auto von einer Privatperson kaufen, sollten Sie es von einem Automechaniker durchsehen lassen. Kaufen Sie niemals ein Auto ohne Besitzurkunde (*title*), da Sie sonst keine Zulassung für das Auto bekommen werden. Die Übertragung (*title assignment*) muss die Namen, Adressen und Unterschriften von Käufer und Verkäufer sowie Datum, Meilenstand und Preis beinhalten. Achten Sie darauf, dass die auf der Besitzurkunde genannte Person auch als Verkäufer unterschreibt. Sollte der Vorbesitzer verstorben sein und seine Erben verkaufen das Fahrzeug, müssen Sie sich eine Kopie der Sterbeurkunde (*death certificate*) und möglicherweise einen Vollmachtsnachweis (*letter of authority*) des Nachlassverwalters geben lassen. Der Meilenstand muss als tatsächlich (*actual*) oder, wenn der Meilenzähler (*odometer*) kaputt ist oder ersetzt wurde, als nicht tatsächlich (*not actual*) angegeben werden. Wenn der Meilenzähler nur fünf Stellen hat und die Zahl der gefahrenen Meilen größer als 99.999 ist, wird *exceeds odometer limits* angekreuzt. Vergleichen Sie die auf der Besitzurkunde angegebene Fahrgestellnummer (VIN – *vehicle identification number*) mit der Nummer am Auto, die Sie durch die Windschutzscheibe auf dem Amaturenbrett lesen können. Wenn mehrere Eigentümer genannt sind, müssen diese alle als Verkäufer unterschreiben. Wenn auf Grund eines Kredites (*loan*) das Pfandrecht (*lien*) einer Bank auf der Besitzurkunde verzeichnet ist, muss an der entsprechenden Stelle eine Freigabe (*release*) eingetragen sein oder es muss ein *lien termination statement* beigefügt werden.

Vor dem Kauf sollten Sie jedoch über ▶ www.carfax.com Auskunft darüber einholen, ob das Fahrzeug schon einmal in einen Unfall verwickelt war. Dazu brauchen Sie lediglich die Fahrgestellnummer.

Zum Neuwagenkauf: Wenn in Ihrer Gegend mehrere Händler der von Ihnen ins Auge gefassten Marke vorhanden sind, dann ist es ratsam, per Telefon oder E-Mail Angebote für Ihr Wunschauto einzuholen. Machen Sie dabei deutlich, dass Sie alle Händler im Umkreis von 50 Meilen kontaktieren und dass Sie das Auto von demjenigen kaufen werden, der Ihnen den besten Preis nennt. Ein guter Zeitpunkt dafür ist das Monats- bzw. das Jahresende. Viele Händler erhalten von den Herstellern Prämien, wenn sie eine bestimmte Verkaufsquote erreichen. Wenn sie diese noch nicht erreicht haben, kann man als Kunde einen guten Preis erhandeln, da der Händler ja unbedingt noch Fahrzeuge verkaufen will, um die Quote zu erreichen. Natürlich ist das spekulativ, denn man kennt ja als Kunde die Verkaufszahlen nicht. Allerdings stehen die Chancen, einen guten Preis auszuhandeln, zu dieser Zeit besser als am Monats- oder Jahresanfang.

Am Monatsende haben Sie mehr Verhandlungsspielraum.

Ein anderer guter Zeitpunkt zum Kauf ist, wenn die Modelle gewechselt werden. So kommen in den USA im Frühsommer oft schon die Modelle des nächsten Jahres in den Handel, z. B. gegen Mitte des Jahres 2015 die Modelle für 2016. Da wollen die Händler natürlich die 2015-Modelle loswerden. Das gibt potenziellen Käufern viel Spielraum zum Verhandeln.

Ein weiterer Tipp: Viele Händler versuchen den Kauf eines Autos mit einer Niedrigzins-Finanzierung schmackhaft zu machen. Als Kunde sollte man Kaufpreis und Finanzierung (*financing*) streng getrennt halten. Zunächst sollte man einen guten Kaufpreis aushandeln und erst anschließend über die Finanzierung sprechen. Fragen Sie auch bei Ihrer Bank nach der Zinsrate (*interest rate*) für einen Autokredit (*car loan*) und informieren Sie sich über Angebote im Internet, z. B. bei
▶ www.eloan.com

Bringen Sie Zeit und Geduld mit, wenn Sie zum Autohändler gehen. In der Regel wird der Verkäufer immer wieder den Manager »fragen« gehen, ob er Ihr Angebot annehmen darf. Das ist jedoch zumeist nur ein Spiel, um den Kunden weich zu kochen. Seien Sie hart in Ihrer Verhandlung, aber bleiben Sie dabei freundlich. Sie können sicher sein, dass der Händler Ihr Geld will und daher letztendlich zu einem Kompromiss bereit ist. Als Kunde haben Sie von vornherein die besseren Karten!

> Vergessen Sie zu keinem Zeitpunkt, dass Sie die Oberhand haben.

Wenn Sie bereits ein Auto haben und dieses durch einen Neuwagen ersetzen wollen, dann können Sie ein *trade-in* machen. Der Autohändler kauft dabei Ihr bisheriges Auto und verrechnet dieses mit dem Preis für das neue Auto. Passen Sie aber genau auf, dass der Händler dabei keine Fehler zu Ihren Ungunsten macht. Schauen Sie vorher im *Kelly Blue Book* (▶ www.kbb.com) nach, wie viel Ihr altes Auto wert ist, und überlegen Sie sich genau, wie viel Sie bereit sind, für das neue Auto zu bezahlen. Die Differenz ist dann Verhandlungssache. Dazu kommen in der Regel noch einige Gebühren, die mit jedem Neuwagenkauf verbunden sind.

Leasing

Ob Sie ein Auto kaufen oder leasen, liegt an Ihren persönlichen Präferenzen. Wenn Sie das Auto nach dem Zahlen aller Raten besitzen und weiter nutzen wollen, dann sollten Sie kaufen. Wenn Sie jedoch alle paar Jahre ein neues Auto sowie niedrigere monatliche Raten bevorzugen, dann wäre vielleicht *leasing* das

Richtige. Allerdings sollten Sie beachten, dass es beim *leasing* eine Meilenbegrenzung pro Jahr gibt. Für jede Meile, die über diese Grenze hinaus gefahren wird, zahlen Sie extra. Die Gebühren liegen hier oft bei mehr als 30 Cent pro Meile. Das kann sich schnell zu hunderten Dollar summieren. Wenn Sie also täglich einen weiten Weg zur Arbeit zurücklegen müssen oder lange Reisen vorhaben, dann sollten Sie vielleicht doch kaufen. Durch die im Vergleich zum Kaufen niedrigeren Raten beim *leasing* könnten Sie allerdings ein hochwertigeres Auto fahren.

Unter Umständen verlangen Händler bei der Rückgabe des Autos extra Abnutzungskosten (*wear and tear charges*). Das kann z. B. passieren, wenn Sie den *maintenance schedule*, d. h. die vorgeschriebenen Durchsichten, Ölwechsel usw. nicht genau eingehalten haben. Oder es gibt Lackschäden und Ähnliches, sodass der Händler Ihre anfangs gezahlte Kaution (*security deposit*) einbehält. Ein weiteres Problem sind hohe Strafgebühren (*penalties*), wenn Sie Ihren *leasing*-Vertrag vorzeitig kündigen. Alles in allem können *leasing*-Verträge recht verwirrend sein und Sie können deshalb leicht über den Tisch gezogen werden. Lassen Sie sich nicht von den in den Werbungen der Autohändler angegebenen niedrigen monatlichen Raten täuschen. In der Regel kommen da noch eine Reihe anderer Kosten hinzu. Achten Sie beim Abschluss des *leasing*-Vertrages besonders auf die Höhe der Abgabegebühr (*disposition fee*), die Sie möglicherweise am Ende der Vertragslaufzeit zahlen müssen, insofern Sie das Auto dann nicht doch kaufen wollen. Letztendlich kann *leasing* also unerwartet teuer werden.

Wenn Sie jedoch ein Auto kaufen, dann können Sie damit machen, was Sie wollen. Sie können so viel fahren, wie Sie möchten, und nachdem Sie es abbezahlt haben, gehört es Ihnen. Je länger Sie es dann noch fahren, desto mehr Geld sparen Sie. Sie können auch jederzeit auf ein anderes Auto wechseln, während Sie das Fahrzeug beim *leasing* bis zum Ablauf des Vertrages fahren oder Kündigungsgebühren zahlen müssen.

Folgendes könnte allerdings von Bedeutung sein: Falls Sie als Neuankömmling in den USA noch keine ausreichende *credit history* haben und Sie deshalb keine Finanzierung für einen Autokauf bekommen, besteht als Ausweg immer noch die Chance, das Auto leasen zu können.

Sagen Sie dem Händler nicht gleich, ob Sie das Auto kaufen oder leasen wollen. Fragen Sie nach beiden Preisen. Egal, wie Sie das Auto finanzieren, die Preisverhandlung sollte immer zuerst kommen und anschließend die Finanzierung angesprochen werden. Alle Bestandteile eines *leasing*-Vertrages sind verhandelbar. Achten Sie beim Abschluss besonders auf das jährliche Meilenlimit (*mileage limit*) und die Höhe der Anzahlung (*down payment*). Kaufen Sie Extra-Meilen, wenn Sie erwarten, dass Sie das Limit nicht einhalten werden. Schließen Sie keine *leasing*-Verträge ab, die über den Zeitrahmen der Hersteller-Garantie (*factory warranty*) hinausgehen. Beachten Sie mögliche Kosten zum Ende der *lease*. Stellen Sie auch fest, ob eine *gap insurance* in den monatlichen Ratenzahlungen (*lease payments*) inbegriffen ist. Diese Versicherung deckt die Differenz zwischen dem Wert des Autos und der Summe Ihrer bisherigen Zahlungen im Falle von Diebstahl oder Totalschaden ab. Eine solche Versicherung sollten Sie unbedingt haben, wenn Sie ein Auto leasen.

Alternative Antriebe

In den USA werden pro Jahr rund 15 Millionen Neuwagen gekauft. Die meisten dieser Fahrzeuge haben nach wie vor einen reinen Benzinantrieb, jedoch gab es in Sachen alternative Antriebe in den letzten zwei bis drei Jahren einen bemerkenswerten Aufschwung. Nachdem *Honda* und *Toyota* viele Jahre lang die einzigen Hersteller waren, die Hybridautos mit einer Kombination aus Verbrennungs- und Elektromotoren anboten, haben jetzt fast alle Marken derartige Fahrzeuge im Sortiment. Der *Toyota Prius* ist nach wie vor der Marktführer, aber auch die Hybridversionen des *Toyota Camry* und des *Ford Fusion* weisen beachtliche Verkaufszahlen auf.

> Erkundigen Sie sich vor dem Kauf nach Steuervorteilen.

Bei Autos, die zum Aufladen der Batterien an eine Steckdose angeschlossen werden, steigen die Verkaufszahlen ebenfalls stark. Hierbei handelt es sich um Hybridfahrzeuge wie *Chevrolet Volt* und reine Elektroautos wie *Nissan Leaf* und *Tesla Model S*.

Verbrauchsarme Autos mit Dieselantrieb waren in den USA lange Zeit verpönt, da sie im kollektiven Bewusstsein der USA immer noch mit den Rußschleudern der 60er- und 70er-Jahre gleichgesetzt wurden. Von 2010 bis 2012 stieg die Nachfrage jedoch um 24 Prozent auf beinahe 800.000 Fahrzeuge an, obwohl Dieselkraftstoff rund 10 Prozent teurer war als Benzin. *Volkswagen* lag hier mit dem *Golf TDI* und dem *Jetta TDI* vorn.

Erwähnt sei noch, dass die meisten Autos amerikanischer Produktion, die mit Benzin angetrieben werden, auch mit E85 fahren können. Das ist ein Gemisch aus Benzin und Ethanol. Dieses kann in erster Linie in den Midwest-Staaten getankt werden, denn dort wird das Ethanol aus Mais erzeugt. Die Umweltbilanz von Ethanol ist allerdings stark umstritten.

Versicherung

Planen Sie diese Kosten bei einem Umzug in die USA unbedingt mit ein.

Nach Angaben der *National Association of Insurance Commissioners* bezahlt man in den USA durchschnittlich ca. 800 Dollar pro Jahr, um ein Auto zu versichern. Jedoch können Ihre Versicherungskosten deutlich über oder unter diesem Wert liegen, denn die Höhe der individuellen Versicherungskosten wird in der Regel dadurch bestimmt, in welche Risikogruppe Sie der Versicherer bei Abschluss der Versicherung einordnet. Je höher das angenommene Risiko, desto mehr müssen Sie bezahlen. Um das Risiko zu bestimmen, ziehen Versicherer in der Regel folgende Faktoren heran:

- **Unfallgeschichte** (*driving record*). Der Versicherer will wissen, ob Sie in den letzten drei bis fünf Jahren in Unfälle verwickelt waren bzw. Strafzettel erhalten haben.
- **Wohngegend** (*area*). Die Unfall- und Kriminalitätsrate in wirkt sich direkt auf die Versicherungskosten aus.
- **Geschlecht und Alter** (*gender and age*). Männer sind statistisch gesehen öfter in Unfälle verwickelt als Frauen und die Zahl der Unfälle ist für einige Altersgruppen ebenfalls höher als für andere. Deshalb müssen z. B. junge Männer besonders viel für eine Autoversicherung bezahlen.
- **Ehestand** (*marital status*). Verheiratete Leute haben weniger Unfälle als Singles.
- **Bisherige Versicherungen** (*prior insurance coverage*). Mitunter wird Ihr bisheriger Versicherer kontaktiert, um Ihre Schadensvergangenheit zu überprüfen.
- **Fahrzeugnutzung** (*vehicle use*). Man wird Sie fragen, wie oft und welche Strecken Sie fahren. Je mehr Sie das Auto nutzen, desto höher das Risiko für den Versicherer, was sich auf Ihre Versicherungskosten auswirkt.
- **Fahrzeugmarke und Modell** (*make and model*). Für jedes Fahrzeug gibt es spezielle Versicherungsraten.
- **Kreditvergangenheit** (*credit history*). Eine schlechte *credit history* kann zu höheren Versicherungskosten führen.

Andere Faktoren können die Kosten senken:

- **Mehrere Fahrzeuge** (*multiple vehicles*). Wer eine Versicherung für mehrere Fahrzeuge abschließt, bekommt normalerweise einen Discount.
- **Fahrertraining** (*driver education courses*). Der Besuch einer Fahrschule ist normalerweise keine Voraussetzung für den

Erwerb einer Fahrerlaubnis in den USA. Besonders junge Fahrer können jedoch einen Preisnachlass bei der Versicherung bekommen, wenn sie Fahrkurse besucht haben.

- **Sicherheitsausstattung** (*safety devices*). Die Zahl der Airbags und die Ausstattung mit ABS (*anti-lock brakes*) kann die Versicherungskosten senken.
- **Diebstahlsicherungen** (*anti-theft devices*). Viele Versicherungen belohnen das Vorhandensein von eingebauten Diebstahlsicherungen.
- **Hausratversicherung** (*homeowners policy*). Wer eine Hausratversicherung beim gleichen Versicherer abschließt, bekommt oft einen Preisnachlass für die Autoversicherung.

Wenn Sie gerade erst in die USA umgezogen sind, werden Sie in der Regel anfangs deutlich mehr als Amerikaner für die Versicherung zahlen müssen, da man ja noch keine Daten zu Ihrem Fahrverhalten usw. hat. Auf jeden Fall sollten Sie sich aber schon einen amerikanischen Führerschein zugelegt haben.

Die einzelnen Bundesstaaten schreiben entweder eine Haftpflichtversicherung (*liability insurance*) oder eine verschuldensunabhängige Haftpflichtversicherung (*no-fault insurance*) vor. Eine Haftpflichtversicherung (*liability insurance*) deckt drei Bereiche ab:

Jeder Bundesstaat hat ein eigenes Versicherungsgesetz.

- **Personenschaden** (*personal injury*) des Unfallgegners, wenn Sie den Unfall verursacht haben und der andere Verkehrsteilnehmer verletzt wurde.
- **Sachschaden** (*property damage*) des Unfallgegners, wenn Sie den Unfallschaden verursacht haben.
- **Schaden**, den Sie erlitten haben, wenn der andere Verkehrsteilnehmer Schuld am Unfall hatte, aber nicht ausreichend oder gar nicht versichert war (*uninsured/underinsured*) bzw. Unfallflucht (*hit-and-run*) beging.

Anders als bei der reinen Haftpflichtversicherung zahlt bei einer verschuldensunabhängigen Haftpflichtversicherung (*no-fault insurance*) nicht die Versicherung des Unfallverursachers, sondern jeder der Unfallgegner ist in Sachen Personenschaden durch seine eigene Versicherung abgedeckt, ganz gleich wer Schuld am Unfall hat. Die Versicherung bezahlt in der Regel medizinische Behandlungskosten, Lohnausfall sowie gegebenenfalls Bestattungen und bietet ferner eine zeitweilige finanzielle Unterstützung für Hinterbliebene. Die Versicherung deckt in einem bestimmten Rahmen ebenfalls Geldsummen ab, auf die Sie möglicherweise durch den Unfallgegner verklagt werden. Die Gesetzeslage und die entsprechenden Versicherungsrichtlinien unterscheiden sich dabei von Bundesstaat zu Bundesstaat.

Für Sachschäden muss jedoch auch in den meisten Bundesstaaten, die eine *no-fault insurance* vorschreiben, durch den Unfallverursacher aufgekommen werden. Eine Versicherung ist empfehlenswert, da Sie durch den Unfallgegner verklagt werden können. Ob und in welchem Maße Sie Ihr eigenes Auto gegen Schäden versichern, ist Ermessenssache, denn eine Kaskoversicherung ist freiwillig und je nach Wert Ihres Autos mehr oder weniger empfehlenswert. Wenn Sie ein Auto finanzieren oder leasen, wird die Bank in der Regel von Ihnen einen Versicherungsnachweis verlangen. Falls Sie jedoch ein altes Auto besitzen, das weniger als 2.000 Dollar wert ist, lohnt sich der Versicherungsaufwand normalerweise nicht.

Eine Kaskoversicherung wird in den USA als *collision coverage* angeboten, zu der man zusätzlich auch *comprehensive coverage* erwerben kann. *Collision coverage* versichert ihr Auto lediglich gegen Schäden, die aus Zusammenstößen mit anderen Autos oder Objekten resultieren. *Comprehensive coverage* deckt weitere Schadensursachen ab, z. B. Feuer, Unwetter und Vandalismus sowie Diebstahl. Aber auch kleinere Schäden, z. B. an der Windschutzscheibe, werden so versichert. Bitte beachten Sie den Unterschied zur deutschen Teil- und Vollkaskoversicherung: Während die deutsche Vollkaskoversicherung die Teilkaskoversicherung mit einschließt, sind *collision coverage* und *comprehensive coverage* zwei getrennte Versicherungen, die sich nicht überschneiden und die ganz unterschiedliche Schadensursachen abdecken. Sie können sowohl beide oder auch nur eine von beiden abschließen.

Die Höhe der Versicherungskosten wird u.a. von der Selbstbeteiligung im Schadensfall bestimmt.

Wissenswert ist ferner, dass Sie sich im Schadensfall an den Reparaturkosten mit einem bei Versicherungsabschluss festgelegten Betrag, der *deductible* genannt wird, beteiligen müssen. Die Höhe dieses vereinbarten Betrages wirkt sich ebenfalls auf die Versicherungskosten aus. Wenn Sie z. B. bereit sind, sich im Schadensfall mit 500 Dollar an der Reparatur zu beteiligen, werden Ihre Versicherungskosten niedriger sein, als wenn Sie eine Eigenbeteiligung von 200 Dollar wählen. Sinn und Zweck des Ganzen ist weniger, dass der Versicherer bei größeren Reparaturen einige Hundert Dollar spart, man will Sie vielmehr davon abhalten, bei zahllosen kleinen Schäden die Versicherung in Anspruch zu nehmen. Wer z. B. einen Eigenbetrag von 500 Dollar hat, wird alle Schäden, die darunter liegen, automatisch aus eigener Tasche bezahlen. Ein

Versicherungsnachweis (*proof of insurance*) muss jederzeit im Auto mitgeführt und auf Verlangen der Polizei vorgezeigt werden. Wenn Sie in einen anderen Bundesstaat umziehen, müssen Sie in der Regel eine neue Versicherung abschließen. Ohne Versicherungsnachweis wird das Auto nicht zugelassen.

Bekannte Versicherungen sind z. B. *Allstate, Progressive, State Farm* und *GEICO*. Holen Sie sich Angebote (*price quotations*) von verschiedenen Versicherungen ein, da sich die Preise oft wesentlich unterscheiden können. Einige Versicherungen bieten ihren Service per Internet und Telefon direkt an, andere haben Vertreter (*insurance agents*) mit Büros vor Ort. Zudem gibt es örtliche Versicherungsvertreter, die Leistungen mehrerer Versicherer anbieten. Wenn Sie bei einem örtlich ansässigen Vertreter eine Versicherung abschließen, hat das den Vorteil, dass Sie im Schadensfall einen persönlichen Ansprechpartner haben.

> Holen Sie sich Angebote von mehreren Versicherungen ein.

Anwälte gehen auf Kundenfang

Im Falle eines Unfalls geschieht es manchmal, dass der Unfallverursacher von dem Geschädigten verklagt wird. Anwälte fordern Unfallopfer sogar per Fernsehwerbung auf, sich bei ihnen zu melden. Oft werden dann schwer nachprüfbare Gesundheitsschäden, z. B. Nackenschmerzen, die angeblich durch den Unfall verursacht wurden, als Grund für hohe finanzielle Forderungen angeführt. Nicht selten einigen sich der Anwalt des Klägers und die Versicherung des Beklagten dann außergerichtlich auf eine bestimmte Summe. In diesem Zusammenhang zeigt sich die Bedeutung eines umfassenden Versicherungsschutzes.

Registrierung

Nachdem Sie ein Auto gekauft bzw. geleast haben oder wenn Sie in einen anderen Bundesstaat umgezogen sind, müssen Sie es bei der zuständigen Behörde des jeweiligen Staates anmelden und gegebenenfalls auch Steuern entrichten. Sie erledigen das bei der gleichen Stelle, bei der man den Führerschein macht bzw. diesen nach Zuzug aus einem anderen Staat umschreiben lässt, und die je nach Staat *Secretary of State, Department of Highway Safety and Motor Vehicles* oder so ähnlich heißt.

Hier wird eine für den betreffenden Staat gültige Besitzurkunde (*title*) ausgestellt. Dazu muss man sich ausreichend identifizieren können und nachweisen, Eigentümer des Fahrzeugs zu sein. In der Regel wird in diesem Dokument auch der Meilenstand (*mileage*) festgehalten. Bewahren Sie die Besitzurkunde niemals im Auto, sondern an einem sicheren Platz auf.

19 Bundesstaaten verlangen nur hinten am Auto ein Nummernschild.

Des Weiteren wird die *registration* ausgestellt. Dieses Dokument, das jederzeit im Auto mitgeführt werden muss, hält fest, welches Nummernschild (*license plate*) für das betreffende Fahrzeug ausgegeben wurde. Zu diesem Zwecke muss ein Versicherungsnachweis (*proof of insurance*) und die Eigentumsurkunde für das Fahrzeug vorgelegt werden. Wenn das Auto neu ist oder in einem anderen Staat gekauft wurde, müssen Nummernschilder erworben werden. (In einigen Staaten ist nur ein Nummernschild, das am Heck des Autos angebracht wird, erforderlich.) In vielen Staaten können Sie die Nummernschilder Ihres bisherigen Autos auf ein neues Auto übertragen lassen, wenn dieses das alte Auto ersetzt und im gleichen Staat zugelassen wird und die Nummernschilder noch gültig sind. So können Sie gegebenenfalls ein wenig Geld sparen. Die Registrierungsgebühr für das Fahrzeug muss jährlich entrichtet werden. Ein Sticker, den Sie auf das Nummernschild kleben müssen, weist das Ablaufdatum der Registrierung aus. Eine dem TÜV ähnliche Fahrzeuginspektion gibt es nur in einigen Bundesstaaten.

In vielen Staaten übernimmt der Autohändler die Registrierung des Fahrzeugs. Er lässt Sie alle notwendigen Formulare ausfüllen und lässt sich das Geld für die anfallenden Gebühren geben. Der Händler ist verpflichtet, Ihnen einen Durchschlag von jedem Dokument zu geben, das Sie unterschreiben. Achten Sie darauf, was Sie unterzeichnen, und unterschreiben Sie kein Papier, auf dem nichts steht. Sie bekommen eine *temporary registration*, die Sie an der Heckscheibe des Fahrzeugs befestigen müssen und die etwa zwei Wochen lang die Nummernschilder ersetzen kann, die dann auf dem Postweg bei Ihnen eintreffen sollten.

Personalized License Plates

Sicher ist Ihnen schon aufgefallen, dass einige Nummernschilder in den USA etwas aus dem Rahmen fallen. Gegen einen Aufpreis können Sie die Buchstaben bzw. Nummern auf Ihrem Nummernschild selbst wählen, z. B. auf Ihren Namen, Ihr Hobby oder Ihren Beruf hinweisen, vorausgesetzt, dass diese Buchstaben- bzw.

Nummernfolge in dem jeweiligen Staat noch nicht vergeben ist und es sich nicht um eine anstößige, beleidigende oder irreführende Aussage handelt. Die Entscheidung darüber trifft die zuständige Behörde des jeweiligen Staates. In vielen Staaten beschränkt sich die Aufschrift auf sieben Zeichen (Buchstaben, Zahlen und Leerzeichen). Wenn es sich um ein längeres Wort handelt, ist Kreativität gefragt. Meistens werden Buchstaben weggelassen, wenn das Wort trotzdem noch erkennbar ist, z. B. *SOCRFAN* für *soccer fan*, oder Zahlen benutzt, die wie Wörter klingen, z. B. *4EVERVW* für *forever VW*. Während man normale Kennzeichen in fast allen Staaten sofort erhält, bekommt man personalisierte Nummernschilder nach etwa zwei bis drei Wochen per Post zugesandt. Bitte beachten Sie, dass diese Nummernschilder nicht nur beim Erwerb teurer als normale Schilder sind, sie sind oft auch mit einer höheren jährlichen Erneuerungsgebühr als normale Schilder verbunden.

Wartung des Autos

Wenn Sie ein neues Auto haben, dann lassen Sie es am besten beim Händler warten. Folgen Sie dem im Handbuch Ihres Autos aufgeführten Wartungsplan (*maintenance schedule*), um die Garantie (*warranty*) für Ihr Auto zu erhalten. Die meisten Wartungsarbeiten werden gleich ausgeführt, sodass Sie Ihr Auto oft schon nach einer Stunde wieder mitnehmen können. Fast alle Werkstätten haben einen Warteraum mit Fernseher und Zeitschriften. Ein Ölwechsel (*oil change*) dauert in der Regel weniger als eine halbe Stunde. Amerikanische Werkstätten empfehlen ihren Kunden, alle 3.000 Meilen das Öl zu wechseln und etwa alle 12.000 Meilen die Räder von vorne nach hinten oder über Kreuz umzutauschen. Diese *tire rotation* ist sehr billig, kann zusammen mit dem Ölwechsel erledigt werden und soll für eine gleichmäßigere Abnutzung der Reifen sorgen.

Bei einem älteren Auto können Sie Geld sparen, wenn Sie den Ölwechsel bei speziellen Schnelldiensten (*quick lube*), die es in jeder Stadt gibt, machen lassen. Das dauert oft nur zehn Minuten und Sie bleiben in der Regel die ganze Zeit im Auto sitzen. Viele dieser Dienste wechseln, wenn nötig, auch die Getriebeflüssigkeit (*transmission fluid*) aus. Ansonsten können Sie bei Bedarf zu Spezialisten gehen, z. B. zu Werkstätten, die jeweils auf Getriebe (*transmissions*), Auspuffe (*mufflers*), Bremsen (*brakes*) oder Stoßdämpfer (*shocks*) spezialisiert sind. Das ist oft billiger und zeitsparender als der Besuch einer richtigen Werkstatt.

Lassen Sie sich keine unnötigen Dienstleistungen aufschwatzen.

Reifen (*tires*) lassen Sie am preiswertesten in *tire discount stores* wechseln. Karosserieschäden werden im *body shop* repariert. Für diese und andere Reparaturen können Sie natürlich auch markenunabhängige Werkstätten (*repair shops*) besuchen. Fragen Sie Ihre Freunde und Kollegen, ob diese einen guten *car mechanic* empfehlen können. Manchmal finden Sie diesen, wo Sie ihn am wenigsten erwarten, z. B. in einer Werkstatt, die an eine Tankstelle angeschlossen ist.

Geben Sie dem Arbeiter, der Ihr Auto trocken reibt, einen Dollar Trinkgeld.

Wenn Sie in einem Bundesstaat leben, in dem im Winter viel Salz gestreut wird, sollten Sie Ihr Auto regelmäßig waschen, um Rostschäden zu vermeiden. Gehen Sie am besten zu einer Waschanlage, die das Auto auch von unten wäscht (*underbody wash*) und ein Rostschutzmittel (*rust inhibitor*) aufträgt. Das ist zwar oft die teuerste der zur Auswahl stehenden Waschvarianten, aber wenn Sie einmal erlebt haben, wie rostfördernd Salz ist, dann bezahlen Sie doch bereitwillig einen Dollar mehr. Eine Autowäsche mit allem Drum und Dran sollte rund acht Dollar kosten. Der Ablauf in einer Waschanlage ist in der Regel so: Vor der Einfahrt kommt jemand, dem Sie sagen, welche Waschvariante Sie wollen. Sie bezahlen und bekommen meistens ein feuchtes Tuch, mit dem Sie im Inneren des Autos Staub wischen können. Der Kassierer schreibt Ihre Waschvariante auf die Frontscheibe. Sie fahren in die Waschanlage so hinein, dass Sie auf der linken Seite mit den Rädern in eine Leitschiene kommen. Jemand wird Ihnen »*Stop!*« zurufen, dann legen Sie den Neutralgang ein und nehmen den Fuß von der Bremse. Ein paar Arbeiter werden Ihr Auto mit Besen einseifen und laut der Information auf der Frontscheibe Ihre gewünschte Waschvariante einstellen. Per Leitschiene wird Ihr Auto dann in die Waschanlage hineingezogen und es folgen die verschiedenen Waschgänge. Machen Sie nichts, bis Sie sicher sind, dass Ihr Auto am Ende der Waschanlage die Leitschiene verlassen hat. Dort werden Sie von einem Arbeiter empfangen, der Ihr Auto per Hand trocken reibt. Das war es dann und Sie können herausfahren und bei Bedarf mit den aufgestellten Staubsaugern den Innenraum Ihres Autos reinigen.

Pannenhilfe

Wenn das Auto nicht anspringt, einen platten Reifen hat, liegen bleibt und abgeschleppt werden muss, man plötzlich ohne Benzin oder Öl dasteht oder sich selbst aus dem Fahrzeug ausgeschlossen hat, machen die meisten Amerikaner Gebrauch von ihrer Mitgliedschaft in einem Automobilclub, der Pannenhilfe (*emergency roadside assistance*) anbietet. Der zweifellos größte Anbieter ist *AAA* (sprich:»*Triple A*«). An dieser Stelle sei aber auch der *Better World Club* (▶ www.betterworldclub.com) empfohlen. Dieser erbringt ganz ähnliche Leistungen wie *AAA*, ist aber umweltfreundlicher gesinnt. Ganz gleich, bei welchem Club Sie Mitglied sind, im Bedarfsfall rufen Sie bei der jeweiligen Zentrale an, welche dann einen lokalen Abschlepp- bzw. Reparaturdienst beauftragt.

Auto spenden – Steuern sparen

Hunderttausende Amerikaner überschreiben jedes Jahr ihr altes Auto einer gemeinnützigen Organisation statt es zu verkaufen. Damit helfen sie einem guten Zweck und sparen zugleich Steuern. In der Regel wird das mit Autos gemacht, die weniger als 500 Dollar wert sind.

Dabei ist es wichtig, eine Organisation zu finden, die einen *501(c)(3) status* bei der Steuerbehörde hat. Nur Autospenden (*car donations*) an diese Organisationen sind *tax-deductible*, d. h. das zu versteuernde Jahreseinkommen kann um den Betrag der Spende, in diesem Fall der Wert des Autos, verringert werden. Lassen Sie sich deshalb auf jeden Fall eine Quittung geben.

Die gemeinnützigen Organisationen verkaufen die Autos dann in der Regel auf dem Gebrauchtwagenmarkt und verwenden den Erlös für ihre Arbeit. Einige Organisationen bitten Spender, die Angaben zum neuen Eigentümer im Fahrzeugbrief (*title*) freizulassen, damit sie keine Gebühren für die Umschreibung ausgeben müssen. Lassen Sie sich darauf aber nicht ein, denn so lange kein neuer Eigentümer im Fahrzeugbrief verzeichnet ist, sind Sie für das Auto verantwortlich, zum Beispiel wenn es im Rahmen einer Straftat benutzt wird.

Tankstellen

Tanken ist in den USA wesentlich preiswerter als in Europa. Dennoch lohnt sich ein Angebotsvergleich, da die Preise, die pro Gallone (rund 3,8 Liter) angegeben werden, von Tankstelle zu Tankstelle stark variieren können. Die Preise sind meistens mit drei Stellen hinter dem Punkt, der in den USA statt des Kommas verwendet wird, ausgeschrieben, z. B. $3.879, wobei die Neun am Ende meistens nur ganz klein angezeigt wird. Das soll darüber hinwegtäuschen, dass der Preis praktisch bei $3.88 liegt. Der Kraftstoffverbrauch (*mileage, fuel efficiency*) wird in Amerika in *miles per gallon* (mpg) berechnet.

Umrechnungstabelle mpg in l/100 km									
mpg	10	15	20	25	30	35	40	45	50
l/100 km	23,5	15,7	11,8	9,4	7,8	6,7	5,9	5,2	4,7

Tankstellen sind vielerorts an Autobahnabfahrten am teuersten und im Stadtzentrum am billigsten. Das Vergleichen der Preise lohnt sich und ein Heer von Freiwilligen trägt daher täglich die aktuellen Preise zahlloser Tankstellen bei ▶ www.gasbuddy.com ein, sodass Autofahrer leicht die preiswertesten Tankstellen in ihrer Stadt finden können.

Zum Wochenende und vor Feiertagen steigen die Preise oft ein wenig an, während sie am Wochenanfang wieder sinken. An den nur noch seltenen *full-service gas stations*, an denen man von einem Tankwart bedient wird, sind die Preise fast immer deutlich höher als an den üblichen *self-service stations*.

Oft muss man die Postleitzahl seiner Rechnungsadresse eintippen.

An den meisten Tankstellen kann man mittlerweile mit der Kreditkarte an der Zapfsäule bezahlen (*pay-at-the-pump*). Bitte beachten Sie: Am Ende des Tankvorganges werden Sie gefragt, ob eine Quittung (*receipt*) ausgedruckt werden soll. Wenn Sie *yes* wählen, dann sollten Sie nicht vergessen, diesen Zettel auch mitzunehmen, da er manchmal Ihre komplette Kreditkartennummer und Ihren Namen enthält, was von einem betrügerischen Finder ausgenutzt werden könnte. Wenn der Drucker an der Zapfsäule nicht funktioniert, werden Sie durch deren Anzeige aufgefordert, sich die Quittung beim Kassierer abzuholen. Um die Quittung auszudrucken, muss dieser jedoch meistens Ihre Kreditkarte noch einmal durch das Lesegerät ziehen. Wenn Sie das alles vermeiden wollen, sollten Sie sich angewöhnen, bei der Frage nach der Quittung grundsätzlich *no* zu wählen. Falls Sie Buch über Ihre Ausgaben führen, können Sie sich ja den bezahlten Betrag auf einem Zettel im Auto notieren. Vielerorts muss man nach Einbruch der Dunkelheit erst bezahlen und kann dann für den entsprechenden Betrag tanken. Ein Schild mit der Aufschrift »*Pre-Pay After Dark*« weist normalerweise an der Zapfsäule darauf hin.

Das Angebot an Kraftstoffen ist unterschiedlich. Manche Tankstellen bieten nur Benzin (*gasoline*, kurz *gas*) an, die meisten haben jedoch auch eine Zapfsäule mit Diesel (*diesel*). Einige Tankstellen bieten auch Erdgas (*natural gas*) und Kerosin (*kerosene*) an. In manchen Staaten kann man auch E85, ein Gemisch aus Ethanol und Benzin, kaufen.

Noch ein Tipp für Ihre Sicherheit: Während Sie tanken, sollten Sie niemals wieder zurück ins Auto gehen, z. B. um Geld zu holen oder um sich aufzuwärmen. Sie können sich dabei elektrostatisch aufladen. Wenn Sie dann den Zapfhahn wieder anfassen, kann es zu Funkenflug und Explosion kommen. Das passiert zwar nicht oft, kann aber verheerend sein. Sollten Sie doch einmal versehentlich zurück ins Auto gehen, dann ist es ratsam, vor dem Anfassen und Herausnehmen des Zapfhahns ein Stück Metall, z. B. am Auto, anzufassen.

An vielen Tankstellen kann man Luft aufpumpen. Seien Sie aber darauf vorbereitet, dass manche Pumpen nicht sonderlich gut funktionieren, ganz gleich, ob sie kostenlos sind oder nicht. Dann müssen Sie einfach zu einer anderen Tankstelle fahren. Die meisten Pumpen haben auch keinen Reifendruckmesser (*tire pressure gauge*). Sie sollten sich daher einen eigenen Druckmesser in Kugelschreibergröße zulegen, den Sie sehr preiswert in Autozubehörgeschäften, in den entsprechenden Abteilungen großer Supermärkte und zum Teil auch in Tankstellenläden bekommen können. Informationen zum richtigen Reifendruck Ihres Autos, der in *pounds per square inch* (psi) gemessen wird, finden Sie an der Karosserie, dort wo die Fahrertür ins Schloss fällt, und natürlich in der Betriebsanleitung des Fahrzeugs.

Auch die an manchen Tankstellen aufgestellten Staubsauger sind oft mangelhaft. Die automatischen Autowaschanlagen, für die man oft gleich an der Zapfsäule mitbezahlen kann und für die es oft einen Preisnachlass (*discount*) gibt, wenn man viel getankt hat, eignen sich recht gut für eine oberflächliche Schnellwäsche. Einige Tankstellen haben auch eine angeschlossene Werkstatt.

Besonders bei Minusgraden ist das Aufpumpen problematisch.

Der Unterschied zwischen Drive-In und Drive-Thru

Im deutschsprachigen Raum scheint es hin und wieder noch einige Verwirrung bei den Begriffen *drive-in* und *drive-thru* zu geben.

Den *drive-in* gab es lange vor dem *drive-thru*. Beim *drive-in restaurant* fährt man an das Gebäude heran, parkt zwischen den anderen rings ums Gebäude stehenden Autos, kurbelt die Scheibe herunter und wartet, bis die Bedienung zum Auto kommt und die Bestellung entgegennimmt. Einige Minuten später wird das Bestellte gebracht und in der Regel auf ein Tablett, das am heruntergekurbelten Fenster festgemacht wird, gestellt. Wenn man mit dem Essen fertig ist, wird das leere Tablett abgeholt und man fährt davon. Der erste *drive-in* wurde 1921 in Dallas unter dem Namen *Pig Stand* eröffnet. Die Firma gleichen Namens, die als erstes Restaurant in Amerika *fried onion rings* anbot und die heute noch Filialen in Beaumont, San Antonio und Houston betreibt, wuchs schnell und die Idee fand viele Nachahmer. Anfang der 50er-Jahre trieb die *drive-in*-Kette *Sonic* den Einsatz von Wechselsprechanlagen voran, über die man das Essen bestellen konnte.

McDonald's hat den Niedergang des *drive-in restaurants* eingeläutet, als man die Kunden dazu bewegte, sich das Essen selbst vom Gebäude zu holen, statt es sich bringen zu lassen. Überraschenderweise hat die Kundschaft diesen Rückschritt in Sachen Service hingenommen. Der niedrige Preis der Speisen muss wohl eine Rolle gespielt haben. Heutzutage sind *drive-in restaurants* nur noch schwer zu finden.

In der Vergangenheit gab es auch viele *drive-in movie theaters*, Freiluftkinos, in denen man den Film im Auto sitzend anschauen konnte. Das erste dieser *drive-ins* wurde 1933 in Camden, New Jersey, eröffnet. Die Mitte der 50er-Jahre bildete mit mehr als dreieinhalbtausend Spielstätten den Höhepunkt der *drive-in movie theaters*. Heutzutage gibt es weniger als sechshundert dieser Kinos.

Beim 1951 von der Kette *Jack in the Box* eingeführten *drive-thru* wird einem das Essen aus einem Seitenfenster (*drive-up window*) des Restaurants ins Auto gereicht, nachdem man es zuvor über eine Wechselsprechanlage bestellt hat. Die meisten Fast-Food-Restaurants haben heute diesen Service. Es gibt aber auch viele Banken, Apotheken und andere Geschäfte, die einen *drive-thru* haben. In Las Vegas kann man sogar in einem speziellen *drive-thru* (*Little White Wedding Chapel*) heiraten.

Achten Sie einmal darauf, wo Sie Ihr Essen schneller bekommen: Am Schalter im Inneren eines Fast-Food-Restaurants oder im *drive-thru*? Es scheint jedenfalls, dass in den meisten Restaurants der *drive-thru* Priorität hat.

Kapitel 23
Öffentliche Verkehrsmittel

Die USA sind ein Land des Autos und das Angebot an öffentlichen Verkehrsmitteln ist, von den Großstädten einmal abgesehen, kaum vergleichbar mit dem in Europa.

Nah- und Regionalverkehr

Einige Großstädte kommen mit ihrem Angebot an Bussen, U-Bahnen und mitunter auch Straßenbahnen einigermaßen an das heran, was wir aus der Heimat gewohnt sind. Auch die meisten mittelgroßen Städte haben zumindest an Wochentagen ein ausreichendes Angebot an Bussen.

Im Bus wird meistens beim Fahrer bezahlt. Falls Sie in eine andere Buslinie umsteigen wollen, können Sie sich bei Fahrtantritt im ersten Bus ein *transfer ticket* geben lassen, damit Sie im zweiten Bus nicht noch einmal zahlen müssen. Bitte beachten Sie, dass Sie ein geplantes Aussteigen in der Regel durch das Ziehen an einer Leine signalisieren müssen.

Hunde sind in den Nahverkehrsmitteln normalerweise nicht erlaubt, es sei denn dass sie Behinderten zur Seite stehen. *Tiere dürfen nicht mitfahren.*

Die U-Bahnen übernehmen oft auch die Funktion einer S-Bahn, in dem sie über Tage in die Vorstädte weiterfahren.

Regionalzüge *(commuter trains)* verbinden in verschiedenen Ballungsgebieten die Großstadt mit wichtigen umliegenden Orten, an deren Bahnhöfen sich nicht selten kostenlose Parkplätze befinden.

Besonders in Ballungsgebieten mit mangelhaften Zugverbindungen ist auch das gemeinsame Mieten eines Kleintransporters beliebt. Acht bis zehn Leute treffen sich jeden Morgen auf einem Parkplatz außerhalb der Stadt und fahren dann gemeinsam ins Stadtzentrum. Einer der Fahrgenossen dient als Fahrer und alle beteiligen sich an den Kosten. Informationen dazu finden Sie durch eine Google-Suche mit dem Wort *vanpool* und dem Namen Ihrer Stadt.

Fernverkehr

Zugfahrkarten sollten immer im Voraus gekauft werden.

Im Fernverkehr dominiert neben dem Auto das Flugzeug. Dieses nimmt in den USA in etwa die Funktion ein, die in Europa der Zug hat. Die amerikanische Bahngesellschaft *Amtrak* fährt nämlich nur auf relativ wenigen Strecken, die Züge sind allerdings bequem und sauber. Die Fahrkarten sollten unbedingt im Voraus reserviert werden, denn jeder Zug nimmt nur so viele Passagiere mit, wie Sitzplätze vorhanden sind. Je eher Sie das machen, desto preiswerter werden die Fahrkarten sein. Beachten Sie die Anweisungen zum Ein- und Aussteigen, da das oft nur an bestimmten Türen erfolgen darf. Das Zugfahren ist in den USA insgesamt wesentlich umständlicher als in Europa. Sie sollten also etwas Geduld mitbringen. Die Website von *Amtrak* gibt es übrigens nicht nur auf Englisch und Spanisch, sondern auch in einer deutschen Version: ▶ http://deutsch.amtrak.com

Als Alternative zu Auto, Flugzeug und Zug kann man auf vielen Strecken auch den Bus wählen. Vergleichen Sie einmal das Angebot von *Greyhound* und *MetroBus*. Auch einige Teilstrecken von *Amtrak* werden per Bus bedient.

Auf (ehemaligen) Schienenwegen wandern

Was macht man mit stillgelegten Eisenbahnstrecken? Einfach so vor sich hinrotten lassen? Oder soll man das Land an die Anlieger verkaufen? Aber was ist, wenn man Jahre später den Bahnverkehr wieder aufnehmen möchte? Das amerikanische *Rails-to-Trails*-Programm bietet da die ideale Lösung: Alte Eisenbahnstrecken werden durch die Entfernung der Schienen und das Aufbringen einer Asphaltschicht in Wege umgewandelt, auf denen man Rad fahren, skaten und wandern kann. Das Land bleibt so in öffentlicher Hand und könnte im Bedarfsfall wieder in eine Eisenbahnstrecke umgewandelt werden.

Die auf den alten Eisenbahnstrecken entstandenen Rad- und Wanderwege verlaufen quer durch das Land: durch Felder, Wälder, Städte und über alte Eisenbahnbrücken. Sie liegen zumeist weit abseits der Straßen mitten in der Natur. Das erhöht die Lebensqualität der Menschen vor Ort und fördert den Tourismus.

Seit 1986 wurden so bisher 1.847 Rad- und Wanderwege mit einer Länge von mehr als 20.000 Meilen geschaffen. Die meistgenutzten Rail-Trails sind der W&OD Railroad Trail in Virginia (rund 3 Millionen Besucher pro Jahr), der Minuteman Bikeway in Massachusetts (ca. 2 Millionen Besucher) und der Pinellas Trail in Florida (mehr als eine Million Besucher). Der längste Rail-Trail ist der Katy Trail in Missouri mit einer Länge von 225 Meilen. Weitere Informationen gibt es auf ▶ www.railstotrails.org

Kapitel 24

Geographie

Die USA sind
nach Russland
und Kanada das
drittgrößte Land
der Welt. Die USA erstrecken sich von Norden nach Süden über gut
2.500 km sowie von Osten nach Westen über 4.500 km und
mehrere Zeitzonen. Das Land wird inoffiziell in sechs Regionen
unterteilt, die sich klimatisch, landschaftlich und wirtschaftlich
unterscheiden. Hinzu kommen mehr oder weniger deutlich aus-
geprägte Dialekte sowie Unterschiede in der Zusammensetzung
der Bevölkerung.

Regionen

New England besteht aus den nordöstlichen Staaten Maine, New
Hampshire, Vermont, Massachusetts, Connecticut und Rhode
Island. Die ersten weißen Siedler dieser Region waren englische
Protestanten. Da sich die Gegend nicht besonders für die Land-
wirtschaft eignet, bildeten Industrie und Handel über einen lan-
gen Zeitraum die wirtschaftliche Grundlage dieses Landstriches.
Boston war im 19. Jahrhundert das finanzielle Zentrum Nord-
amerikas. New England hat zudem damals wie heute die größte
Konzentration an Top-Universitäten, wie z. B. *Harvard, Yale* und
Brown, um nur einige zu nennen.

Als *Mid-Atlantic* Staaten werden New York, Pennsylvania,
New Jersey, Delaware und Maryland bezeichnet. Die ersten eu-
ropäischen Siedler waren Holländer (New York), Skandinavier
(Delaware), englische Katholiken (Maryland) und Quäker (Penn-
sylvania). Neben Landwirtschaft und Handel wurden besonders
New York und Pennsylvania zum Zentrum der amerikanischen
Schwerindustrie. Philadelphia war das politische Zentrum der
American Revolution. Hier wurden sowohl die Unabhängigkeits-
erklärung (*Declaration of Independence*, 1776) als auch die ameri-
kanische Verfassung (*U.S. Constitution*, 1787) verabschiedet. New
York ist die größte Stadt und das finanzielle Zentrum der USA.

Die Atlantikküste, den Süden mit Florida und der Golfküste
ausgenommen, verzeichnet warme, niederschlagsreiche Sommer und kalte Winter.

Die Mitte der USA wird als *Midwest* bezeichnet und beinhaltet die *Great Lakes States* Michigan, Ohio, Indiana, Illinois,

Wisconsin und Minnesota sowie die *Prairie States* Iowa, North Dakota, South Dakota, Nebraska, Kansas und Missouri. Hauptsächlich deutsche und skandinavische Bauern besiedelten weite Gebiete des Mittleren Westens, der oft als »Brotkorb Amerikas« bezeichnet wird. Die Bewohner dieser Region gelten als freundlich und offen. Der Osten der Region wird durch die Großen Seen geprägt, der Westen durch die unendlich scheinenden Weiten der Prärie. Der Mittlere Westen zeichnet sich aber nicht nur durch natürliche Schönheit aus, sondern auch durch Millionenmetropolen wie Chicago und Detroit sowie die *Twin Cities* Minneapolis und St. Paul. Einige Staaten, wie z. B. South Dakota, haben zudem riesige Indianerreservate (*reservations*). Die Sommer sind hier sehr heiß und trocken, die Winter eisig kalt mit viel Schnee.

The South besteht aus Virginia, West Virginia, North Carolina, South Carolina, Georgia, Florida, Kentucky, Tennessee, Alabama, Mississippi, Arkansas, Louisiana, Teilen Oklahomas sowie dem östlichen und zentralen Texas. Der Süden wurde anfangs von englischen Protestanten besiedelt und hat eine führende Rolle in der *American Revolution* gespielt. Jedoch hat sich der Süden, im Gegensatz zum industriellen Norden, als vorwiegend landwirtschaftliche Region (Baumwolle, Tabak) entwickelt, in der die Haltung von Sklaven ein entscheidender wirtschaftlicher und politischer Faktor war. Im Jahre 1860 verließen elf Südstaaten die *United States of America*, um ein eigenes Staatengebilde, die *Confederate States of America,* zu gründen. Im nachfolgenden Bürgerkrieg mit den Nordstaaten (1861 bis 1865) unterlag der Süden, was zur Abschaffung der Sklaverei führte. Das bedeutete jedoch noch lange nicht gleiche Rechte für die schwarzen Amerikaner. Rassentrennung (*racial segregation*), z. B. in Bildungseinrichtungen, Restaurants und Bussen, wurde im Süden bis weit über die Mitte des 20. Jahrhunderts hinaus praktiziert.

Florida ist heute ein beliebter Wohnort für Rentner, die aus klimatischen und aus steuerlichen Gründen aus den ganzen USA dort hinziehen. Das Wetter entlang der Golfküste zeichnet sich durch einen sehr milden Winter aus. Der Sommer ist heiß, der Herbst oft regenreich.

Die Kategorisierung des Südwestens und des Westens der USA ist nicht ganz einfach. Die kulturellen, geographischen und klimatischen Grenzen sind hier zum Teil fließend. *The Southwest* wird aus Teilen Oklahomas, dem westlichen Texas, New Mexico und Arizona gebildet. Dieser Teil Amerikas ist über weite Gebiete sehr dünn besiedelt, was in erster Linie eine

Folge des trockenen und heißen Klimas ist. Spanisch sprechende Amerikaner machen einen großen Teil der Bevölkerung aus. Teile des Südwestens gehörten bis zum *Mexican-American War* (1846 bis 1848) zum südlichen Nachbarn Mexiko, dessen Kultur noch heute diese Region, die auch ein beliebtes Ziel für illegale Immigranten ist, beeinflusst. Eine weitere starke Bevölkerungsgruppe sind die amerikanischen Ureinwohner (*Native Americans*). Das hier lebende Volk der Navajo (sprich: »navaho«) ist mit mehr als einer Viertelmillion Menschen der zahlenmäßig zweitstärkste Indianerstamm in Nordamerika. Die bekannteste Sehenswürdigkeit ist natürlich der Grand Canyon. Phoenix, Santa Fe und Albuquerque sind schnell wachsende Großstädte im Südwesten.

The West besteht aus Montana, Wyoming, Colorado, Idaho, Utah, Nevada und Kalifornien. Die Gebirgs- und Plateauzonen sind relativ trocken. Temperaturen und Niederschläge sind jedoch generell von der jeweiligen Höhenlage abhängig. Zum Westen gehören auch Washington und Oregon, die oft als *Pacific Northwest* bezeichnet werden. Dort sind die Sommer überwiegend trocken und die Winter niederschlagsreich.

Der Westen hat eine enorme landschaftliche Vielfalt: Wälder, Felder, Wüste, Berge und Ozean. Einige Staaten, wie Montana und Wyoming, sind extrem dünn besiedelt. Kalifornien dagegen ist, nicht zuletzt wegen des überwiegend gemäßigten Klimas, der bevölkerungsreichste Staat der USA und die siebtstärkste Wirtschaft der Welt. Los Angeles ist die zweitgrößte Stadt der USA und wird, wie der ganze Süden des Staates und der gesamte Südwesten der USA, wesentlich von den Bevölkerungsteilen mexikanischer Herkunft geprägt. Politisch gesehen kann es sich Kalifornien auf Grund seiner Wirtschaftsmacht leisten, oft im Widerspruch mit der Bundesregierung in Washington zu stehen. So ist dieser Staat z. B. eine treibende Kraft im Umweltschutz.

Außerdem gibt es natürlich noch Alaska und Hawaii, die oft dem Westen der USA zugeordnet werden, aber doch eigentlich selbständige Regionen darstellen. Alaska ist sehr dünn besiedelt und wird von viel Natur geprägt. Das Wetter ist im Süden gemäßigt, im Mittelteil im Winter schon recht kalt und im Norden sehr kalt – mit Dauerfrost, kurzen Sommern und ausgedehnten Wintern. Hawaii ist ein tropisches Urlaubsparadies im Pazifik und ist der einzige Bundesstaat, in dem Amerikaner asiatischer Herkunft die Bevölkerungsmehrheit darstellen. Im Frühling und im Herbst gibt es viel Regen.

Indianer in den USA

In den USA leben rund 4,5 Millionen Indianer (*Native Americans*). Das sind 1,5 Prozent der Gesamtbevölkerung. Ungefähr 1,3 Millionen Indianer sind jünger als 18 Jahre. Cherokee (301.800) und Navajo (296.100) sind die größten Indianerstämme. Kalifornien (688.500), Oklahoma (397.000) und Arizona (331.200) sind die Staaten mit den meisten Indianern.

In neun Staaten stellen Indianer entweder die größte Bevölkerungsgruppe oder die zahlenmäßig stärkste Minderheit dar, und zwar in Alaska, Arizona, Idaho, Montana, New Mexico, North Dakota, Oklahoma, South Dakota und Wyoming.

- 56 Prozent der Indianer leben im eigenen Haus.
- 28 Prozent der Indianer sprechen im Familienkreis nicht Englisch.
- 168.300 Indianer haben Militärdienst geleistet.
- 31 Prozent der Indianer haben keine Krankenversicherung.

Quelle: U.S. Census Bureau

Zeitzonen und Angabe der Uhrzeit

Die sogenannten *lower 48 states*, d. h. alle Bundesstaaten außer Hawaii und Alaska, liegen in vier verschiedenen Zeitzonen:

Zeitzonen USA	Mitteleuropäische Zeit (MEZ)
Eastern Standard Time (EST)	minus sechs Stunden
Central Standard Time (CST)	minus sieben Stunden
Mountain Standard Time (MST)	minus acht Stunden
Pacific Standard Time (PST)	minus neun Stunden

Der Zeitunterschied zwischen *Alaskan Time* und MEZ beträgt zehn Stunden. In Hawaii ist es noch eine weitere Stunde früher. Die geographische Ausbreitung der einzelnen Zeitzonen und die jeweilige offizielle Uhrzeit finden Sie auf der folgenden Website:
▶ www.time.gov

Die Uhrzeit wird im Allgemeinen mit den Zusätzen *a.m.* und *p.m.* angegeben, d. h. von Mitternacht (*midnight*) bis 11:59 Uhr mittags mit *a.m.* (*ante meridiem*) und von 12 Uhr mittags (*noon*) bis eine Minute vor Mitternacht mit *p.m.* (*post meridiem*). Wenn Ihnen jemand eine Uhrzeit mitteilt, ohne zu sagen, ob morgens oder abends gemeint ist, können Sie folgende Frage stellen: *Do you mean a.m. or p.m.?*

In bestimmten Bereichen, z. B. bei der Armee, wird die Zeit jedoch wie in Europa angegeben. Diese Art der Zeitangabe wird *military time* genannt.

Fast alle Bundesstaaten stellen die Uhren für die Sommerzeit (*Daylight Saving Time*) um. Diese beginnt am zweiten Sonntag im März und endet am ersten Sonntag im November. Hawaii sowie die größten Teile von Arizona beteiligen sich nicht an der Sommerzeit.

Die Außengebiete der USA

Die USA haben mehrere Außengebiete *(insular areas),* die zu keinem Bundesstaat gehören und selbst auch keinen Bundesstaat-Status haben.

In der Karibik sind das Puerto Rico (rund 4 Millionen Einwohner), die Amerikanischen Jungferninseln (108.605 Einwohner) und Navassa (unbewohnt). Im Pazifischen Ozean liegen Guam (168.564 Einwohner), die Nördlichen Marianen (44.582), Amerikanisch-Samoa (57.881) und die Midwayinseln (40) sowie die Bakerinsel, die Howlandinsel, die Jarvisinsel, das Johnston-Atoll, das Kingmanriff, das Palmyra-Atoll und das Wake-Atoll (alle unbewohnt). Die Einwohner der Außengebiete sind U.S.-Staatsbürger *(U.S. citizens).* Eine Ausnahme bildet Amerikanisch-Samoa, dessen Bewohner U.S.-Amerikaner ohne Staatsbürgerschaft sind *(U.S. nationals).* Sie können in den gesamten USA leben und arbeiten, dürfen aber außerhalb von Amerikanisch-Samoa nicht wählen bzw. kandidieren.

Die in den anderen Außengebieten geborenen Menschen können dagegen wählen und gewählt werden, wenn sie ihren Wohnsitz in einem U.S. Bundesstaat haben. Wenn sie in den Außengebieten leben, dürfen sie nicht an den Präsidentschaftswahlen teilnehmen. Jedoch ermöglichen ihnen sowohl die Demokraten als auch die Republikaner zumindest die Teilnahme an den Vorwahlen.

Kapitel 25

Politik

Viele Amerikaner misstrauen ihrer Regierung. Sie wollen nicht, dass sich diese in ihr Leben einmischt, z. B. durch Steuererhöhungen. Der Wirtschaft geht es ähnlich, ihre Lobbyisten arbeiten ständig darauf hin, staatliche Regulierungen auf ein Minimum zu reduzieren. Eine soziale Marktwirtschaft wird von konservativen Kräften als Sozialismus bezeichnet, und sie setzen im Namen der individuellen Freiheit alles daran, zu verhindern, dass Wohlhabende finanziell einen größeren Beitrag zum Gemeinwohl leisten müssen. Allerdings erkennen mehr und mehr Leute, dass die Reichen immer reicher werden und breite Bevölkerungsschichten zunehmend verarmen. Die Interessen der unteren Einkommensgruppen werden jedoch nur unzureichend von den herrschenden Parteien vertreten und so haben sich viele Leute mittlerweile ganz von der Politik abgewendet. Die Wahlbeteiligung ist dementsprechend oft sehr niedrig.

Geld regiert die Welt. In den USA zeigt sich das deutlicher als in Europa.

Im Nachfolgenden sollen nicht alle Facetten des politischen Systems erklärt werden, sondern nur einige Begriffe, die Sie sicher schon bald nach Ihrer Ankunft in den USA hören werden, und einige wissenswerte Grundtendenzen.

Die Parteien

In den USA wird die Macht weitgehend von zwei Parteien ausgeübt: Die sehr konservative *Republican Party* und die in der politischen Mitte bzw. leicht links angesiedelte *Democratic Party* besetzen alle wichtigen politischen Ämter. Die Mitglieder der *Democratic Party* werden oft auch als *Liberals* bezeichnet, weil viele von ihnen mehr oder weniger linksliberale Ansichten vertreten. Somit hat der Begriff »liberal« in der amerikanischen Parteienlandschaft eine andere Bedeutung als in der deutschen, denn die FDP in Deutschland ist bekanntlich eine wirtschaftsliberale Partei. Obwohl die *Republican Party*, die auch GOP (*Grand Old Party*) genannt wird, 1854 von Gegnern der Sklaverei gegründet wurde und Präsident Lincoln dieser Partei angehörte, wählen heutzutage ca. 90 Prozent der Schwarzen in den USA die *Democratic Party*, vor allem weil diese die Bürgerrechtsbewegung unterstützte und insgesamt eher die Interessen der sozial schwachen Bevölkerungs-schichten und Minderheiten vertritt.

Die Republicans sind wesentlich konservativer als z. B. die CDU.

Während die *Democrats* sozialstaatliche Elemente auszu-bauen versuchen, vertreten die *Republicans* in erster Linie die finanziellen Interessen der wohlhabenden Schicht. Sie ziehen aber auch zahlreiche christlich-fundamentalistische Wähler aus allen anderen Bevölkerungsschichten an, vor allem mit ihrer Ablehnung des Rechts auf Schwangerschaftsabbruch und der Homosexuellen-Ehe. Zudem sprechen sie sich für einen freien Waffenbesitz aus und gewinnen so viele weitere Stimmen, vor allem auf dem Lande.

Die *Tea Party*, die in den Medien oft erwähnt wird, ist kei-ne eigenständige Partei, sondern eine Bewegung innerhalb der *Republican Party*. Sie entstand im Jahr 2009 und hat sich vor al-lem den Kampf gegen Steuererhöhungen und einen zu großen Regierungsapparat auf die Fahnen geschrieben. Der geschickt gewählte Name bezieht sich symbolträchtig auf die *Boston Tea Party* von 1773. Die *Tea Party* hat weder einen offiziellen Ap-parat noch eine zentrale Führung, sondern setzt sich aus vielen Einzelgruppen zusammen, deren Mitglieder in vielen Fällen zu-vor der *Libertarian Party* nahe standen, die einen selbstregulie-renden Kapitalismus ohne Wohlfahrtssystem befürwortet und die Aufgaben des Staates wesentlich einschränken will.

Während die Medien generell den Eindruck vermitteln, dass es nur die *Republican Party* und die *Democratic Party* gibt, wird man beim Blick auf den Stimmzettel oft von einer gewissen Viel-falt überrascht: Da gibt es dann auch Kandidaten der *Libertarian Party*, der *Green Party*, der *Constitution Party* und der *Socialist Party*, die jedoch normalerweise allesamt nur recht wenige Stim-men bekommen. Das könnte sich allerdings in den nächsten Jah-ren ändern, denn neue Bewegungen wie die *Tea Party* und *Oc-cupy Wall Street*, die auch zahlreiche Nichtwähler zur politischen Arbeit motiviert haben, beginnen den Bedarf für eine größere Vielfalt zu zeigen.

Die anderen Parteien

In den USA gibt es ca. drei Dutzend kleinere Parteien, von denen die meisten nur ihren Mitgliedern bekannt sind. Da gibt es u. a. die *Prohibition Party*, die *United States Pirate Party*, die *American Nazi Party* und die *United States Marijuana Party* auf nationaler

Ebene sowie noch viel kleinere Parteien in einzelnen Bundesstaaten, wie z. B. die *Alaskan Independence Party*, die *Taxpayers Party of New York* und die *Aloha Aina Party* in Hawaii.

Drei Parteien kann man jedoch auf fast jedem Stimmzettel finden:

Die *Constitution Party* ist eine konservative Partei, die 1992 als *U.S. Taxpayers Party* gegründet wurde und 1999 ihren Namen änderte. In einigen Bundesstaaten wird mitunter auch noch der alte Name verwendet. Die *Constitution Party* ist mit mehr als 400.000 Mitgliedern die drittstärkste Partei in den USA und hat sich der Abschaffung der Einkommensteuer verschrieben.

Die *Green Party* formierte sich 1991 und hat derzeit mehr als 300.000 Mitglieder. Anders als ihre deutsche Schwesterpartei kann sie jedoch noch keine Wahlerfolge auf nationaler Ebene vorweisen, außer dass ihr Spitzenkandidat Ralph Nader bei den Wahlen im Jahr 2000 fast 3 Millionen Stimmen erhielt und damit Dritter hinter George W. Bush und Al Gore wurde. Auf lokaler Ebene gab es jedoch schon einige Erfolge.

Die *Libertarian Party* wurde 1971 gegründet und hat mehr als 200.000 Mitglieder. Sie scheint die bestorganisierte der kleinen Parteien zu sein, denn ihre Kandidaten verzeichneten bis jetzt die meisten Erfolge bei Kommunalwahlen. Ziel der Partei ist es, staatliche Reglementierungen im persönlichen wie im wirtschaftlichen Bereich so weit wie möglich abzuschaffen.

Der United States Congress

Der *United States Congress* besteht aus zwei Kammern, dem Senat (*Senate*) und dem Repräsentantenhaus (*House of Representatives*, oft einfach kurz *House* genannt). Jeder U.S. Bundesstaat entsendet zwei Senatoren und eine unterschiedliche Anzahl an Repräsentanten, die von der Bevölkerungszahl des jeweiligen Staates abhängt. Die 100 Senatoren werden für sechs Jahre gewählt. Alle zwei Jahre steht etwa ein Drittel der Senatssitze zur Wahl. Die 435 Abgeordneten im Repräsentantenhaus werden dagegen alle gleichzeitig und nur für zwei Jahre gewählt. Wahlen finden in jedem geraden Jahr statt, und zwar am Dienstag nach dem ersten Montag im November. Wenn gleichzeitig keine Präsidentenwahl ansteht, werden die Wahlen als *mid-term elections* bezeichnet, weil sie sich in der Mitte der Amtszeit des Präsidenten befinden. Die Ergebnisse der *mid-term elections* sind oft auch

2014 waren mehr als die Hälfte der Abgeordneten Millionäre.

ein Ausdruck dessen, wie sehr das Wahlvolk mit der Arbeit des Präsidenten zufrieden ist. Bei großer Unzufriedenheit bekommt seine Partei den Unmut des Volkes zu spüren.

Sowohl *senators* als auch *representatives* werden direkt gewählt, die Medien berichten daher bei Wahlen hauptsächlich über die Zahl der Abgeordneten und nicht die Prozente, die eine Partei errungen hat. Vor der eigentlichen Wahl werden die Kandidaten der einzelnen Parteien in der Regel durch Vorwahlen (*primaries*) bestimmt. Amtsinhaber (*incumbents*) haben oft gute Chancen, erneut gewählt zu werden, und weder im *Senate* noch im *House of Representatives* gibt es *term limits*, d. h. man kann uneingeschränkt oft wiedergewählt werden. Da nicht jeder Abgeordnete ein Experte auf jedem Gebiet sein kann, findet die Arbeit im *Congress* hauptsächlich in ständigen Ausschüssen statt. Der Senat hat 20 ständige Ausschüsse, das Repräsentantenhaus 21. Ferner gibt es fünf gemeinsame Ausschüsse. Unterschiedliche Gesetzesentwürfe aus dem Senat und dem Repräsentantenhaus werden in einem Vermittlungsausschuss (*conference committee*) angeglichen.

Der Oberste Gerichtshof

Der *Supreme Court of the United States* ist die oberste Instanz im Rechtssystem des Landes. Die acht beigeordneten Richter (*Associate Justices*) und der vorsitzende Richter (*Chief Justice*) werden auf Lebenszeit in ihre Ämter berufen. Ihre Namen sind allen politisch interessierten Menschen in den USA bekannt. Falls ein Richter stirbt oder freiwillig in Rente geht, nominiert der Präsident der Vereinigten Staaten in der Regel einen Kandidaten, der seinen eigenen politischen Ansichten nahe steht, insbesondere was heftig umstrittene Themen wie das Recht auf Schwangerschaftsabbruch betrifft. Da ein Richter nicht selten 20 bis 30 Jahre dem Obersten Gerichtshof angehört, kann der Präsident auf diese Weise die Rechtssprechung im Land weit über seine eigene Amtszeit hinaus beeinflussen. Nach einer Befragung im Justizausschuss des Senats, die normalerweise im Fernsehen übertragen wird, muss der Senat den Kandidaten durch Abstimmung ins Amt berufen.

Der Präsident

Der Präsident der Vereinigten Staaten wird nicht vom Parlament, sondern vom Volk gewählt. Deshalb kann es sein, dass der

Präsident einer anderen Partei angehört, als jene, die im Repräsentantenhaus oder im Senat, und manchmal auch in beiden, die
Mehrheit hat. Grundlegende Veränderungen sind in den USA
daher nur sehr schwer zu bewerkstelligen, da es nicht oft vorkommt, dass der Präsident eine ausreichende Mehrheit in beiden
Häusern hat. Bei den Präsidentschaftswahlen ist nicht entscheidend, wer landesweit eine Mehrheit der Stimmen bekommt. Bei
der Wahl im Jahr 2000 bekamen z. B. Al Gore 48,4 Prozent der
Stimmen und George W. Bush 47,9 Prozent. Bush wurde jedoch
Präsident, da er 271 *electoral votes* erhielt, Gore dagegen nur 266.

Das funktioniert so: Die Stimmen werden in jedem Bundesstaat einzeln ausgezählt und der Gewinner bekommt sämtliche
electoral votes des jeweiligen Staates. Nur Nebraska und Maine
bilden hier eine Ausnahme. Die Zahl der *electoral votes* unterscheidet sich abhängig von der Bevölkerungszahl von Staat zu
Staat zum Teil ganz erheblich. So geht es z. B. in Kalifornien um
55 *electoral votes*, in North Dakota aber lediglich um drei. Letztendlich spielt es also keine Rolle, wie hoch oder wie knapp ein
Sieg in einem einzelnen Bundesstaat war oder wie viele Leute
landesweit für einen Kandidaten gestimmt haben, sondern nur
darum, wer in den bevölkerungsreichen Bundesstaaten gewonnen hat und so die meisten *electoral votes* bekam.

Red States und Blue States

In den amerikanischen Medien ist im Zusammenhang mit Präsidentschaftswahlen oft von *red states* und *blue states* die Rede.
Als *red states* werden jene Bundesstaaten bezeichnet, in denen
die *Republicans* bei Wahlen normalerweise eine solide Mehrheit
haben, und *blue states* sind jene, in denen gewöhnlich die *Democrats* den Sieg erringen. Rot als Farbe der Konservativen ist für
Europäer sicher gewöhnungsbedürftig, da sie diese Farbe eher
mit linksgerichteten Parteien gleichsetzen. Rot und Blau sind allerdings keine offiziellen Parteifarben, sondern wurden in dieser
Zuordnung vom amerikanischen Fernsehen seit der Präsident-
schaftswahl im Jahr 2000 verwendet, um auf der Karte zu zeigen,
wer in welchem Staat gewann, da ja die siegreiche Partei in fast
allen Staaten sämtliche *electoral votes* des jeweiligen Staates bekommt und so am Ende die Präsidentenwahl entschieden wird.

Die Republikaner dominieren die Red States, die Demokraten die Blue States.

Staaten mit wechselnden Mehrheiten werden als *swing states*
oder *battleground states* bezeichnet. Anders als in den soliden
blue und *red states* investieren die beiden Parteien hier riesige

Summen in die Fernsehwerbung und die Kandidaten verbringen viel Zeit damit, mit den Wählern in persönlichen Kontakt zu treten, insbesondere wenn in diesen Staaten viele *electoral votes* auf dem Spiel stehen. Wahlkampfhelfer gehen hier in den letzten Tagen vor der Wahl von Tür zu Tür oder rufen bei Leuten an, um diese für ihren Kandidaten zu überzeugen bzw. sie dazu zu bewegen, zur Wahl zu gehen. Viele Wähler drücken ihre Unterstützung für einen Kandidaten im Vorfeld der Wahlen durch Schilder im Vorgarten (*yard signs*) und Autoaufkleber (*bumper stickers*) aus.

Wahltag

Gewählt wird am Dienstag nach dem ersten Montag im November.

Als Wahllokale dienen meistens Schulen und Kirchen, vor denen man am Wahltag einen Wald aus *yard signs* finden kann. Wahlkampfhelfer verteilen Broschüren, müssen jedoch einen gesetzlich vorgeschriebenen Mindestabstand zum Wahllokal einhalten. Da am Dienstag gewählt wird und dieser ein ganz normaler Arbeitstag ist, gibt es in den Morgenstunden, zur Mittagszeit und am Abend den größten Andrang.

Die Technologie zum Zählen der Stimmen unterscheidet sich von Bundesstaat zu Bundesstaat. In den meisten Staaten muss man per Filzstift einen kleinen Kreis neben den Namen der Kandidaten ausfüllen, in anderen Staaten muss man ein kleines Loch stanzen. Auf dem Wahlzettel befinden sich alle zur Abstimmung stehenden Ämter, vom Präsidenten und den Mitgliedern von *House* und *Senate* auf Bundesebene über Gouverneure, Generalstaatsanwalt, Oberste Richter, Mitglieder im *House* und *Senate* des betreffenden Bundesstaates sowie Landrat (*county comissioner*), Staatsanwalt (*prosecutor*), Sheriff für den Verwaltungsbezirk (*county*) und auch Ämter auf Lokalebene, z. B. Bürgermeister und Stadtrat. Auch die Aufsichtsratmitglieder der öffentlichen Universitäten (*public universities*) werden gewählt. Oft steht auf dem Wahlzettel auch noch eine Reihe von Fragen bezüglich der Gesetzgebung im Bundesstaat und zu örtlichen Steuern, die per Volksabstimmung entschieden werden sollen.

Um die Wahl zu vereinfachen, gibt es in vielen Bundesstaaten die Möglichkeit, ein *straight party ticket* zu wählen. Ganz oben auf dem Wahlzettel stehen dann alle Parteien und wenn man eine ankreuzt, stimmt man automatisch für alle Kandidaten dieser Partei.

Warum wird in den USA dienstags gewählt?

Im Jahr 1845 legte der Kongress den Dienstag nach dem ersten Montag im November als Wahltag fest. Zu dieser Zeit brauchten viele Wähler in ländlichen Gegenden noch bis zu zwei Tage, um zu einer Ortschaft und damit zu ihrem Wahllokal zu gelangen, da sie weit verstreut direkt auf ihrem Land lebten und nicht wie z. B. in Europa eher zentral in Dörfern. Der Sonntag als heiliger Ruhetag verbat sich als Reisetag und am Montag hätten es viele nicht zum weit entfernten Wahllokal geschafft. Daher wurde der Dienstag zum Wahltag. Der Termin Anfang November wurde gewählt, da die Ernte zu diesem Zeitpunkt abgeschlossen und der Winter in der Regel noch nicht hereingebrochen war. Man konnte jedoch auch nicht einfach den ersten Dienstag im November nehmen, da dieser alle sieben Jahre auf Allerheiligen fällt, und darum wird also am Dienstag nach dem ersten Montag im November gewählt.

Dieser Tag ist ein ganz normaler Arbeitstag und der Andrang an den Wahllokalen ist besonders am frühen Morgen und am Abend sehr groß. Die Wahlbeteiligung ist in der Regel recht gering, aber diejenigen, die gewählt haben, bekommen im Wahllokal einen kleinen Sticker mit der Aufschrift »*I voted*«, den viele dann den ganzen Tag lang an ihren Jacken tragen.

Als Einwanderer politische Karriere machen

Falls Sie sich in den USA in ein politisches Amt wählen lassen möchten, müssen Sie bestimmte Voraussetzungen erfüllen:

Einwanderer können sich in wichtige Ämter wählen lassen.

- Wer U.S.-Präsident werden will, muss die amerikanische Staatsbürgerschaft von Geburt an besitzen, mindestens 35 Jahre alt sein und mindestens 14 Jahre lang in den USA gelebt haben.
- Wer U.S.-Senator werden will, muss mindestens 30 Jahre alt sein, die amerikanische Staatsbürgerschaft für mindestens neun Jahre besessen haben und in dem Staat wohnen, in dem er/sie sich zur Wahl stellt.
- Wer Abgeordneter im U.S.-Repräsentantenhaus werden will, muss mindestens 25 Jahre alt sein, die amerikanische Staatsbürgerschaft für mindestens sieben Jahre besessen haben und in dem Staat wohnen, in dem er/sie sich zur Wahl stellt.

- Wer Gouverneur, Senator oder Mitglied im Repräsentantenhaus eines bestimmten Bundesstaates werden will, sollte sich bei dem zutreffenden *state board of elections* nach den Bedingungen erkundigen.
- Wer Bürgermeister oder Mitglied des Stadtrates (*city council*) werden will, kann die notwendigen Informationen beim zuständigen *city clerk* bekommen.

Um als Independent auf den Stimmzettel zu kommen, muss man Unterschriften sammeln.

Es ist nicht notwendig, als Kandidat einer bestimmten Partei ins Rennen zu gehen. Als Parteiloser werden Sie auf dem Stimmzettel als *Independent* aufgeführt. Wer sich jedoch für eine Parteikandidatur entscheidet, wird sich an Vorwahlen (*primaries*) beteiligen müssen, falls es mehrere Bewerber gibt.

Falls Sie die oben genannten Bedingungen noch nicht erfüllen, langfristig jedoch mit dem Gedanken spielen, auch einmal Kandidat für ein politisches Amt zu werden, können Sie schon wertvolle Erfahrungen sammeln und Kontakte knüpfen, indem Sie als Wahlkampf-Helfer für andere Kandidaten tätig sind.

Kapitel 26

Religion

Amerika ist seit Jahrhunderten Zufluchtsort für Menschen aus aller Welt, die in ihren Herkunftsländern auf Grund ihrer Religion diskriminiert wurden.

In der amerikanischen Verfassung sind sowohl Religionsfreiheit als auch Trennung von Staat und Kirche verankert. Beide Prinzipien überschneiden sich jedoch in vielen Bereichen. So steht z. B. auf amerikanischen Geldscheinen und Münzen »*In God We Trust*«. Auch kann man Geldbeträge, die man religiösen Organisationen spendet, von der Steuer absetzen. Anders als in Deutschland treibt der Staat jedoch keine Kirchensteuer ein; man gibt vielmehr das Geld, oft zehn Prozent seines Einkommens, selbst an die jeweilige religiöse Vereinigung bzw. Kirche, in der man Mitglied ist.

In den USA gibt es keine Kirchensteuer.

Die Trennung von Staat und Kirche untersagt organisiertes Gebet (*prayer*) und Religionsunterricht an öffentlichen Schulen (*public schools*). Wer diese Dinge jedoch für wichtig hält, kann sein Kind auf eine private Schule (*private school*) schicken, die von einer Religionsgemeinschaft getragen wird. Insbesondere katholische Schulen (*Catholic schools*) sind auf Grund ihrer starken Ausrichtung auf Disziplin und Unterrichtsqualität auch bei einigen nicht- oder andersreligiösen Eltern beliebt. Der Besuch dieser Schulen ist aber oft mit recht hohen Gebühren verbunden.

Drei Viertel der Amerikaner haben eine mehr oder weniger religiöse Lebenseinstellung. Jedoch gehört nur etwas mehr als die Hälfte der amerikanischen Bevölkerung einer bestimmten Glaubensgemeinschaft an. Die *Catholic Church* ist mit 78 Millionen Mitgliedern die größte Kirche in den USA, mit einer besonders starken Gefolgschaft in Neuengland und im Bereich der Großen Seen sowie im Westen und Südwesten der USA sowie im südlichen Florida. Die Zahl der Katholiken ist in den letzten Jahren stark angestiegen, insbesondere durch die große Zahl der Einwanderer aus Mittel- und Südamerika. Die in den Südstaaten starke *Southern Baptist Convention* konnte in den letzten Jahren ebenfalls zulegen und verzeichnet rund 16 Millionen Mitglieder. Die drittgrößte Glaubensgemeinschaft ist die *United Methodist Church* mit über sieben Millionen Mitgliedern. Diese Kirche hat die größte geographische Ausbreitung in den USA, wobei besonders mitgliederstarke Zentren im Mittleren Westen und an der Ostküste liegen. Die Zahl der Juden (*jews*) wird auf mehr als sechs Millionen geschätzt. Die *Evangelical Lutheran Church* in Amerika hat rund vier Millionen Anhänger. Eine weitere Kirche, die in den letzten Jahren deutlichen Zuwachs verzeichnen konnte, ist die *Church of Jesus Christ of Latter-day Saints* (Mormonen), deren ungefähr sechs Millionen Mitglieder hauptsächlich in Utah und dessen Nachbarstaaten leben. Einige protestantische Kirchen haben in den 90er-Jahren viele Mitglieder verloren, wie z. B. die *Presbyterian Church*, die *United Church of Christ* und die bereits erwähnte *United Methodist Church*, die trotzdem alle noch zu den mitgliederstärksten Glaubensgemeinschaften gehören.

Die religiöse Vielfalt unterscheidet sich nach Regionen.

Insgesamt gibt es zwei Dutzend Glaubensgemeinschaften mit mehr als einer Million Mitgliedern. Dazu gehören auch die Muslime, deren Zahl umstritten ist, aber mehrere Millionen betragen dürfte. Auch die Zahl der Buddhisten und Hindus ist in den letzten Jahren stark gestiegen und wird auf jeweils einige Hunderttausend geschätzt. Der Anteil der Bevölkerung, der einer Glaubensgemeinschaft angehört, ist in den nordwestlichen Staaten Oregon, Washington und Alaska am geringsten, nämlich nur etwa ein Drittel. Los Angeles ist die Stadt und Illinois der Staat mit der größten religiösen Vielfalt. Auf Grund der Religionsfreiheit haben verschiedene religiöse Einwanderersekten ihren Lebensstil beibehalten können, wie z. B. die deutschsprachigen Amish, die ein einfaches Landleben ohne Elektrizität und Autos führen.

Die bereits erwähnte Trennung von Staat und Kirche trifft auf den Unwillen einiger sehr konservativer Christen. Diese einflussreiche politische Strömung, die als *Christian Coalition* in der *Republican Party* beheimatet ist, wird auch als sogenannte *Christian Right* bezeichnet und hat u. a. die Zulassung von Gebeten in staatlichen Schulen und das Verbot von Abtreibungen (*abortions*) zum Ziel.

Für die meisten Amerikaner ist Religion jedoch eine Privatangelegenheit, über die außerhalb der Familie und der Glaubensgemeinschaft nicht gesprochen wird. Insbesondere am Arbeitsplatz sollte man daher vermeiden, religiöse Themen anzusprechen.

Wenn Sie jedoch einmal von jemandem nach Hause zum Essen eingeladen werden und sich dort vor dem Mahl alle am Tisch Sitzenden die Hände halten, während das Vaterunser gesprochen wird, sollten Sie aus Höflichkeit auch dann mitmachen, wenn Sie generell wenig religiös eingestellt sind.

Die Amischen

1693 trennte sich in der Schweiz eine Gruppe von Mennoniten von der Hauptgemeinde ab. Dies geschah unter Führung von Jakob Ammann. Seine Gefolgsleute nennen sich deshalb auch heute noch »amische Leit«. Die amerikanische Bezeichnung für die Amischen ist *Amish* bzw. *the Amish*. Das A wird dabei von den Amerikanern wie das deutsche A ausgesprochen.

Etwa 250.000 bis 300.000 Amische leben in 28 U.S.-Bundesstaaten, vor allem in Pennsylvania, Ohio und Indiana sowie im kanadischen Ontario. Sie sprechen Pennsylvania-Deutsch, eine Sprache, die sich im 18. Jahrhundert durch die Angleichung verschiedener süddeutscher Dialekte auf der Basis des Pfälzischen entwickelt hat. Im Englischen heißt diese Sprache *Pennsylvania Dutch,* was jedoch irreführend ist, da *Dutch* im heutigen Englisch *Niederländisch* bedeutet, früher jedoch Deutsch und Niederländisch zusammenfasste.

Kapitel 27

Feiertage

Die nachfolgend **fett gedruckten Feiertage** sind von der amerikanischen Bundesregierung für ihre Angestellten festgelegt worden. Es ist den Regierungen der einzelnen Bundesstaaten überlassen, diese Tage als Feiertage anzuerkennen. In der Privatwirtschaft hat jedes Unternehmen eigene Regelungen, was arbeitsfreie Feiertage betrifft. Zu den offiziellen Feiertagen kommen verschiedene andere Feste, die auf Grund von Religion, Brauchtum oder ethnischer Herkunft bedeutsam, aber nicht arbeitsfrei sind.

New Year's Day: Der erste Januar ist auch in den USA ein Feiertag.

Martin Luther King Day: Der dritte Montag im Januar ist dem Gedenken an Martin Luther King, Jr. gewidmet, dessen gewaltfreier Kampf für die Gleichstellung aller Bürger 1968 zu seiner Ermordung führte.

Groundhog Day: Dieser Tag ist vielen Europäern in erster Linie durch den gleichnamigen Film (deutscher Titel: »*Und täglich grüßt das Murmeltier*«) ein Begriff. Tausende Menschen strömen jedes Jahr am 2. Februar in die kleine Stadt Punxsutawney, um zu sehen, was das Murmeltier namens Phil vorhersagt. An diesem Tag beendet es seinen Winterschlaf, kommt aus dem Bau und schaut nach seinem Schatten. Wenn es seinen Schatten sieht, ist das ein Omen für sechs weitere Wochen mit schlechtem Wetter. Das Murmeltier kehrt dann in seinen Bau zurück. Wenn es jedoch wolkig ist und es keinen Schatten gibt, wird das als gutes Zeichen angesehen und das Murmeltier bleibt draußen.

Diese Tradition wurde übrigens von deutschen Siedlern nach Pennsylvania gebracht und lässt sich bis in die Zeit der Römer und Germanen zurückverfolgen.

Valentine's Day: Am 14. Februar schenken Amerikaner ihren Partnern Blumen.

Presidents' Day: Der dritte Montag im Februar wurde zum Feiertag, nachdem die Geburtstage von Abraham Lincoln (12. 2.)

und George Washington (22. 2.) zu einem Feiertag zusammengefasst wurden. Heute werden am *Presidents' Day* alle früheren Präsidenten geehrt.

St. Patrick's Day: Millionen Einwanderer kamen aus Irland. Am 17. März feiern die Nachkommen der Einwanderer und mit ihnen viele andere Amerikaner diesen Tag, an dem man u. a. vielerorts grünes Bier trinken kann.

Easter Sunday: In den USA ist nur der Ostersonntag ein Feiertag. Karfreitag (*Good Friday*) ist kein offizieller Feiertag, wird aber mit vielen Gottesdiensten begangen. Wie in Europa werden auch in Amerika hart gekochte Eier gefärbt und den Kindern Süßigkeiten geschenkt.

Pfingsten in den USA

Wenn man erst einmal einige Jahre in den USA gelebt hat, denkt man oft gar nicht mehr an Pfingsten, da der Pfingstmontag hier kein Feiertag ist und kaum jemand mit Pfingsten (*Pentecost*) etwas anzufangen weiß, zumindest wenn man kein Katholik ist, und vielleicht auch, weil sich dieses Fest, anders als Weihnachten und Ostern, nicht kommerzialisieren lässt und darum außerhalb der Kirche kaum erwähnt wird.

Mother's Day: Am zweiten Sonntag im Mai werden die Mütter geehrt.

Memorial Day: Der letzte Montag im Mai ist der amerikanische Totensonntag, der ursprünglich dem Gedenken an die Toten des Bürgerkrieges und anderer Kriege diente und jetzt dem Andenken aller Verstorbenen gewidmet ist.

Father's Day: Am dritten Sonntag im Juni werden alle Väter geehrt.

Independence Day: Der 4. Juli (*Fourth of July*) ist der amerikanische Nationalfeiertag, der mit Umzügen und Feuerwerk gefeiert wird. Am 4. Juli 1776 wurde die *Declaration of Independence*, die amerikanische Unabhängigkeitserklärung, unterzeichnet.

Labor Day: Die Amerikaner feiern ihren Tag der Arbeit am ersten Montag im September.

German-American Day: Am 6. Oktober 1683 kamen dreizehn Familien aus Krefeld in Philadelphia an und gründeten mit Germantown, Pennsylvania, die erste deutsche Siedlung in den dreizehn Kolonien. Anders als der *St. Patrick's Day* ist dieser Tag, der den Verdiensten der deutschen Einwanderer am Aufbau Amerikas gewidmet ist, in den USA kaum bekannt.

Columbus Day: Der zweite Montag im Oktober erinnert an die Entdeckung Amerikas durch Columbus.

Halloween: Die Nacht vom 31. Oktober auf den 1. November markierte im keltischen Kalender das Ende des Jahres und auch den Wechsel von der warmen in die kalte, dunkle Jahreszeit. Die Kelten zündeten an diesem Abend große Feuer an, um böse Geister zu vertreiben. Zu dem Namen *Halloween* kam es erst viele Jahrhunderte später, nachdem die katholische Kirche am 1. November Allerheiligen zu feiern begann, auf Englisch *All Saints Day* oder *All Hallows* genannt. Da der 31. Oktober der Abend vor Allerheiligen ist (*All Hallows Eve*), entstand der Name *Halloween*.

Im 19. Jahrhundert brachten irische Immigranten dann die *Halloween*-Tradition nach Amerika, wo es heute in erster Linie ein Fest der Kinder ist. Typisch für Halloween ist das Schnitzen von Fratzen in ausgehöhlte Kürbisse (*pumpkins*), die dann mit einer Kerze von innen erleuchtet vors Haus gestellt werden. Diese Kürbislampen werden *Jack-O-Lantern* genannt. Die Legende berichtet von einem Mann namens Jack, der vor langer Zeit dazu verdammt wurde, nach seinem Tod durch die Dunkelheit zu wandern. Seine einzige Lichtquelle war eine Flamme in einer Rübe. Statt Rüben verwendet man heute Kürbisse, die sich besser aushöhlen und gestalten lassen. Wenn am Abend des 31. Oktobers die Dunkelheit hereinbricht, ziehen die Kinder, in furchteinflößende oder lustige Kostüme gekleidet, in ihrer Nachbarschaft von Tür zu Tür. Mit dem Ausruf »*Trick or Treat!*« bitten sie um eine Gabe in Form von Süßigkeiten (*treat*). Sollten die Nachbarn nicht bereit sein, etwas zu geben, droht ihnen ein Streich (*trick*). Wieder zu Hause, schlagen sich die Kinder dann, zur Sorge ihrer Eltern, die Bäuche mit den ergatterten Zuckerwaren voll.

Veterans Day: Am 11. November wird allen gedacht, die für Amerika im Krieg gekämpft haben. Das Datum wurde ursprünglich gewählt, da am 11. November 1918 der Erste Weltkrieg endete. Der Feiertag bezieht sich jedoch auf alle Kriege.

Thanksgiving: Dieser Feiertag, der am vierten Donnerstag im November begangen wird, hat seine Wurzeln im Jahre 1621. Während des ersten Winters nach ihrer Landung in Massachusetts verhungerte die Hälfte der Puritaner, die England verlassen hatten, um in Amerika ungehindert ihrer Religion nachgehen zu können. Sie erhielten letzlich Hilfe von Indianern, die ihnen u. a. zeigten, wie man Mais anbaut. Nach der erfolgreichen Ernte hielten die Puritaner zum Dank ein Festessen ab. Heute ist *Thanksgiving* ein Familienfest, das noch immer einige der Speisen des Jahres 1621 enthält, nämlich Truthahn (*turkey*), Preiselbeerensoße (*cranberry sauce*), Kartoffeln (*potatoes*) und Kürbiskuchen (*pumpkin pie*). Viele Vegetarier essen an diesem Tag *tofurkey*. (▶ www.tofurkey.com). Die meisten Amerikaner nehmen auch den Freitag frei und verbringen so ein langes Wochenende mit ihrer Familie. Da viele Familien weit verstreut leben, ist dieses Wochenende eine der Hauptreisezeiten des Jahres.

Was sind Black Friday und Cyber Monday?

Der Tag nach *Thanksgiving* wird vom amerikanischen Einzelhandel als *Black Friday* bezeichnet. An diesem Tag geht der Kaufrausch für Weihnachten richtig los und viele Geschäfte haben *Black Friday Sales* mit unglaublichen Sonderangeboten. *Black Friday* gilt als der Tag mit den höchsten Umsätzen im Handel, und viele Geschäfte begannen (historisch gesehen) an diesem Tag des Jahres schwarze Zahlen zu schreiben, daher der Name. Um die besten Angebote der *Black Friday Sales* zu bekommen, muss man früh aufstehen, denn viele Geschäfte machen schon um 5 Uhr morgens auf. Manche Leute stellen sich bereits gegen Mitternacht an, denn die Zahl der begehrtesten Schnäppchen ist oft stark begrenzt, insbesondere bei hochwertigen Elektronik-Artikeln. Die Online-Händler haben sich in den letzten Jahren ihren eigenen Tag mit außergewöhnlichen Sonderangeboten einfallen lassen, den *Cyber Monday*, der drei Tage später stattfindet. Hier sollte man, ebenso wie am *Black Friday*, aufmerksam die Preise vergleichen. Websites wie ▶ www.pricegrabber.com helfen dabei.

Hannukah: Hannukah (auch *Chanukah*) wird von Millionen amerikanischer Juden an acht Tagen Ende November/Anfang Dezember (abhängig vom jüdischen Kalender) gefeiert. Jeden Abend wird eine Kerze des *Menorah*-Kerzenständers angezündet. Die neunte Kerze in der Mitte des *Menorah* dient dem Anzünden der anderen Kerzen. Der historische Hintergrund: Nachdem sich die Makkabäer vor über zweitausend Jahren von den Syriern befreit hatten, wollten sie einen Tempel in Jerusalem neu weihen. Sie hatten aber gerade so viel Öl, um die Lichter im Tempel für eine Nacht brennen zu lassen. Durch ein Wunder reichte das Öl jedoch für acht Nächte.

Christmas Day: In den USA ist nur der 25. Dezember ein Feiertag, an dessen Morgen die Geschenke ausgepackt werden. Viele Amerikaner schmücken ihre Häuser mit unzähligen Lichtern, was besonders in verschneiten Gegenden sehr festlich aussieht. Fahren Sie in der Weihnachtszeit abends einmal mit dem Auto durch Siedlungen mit Einfamilienhäusern und bewundern Sie den Ideenreichtum, mit dem einige Leute zu Werke gehen!

Kwanzaa: Als Alternative zu Weihnachten feiern manche schwarze Amerikaner vom 26. Dezember bis zum 1. Januar *Kwanzaa*. Dr. Maulana Karenga von der *California State University* kreierte *Kwanzaa* im Jahre 1966. Er kombinierte Aspekte verschiedener afrikanischer Erntedankfeste, unter anderem der Ashanti und der Zulu. Ziel des *Kwanzaa*-Festes ist die Stärkung der kulturellen Identität der schwarzen Amerikaner. Das Wort *Kwanzaa* kommt von *matunda ya kwanza*. Das bedeutet »erste Früchte« auf Suaheli. Jede Familie feiert *Kwanzaa* auf ihre Weise. Lieder, Tänze, afrikanische Trommeln, Geschichten, Gedichte und traditionelles Essen sind dabei oft Bestandteil des Festes. *Kwanzaa* dauert sieben Tage. Am siebten Tag werden die *zawadi* (Geschenke) ausgetauscht.

New Year's Eve: Der Jahreswechsel wird in den USA ohne Knaller und Raketen gefeiert.

Happy Holidays!

Aufgrund der religiösen Vielfalt in den USA hat es sich in den letzten Jahren durchgesetzt, Kollegen, Bekannten und Freunden, von denen man nicht weiß, welches Fest sie begehen, »Happy Holidays!« statt »Merry Christmas!« zu wünschen.

Kapitel 28
Sport

Anders als in Europa, wo Fußball eine dominierende Stellung einnimmt, erfreuen sich in den USA mehrere Sportarten beinahe gleichrangiger Beliebtheit: American Football, Baseball, Basketball und Eishockey (*hockey*). Sowohl die Profiligen als auch die Spiele der Universitätsmannschaften ziehen regelmäßig zehntausende Fans an. Gewalttätige Ausschreitungen sind so gut wie unbekannt, sodass der Besuch eines Stadions ein friedlicher Spaß für die ganze Familie ist. Bereits in der Schule nimmt Sport einen hohen Stellenwert ein. Hier erfreuen sich auch Sportarten wie Fußball (*soccer*), Lacrosse, Leichtathletik (*field and track*) und Ringen (*wrestling*) enormer Beliebtheit. Fußball ist bei Jungen und Mädchen gleichermaßen beliebt. Mittlerweile gibt es auch hier Profiligen, und insbesondere die Nationalmannschaft der Frauen ist seit Langem absolute Weltklasse. Auch das Nationalteam der Männer zeigt bei jeder Weltmeisterschaft bessere Leistungen.

Gute Sportler werden von Universitäten umworben, da sportliche Erfolge eine gute Werbung für die Hochschulen sind. Den meisten Leistungssportlern werden sogar die Studiengebühren erlassen. Die Aussicht auf die Mitgliedschaft in einem Universitätsteam, verbunden mit einem kostenlosen Studium, motiviert daher schon jüngere Sportler (und deren Eltern) zu hohen Leistungen im *high school sport*.

Wer einmal die Sportanlagen amerikanischer Schulen gesehen hat, die oft ein kleines Football-Stadion (*football stadium*), eine Schwimmhalle (*swimming pool*) sowie Tennis- und Fußballplätze (*tennis courts* und *soccer fields*) einschließen, dem ist klar, dass diese ihresgleichen in der Welt suchen und wesentlich zum Erfolg des amerikanischen Sports beitragen.

Auch die Sportanlagen der Universitäten sind Weltklasse. Einige Stadien fassen um die 100.000 Zuschauer und sind oft auch ausverkauft. Football- und Basketballspiele werden live im Fernsehen übertragen und von einem Massenpublikum verfolgt. Die besten Universitätssportler werden von den Teams der Profiligen umworben, wo sie nicht selten Millionen verdienen können. Nicht alle Sportler beenden daher ihr Studium, zu groß sind die Verlockungen der Profiwelt. Einige Spieler werden sogar gleich nach der *high school* Profis.

Die Trainer der Football-Mannschaften verdienen nicht selten zehnmal mehr als Professoren.

Leichtathleten, Turner, Eisläufer und andere Spitzensportler, für die es keine Profiteams gibt, werden nach dem Studium in der Regel durch Sponsoren und Förderprogramme finanziell unterstützt. Nicht selten werden sie von großen Unternehmen eingestellt, die ihnen dann erlauben, während der Arbeitszeit zu trainieren. Sind die Sportler dann erfolgreich, so ist das auch gut für den Ruf und die Moral der jeweiligen Unternehmen.

Das größte Sportereignis ist jedes Jahr im Januar das Endspiel im American Football. Viele Leute schauen sich das *Super Bowl*-Spiel gemeinsam mit Freunden im Fernsehen an, das zu diesem Ereignis die höchsten Einschaltquoten des Jahres verzeichnet. Die während der vielen Spielunterbrechungen gezeigten Werbespots kosten deshalb jeweils rund vier Millionen Dollar.

Viele Firmen produzieren für diesen Tag neue und oft humorvolle Werbespots, die von den Fernsehzuschauern beinahe genauso begierig aufgenommen werden wie das eigentliche Spiel. Das Ganze ist ein großes buntes Unterhaltungsereignis: Spiel, Werbung und das Pausenprogramm, bei dem namhafte Künstler auftreten.

Warum wird Fußball in Amerika ›*Soccer*‹ genannt?

In den USA wird Fußball bekanntlich *soccer* und nicht wie in England *football* genannt. Dabei kommt der Begriff *soccer* eigentlich aus England und ist ein dort veralteter und heute nicht mehr gebrauchter Begriff für Fußball. Denn die Engländer benutzten das Wort *soccer* vor 100 Jahren umgangssprachlich für *association football*, wie Fußball zur Unterscheidung vom *rugby football* genannt wurde. (Das Slang-Wort für Rugby war übrigens *rugger*.) Als Fußball nach Amerika kam, gab es dort jedoch schon eine Rugby-ähnliche Sportart namens *football* (*American football*), sodass die amerikanischen Fußballfreunde zur leichteren Unterscheidung ebenfalls das Wort *soccer* verwendeten und das auch heute noch tun, während die Engländer sich stattdessen letztendlich doch für das Wort *football* entschieden. In diesem Zusammenhang sei noch erwähnt, dass Tischfußball in den USA *foosball* (»Fußball« mit langem »u«) genannt wird.

Eine weitere Besonderheit des amerikanischen Fußballs ist, dass es keine Auf- und Absteiger zwischen der ersten und der zweiten Liga gibt, da diese von zwei verschiedenen Dachorganisationen getragen werden. *Major League Soccer* betreibt die oberste Spielklasse und *United Soccer Leagues* die zweite und dritte Spielklasse. So etwas wäre im europäischen Fußball natürlich undenkbar, in den USA gibt es jedoch bei den meisten Mannschaftssportarten keine Auf- und Absteiger zwischen der ersten und der zweiten Spielklasse.

Was in den USA in Sachen Fußball jedoch am meisten auffällt: Im Nachwuchsbereich spielen wie selbstverständlich genauso viele Mädchen wie Jungen Fußball, und die weiblichen Nationalspieler sind berühmter (und erfolgreicher) als ihre männlichen Kollegen.

Kapitel 29

Medien

Die amerikanische Verfassung garantiert im *First Amendment* uneingeschränkte Rede- und Pressefreiheit. Amerikanische Medien können deshalb frei berichten, ohne Repressalien zu befürchten. Obwohl die Medien frei sind, kann man sie in der Regel jedoch nicht als unabhängig bezeichnen.

Faktoren, die auf die Berichterstattung einwirken, sind gemeinhin wirtschaftlicher Art: Wer besitzt den Fernsehsender, die Radiostation, die Zeitung? Wer sind die Werbekunden? Nicht selten gibt es auch eine mehr oder weniger klare politische Ausrichtung.

Auf Grund der enormen Größe des Marktes lassen sich auch sehr spezialisierte Medienangebote wirtschaftlich betreiben, was in einer ungeheuren, in der Welt wohl einmaligen Vielfalt resultiert.

Fernsehen

PBS ist kostenlos und weitgehend werbefrei.

Die großen Fernsehsender ABC, CBS und NBC, die als *network TV* bezeichnet werden, haben jahrzehntelang das amerikanische Fernsehen dominiert. Später kam Fox als vierter großer Sender hinzu. Diese Sender können vielerorts mit einer Zimmerantenne (in unterschiedlicher Empfangsqualität) gesehen werden.

Auch die öffentlichen *public television stations*, die einen Teil ihrer Programme von dem *Public Broadcasting Service* (PBS) erhalten, können in der Regel per Antenne empfangen werden. Die meisten Leute haben jedoch Kabelfernsehen (*cable TV*), das es in unterschiedlichen Angebots- und Preisgruppen gibt. *Basic cable* schließt die oben erwähnten Sender (in tadelloser Empfangsqualität) und eine ganze Reihe von *cable networks* ein. Um werbefreie Sender wie z. B. das beliebte HBO zu empfangen, muss man vielerorts das teuere *premium cable* abonnieren. Manchmal ist HBO aber auch im *basic cable* inbegriffen. Das hängt ganz von den lokalen Anbietern ab. Wenn Sie ein Apartment mieten, ist *basic cable* oft in der Miete eingeschlossen. Als Alternative zum *cable TV* gibt es Satellitenfernsehen (*satellite TV*), für das Sie ebenfalls eine monatliche Gebühr bezahlen müssen. In vielen ländlichen Gegenden gibt es kein *cable TV*, sodass *satellite TV* Ihre einzige Möglichkeit ist. Wenn Sie jedoch *cable TV* haben, können Sie bei dem gleichen Anbieter in der Regel auch *high speed internet access* bekommen.

Das Angebot der einzelnen Sender ist bunt und vielfältig. *Network TV stations* bieten neben Serien und Unterhaltungssendungen auch mehrmals am Tage lokale Nachrichten (*local news*) an, die oft von erschreckend schlechter Qualität sind, und auch nationale Abendnachrichten (*national news*), welche fast ausschließlich über das Geschehen in den USA berichten.

Internationale Nachrichten bieten die *News Hour* des öffentlichen Senders PBS (*Public Broadcasting System*), das aus einem landesweiten Netzwerk regionaler öffentlicher Fernsehstationen besteht, und die Nachrichten der BBC, die ebenfalls von einigen *public TV stations* ausgestrahlt werden. PBS ist weitgehend werbefrei und hat ein ganz hervorragendes Angebot an historischen und zeitpolitischen Reportagen sowie freizeitbezogenen Sendungen, z. B. zu Themen wie Kochen, Garten und Hausrenovierung (»*This Old House*« ist ein Klassiker).

Viele Städte haben zudem eigene Fernsehsender (*community television*), bei denen die Einwohner, nachdem sie eine technische Schulung mitgemacht haben, im *public access channel* selbst aktiv mitwirken können. Wer Ambitionen auf eine eigene Fernsehsendung hat, dem bieten sich hier ungeahnte Entfaltungsmöglichkeiten. Die meisten Sendungen im *community television* schaut sich aber kaum jemand an, weil die Qualität oft viel zu schlecht ist oder die Sendungen zu sehr auf ein bestimmtes Publikum bezogen sind.

Das Programm der Deutschen Welle ist in weiten Teilen der USA per Kabelfernsehen zu sehen. Wer eine Satellitenschüssel des *Dish Network* hat, kann Deutsche Welle, ProSiebenSat.1 Welt, EuroNews und German Kino Plus empfangen. Viele Sendungen von ARD (▶ www.ard.de) und ZDF (▶ www.zdf.de) kann man auch im Internet schauen.

Als Alternative zum mit Werbung überladenen Fernsehen schauen nicht wenige Leute in den USA ihre Lieblingsserien mittlerweile *on demand* über ihren Kabelanbieter oder im Internet an, vor allem über ▶ www.netflix.com und ▶ www.amazon.com. *Netflix* bietet auch selbst produzierte Serien exklusiv im Internet an und übertrifft dabei die meisten Fernsehsender in Sachen Qualität, z. B. mit *House of Cards* und *Orange is the New Black*. Zudem werden alle Episoden einer neuen Staffel auf einmal ins Netz gestellt, sodass man diese in einem Rutsch schauen kann.

Die Fernsehgewohnheiten befinden sich im Umbruch.

Radio

Kommerzielle Radiosender sind auf jeweils eine Musikrichtung spezialisiert, z. B. Rock, Oldies, Country, etc. Ferner gibt es *public radio*, das nichtkommerziell ist und Informationen sowie Kulturelles auf hohem Niveau bietet.

NPR ist Informationsradio auf hohem Niveau.

Lokale und regionale *public radio stations* sind über das ganze Land verstreut und werden oft von Universitäten und Colleges betrieben. Neben eigenen Sendungen strahlen viele *public radio stations* auch Programmteile aus, die von *National Public Radio* (NPR) produziert werden. Viele Leute hören *public radio* im Auto, meist auf dem Weg zur Arbeit oder nach Feierabend, und informieren sich so u. a. über das aktuelle Geschehen.

In den USA müssen keine Gebühren für öffentliches Radio und Fernsehen bezahlt werden. Bezahlen muss man nur für das Kabelfernsehen, wenn dieses nicht in der Miete inbegriffen ist. Wer ein Haus besitzt, kann Radio und Fernsehen entweder kostenlos per Antenne oder kostenpflichtig per Kabel oder Satellit empfangen. *Public radio* und *public television* finanzieren sich zu einem großen Teil aus Geldern von Stiftungen (*foundations*) und Spenden von Zuhörern und Zuschauern. Mehrmals im Jahr haben die Sender daher entsprechende Sonderprogramme mit Spendenaufrufen. Die Bereitschaft, mit der Amerikaner für derartige Zwecke Geld geben, ist beeindruckend. Statt unnötige Steuern zu zahlen, unterstützen sie Dinge, die sie für wichtig halten, lieber direkt.

Tageszeitungen

In den USA gibt es etwa ein Dutzend nationale Tageszeitungen, von denen *The New York Times*, *The Washington Post* und *USA Today* wohl die bekanntesten sind. Wochentags sind die amerikanischen Tageszeitungen vom Umfang her mit denen im deutschen Sprachraum vergleichbar. Die Sonntagsausgaben sind jedoch um ein Vielfaches dicker und haben in der Regel das Gewicht eines Kleinkindes. Sie enthalten nicht nur wesentlich mehr redaktionellen Inhalt, auch die Zahl der Werbebeilagen ist ungleich größer. Mit diesen Werbebeilagen verbunden sind Unmengen von Coupons für alle gängigen Produkte, durch deren Benutzung man oft den Preis der Zeitung leicht wieder herausbekommt. Kaufen kann man die Sonntagsausgaben u. a. an Automaten, in Buchläden und an Tankstellen. Man kann sie sich aber auch nach Hause liefern lassen; in der Regel kann dieses Sonntagsabonnement getrennt von den Wochenausgaben bestellt werden. Viele Leute bestellen z. B. ausschließlich die hervorragende *Sunday Edition* der *New York Times* und verbringen dann den Sonntagvormittag gemütlich mit Zeitung lesen und Kaffee trinken.

Die amerikanischen Lokalzeitungen sind von unterschiedlicher Qualität. Fast alle amerikanischen Städte haben nur eine Zeitung und der fehlende Wettbewerb wirkt sich leider oft auf die Qualität aus. Die meisten Lokalzeitungen kämpfen derzeit ums Überleben und geben nicht mehr jeden Tag eine gedruckte Ausgabe heraus. An manchen Orten sind es mittlerweile drei Ausgaben in der Woche, an anderen sogar nur noch eine.

Alternative Zeitungen erscheinen in vielen Städten wöchentlich.

Deutschsprachige Zeitungen

Am 4. Juli 1776 unterschrieb John Hancock, Präsident des in Philadelphia tagenden Kontinentalkongresses, die *Declaration of Independence*. Am 5. Juli war die deutschsprachige Zeitung *Pennsylvanischer Staatsbote* die erste amerikanische Zeitung, die davon berichtete. Auch der erste Abdruck der Erklärung für die Bevölkerung erfolgte auf Deutsch, denn obwohl *John Dunlap* die englische Originalfassung der Unabhängigkeitserklärung am Abend des 4. Juli für die Teilnehmer des Kongresses druckte, war der deutschsprachige Druck von *Steiner und Cist* am 5. oder 6. Juli in Philadelphia der erste Abdruck für die Bevölkerung. Die *Pennsylvania Evening Post* veröffentlichte den englischen Originaltext erst später am 6. Juli, da es sich um eine Abendzeitung handelte.

In Amerika gab es in der Vergangenheit hunderte deutschsprachiger Tageszeitungen. Einige erscheinen heute noch als Wochen- oder Monatszeitungen:

- *Amerika Woche*
  100 S. Ocean Ave, Suite 1U, Freeport, NY 11520
  ▶ www.amerikawoche.com
- *California Staats-Zeitung*
  P.O. Box 18508, Sarasota, FL 34276
  ▶ www.californiastaatszeitung.com
- *Das Fenster* (ehem. *Die Deutsche Hausfrau*)
  103 E Meadow Dr, Athens, GA 30605
  ▶ www.dasfenster.com
- *Freie Zeitung*
  500 S. 31st Street, Kenilworth, NJ 07033

- *Neue Presse*
  2311 St. George Street, Los Angeles, CA 90027
  ▶ www.neuepresseusa.com
- *New Yorker Staats-Zeitung*
  3412 Clark Road, No. 103, Sarasota, FL 34231, USA
- *Nordamerikanische Wochenpost*
  1301 W. Long Lake Rd, Suite #108, Troy, MI 48098
  ▶ www.wochenpostusa.com
- *Pazifische Rundschau*
  16544 SE 30th Street, Bellevue, WA 98008

Bevor man sich für ein Abo entscheidet, kann man sich normalerweise von den Zeitungen ein kostenloses Probeexemplar schicken lassen.

Zeitschriften

Zeitschriften (*magazines*) gibt es auch in den USA in Hülle und Fülle. Kaum ein Themenbereich, zu dem nicht wenigstens eine Zeitschrift existiert. Gehen Sie einmal in einen großen Buchladen und überzeugen Sie sich von der beeindruckenden Auswahl, die manchmal in die Hunderte oder sogar Tausende gehen kann. Während Sie im Buchladen und am Zeitschriftenstand den vollen Heftpreis bezahlen, kann man per Zeitschriftenabonnement (*subscription*) ganz wesentlich gegenüber dem Ladenpreis sparen. Falls Sie kein Geld ausgeben wollen: Die öffentlichen Bibliotheken (*public libraries*) haben in der Regel ebenfalls ein Riesenangebot an Zeitschriften, die man sich in bequemen Lesesälen anschauen kann.

Bibliotheken sind Anlaufstellen für Einwanderer

Amerikanische Stadt- und Gemeindebibliotheken (*public libraries*) stehen bei Einwanderern hoch im Kurs. Hier haben sie kostenlosen Zugang zu E-Mail und Internet, hier finden sie Materialien zum Englisch lernen (*English as a Second Language (ESL) materials*), Ratgeber zu Themen wie Einwanderungsrecht, Jobsuche und Bewerbung sowie viele andere Informationen zum täglichen Leben, wie z. B. die Telefonnummern örtlicher Dienstleister und Steuerformulare.

Viele Bibliotheken sind auf größere Einwanderergruppen in ihrem Einzugsgebiet eingestellt und führen Zeitungen, Zeitschriften und Literatur in den entsprechenden Sprachen. So hat z. B. die Stadtbibliothek von Minneapolis Materialien in 177 Sprachen. Die Website der Bibliothek gibt es zum Teil in vier Versionen: Englisch, Spanisch, Somali und Hmoob (Sprache der aus Laos eingewanderten Hmong).

Die meisten Großstadtbibliotheken haben auch aktuelle deutsche Zeitungen und Zeitschriften, wie z. B. Spiegel, Stern und Focus, im Lesesaal ausliegen.

Ganz generell können Einwanderer (und natürlich auch Amerikaner) durch die Nutzung von Bibliotheken viel Geld sparen. Das oft sehr beeindruckende Angebot an Büchern, Zeitungen und Zeitschriften sowie nicht selten auch DVDs und CDs erübrigt weitgehend die Geldausgabe für derartige Dinge.

Kapitel 30

Sprache

Wer in Vorbereitung auf einen Aufenthalt in den USA seine Englischkenntnisse aufbessern möchte, dem seien die Kurse von *inlingua* (▶ www.inlingua.de) und *Berlitz* (▶ www.berlitz.de) empfohlen. Niederlassungen gibt es in fast jeder großen europäischen Stadt und die Lehrer dort sind Muttersprachler. In diesen Kursen wird vor allem das Sprechen geübt.

Ein erstklassiges Buch zum Selbststudium der Grammatik ist »*English Grammar in Use*«, das Sie in jedem amerikanischen Buchladen und über die bekannten Online-Buchhändler kaufen können. In den USA gibt es außerdem auch preiswerte Sprachkurse für *English as a Second Language* (ESL) an *community colleges* und anderen lokalen Bildungseinrichtungen. So führen z. B. die örtlichen Schulverwaltungen oft Abendkurse für erwachsene Ausländer durch. Auch sollten Sie so viel amerikanisches Fernsehen und Filme in englischer Sprache wie möglich schauen. Sie werden staunen, wie man sich so an die Sprache gewöhnen und wie viel man dabei lernen kann. In den USA werden die gesprochenen Worte der meisten Sendungen auch als Untertitel wiedergegeben. Diese Methode wird *close captioning* genannt und kann bei vielen (aber nicht allen) Fernsehgeräten eingeblendet werden. (Schauen Sie sich dazu einmal die Bedienungsanleitung Ihres Fernsehers an.) Das gleichzeitige Lesen der Wörter hilft ebenfalls beim Lernen.

Ein besonderes Problem ist der typische Akzent, an dem man viele deutsche Muttersprachler in den USA sofort erkennt: Das »th« klingt oft wie ein »s« oder ein »f«, das »w« wie ein »v« und das »r« wird im Rachen produziert und nicht (wie bei den Amerikanern) im Mund. Wer seinen deutschen Akzent in kürzester Zeit los werden und wie ein Amerikaner klingen möchte, dem sei »*Lose Your Accent in 28 Days*«, das aus einem Buch, einer CD-Rom und einer Audio-CD besteht, empfohlen. Die CD-Rom ist besonders nützlich, da sie in vielen kurzen Videos zeigt, wie die amerikanischen Laute mit dem Mund geformt und ausgesprochen werden. Wenn man das erst einmal gesehen hat, dann kann man ganz schnell diese Laute nachmachen und die entsprechenden Wörter einwandfrei aussprechen. Dann heißt es üben, üben, üben, und nach einigen Tagen spricht man die Laute dann auch automatisch perfekt aus. Im Prinzip muss man sein Gehirn und seinen Mund umprogrammieren, von der bisherigen Lautbildung zur neuen, richtigen.

Schimpfwörter

Sie sollten keinerlei englische Vulgarismen verwenden. Der Gebrauch dieser Wörter klingt ohnehin ungebildet und, wenn ein Nichtmuttersprachler sie ausspricht, hören sie sich besonders dumm an. Außerdem wird das sogenannte *F-word*, also *fuck*, nur von relativ wenigen Amerikanern in den Mund genommen. Manche Deutsche scheinen jedoch zu denken, dass dieses Wort zur Alltagssprache gehört, nur weil es in einigen Filmen wiederholt vorkommt. Wie in allen anderen Belangen haben amerikanische Filme jedoch kaum etwas mit dem wirklichen Alltagsleben gemeinsam. Ein Wort, das Sie niemals in Ihrem Leben sagen sollten, ist *nigger*, das auch als *N-word* umschrieben wird. Ihnen wird vielleicht auffallen, dass einige schwarze Amerikaner dieses Wort selbst verwenden, insbesondere in Rap-Texten. Wenn Sie nicht schwarz sind, dürfen Sie dieses Wort jedoch unter keinen Umständen benutzen. Die korrekte Bezeichnung für einen schwarzen Amerikaner ist *African American*. In diesem Zusammenhang: Ein Indianer ist kein *Indian*, sondern ein *Native American*. Auf Fragebögen, z. B. beim Arzt, finden Sie für Weiße statt *White* oft den Begriff *Caucasian*.

Was ist eigentlich ein *Douche Bag?*

Kurz gesagt: Ein immer beliebter werdendes amerikanisches Schimpfwort, dem in etwa der deutsche »Kotzbrocken« entsprechen dürfte. Der Begriff *douche bag* kommt von *douche*, was nicht etwa »Dusche« bedeutet (das engl. Wort für »Dusche« ist *shower*), sondern »Intimspülung« für Frauen. Als Schimpfwort verwendet, werden mit dem Begriff allerdings fast ausschließlich Männer bedacht, und zwar so richtig unangenehme Typen, die jedoch denken, dass sie total cool sind.

Man kann sowohl die kurze als auch die lange Version verwenden: »*He's such a douche!*« oder »*What a douche bag!*«

Euphemismen

Wie in vielen anderen Ländern werden auch in Amerika viele eher unangenehme Sachverhalte durch Euphemismen verschleiert, d. h. man wählt Worte, die freundlicher bzw. weniger beleidigend klingen. So bezeichnen Amerikaner Toiletten in Wohnungen als *bathrooms* und in öffentlichen Gebäuden als *restrooms* bzw. *washrooms*. Auch die Begriffe *ladies' room* und *men's room* werden verwendet. Man sollte niemals direkt nach der *toilet* fragen, da mit diesem Begriff das eigentliche Toilettenbecken verbunden wird.

Weitere Beispiele: Leute mit Gewichtsproblemen werden nicht *fat*, sondern *big* oder *big-boned* genannt. Haustiere werden nicht getötet, sondern *put to sleep*. Kleingewachsene Leute sind *little people*, nicht Zwerge (*midgets*).

False Friends

Einige Wörter klingen im Amerikanischen und im Deutschen ähnlich, bedeuten jedoch etwas völlig anderes. Sie werden als *false friends* bezeichnet. Das bekannteste Beispiel ist sicher das Wort *gift*, das »Geschenk« bedeutet. Hier einige andere Beispiele:

- Das Wort *actually* wird mit »eigentlich« übersetzt. Das deutsche Wort »aktuell« heißt auf Englisch *current*.
- Eine »Milliarde« ist im Amerikanischen eine *billion*. Die deutsche »Billion« ist eine *trillion*.
- Das Wort *become* bedeutet, dass man etwas wird, z. B. *I'll become a teacher.* (»Ich werde Lehrer.«) Das deutsche Wort »bekommen« wird mit *get* oder *receive* übersetzt, z. B.: *I get fifty dollars a day.* (»Ich bekomme fünfzig Dollar pro Tag.«)
- Wenn jemand *brave* ist, dann ist er »tapfer«. Ein »braves« Kind ist *well-behaved*.
- Ein *chef* ist ein »Chefkoch«. »Vorgesetzter« heißt im Englischen *supervisor* oder *boss*.
- Im Deutschen wird das Wort »City« oft im Sinne von »Stadtzentrum« verwendet. Im Amerikanischen wird dieses jedoch als *downtown* oder *city center* bezeichnet.
- Das englische Wort *eventually* bedeutet »letztendlich«. Das deutsche Wort »eventuell« wird mit *possibly* übersetzt.
- Wenn jemand etwas als *gross* bezeichnet, dann ist es »ekelhaft«.

- Ein *gymnasium* ist eine »Turnhalle«. Von der neunten oder zehnten bis zur zwölften Klasse geht man zur *high school*.
- Das Wort *handy* bedeutet »handwerklich begabt«. Ein »Mobiltelefon« ist im Amerikanischen ein *cell phone*.
- Das Wort *rent* bedeutet »Miete« oder »mieten«. Eine »Altersrente« ist eine *pension*.
- »Dusche« heißt auf Englisch *shower*. Das dem deutschen »Dusche« ähnlich klingende Wort *douche* bedeutet soviel wie »Intimspülung«.
- Ein *warehouse* ist ein »Lagerhaus«. »Warenhaus/Kaufhaus« wird mit *department store* übersetzt.

Häufig verwechselte englische Wörter

Neben den *false friends* gibt es auch Wörter, die oft sogar von Muttersprachlern verwechselt werden, insbesondere beim Schreiben. Hier ist eine Auswahl:

accept (»akzeptieren«) ↔ *except* (»außer«)

Beispiel:
I accept your decision.
Everybody, except John, came to my party.

advice ↔ *advise*
advice ist ein Substantive (»Ratschlag«) und *advise* ist ein Verb (»anraten«)

Beispiel:
He gave me good advice.
I have to advise you not to do this.

break (»Pause«) ↔ *brake* (»Bremse«)

Beispiel:
Let's take a break.
He hits the brakes.

e.g. ↔ *i.e.*
Hierbei handelt es sich um die englischen Entsprechungen von »z. B.« und »d. h.«. *e.g.* steht für die lateinische Redewendung *exempli gratia* und wird im schriftlichen Englisch als Abkür-

zung für *for example* (»zum Beispiel«) verwendet. Als Eselsbrücke kann man sich auch *e.g. = example given* merken. ***i.e.*** ist die Abkürzung von *id est* und bedeutet *that is* (»das heißt«).

Beispiel:
Some languages are easy to learn, e.g. English.
I studied English today, i.e. I finally learned the difference between e.g. and i.e.

fewer ↔ *less*
Fewer bezieht sich auf Dinge, die man zählen kann.
Less bezieht sich auf etwas, das man nicht zählen kann.

Beispiel:
Fewer people buy big cars.
John drinks less water.

for sale ↔ *on sale*
Wenn etwas zum Verkauf steht, dann ist es *for sale.*
Wenn etwas im Sonderangebot ist, dann ist es *on sale.*

Beispiel:
This house is for sale.
Bananas are on sale today.

good ↔ *well*
Das Adjektiv *good* beschreibt ein Substantiv.
Das Adverb *well* beschreibt ein Verb genauer.

Beispiel:
The service of this company is very good.
They serve their customers very well.

lay ↔ *lie*
Lay wird verwendet, wenn man etwas hinlegt, z. B. seinen Kopf.
Lie wird verwendet, wenn es kein Objekt, z. B. Kopf, gibt.

Beispiel:
Lay your head on the pillow, please.
Lie down, please.

Man könnte also sagen:
Lie down and lay your head on the pillow, please.

Achtung: Die Vergangenheitsform von *lie* ist *lay: She lay down.*
Die Vergangenheitsform von *lay* ist *laid,* also z. B. *She laid her head on the pillow.*

lend ↔ loan

Die englische Entsprechung für das deutsche Verb »leihen« ist *lend.* Viele Muttersprachler benutzen auch *loan* als Verb, jedoch handelt es sich hier um ein Substantiv, das »Kredit« bzw. »Leihgabe« bedeutet und nicht als Verb verwendet werden sollte.

Beispiel:
Could you lend me five dollars, please?
The interest rate for this car loan is five percent.

may ↔ might

May und *might* drücken einen unterschiedlich Grad der Wahrscheinlichkeit aus. Auf einer Wahrscheinlichkeitsskala von 1 bis 100 deckt *might* in etwa den Bereich von 1 bis 25 ab und *may* den Bereich von 26 bis 50.

Beispiel:
He may have the book. (50 % wahrscheinlich)
He might have the book. (20 % wahrscheinlich)

quite (»sehr«) ↔ quiet (»leise«)

Beispiel:
He's quite successful.
Please, be quiet.

that ↔ which

That identifiziert worüber gesprochen wird. Es gibt kein Komma. *Which* leitet dagegen Nebensätze ein, die zusätzliche Informationen in Bezug auf das Subjekt geben und durch Kommas vom Hauptsatz abgetrennt sind.

Beispiel:
I like the apartment that my parents rent for me.
My car, which is ten years old, needs new tires.

who ↔ that

Who bezieht sich auf Personen.
That wird für Gegenstände und für Tiere verwendet.

Beispiel:
The woman who bought the painting is very rich.
I spent the money that you gave me. oder *This is the cat that he found.*

who ↔ whom
Who ist das Subjekt in Relativsätzen:
Paul announced who is getting the award. (Paul gab bekannt, wer die Auszeichnung bekommt.)
Anders als im Deutschen gibt es im Englischen kein Komma zwischen den beiden Teilsätzen, es ist aber wichtig zu erkennen, dass *who* das Subjekt des Teilsatzes *who is getting the award* ist.

Whom ist das Objekt im Relativsatz:
The car mechanic whom I trust is on vacation. (Der Automechaniker, dem ich vertraue, ist im Urlaub.)
Das Subjekt in dem Teilsatz *whom I trust* ist *I* und *whom* ist demnach das Objekt.

Amerikaner entdecken ›Schadenfreude‹

Schadenfreude. Ein vergleichbares englisches Wort für diese interessante Gefühlsregung gibt es nicht. Aber da auch die Amerikaner zuweilen Schadenfreude empfinden, z. B. wenn es Leuten an den Kragen geht, die immer so taten, als ob sie nie etwas falsch machen könnten, taucht der deutsche Begriff nun immer öfter in den amerikanischen Zeitungen auf. Zum Beispiel: »*Martha Stewart's statements on the courthouse steps after her sentencing last Friday unleashed a whole new round of schadenfreude.*« Das schrieb die *Washington Post* vor einiger Zeit nach der Festsetzung des Strafmaßes für jene Unternehmerin und TV-Persönlichkeit, die von sich und anderen immer nur Perfektion verlangte, sich aber dann eines nicht so perfekten, sprich krummen, Geschäftes im Aktienhandel schuldig machte.

»Schadenfreude« gesellt sich zu anderen relativ häufig gebrauchten Wörtern deutschen Ursprungs, wie z. B. *angst, blitzkrieg, doppelganger,* »*Gesundheit!*« (wenn jemand niest), *hinterland, kindergarten, kitsch, rucksack, wanderlust, weltschmerz, wunderkind, zeitgeist.*

Formalitäten

Anders als in Europa geben sich die Amerikaner in der Regel nur die Hand, wenn Sie sich zum allerersten Mal sehen bzw. einander vorgestellt werden. Begleitend zum Handschlag sagt man *»Nice to meet you.«* Oftmals gibt man sich auch zum Ende dieser ersten Begegnung die Hand. Sieht man die gleiche Person bei anderer Gelegenheit, sagt man normalerweise nur *»Hello!«* Warten Sie am besten immer ab, ob Ihnen jemand die Hand hinhält. Wenn ja, dann schlagen Sie natürlich ein. Ansonsten ist ein Händedruck nicht notwendig. Amerikaner reden sich auch am Arbeitsplatz normalerweise mit dem Vornamen an. Meistens kann auch ein ganz normaler Angestellter den Firmenchef mit dem Vornamen anreden und umgekehrt. Übertriebenes Hierarchiegebaren wie z. B. in Deutschland gibt es in den meisten amerikanischen Firmen nicht. Trotz des oft informellen Umgangs wird Höflichkeit in den USA ganz groß geschrieben. Ein Vordrängeln an der Supermarktkasse oder beim Einsteigen in öffentliche Verkehrsmittel wird als extrem unangenehm empfunden. Amerikaner entschuldigen sich oft. Wenn es z. B. in einem Geschäft notwendig wird, zwischen einem anderen Kunden und einem Regal durchzugehen, sagt man *»Excuse me.«*

Komma und Punkt in Zahlen

Wo im Deutschen ein Komma geschrieben wird, steht im Amerikanischen ein Punkt: **Deutsch:** 1,58 – **Amerikanisch:** 1.58 (gesprochen: *one point five eight*); wo im Deutschen ein Punkt steht, wird im Amerikanischen ein Komma geschrieben: **Deutsch:** 10.000 – **Amerikanisch:** 10,000 (*ten thousand*)

Apostroph

Viele Leute, Muttersprachler eingeschlossen, haben Probleme mit der korrekten Benutzung des Apostrophs im Englischen. Wer glaubt, einen Plural damit bilden zu können, wie z. B. *DVD's*, irrt sich gewaltig. Es muss *DVDs, CDs* etc. lauten. Der Apostroph hat nur zwei Verwendungszwecke:

- Ausdruck eines **Besitzverhältnisses**, z. B. *Paul's car, Hans's house.* Substantive im Plural, die normalerweise bereits

ein s am Ende haben, erhalten lediglich einen Apostroph: *the officers' uniforms.*
- **Wortverkürzung**, z. B. *they're* (*they are*).

Es gibt eine wichtige Sonderregelung, die man sich unbedingt merken sollte: Wenn man ein Besitzverhältnis mit dem Wort *it* ausdrückt, gibt es keinen Apostroph. Es wird lediglich ein s angehängt: z. B. *its color.* Das liegt daran, dass *it's* die verkürzte Form von *it is* ist, z. B. *it's cold.*

Datum

Das Datum wird nach folgendem Muster dargestellt:
Deutsch: 1. 8. 2014 oder 1. August 2014
Amerikanisch: *08/01/14* oder *August 1, 2014*

Schreibweise der Zahlen Eins und Sieben

Bitte beachten Sie, dass eine handschriftliche Eins in Amerika als gerader Strich ohne Aufwärtshaken, geschrieben wird. Eine wie in Europa geschriebene Eins wird in den USA als Sieben angesehen, da diese ohne Querstrich geschrieben werden kann. Weisen Sie Ihre Verwandten und Freunde in der alten Heimat darauf hin, falls eine Eins in Ihrer Postanschrift vorkommt, um Probleme bei der Zustellung zu vermeiden.

Umlaute und amerikanische Computer

Auf amerikanischen Computertastaturen gibt es keine Umlaute und kein ß. Man kann jedoch in *Microsoft Word* unter »*Insert*« (*shortcut key:* Alt+I) auf »*Symbol*« klicken und dann den entsprechenden Buchstaben auswählen und in den Text einfügen. Da das aber auf die Dauer zeitraubend werden kann, sollten Sie in dem geöffneten Sonderzeichen-Fenster gleich *shortcut keys* für die Umlaute und das ß definieren, d. h. bisher ungenutzte Tastenkombinationen mit diesen Buchstaben belegen. So könnten Sie z. B. Ctrl+8 dem Buchstaben ü zuordnen. Nachdem Sie das gemacht haben, können Sie durch die entsprechende Tastenkombination den jeweiligen Buchstaben tippen, ohne den Schreibfluss unterbrechen zu müssen.

Die USA werden zweisprachig

Hispanics, also Leute deren Muttersprache Spanisch ist, machen derzeit den am schnellsten wachsenden Teil der USA-Bevölkerung aus. Derzeit leben mehr als 52 Millionen *Hispanics* in den USA, das sind rund 17 Prozent der Gesamtbevölkerung und mehr als 38 Prozent der Bevölkerung in Kalifornien und Texas. Berechnungen sagen voraus, dass im Jahr 2050 mehr als 130 Millionen *Hispanics* in den USA leben werden. Damit wird ein Viertel der amerikanischen Bevölkerung Spanisch als Muttersprache sprechen.

Schon jetzt werden Formulare zunehmend zweisprachig gedruckt und wenn man bei seiner Bank anruft oder Geld am Automaten abhebt, hat man meistens immer die Wahl zwischen Englisch und Spanisch. Die Zahl der Zeitschriften, Radio- und Fernsehsender in spanischer Sprache nimmt ebenfalls stark zu und hin und wieder kann man auch schon in den englischsprachigen Medien Werbung auf Spanisch sehen.

Deutsch beinahe Amtssprache?

Eine weit verbreitete Annahme ist, dass Deutsch beinahe die offizielle Sprache der USA geworden wäre. Immer wieder wird dabei auf eine Abstimmung im US-Kongress hingewiesen, bei der die deutsche Sprache angeblich mit einer Stimme Unterschied der englischen Sprache unterlag.

Diese Abstimmung gab es so nicht. Jedoch wurde im Kongress am 13. Januar 1795 ein Gesetzesvorschlag eingebracht, der vorsah, alle Bundesgesetze auch in deutscher Sprache zu drucken. Während der Debatte gab es (wohl aus Zeitgründen) den Antrag, diese Angelegenheit zu einem späteren Zeitpunkt weiterzudiskutieren. Dieser Vorschlag unterlag mit einer Stimme. Damit war die Debatte zu diesem Entwurf beendet. Einen Monat später wurde der Gesetzesentwurf dann in der eigentlichen Abstimmung endgültig abgewiesen. Die Stimmenzahl ist allerdings nicht bekannt.

Die Eine-Stimme-Unterschied-Legende baut auf der oben genannten Abstimmung zur weiteren Behandlung des Themas auf. Besonders die zahlreichen deutschen Einwanderer, die sich sprachlich benachteiligt sahen, haben die Angelegenheit aufgebauscht und die Geschichte ein wenig anders wiedergegeben.

Kapitel 31

Schuh- und Kleidergrößen

»Probieren geht über Studieren« – diese Redewendung trifft in besonderem Maße zu, wenn es um amerikanische Schuh- und Kleidergrößen geht. Die nachfolgenden Erläuterungen sind daher lediglich als Orientierungshilfe gedacht und ersetzen in keinem Fall das Anprobieren von Schuhen und Kleidern vor dem Kauf. Beim Schuheanprobieren muss man unbedingt Socken tragen. Zum Kleideranprobieren geht man in eine Kabine (*dressing room, fitting room*).

Schuhe

Auf dem europäischen Festland unterscheiden sich ganze Schuhgrößen um zwei Drittel eines Zentimeters (0,66667 cm). Diese Länge wird als »Pariser Stich« bezeichnet. In den USA unterscheiden sich ganze Schuhgrößen jedoch um 1/3 inch (rund 0,85 cm). Daher lassen sich europäische und amerikanische Schuhgrößen nur ungefähr umrechnen. Ein weiterer Unterschied: In Europa sind die Schuhgrößen für Damen und Herren gleich. In den USA werden Damenschuhe jedoch größer angegeben als Herrenschuhe mit der gleichen Länge. Ein 30 cm langer Schuh ist z. B. Größe 45 in Europa. Wer diese Größe hat, muss in den USA wahrscheinlich *size 11 ½* für Herren oder *size 12 ½* für Damen kaufen.

Damenschuhe (ungefähre Entsprechung)

Umrechnung Damenschuhgrößen								
EU	34/35	35	35/36	36	36/37	37	38	38/39	39
US	4	4 ½	5	5½	6	6 ½	7	7½	8
EU	40	40/41	41/42	42	42/43	43	43/44	44/45	45
US	8½	9	9½	10	10½	11	11½	12	12½

Herrenschuhe (ungefähre Entsprechung)

Umrechnung Herrenschuhgrößen						
EU	35	35/36	36	37	37/38	38	38/39
US	3½	4	4½	5	5½	6	6½
EU	39	40	40/41	41	41/42	42/43	43
US	7	7½	8	8½	9	9½	10
EU	43/44	44/45	45	45/46	46/47		
US	10½	11	11½	12	12½		

Kinderschuhe (ungefähre Entsprechung)

Umrechnung Kinderschuhgrößen								
EU	17	18	19	20	21	22	23	24	25
US	2½	3½	4	5	5½	6½	7	8	8½
EU	26	27	28	29	30	31	32	33	34
US	9½	10½	11	11½	12½	13	1	2	3

Wenn Sie erst einmal einige Schuhe anprobiert haben, werden Sie ein Gefühl dafür bekommen, welche amerikanische Größe die richtige für Sie ist. Denken Sie aber trotzdem daran, dass Schuhe auch von Hersteller zu Hersteller unterschiedlich ausfallen können.

Darum sollten Sie sich bei Kinderschuhen lieber gar nicht erst aufs Umrechnen verlassen, zumal sich die Füße von Kindern ja ständig im Wachstum befinden. Probieren Sie lieber alle Schuhe vor dem Kauf an.

Kleidung

T-Shirts, Sweatshirts, Freizeithemden, Jacken und dergleichen werden meistens in ungefähren Größen verkauft: XS (*Extra Small*), S (*Small*), M (*Medium*), L (*Large*) und XL (*Extra Large*). Auch XXL (*Extra Extra Large*) für übergewichtige große Leute gibt es. Ohnehin werden besonders große und runde Leute in den USA wesentlich leichter Kleidung finden als in Europa.

Die Größen von Damenstrumpfhosen werden durch Buchstaben angegeben. Auf vielen Verpackungen, z. B. auf denen der Marke *Leggs* gibt es eine Tabelle, mit deren Hilfe sich über Körperhöhe und Gewicht (auch in Zentimeter und Kilogramm angegeben) leicht die richtige Größe ermitteln lässt.

Die Größen von Büstenhaltern (*bras*) setzen sich aus einer Zahl für den Unterbrustumfang (*band size*) und Körbchengröße (*cup size*) zusammen. Der erste Wert wird als Zahl angegeben, der zweite durch Buchstaben. Die hier aufgeführten Tabellen können nur zur ersten Orientierung dienen, da sich die deutschen und die amerikanischen BH-Größen aufgrund von unterschiedlichen Maßeinheiten und Berechnungsweisen nicht hunderprozentig einander zuordnen lassen. In Deutschland entspricht der Unterbrustumfang (gerundet in cm) direkt dem ersten Teil der BH-Bezeichnung, z. B. die BH-Größe 65 entspricht einem Unterbrustumfang von 63-67 cm. In den USA wird der Unterbrustumfang dagegen in *inches* (1 inch = 2,54 cm) gemessen, 5,5 inches dazu addiert und auf die nächste gerade Zahl gerundet.

Diese Tabelle zeigt, wie sich die deutschen und die amerikanischen **BH-Größen** ungefähr entsprechen:

Umrechnung BH-Größen						
DEU	60-65	65-70	70-75	75-80	80-85	85-90
US	30	32	34	36	38	40
DEU	90-95	95-100	100-105	105-110	110-115	115-120
US	42	44	46	48	50	52

Während die *cup sizes* in Deutschland streng alphabetisch sind, gibt es in den USA Einzel- und Doppelbuchstaben:

Umrechnung Körbchengröße					
DEU	A	B	C	D	E	F
US	AA	A	B	C	D	DD
DEU	G	H	I	J	K	
US	E	F	G	H	I	

Zudem sind sich die amerikanischen Hersteller bei den Größen nach DD nicht einig. Einige fahren mit E, F, G, H, I fort, andere haben statt E eine DDD-Größe und wieder andere haben E, EE, F, FF, G, GG, H, HH. Ohne Anprobieren geht es also nicht.

Für **formelle Blusen und Kleider** gibt folgende Entsprechungen:

Umrechnung Kleidergrößen Blusen und Kleider – Damen							
EU	34	36	38	40	42	44	46	48
US	6	8	10	12	14	16	18	20

Strümpfe und Socken haben neben Strumpfgrößen (*sock sizes*) auch die entsprechenden (amerikanischen) Schuhgrößen (*shoe sizes*) auf den Verpackungen stehen. Sie sollten diese nicht verwechseln und sich am besten an den *shoe sizes* orientieren.

Im amerikanischen Handel angebotene Strümpfe umfassen nicht selten mehrere Schuhgrößen, passen aber trotzdem immer recht gut. Strümpfe mit der Bezeichnung *odor eaters* sollen theoretisch den Fußgeruch aufsaugen. Wenn es zum Thema Herrenunterwäsche (*underwear*) kommt, gibt es in den USA zwei Lager. Die einen schwören auf die europäischen Herrenslips (*briefs*), die anderen auf halblange Unterhosen (*boxers*). Die Mehrheit der Amerikaner scheint, wenn man den Medien glauben darf, *boxers* zu bevorzugen. Die Größe von Herrenunterwäsche wird in der Regel durch Buchstaben (S, M, L, XL) angegeben.

Für **formelle Herrenkleidung** gibt es folgende Entsprechungen:

Hemden:

Umrechnung Hemdengrößen – Herren								
EU	36	37	38	39/40	41	42	43	44	45
US	14	14½	15	15½	16	16½	17	17½	18

Anzüge:

Umrechnung Anzuggrößen – Herren							
EU	44	46	48	50	52	54	56	58
US	34	36	38	40	42	44	46	48

Kapitel 32

Maßeinheiten

Obwohl Sie auch in Amerika hin und wieder auf metrische Maßangaben treffen werden, z. B. im Gesundheitswesen und beim
Getränkekauf, werden Sie nicht umhin kommen, sich an die von
den Amerikanern so geliebten Einheiten wie *inch, mile, gallon,
pound* und *Fahrenheit* zu gewöhnen.

Temperatur

Die Temperatur wird in den USA in *degrees Fahrenheit* angegeben. Umgangssprachlich sagt man verkürzt *degrees*, z. B.
sixty-four degrees. Daniel Gabriel Fahrenheit (1686–1736) war
der deutsche Physiker, der 1709 das Alkoholthermometer und
1714 das Quecksilberthermometer erfand. 1724 stellte er die
Temperaturskala vor, die seinen Namen trägt. Fahrenheit legte
Null Grad bei der damals tiefsten erzeugbaren Temperatur fest,
die durch das Mischen von gleichen Teilen Wasser, Eis und Salz
erreicht wurde. Fahrenheit unterteilte den Abstand zwischen
Gefrierpunkt (32 °F) und Siedepunkt von Wasser (212 °F) in
180 gleiche Teile, sprich Grad. Um 1740 herum entwickelte der
schwedischen Astronom Anders Celsius (1701–1744) dann eine
Skala, die den Unterschied zwischen Gefrierpunkt und Siedepunkt von Wasser in 100 Grad einteilte.

Wenn man von Fahrenheit in Celsius umrechnet, subtrahiert man 32 und multipliziert dieses Ergebnis mit 5/9. Bei
der Umrechnung von Celsius multipliziert man mit 9/5 und
addiert 32. Das gelingt sicher nur den wenigsten als Kopfrech-
nung. Einen über den Daumen gepeilten Wert bekommt man,
wenn man von dem Temperaturwert in Fahrenheit die Zahl
30 subtrahiert und das Ergebnis halbiert. Besser ist es jedoch,
wenn man ein Gefühl dafür bekommt, was die Temperaturan-
gaben in Fahrenheit bedeuten. Beim Wetter ist das sicher am
einfachsten. Der Gefrierpunkt liegt wie gesagt bei *32 degrees*,
bis *50 degrees* (10 °C) ist es relativ kühl, *70 degrees* (21 °C) sind
eine angenehme Temperatur, bei *90 degrees* (etwas mehr als
32 °C) ist es sommerlich heiß und *100 degrees* (38 °C) bedeuten
unerträgliche Sommerhitze.

Zum Fiebermessen sollten Sie anfangs sowohl Ihr altes Thermometer in Grad Celsius als auch ein neues in *degrees Fahrenheit* benutzen. Ersteres gibt Ihnen, aufbauend auf Ihren Erfahrungen, ein besseres Gefühl für die mögliche Ernsthaftigkeit der Lage, Letzteres spart Ihnen ein mühsames Umrechnen, für das man im Krankheitsfall wohl auch kaum die Energie hat, und liefert die Informationen, die Sie für den amerikanischen Arzt brauchen. Hier ist eine Übersicht ausgewählter Temperaturen:

Umrechnung Temperaturen										
°C	-20	-15	-10	-5	0	5	10	15	20	25	30
°F	-4	5	14	23	32	41	50	59	68	77	86
°C	35	36	37	38	39	40	41	100	150	200	250
°F	95	97	99	100	102	104	106	212	302	392	482

Flächenmaße

Die Flächenmaße, die Sie am häufigsten hören werden, sind *square feet,* wenn es sich um Wohnraum handelt, *acres*, um die Größe von Grundstücken anzugeben, und *square miles*, wenn es um Nationalparks und/oder Waldbrände geht.

1 *square foot*	= ca. 9,3 dm²
1 *acre*	= ca. 0,4 ha
1 *square mile*	= 640 *acres* = ca. 2,6 km²

Längenmaße

inch	(1 *inch* = 2,54 Zentimeter)
foot	(1 *foot* = 12 *inches* = 30,48 Zentimeter)
yard	(1 *yard* = 3 *feet* = 91,44 Zentimeter)
mile	(1 *mile* = 1760 *yards* = 1,609 Kilometer)

Körpergröße

Die Körpergröße (*height*) wird in den USA in *feet* und *inches* angegeben.

```
1,55 m–1,56 m = 5 feet 1 inch
1,57 m–1,58 m = 5 feet 2 inches
1,59 m–1,61 m = 5 feet 3 inches
1,62 m–1,63 m = 5 feet 4 inches
1,64 m–1,66 m = 5 feet 5 inches
1,67 m–1,68 m = 5 feet 6 inches
1,69 m–1,71 m = 5 feet 7 inches
1,72 m–1,73 m = 5 feet 8 inches
1,74 m–1,76 m = 5 feet 9 inches
1,77 m–1,79 m = 5 feet 10 inches
1,80 m–1,81 m = 5 feet 11 inches
1,82 m–1,84 m = 6 feet
1,85 m–1,86 m = 6 feet 1 inch
1,87 m–1,89 m = 6 feet 2 inches
1,90 m–1,91 m = 6 feet 3 inches
1,92 m–1,94 m = 6 feet 4 inches
1,95 m–1,96 m = 6 feet 5 inches
1,97 m–1,99 m = 6 feet 6 inches
2,00 m–2,01 m = 6 feet 7 inches
```

Gewicht

Auf fast allen Verpackungen ist das Gewicht auch in Gramm aufgedruckt, sodass ein Umrechnen nicht notwendig ist.

```
1 ounce (oz.)   = 28,35 g
1 pound (lb.)   = 16 ounces = 453,59 g
1 ton (t.)      = 2000 pounds = 907,19 kg
```

Körpergewicht

Das Körpergewicht (*weight*) wird in *pounds* (lbs) angegeben:

Umrechnung Körpergewicht									
kg	50	55	60	65	70	75	80	85	90
lbs	110	121	132	143	154	165	176	187	198
kg	95	100	105	110	115	120	125	130	135
lbs	209	220	231	243	254	265	276	287	298

Flüssigkeiten

Auf Getränke- und anderen Lebensmittelverpackungen werden Sie die Inhaltsangabe sowohl in (Milli-)Litern als auch in den amerikanischen Maßangaben finden. Benzin wird dagegen ausschließlich in *gallons* verkauft.

- **1 *fluid ounce* (fl. oz.) = 29,57 ml**
  Die typische amerikanische Bierflasche fasst 12 *fluid ounces* (ca. 355 ml) und wird in einer handlichen Packung mit sechs Flaschen (*six pack*) verkauft.

- **1 *half pint* (1/2 pt.) = 8 fl. oz. = 236 ml**
  Kaffeesahne (*coffee cream*) wird oft in *half pints* verkauft.

- **1 *pint* (pt.) = 16 fl. oz. = 473 ml**
  Abgepacktes Speiseeis (*ice cream*) kauft man in erster Linie in *pints*. Gezapftes Bier (*draft beer* oder *beer on tap*) wird in Kneipen (*bars*) normalerweise aus Gläsern getrunken, die 1 *pint* fassen.

- **1 *quart* (qt.) = 2 pints = 0,95 l**
  Leicht zu merken: 1 *quart* ist, wenn man es großzügig sieht, fast 1 Liter. *Half and Half*, (halb Milch, halb Sahne), wird meistens in *quarts* verkauft.

- **1 *half gallon* = 2 quarts = 1,895 l**
  Orangensaft wird gemeinhin in *half gallons* angeboten.

- **1 *gallon* = 4 quarts = 3,79 l**
  Amerikaner kaufen Milch hauptsächlich in *gallons*.

Die 100 wichtigsten Internetadressen

Die nachfolgende Zusammenstellung von nützlichen Internetadressen können Sie auch auf ▶ www.alltag.us finden, wo die Links fortlaufend aktualisiert werden, um den schnellen Veränderungen im Internet Rechnung zu tragen.

Amerikanische Behörden

Botschaften
▶ www.us-botschaft.de
▶ austria.usembassy.gov
▶ switzerland.usembassy.gov

Einwanderungsbehörde
▶ www.uscis.gov

Sozialversicherungsbehörde
▶ www.ssa.gov

Steuerbehörde
▶ www.irs.gov

Umzugsfirmen

Von Europa in die USA umziehen
▶ www.brauns-international.de
▶ www.froede.de
▶ www.hartmann-international.de
▶ www.hertling.com
▶ www.huebner-frachtenkontor.de
▶ www.interfracht.de
▶ www.umzug-uebersee.de
▶ www.kn-portal.de
▶ www.schenker.de
▶ www.schenker.at
▶ www.schenker.ch

Innerhalb der USA umziehen

▶ www.budgettruck.com
▶ www.moversUSA.com
▶ www.moving.com
▶ www.pensketruckrental.com
▶ www.ryder.com

Mitnahme von Tieren und Pflanzen

Hunde, Katzen und andere Haustiere

▶ www.us-botschaft.de
▶ http://hdoa.hawaii.gov/ai/aqs/faq-for-five-day-or-less-program

Fische, Insekten, Reptilien

▶ www.fws.gov

Pferde

▶ www.aphis.usda.gov/import_export

Vögel

▶ www.aphis.usda.gov
▶ www.fws.gov

Pflanzen

▶ www.aphis.usda.gov

Wohnen

Wochenhotels

▶ www.extendedstayamerica.com
▶ www.extendedstaynetwork.com

Wohnungssuche

▶ www.apartments.com
▶ www.aptratings.com
▶ www.craigslist.org

Hauskauf

▶ www.realtor.com

Finanzen

Credit Report (einmal pro Jahr kostenlos)
▶ www.annualcreditreport.com

Credit Report und Credit Score (gebührenpflichtig)
▶ www.equifax.com
▶ www.experian.com
▶ www.transunion.com

Informationen zum Thema Kredite und Versicherungen
▶ www.bankrate.com

Empfehlenswerte Einkaufensquellen

Deutsche Haushaltsgeräte
▶ www.mieleusa.com
▶ www.boschappliances.com

Lebensmittel
▶ www.aldi.us
▶ www.germandeli.com
▶ www.traderjoes.com

Möbel
▶ www.ikea.com

Region code free DVD player
▶ www.codefreedvd.com

Stromumwandler und Reisestecker
▶ www.radioshack.com

Rund ums Auto

Benzinpreise
▶ www.gasbuddy.com

Einfuhrbestimmungen
- www.cbp.gov
- www.epa.gov
- www.nhtsa.gov

Fahrtroutenplaner
- www.mapquest.com

Führerscheinstellen aller 50 Staaten
- www.auswandern.us/fuehrerschein.html

Gebrauchtwagenpreise
- www.kbb.com

Gebrauchtwagen von Privat
- www.autotrader.com

Gebrauchtwagen-Unfallvergangenheit
- www.carfax.com

Neuwagenkauf
- www.edmunds.com

Pannenhilfe
- www.aaa.com
- www.betterworldclub.com

Reisen

Flugtickets und Hotelreservierungen
- www.expedia.com
- www.hotels.com
- www.travelocity.com

Hundefreundliche Hotels
- www.dogfriendly.com

Schiffsreisen
- www.cunard.de
- www.seereisenportal.de

Verschiedenes

Auslandskrankenversicherungen
▶ www.globality-health.com
▶ www.bdae.de

Deutsch-amerikanische Rentenregelung
▶ www.deutsche-rentenversicherung-bund.de

Deutsches Fernsehen
▶ www.lindenstrasse.de
▶ www.prosiebensat1welt.com
▶ www.tagesschau.de

Deutschsprachige amerikanische Zeitungen
▶ www.californiastaatszeitung.com
▶ www.dasfenster.com
▶ www.wochenpostusa.com

DVD-Verleih
▶ www.netflix.com

Ehrenamtliche Arbeit
▶ www.volunteermatch.org

Erfahrungsaustausch zum Leben in den USA
▶ www.amerika-forum.de
▶ www.germanicans.com

Fernsehprogramm
▶ www.tvguide.com

Gemeinschaftsgärten und Samenhändler
▶ www.communitygarden.org
▶ www.nativeseeds.org
▶ www.rareseeds.com

Gesundheit
▶ www.webmd.com

Hunde und Katzen adoptieren
▶ www.petfinder.com

Jobsuche
- www.monster.com
- www.indeed.com
- www.simplyhired.com

Lebenslauf schreiben
- www.myperfectresume.com

Leute mit gleichen Interessen kennenlernen
- www.meetup.com

Maßeinheiten umrechnen
- www.onlineconversion.com

Preiswert in die Heimat telefonieren
- www.nobelcom.com

Sprachkurse
- www.berlitz.de
- www.inlingua.de

Telefonnummer für Werbeanrufe sperren
- www.donotcall.gov

Uhrzeit
- www.time.gov

Vegetarier
- www.tofurkey.com
- www.vrg.org

Warentest
- www.consumerreports.org

Wechselkurs Euro/Schweizer Franken ▶ Dollar
- www.auswandern.us/umrechnen.html

Wetter
- www.weather.com

Wörterbuch
- www.leo.org

200 Begriffe, die jeder Neuankömmling kennen sollte

Die meisten der nachfolgend aufgeführten Begriffe werden Sie sehr wahrscheinlich schon in den ersten Tagen und Wochen Ihres Lebens in Amerika hören.

#

401(k) plan Form der privaten Altersvorsorge; Arbeitgeber zahlen oft zu

A

account statement Kontoabrechnung; wird einmal im Monat von der Bank verschickt

acid reflux disease Refluxkrankheit, Sodbrennen

ADD (Attention Deficit Disorder) Aufmerksamkeitsstörung

ambulance Rettungswagen

animal control Polizeiabteilung, die streunende Hunde einfängt

animal shelter Tierheim

appliances Küchengeräte

application Antrag, Bewerbung

application form Antragsformular, Bewerbungsbogen

appointment Termin

approved genehmigt

APR (Annual Percentage Rate) Effektiver Jahreszins

area code Telefonische Ortsvorwahl

ATM (Automatic Teller Machine) Geldautomat

at will Bedeutet im Zusammenhang mit einem Vertrag, dass dieser jederzeit gekündigt werden kann

B

balance Kontostand

balance transfer Verschiebung von Kreditkartenschulden von einer hochverzinsten zu einer niedrigverzinsten oder vorrübergehend zinsfreien Kreditkarte

benefits Leistungen, die man zusätzlich zum Gehalt bzw. Lohn bekommt, z. B. bezahlte Urlaubstage und Krankenversicherung

bill Rechnung, Geldschein

birth control pill Antibabypille

buck umgangssprachlicher Name für den Dollar

C

carbon monoxide detector Kohlenmonoxidmelder

carport Überdachter Außenparkplatz

cash back Auszahlung von Bargeld, wenn man einen Scheck auf der Bank einzahlt oder im Supermarkt mit der Geldkarte bezahlt

cashier's check Scheck, der gegen Bargeld auf der Bank ausgestellt wird und der zum Zahlen einer Kaution verwendet werden kann, wenn man noch keine eigenen Schecks hat

cat litter Katzenklostreu

cell phone Handy

checking account Girokonto

coins Münzen

condominium, condo Eigentumswohnung

co-payment Zuzahlung, z. B. bei Medikamenten oder beim Arzt; auch *»deductible«* genannt

cover letter Bewerbungsschreiben

credit card debt Kreditkartenschulden

credit history Kreditvergangenheit, d. h. abbezahlte und laufende Kredite

credit report Enthält Informationen zur Person und zur Kreditvergangenheit

credit score Drückt die Kreditwürdigkeit einer Person durch eine dreistellige Zahl aus

credit union Genossenschaftsbank

c-section Kaiserschnitt

D

debit card Eine an ein Bankkonto gekoppelte Geldkarte; mitunter auch *»check card«* genannt

declined Abgelehnt, verweigert

deductible Selbstbeteiligung, z. B. bei Unfallschäden

delivery Anlieferung per Auto, z. B. von Pizza

dental insurance Zahnarztversicherung; wird in der Regel getrennt von der Krankenversicherung angeboten

dentist Zahnarzt

department store Kaufhaus

deposit Einzahlung auf das eigene Bankkonto

detour Umleitung

dime 10 Cent-Münze

dinner Abendessen

direct deposit Überweisung von Lohn bzw. Gehalt direkt aufs Bankkonto (statt des üblichen Gehaltsschecks)

dirt road Unbefestigte Landstraße

disability insurance Versicherung gegen Arbeitsunfähigkeit

domestic partners Unverheiratete Lebensgefährten

down payment Anzahlung

downtown Stadtzentrum

driver's license Führerschein

dry cleaner Chemische Reinigung

DUI (Driving Under the Influence) Trunkenheit am Steuer

duplex Zweifamilienhaus

E

efficiency apartment Wohnung mit Küchenecke (*kitchenette*) und kleinem Badezimmer

Emergency Room (E.R.) Notaufnahme im Krankenhaus

employee Arbeitnehmer

employer Arbeitgeber

extended stay hotel Hotels, die möblierte Einraumwohnungen wochenweise vermieten

expiration date Verfallsdatum

F

fee Gebühr

fenced-in backyard Eingezäunter Garten hinter dem Haus

fixer-upper Stark renovierungsbedürftiges Einfamilienhaus

food co-op Lebensmittelladen in Genossenschaftsbesitz

food poisoning Lebensmittelvergiftung

G

garbage disposer Unter dem Küchenabfluss angebrachte Vorrichtung, die Essensreste zerkleinert

generic drug Medikament, das eine wirkstoffgleiche und preiswertere Kopie eines bereits unter einem Markennamen auf dem Markt befindlichen Arzneimittels ist

gift certificate Geschenkgutschein

groceries Lebensmittel

grocery store Lebensmittelgeschäft

H

health certificate Gesundheitszeugnis

health insurance Krankenversicherung

high fructose corn syrup Maissirup; in der amerikanischen Lebensmittelindustrie als Süßstoff verwendet; wird vom Körper schneller in Fett umgewandelt als Zucker

host / hostess Empfangsperson im Restaurant, die den Gästen die Tische zuweist

I

income tax return Steuererklärung

Individual Retirement Account (IRA) Steuervergünstigte Form der privaten Altersvorsorge

insurance Versicherung

interest free Zinsfrei

interest rate Zinsrate

J

job interview Bewerbungsgespräch

job offer Stellenangebot

job opening Offene Stelle

job posting Stellenausschreibung

K

kennel Hundehotel

L

landlord Vermieter

laundromat Waschsalon; mitunter auch »*coin laundry*« genannt

laundry detergent Waschmittel

lease Mietvertrag

leash Hundeleine

leftovers Speisereste, für die man im Restaurant einen Behälter (»*leftover box*«) bekommt

license plate Autonummernschild

life insurance Lebensversicherung

loan Kredit

local call Ortsgespräch

long distance call Ferngespräch

long distance carrier Telefongesellschaft für Ferngespräche

lunch Mittagessen

M

minimum balance Mindestguthaben

mobile homes Unterkünfte, die komplett in Fabriken gefertigt und in sogenannten »*trailer parks*« aufgestellt werden; in der Regel von ärmeren Bevölkerungsschichten bewohnt

model home Musterhaus

month-to-month rental agreement Mietverhältnis, das zum Monatsende beendet werden kann

mortgage loan Hypothek

N

nickel 5-Cent-Münze

O

online bill payment Bezahlung von Rechnungen per Internet

optometrist Optiker

order Bestellung

organic Biodynamisch

outpatient procedure Ambulante medizinische Behandlung

over-the-counter drug Freiverkäufliches Medikament

overtime Überstunden

P

paycheck Gehaltsscheck

paystub Gehaltszettel

peanut allergy Erdnussallergie

penny 1-Cent-Münze

permanent employment Festanstellung

personal check Scheck

personal days Arbeitstage, die man unter Umständen zur Regelung persönlicher Angelegenheiten frei nehmen kann; von Unternehmen zu Unternehmen unterschiedlich gehandhabt

pet Haustier

pet deposit Spezielle Kaution, die oft von Haustierbesitzern gefordert wird

pet fee Haustiergebühr, die mitunter auf die Miete aufgeschlagen wird

pet owner Haustierbesitzer

pharmacy Apotheke

picture ID / photo ID Ausweis mit Foto; normalerweise der Führerschein

pneumonia Lungenentzündung

postage Porto

pound sign »#«-Zeichen auf der Telefontastatur

pre-approved vorgenehmigt

preexisting conditions beim Abschluss einer Krankenversicherung schon vorhandene Krankheiten, deren Kosten oft nicht erstattet werden

prepaid calling card Telefonkarte

prescription Rezept vom Arzt

prescription drug Rezeptpflichtiges Medikament

primary care physician Hausarzt

produce Obst und Gemüse

proof of insurance Versicherungsnachweis

property tax Grundsteuer

public housing Sozialwohnungen, umgangssprachlich oft als »projects« bezeichnet

Q

quarter 25-Cent-Münze

R

rabies vaccination Tollwutimpfung für Hunde und Katzen

radon Geruchloses, radioaktives Gas

real estate agent Immobilienverkäufer; muss unter Aufsicht eines Immobilienmaklers arbeiten

real estate broker Immobilienmakler

receipt Kassenzettel

referral Überweisung zum Facharzt

refill Nachfüllung; z. B. von Getränken

rental truck Gemieteter Lastwagen

renter's insurance Hausratversicherung

resident alien Ausländer mit Green Card

resume Lebenslauf

return policy Regelt die Rückgabe bzw. den Umtausch von Waren; ist in jedem Geschäft anders

S

safe deposit box Schließfach im Banksafe

salary Gehalt

sales tax Verkaufssteuer

savings account Sparkonto

scam Betrügerei

screen Bildschirm, Fliegengitter vorm Fenster

seating preference Wahl, ob man im Raucher- (»*smoking*«) oder Nichtraucherbereich (»*nonsmoking*«) eines Restaurants sitzen möchte

secured credit card Kreditkarte, die durch eine Kaution gesichert ist

security deposit Kaution

septic tank Klärgrube; die meisten Häuser in ländlichen Gebieten sind nicht an die Kanalisation angeschlossen

shopping mall Einkaufszentrum

short-term lease Mietvertrag für einen Zeitraum von weniger als einem Jahr

sick day Krankentag

sinus infection Nebenhöhlenentzündung

skunk Stinktier

smoke detector Rauchmelder

Social Security Number Sozialversicherungsnummer

speed limit Höchstgeschwindigkeit

specialist Facharzt

starter check Scheck ohne aufgedruckten Namen

store charge card Kreditkarte, die lediglich in dem Laden benutzt werden kann, der sie ausgegeben hat

strip mall Einstöckige Ladenzeile am Rande einer stark befahrenen Straße

studio apartment Einraumwohnung mit kleiner Küche und kleinem Bad

subdivision Eigenheimsiedlung

surgery Operation

T

take out Selbstabholung vom Restaurant

temp Zeitarbeiter

temp agency Zeitarbeitsfirma

temping Zeitarbeit

ticket Strafzettel

tip Trinkgeld, üblicherweise 15–20 % in Restaurants und Kneipen

townhouse Reihenhaus

two weeks notice Üblicherweise unterrichtet man seinen Arbeitgeber über eine Kündigung zwei Wochen vor dem letzten Arbeitstag

U

U-Scan Selbstbedienungskasse

used vehicle Gebrauchtwagen

utilities Strom- und Gasversorger

V

veterinarian Tierarzt, umgangssprachlich »vet«

void Ungültig

volunteer Freiwilliger

W

wage Stundenlohn

washer + dryer hook-ups Anschlüsse für Waschautomaten und Wäschetrockner

wind chill Wirkung von eisigem
Wind; lässt Temperaturen oft
kälter erscheinen

X
X-Ray Röntgenbild

Y
yearly check-up Jährliche medizinische Routineuntersuchung;
mitunter auch *»physical«* genannt

Z
ZIP code Postleitzahl

Stichwortverzeichnis

Intensiver reisen – mit unseren Routenreiseführern für Nordamerika

Weitere Bücher vom USA-Experten Kai Blum: Unterhaltsame, spannende und informative Lektüre

CONBOOK
www.conbook-verlag.de